This is a Simplified-Chinese translation edition of the following title published by Cambridge University Press:
Women,property,and confucian reaction in Sung and Yüan China(960-1368)

ISBN 9780521180726
© Cambridge University Press 2002

This Simplified-Chinese translation edition for the People's Republic of China (excluding Hong Kong, Macau and Taiwan) is published by arrangement with the Press Syndicate of the University of Cambridge, Cambridge, United Kingdom.

© Cambridge University Press and China Social Sciences Press 2020

This Simplified-Chinese translation edition is authorized for sale in the People's Republic of China (excluding Hong Kong, Macau and Taiwan) only. Unauthorised export of this Simplified-Chinese translation edition is a violation of the Copyright Act. No part of this publication may be reproduced or distributed by any means, or stored in a database or retrieval system, without the prior written permission of Cambridge University Press and China Social Sciences Press.

Copies of this book sold without a Cambridge University Press sticker on the cover are unauthorized and illegal.

本书封面贴有.Cambridge University Press 防伪标签，无标签者不得销售。

鼓楼史学丛书·海外中国研究系列

[美]柏清韵（Bettine Birge）著
刘晓 薛京玉 译

宋元时代中国的
妇女、财产及儒学应对

Women, Property, and Confucian Reaction
in Sung and Yüan China

中国社会科学出版社

CAMBRIDGE

图字：01-2016-6816号

图书在版编目（CIP）数据

宋元时代中国的妇女、财产及儒学应对 /（美）柏清韵著；刘晓等译 . —北京：中国社会科学出版社，2020.10
（鼓楼史学丛书. 海外中国研究系列）
书名原文：Women, property, and confucian reaction in Sung and Yüan China（960-1368）
ISBN 978-7-5203-6829-2

Ⅰ.①宋… Ⅱ.①柏…②刘… Ⅲ.①妇女史学—研究—中国—宋元时期 Ⅳ.①D442.9

中国版本图书馆CIP数据核字（2020）第127476号

出 版 人	赵剑英
责任编辑	宋燕鹏 马 熙
责任校对	石建国
责任印制	李寡寡

出　　版	中国社会科学出版社
社　　址	北京鼓楼西大街甲158号
邮　　编	100720
网　　址	http://www.csspw.cn
发 行 部	010-84083685
门 市 部	010-84029450
经　　销	新华书店及其他书店
印刷装订	北京君升印刷有限公司
版　　次	2020年10月第1版
印　　次	2020年10月第1次印刷
开　　本	710×1000　1/16
印　　张	19.5
插　　页	2
字　　数	318千字
定　　价	136.00元

凡购买中国社会科学出版社图书，如有质量问题请与本社营销中心联系调换
电话：010-84083683
版权所有　侵权必究

| 鸣　谢 | 1 |
| 导　论 | 1 |

第一章　宋代之前的妇女与财产：演变与延续　1

　　第一节　周代封建主义与儒家理念　2
　　第二节　汉代的发展：同居共财　5
　　第三节　嫁妆与聘礼　10
　　第四节　唐代继承与财产法　12
　　第五节　结论　18

第二章　宋代妇女与财产：时代更迭中的法律革新　21

　　第一节　宋律和宋代的司法体系　23
　　第二节　妇女获取财产的方式　30
　　第三节　妇女的婚内财产权　61
　　第四节　结论：财产、性别与法律　84

第三章　宋代妇女财产权及儒家对妇女财产权的抵制　89

　　第一节　父系宗族和女儿的继承权　90
　　第二节　对婚内私人财产权的抵制　96
　　第三节　道学理想和妇女管理家庭财务的职责　111

第四节　黄榦对道学理想的具体实施 ················· 120
　　第五节　结论 ······························· 129

第四章　元代婚姻与财产法律的转变 ················· 132

　　第一节　蒙古与中国社会的婚姻与收继 ··············· 132
　　第二节　元朝法律 ···························· 137
　　第三节　家族财产与女儿的继承 ··················· 145
　　第四节　元代婚姻财产法律的变化 ·················· 153
　　第五节　元代以后的发展 ······················· 193
　　第六节　结论 ······························· 195

结论　两性，蒙古人与儒家理想 ····················· 209

参考文献 ··································· 221

　　主要来源 ································· 221
　　次要来源 ································· 233

译后记 ···································· 268

鸣　　谢

在我撰写本书的那些年里,许多同事与朋友的帮助与专业意见使我受益匪浅。本书的宋代部分开始于我在哥伦比亚大学的博士学位论文,我首先要感谢我的论文导师韩明士(Robert P. Hymes)。非常荣幸,我成为他的第一个研究生,多年来,从他渊博的学识、令人信服的批评及对我作品的仔细阅读中,我均获益良多。我还要非常感谢狄百瑞(Wm. Theodore de Bary)及后来陈荣捷的指导与示范。阅读过全部或部分手稿,或之前的博士学位论文,不惜花费时间提供书面或口头意见的人,还包括田海(Barand ter Haar)、费侠莉(Chalotte Furth)、万志英(Richard von Glahn)、王安(Ann Waltner)、史乐民(Paul Smith)、马伯良(Brian McKnight)、伊沛霞(Patricia Ebrey)、贾志扬(John Chaffee)、罗沙比(Morris Rossabi)、姚大力,以及剑桥大学出版社一位匿名评阅人。这里我要特别感谢田海,他对全稿提出了极为丰富的意见。史乐民第一个建议我看《元典章》,使之成为我得出众多结论的一部重要史料。马伯良经常通过邮寄或电子信件送给我文本,分享他自己的著作草稿,并热心同我讨论译文。我还要非常感谢牟复礼(Frederick W. Mote)与傅海波(Herbert Franke)的宝贵建议与评论。我与牟复礼经常通信,而1996年3月,我在慕尼黑傅海波的家中同他度过了一个漫长的下午。我还要感谢柏文莉(Beverly Bossler)、宁爱莲(Ellen Neskar)与Ari Borrell的意见与友情。最后,我还要对研究生课程"中国妇女与家庭"的学生们富有洞察力的评论表示感谢,尤其是Constance Orliski、George daRoza与David Bello。

本书的主要研究是在1994年春天于台北"中研院"进行的。我首先要感谢我的两位正式接待者黄宽重与柳立言。他们不仅安排我成为访问学者，给予我周到的专门礼遇，而且在我逗留期间还指导我接触史料并提供宝贵建议。这本书更要感谢的是柳立言，那些年之后他经常为我提供帮助并阐明其见解。我还要非常感谢洪金富，他允许我参加他在清华大学*开设的研究生课程，非常巧合的是，那里的学生正在读《元典章》，为此他还花费了大量时间来解答我的诸多疑问。"中研院"的其他人也为我提供帮助并欢迎我参加他们的研究团体。我感谢他们中的每一位。

我的博士学位论文研究是在日本京都进行的，我在那里的老师与同事一直为我提供指导与鼓励。无论在我逗留日本期间，还是从那以后，我的接待者竺沙雅章与衣川强都在许多方面为我提供过帮助。无论是在日本还是在美国相遇，杉山正明均在元史与元代文献解读方面惠我良多。在东京，斯波义信、柳田节子与伊原弘经常在百忙中抽出时间同我见面，讨论我的著作并指导我接触史料。我对他们感激不尽。其他值得特别感谢的学者有砺波护、森田宪司、Nakamura Yonoe、佐伯富与梅原郁。

本书的资料搜集来自几个国家的一些图书馆。我要感谢以下图书馆的全体职员，特别要感谢台北"中研院"傅斯年图书馆的李丁赞先生；京都人文科学研究所图书馆的森先生；京都大学文学部图书馆的 Yamakami Teruo；哥伦比亚大学 C. V. Starr 东亚图书馆的 Kenneth Harlin；南加州大学东亚图书馆的 Kenneth Klein；及以前在加州大学洛杉矶分校东亚图书馆，现在在马萨诸塞州坎伯雷奇哈佛燕京图书馆的郑炯文。

本书的主要研究在 1994 年获得一项研究基金的支持。这项基金来自美国学术团体协会与社会科学研究协会的中国研究联合委员会，资金由蒋经国基金会提供（可能的追加资金来自福特基金会与国家人文基金会）。本书还获得南加州大学 James H. Zumberge 教师研究与创新基金的支持。此外，我还从 Shaoyi Sun、Mei-ch'in Lin 与 Itsuko Nishikawa 处获得过各种有偿与无偿的研究帮助。David Bello 与 Rebecca Harz 帮我把书稿整理为最终形式，Sean O'Connel 则帮我完成了地图。Jiang Jianyuan 先生从查找信息、核对史料到同我讨论翻译均提供了宝贵协助。我还要特别感谢我亲爱的朋友 Lynn Chancer 与 Suzanne Leonora 多年来坚定的支持与鼓励。

我非常感谢杜希德在笔者准备书稿这些年来的帮助与鼓励，本书纳入

---

* 指新竹清华大学。

他的《剑桥中华文史丛刊》是我的荣幸。我也非常幸运地与剑桥大学出版社两位杰出编辑一起合作。Elizabeth Neil 使书稿很快通过复审与接受阶段，而 Mary Child 在与我一起经历修订与完成阶段时，极富耐心与理解。本书的完成得到太平洋文化基金会与蒋经国基金会的资助。我向两个基金会的慷慨支持表示感谢。

我的丈夫 Peter R. Lee 为我所做的已经多得不能再多了，从照料全家到看护我们襁褓中的儿子，绘制地图与添加汉字，提供无条件的精神支持。年幼的儿子亨利给我带来了灵感与太多的轻松快乐。尽管我得到了师长、同事与朋友的大量帮助，但本书肯定还会有许多错误，而这些错误理应由我个人负责。

导　　论

　　本书描写的是 10—14 世纪中国性别与财产关系所发生的转变。这一时期，是中国社会经济发生急剧变化与强大外族入侵的时期。在这一时期的许多时候，妇女的财产权利处于稳步增长之中，而影响婚姻与财产的法律与习惯也正在摆脱以父系为核心的儒家观念。可随后 13 世纪蒙古的入侵与接下来游牧文化与定居文化的碰撞，却促成法律重新儒家化与父系观念的回归，而这将剥夺妇女自身的财产权并限制其法律与经济的自主权。

　　通过将性别与财产作为关注点，本书将重新评价蒙古入侵及其对中国法律与社会所产生的影响。此外，本书也将对前近代中国妇女的地位转变提出新见解，并探究两性意义被不断重新塑造与强化时所产生的变化与矛盾。财产的转移与管理处于政府法律、儒家思想、社会习惯与种族规范交叉实施张力的领域。在这一领域，性别结构、道德标准与民族认同既被定义又遭遇挑战，以致随着时间的推移又出现了一系列新的含义。这些话题将成为本书讨论的对象。

　　蒙古对中国的征服完成于 1276 年，这也标志着外族入侵中国进程的最终完成，这一进程开始于 10 世纪契丹人的辽朝，紧接着是 11、12 世纪女真人的金朝。对中国北方生命财产的大肆破坏——尤其是在蒙古人的长期进攻下，已被普遍证实。不过，一般认为，草原游牧近邻对中国的征服并没有明显影响诸如婚姻、继承等中国社会基本制度。本书则恰恰相反，认为正是蒙古入侵才导致两性关系产生了根本变化，而这将改变妇女的法律与经济地位达几个世纪之久。

　　蒙古入侵前的宋代（960—1279），影响妇女的财产法，正如第二章所描述的，正在经历一场骚动与变革。在侵蚀社会稳定的空前的商业化时代，特别是对妇女而言，财产呈现出其新的重要性。同之前中国历史的任何时代相比，财产被更多地转移到妇女手中。最不可思议的是，起初想要保持男性宗亲继承的传统法律，被重新加以诠释，以允许相当多的财产由父系传给女儿。另外，法律还保护妇女在婚姻关系存续期间的财产权，并允许她在丧偶或离婚后带走所有的财产再嫁。这些变化带给精英妇女空前的经济独立，并鼓励了寡妇再婚。父系观念也因国家的政策遭到进一步削弱，当一个家庭中没有儿子存活下来时，这些政策剥夺了父系族人的财产权，而赋予女儿与非亲属相当多的权益。作为回应，新发展起来的宗族集团则想方设法牺牲妇女以确保财产留在父系宗族内。

与此同时的几个世纪里，有影响的思想家们试图复兴儒学传统，并将其规范更严格地适用于家庭与家族中。将财产转移到妇女手中与儒家思想相冲突，后者将财产继承同祭祖仪式以及履行这些祭祀义务的男性后裔的完整谱系紧密联系起来。正如第三章所描述的，儒学改革家们对妇女习惯上与法律上的财产权提出了挑战。不过，与此同时，当他们重新思考两性角色、阴阳合一与维护父系继承等命题时，也承认节妇在家庭内相当大的财政权。虽然儒学思想家们反对宋代法律赋予精英妇女相当大的财务自主权，但是他们既没能成功地改变这些法律，也没能使他们的观点颠覆婚姻、财产支配、人身自由以及寡妇再嫁的习惯观念。这些将在蒙古统治下发生改变。

第四章详细阐述了固有的社会变革在与外族入侵相结合后，是如何产生一系列新的财产与两性关系的，这些关系剥夺了妇女的经济与人身自由权并鼓励寡妇守节。13世纪征服中国后，蒙古人面临中国新型的婚姻与财产关系，而这与他们自身的婚姻、财产关系是完全不同的。像允许男性迎娶亡父或已故兄弟的妻子，以阻止她们归宗这一收继婚习俗，即与中国的乱伦、人身自由、婚姻交换等观念相冲突。蒙古人的这些社会习惯颠覆了传统的家庭权力关系。由于元朝缺少一部内容详尽的法典，中央机构与地方政府的裁决又经常被撤销，使得婚姻与财产问题显得更为混乱与歧异纷呈。到13世纪70年代，婚姻、乱伦、财产支配、人身自由、生育控制、寡妇守节等问题，已进入有关价值观冲突的争论领域，这些冲突可以从司法纠纷与诉讼争议中明显看到。这种氛围为全新思考妇女、婚姻与财产的中国传统价值观与习惯提供了一次机遇。其结果是法律与社会观念均完成了牺牲妇女财产权与人身自由的转变，而这将一直持续到帝国时代的最后时刻。

本研究所探讨的主要对象——男性与女性均拥有一定财产。他们常常拥有少量土地或偶尔仅持有动产。作为纳税户的成员，他们出现在政府的登记册中，而且，虽然他们也许并不富有，但不属于奴隶阶层。这一群体代表了人口的绝大多数，并不仅限于精英阶层。本书所讨论的妇女通常（虽然并不总是）是指正妻或原配。自身可以被买卖的妾与侍婢，有时会在后文出现，但对她们更重要的是叙述而不是因她们代表自由女性；这也是没有财产的任何妇女的潜在命运。

财产及相关社会地位是妇女力量的重要源泉。后文将形象地描写许多在家庭内外行使权力的强势女性。这些资料显示出妇女出庭维护自己的财产权，有时甚至会与她们的亲属对簿公堂。与此同时，本书关注的首要问题是妇女意志行使的范围随着时间的推移而产生的变化。法律、社会结构与观念鼓励并制约着男性与女性行为的可能性。对现存结构的个人挑战，不仅会限定其范围，而且随着时间的推移，也会打破这种范围，使其界限变得不太稳定。本研究所使用的诉讼与其他材料显示出男女双方诉讼当事人、法官个人以及国家对两性角色的不同期待。正是这些差异之处揭示出法律与社会结构的局限性，其中不稳定的领域，以及以后的发展演变。对这些课题的研究揭示出中国中古史时期两性与种族含义的演变与争论，也显示出这种演变与争论是如何体现并贯穿于其他历史发展的。

历史背景

宋代（960—1276）是一个经济繁荣、社会发生巨变与文化光辉灿烂的时代。其精湛的艺术举世闻名，直到今天也为博物馆的参观者们所喜爱。然而，强邻经常发动的战争威胁，却给富庶的社会蒙上了一层阴影。脆弱不堪的和平时代经常被边境战争所打断，最终导致女真人于1127年征服中国北方，结束了北宋的统治；蒙古人于1276年征服整个中国，结束了南宋的统治。

国家转变概貌

宋代社会与之前的唐代社会有着根本性的不同。① 唐代基本上是一个贵族社会（或者说在某种程度上是一种寡头政治），高官显爵被一小部分"大族"所垄断，其成员身份取决于出身血统。与强有力的家族联姻，成为获得财富与地位的最佳途径。② 精英地位与入仕为官紧密相连，官员从相应的一小撮精英中选拔。这一特权集团到唐末动荡时期几乎被消灭殆尽，最终在宋代被更为广泛的、缺少稳定性的精英阶层所取代，这些精英被称作"士"。

宋代新兴起的精英，通过入仕为官、社区领导、学术及财富等一系列行为，来维系他们的地位。在北宋，被郝若贝（Robert Hartwell）称为"职业精英"的相对较少的一部分精英，仍然控制着政府的最高层职位，并以京城作为他们的权力基础。但是，绝大部分官僚已从范围更广的士人阶层选拔，而到南宋时代，那些为数较少的职业精英已融入士人阶层。范围更广的士人集团成员则致力于维护其在家乡府州的地位。他们通过占有土地，通婚，赈济，兴建祠堂、庙宇，兴修桥梁、堤坝，举办其他公共工程，参加科举考试，以及不时出来做官，来达到这一目的。③ 妇女在这些

---

① 对这种不同及其显著特点的概括性描述，最初见于20世纪早期的日本学者内藤湖南（内藤虎次郎，1866—1934）。其摘要，见内藤虎次郎，《概括的唐宋时代观》，《历史与地理》9：5（1922）：1—12页。内藤理论的英文概述，见宫崎市定，《内藤假说概览及其对日本中国研究的影响》，《远东周刊》14：4（1955）：533—552页。对内藤及其研究背景的评价，见傅佛果（Joshua Fogel），《政治与汉学：内藤湖南》（卡布里奇，马萨诸塞州：哈佛大学出版社，1984）。

② 姜士彬（David Johnson），《中世纪中国的寡头政治》（博得，科罗拉多：西景出版社，1977）；姜士彬（David Johnson），《一个大族的最后岁月》，见《哈佛亚洲研究杂志》37：1（1977年6月）：5—102页；伊沛霞（Patricia Ebrey），《早期中华帝国的寡头家族》（剑桥：剑桥大学出版社，1978）。

③ 郝若贝（Robert Hartwell），《中国人口、政治与社会的转化》，见《哈佛亚洲研究》42（1982）：383—394页；韩明士（Robert P. Hymes），《政治家与绅士：北宋与南宋时期江西抚州的精英》（剑桥：剑桥大学出版社，1978）。有关婚姻策略与居住格局变化的结论，也被伊原弘表述过，特别是《有关宋代官僚婚姻的意义》，《历史与地理》254（1976）：12—19页；《南宋四川的定居士人：以成都府路、梓州路为中心》，《东方学》54（1977）。更多有关精英策略与亲属关系（包括血亲与姻亲）重要性的研究，见柏文莉（Beverly Bossler），《权力关系：宋代中国（960—1279）的宗族、地位与国家》（卡布里奇，马萨诸塞州：哈佛大学出版社，1998）。有关信仰中的地方主义倾向，见Ellen Neskar，《先贤崇拜：宋朝（960—1279）地方儒学先贤祠堂的研究》（博士学位论文，哥伦比亚大学，1993）。

努力中发挥了显著的作用。

虽然宋代士人精英不得不运用各种手段来维持或提高他们的地位,但参加科举考试(由家庭中的男性)与得到政府提供的任职机会,一直都是最重要的手段。唐宋精英发生转变的一个重要因素是经过宋朝推广与改革的文官科考制度,这一制度通过基于文学才艺与儒家经典知识的匿名竞争考试,选拔出多达一半的政府新官员。① 从参加文官科考的候选人数量,大致可以推算出士人阶层的范围。参加县试(初试)的成人男性人数,是男性总人口的3%—5%(有些地区多达10%),而且在有宋一代一直在增长。② 这表明精英阶层的比例相对大于同时代的欧洲,也反映出,同以前较少商业化、更为贵族化的唐代社会相比,宋代士人的文化与经济机遇已大大扩展。③

某些学者认为,科举考试促进了社会流动,为官僚体系定期输入了"新鲜血液"。④ 不过,这种意见已被另一种认识所修正,即科举考试选拔的几乎全都是在地方社区已是精英身份的人,在他们的扩大家庭里,通常有其他中

---

① 贾志扬(John Chaffee),《宋代中国学术的荆棘之路:科举的社会史》(剑桥:剑桥大学出版社,1985);李弘祺,《宋代中国的政府、教育与科举》(香港:中文大学出版社,1985);柯睿格(E. A. Kracke),《早期宋代中国的文官:960—1067》(卡布里奇,马萨诸塞州:哈佛大学出版社,1953)。

② 贾志扬(John Chaffee),《宋代中国学术的荆棘之路:科举的社会史》(剑桥:剑桥大学出版社,1985);李弘祺,《宋代中国的政府、教育与科举》(香港:中文大学出版社,1985);柯睿格(E. A. Kracke),《早期宋代中国的文官:960—1067》(卡布里奇,马萨诸塞州:哈佛大学出版社,1953)。

③ 唐代"贵族"(aristocrats)为人口范围非常窄的一部分,非常像中世纪欧洲的骑士与领主精英。见姜士彬(David Johnson),《中世纪中国的寡头政治》。宋代精英更可同英格兰都铎与斯图亚特王朝的"绅士"(gentry)相提并论,所占人口比例相仿,为4%—5%。有关英格兰的例子,见彼得·拉斯莱特(Peter Laslett),《我们失去的世界》(伦敦:梅休因公司,1979),27—28页。中国所见学术与精英之间的联系,被以后时代的欧洲所建立,见劳伦斯·斯通(Lawrence Stone),《英格兰的教育革命,1560—1640》,《过去与现在》28(1964年7月):41—80页。

④ 柯睿格(E. A. Kracke),《帝国统治下中国文官考试中的家族与功名》,《哈佛亚洲研究杂志》10(1947):105—123页;周藤吉之,《宋代官僚制与大土地所有》(东京:日本评论社,1950),33—76页;何炳棣,《中华帝国成功的阶梯:社会流动方面,1368—1911》(纽约:哥伦比亚大学出版社,1962)。

举者或是官员。① 而且，在有宋一代，科举考试作为选拔官员的途径，其重要性越来越脆弱，1046 年的科举考试提供了 57% 的官员，而到 1213 年却只有 27%。② 官僚圈子的其他成员，通过荫补、官学以及适用于特定群体、缺少竞争力的特殊考试等多种形式获得职位。③ 作为其中最重要的形式，荫补基于家族关系，即通过亲属关系而获得。这样一来，通过女性而实现的家庭关系、婚姻纽带与妆奁交易，成为男性精英策略的一个重要方面。

具有讽刺意味的是，即使正规科举考试作为政府选官的一种形式越来越不重要，趋之若鹜的文人仍然越来越多。在整个宋代，即使是最初级别的考试，竞争也日趋激烈，通过率下降到一百人或超过一百人取一名。④ 由于宋代人口增长迅猛，做官的人均比例越来越低。这意味着绝大多数精英再也不能依靠国家谋求地位，这种地位往往表现为政府实任官职，或是能提供虚职并有望最终获得实际任命的科举功名。不过，尽管如此，参加科举考试对创造精英地位本身越加显得重要。它在一定程度上确保了财富、教育与当地的联系，也使那些已经被赋予的特权合法化。由于科举考试的成功概率越来越小，仕宦与为其而准备的教育之间的对立加深。儒家经典教育本身成为地位的一种粉饰。在此背景之下，南宋朱熹（1130—1200）领导下的儒学改革团体，宣扬学术本身即是目的。在看到朝廷中的朋党政治与中央政府改善地方状况的行动失败后，他们强调直接来自经典的知识对个人修身与社区复兴的价值，并将其与仕宦分离开来。大体上，他们宣扬一种对大多数精英而言已不可或缺的美德：追求无关乎由此获取官位的研究。他们强调教育对复杂的社会改革目标而言，有着广泛甚至是

---

① 韩明士（Robert P. Hymes），《政治家与绅士》，特别是第 1 章与第 2 章。对参加考试的人有各种限制，每一位候选人必须由当地官员推荐；贾志扬（John Chaffee），《宋代中国学术的荆棘之路》，53—61 页。对地方精英可将候选人排斥于府州考场之外，及由此限制竞争与社会流动的程度，有着不同观点。见贾志扬（John Chaffee），《宋代中国学术的荆棘之路》，60 页及 223 页注 97；韩明士（Robert P. Hymes），《政治家与绅士》，42—46 页。有时会在朝廷争论某些参加考试的候选人的资格，例证可见《名公书判清明集》（北京：中华书局，1987），97—98 页。

② 贾志扬（John Chaffee），《宋代中国学术的荆棘之路》，26—27 页。

③ 不同时期有关补充官员的各种重要方式，见贾志扬（John Chaffee），《宋代中国学术的荆棘之路》，特别是第 2 章。梅原郁，《宋代官僚制度研究》（京都：同朋舍，1985）。荫补入仕表明世袭特权在宋代并没有完全消失。

④ 贾志扬（John Chaffee），《宋代中国学术的荆棘之路》，35—37 页。由于政府配额滞后于人口增长，通过率因府州差异而有巨大不同。某些地区，特别是东南地区及福建，数百名候选者中才能有一人获得进士头衔。

导 论

无所不包的实用性。①

发生在宋代，使宋代精英不得不加以应对的经济变革，已被恰如其分地描绘成"经济革命"。② 农业与交通的技术发展改变了人们的日常生活，这种条件下所产生的社会，让宋之后个别亲身经历的欧洲人惊叹不已。③ 早熟的占城稻的新品种，在宋代早期，已被从东南亚引进国内，施肥、灌溉、选种与收割方面的改进创新，更是促进了农业产量的巨大增长。④ 这些增长使得维持更为庞大的人口成为可能。中国的人口数量从8世纪到11世纪翻了一番，而几乎所有的增长都发生在盛产稻米的南方。⑤ 唐朝已经通过运河系统，试图攫取稻米产区的农业财富，把长江下游的税米运到京师长安。⑥ 宋朝把京城设在远在东面的开封，位置更接近通往长江下游地区的运河，这反映出东南地区在当时经济中日益增长的重要地位。

宋代的商业扩张在任何方面都远远超越了唐代。由于商业贸易打破了政府管理的界限，唐代的物价控制体系与严格管理下的市场已经崩溃。⑦ 甚至是偏远的乡村地区也被纳入市场销售网络，这刺激了用来进行贸易的农副产

---

① 有关这些发展的讨论，见包弼德（Peter Bol），《宋代考试制度与士》，《亚洲专刊》，第3系列，3：2（1990）：149—171页；包弼德（Peter Bol），《朱熹对文人学习的再定义》，与狄百瑞（Theodore de Bary），《朱熹作为教育家的目标》，均见狄百瑞与贾志扬编，《新儒学教育：形成阶段》（伯克利：加利福尼亚大学出版社，1989）。

② 伊懋可（Mark Elvin），《中国过去的模式》（斯坦福，加利福尼亚：斯坦福大学出版社，1973）。

③ 如见马可波罗的记载（虽然他也许报道的是二手信息）；Ronald Latham 译，《马可波罗游记》（纽约：企鹅丛书，1980），特别是第4章与第5章。

④ 何炳棣，《中国历史上的早熟稻》，《经济史评论》，第2系列，9：2（1956）：200—218页。伊懋可（Mark Elvin），《中国过去的模式》，121—124页。农业进步绝不是普遍的，而种植与科技的地区性变化则是惊人的。见周藤吉之，《宋代经济史研究》（东京：东京大学出版会，1962），73—206页；斯波义信，《宋代江南经济史研究》（东京：东京大学东洋文化研究所，1988），特别是137—165、365—449页。

⑤ 何炳棣，《宋金时代中国总人口的估计》，《宋代研究》，第1系列，第1号（海牙：Mouton，1970），33—53页；毕汉斯（Hans Bielenstein），《中国历史人口统计学：公元2世纪—1982》，《远东文物博物馆公报》第59号（1987），1—288页；郝若贝（Robert Hartwell），《中国人口、政治与社会的转化》，383—394页。

⑥ 杜希德（Denis Twitchett），《唐朝的财政管理》（剑桥：剑桥大学出版社，1963）。

⑦ 加藤繁，《中国有关"行"或商人协会》，《东洋文库欧文纪要》第9号（1936）；杜希德（Denis Twitchett），《晚唐的商人、贸易与政府》，《亚洲专刊》，新系列，14：1（1968）：63—93页。

品的生产，虽然这一发展即使在经济发达的长江下游也非常不平均。① 由于土地税收停滞不前，商税与国家专卖所得已成为宋朝政府收入的一个主要来源。商人将种类极为广泛的商品带到都市。② 货币——金、银特别是铜钱的使用，贸易民间化，以及政府纸币的发行——世界上首次出现，都促进了商业贸易的发展。③ 正如宋代史料所显示的，贯——1000铜钱（实际数目有少至770的差异）成为交易的标准媒介单位。运输网络与产品的多样化使宋代的乡镇与城市空前增长。像杭州这样的都市，人口可能已逾百万，其所代表的城镇化率直到12世纪才被超过。这些乡镇与城市转而成为工业产品的中心。④

乡镇与城市也是学术的中心。7世纪印刷术的发明及其在宋代的迅速推广，使更多的人有机会接受教育。⑤ 教育更为普及，使得帝国越来越多的地区、越来越多的人有志于儒学培养，这种培养可以帮助他们成功地通过科举考试，开始仕宦生涯。这也有助于增加精英阶层的范围，赋予其成员文人的特征。印刷术与书籍出版业兴盛起来，而且超出了官方儒学经典的印刷范围。特别是在王朝后半期，书商出版了很多种类的书籍。这些书籍的内容非常广泛，涉及农业、医药、家训、判例、各种注解以及地方史等。今天的宋史研究正是得益于这些当时所印刷的卷帙庞大的书籍。

同唐代相比，另一个重大变化是土地自由买卖不可逆转地向前发展。

---

① 斯波义信著，伊懋可（Mark Elvin）翻译编辑，《宋代中国的商业与社会》（安阿伯：密歇根大学中国研究中心，1970）；斯波义信，《长江下游流域的都市化与市场发展》，见海格尔（John Haeger）编，《宋代中国的危机与繁荣》（图森：亚利桑那大学，1975）；斯波义信，《宋代江南经济史研究》。

② 格鲁塞（Jacques Gernet），H. W. Wright 译，《蒙古入侵前夜中国的日常生活》（斯坦福，加利福尼亚：斯坦福大学出版社，1962），特别是44—51页；斯波义信，《宋代中国的商业与社会》；斯波义信，《宋代商业史研究》（东京：风间书房，1968）；柯林·杰夫考特（Colin Jeffcott），《政府与宋代城市中的分配体系》，《远东史研究集刊》1（1970年3月）：119—152页。

③ 杨联陞，《中国货币与信贷简史》（卡布里奇，马萨诸塞州：哈佛大学出版社，1952）；郝若贝（Robert Hartwell），《北宋早期的发展》，《美国东方学会杂志》87（1967）：280—289页。万志英（Richard von Glahn），《财富之源：中国的货币与货币政策，1000—1700》（伯克利：加利福尼亚大学出版社，1996）。

④ 施坚雅（G. William Skinner），《前言：中华帝国的城市发展》，见施坚雅编，《中华帝国晚期的城市》（斯坦福大学出版社，1977），9—131页；郝若贝（Robert Hartwell），《11世纪中国冶铁业发展中的市场、科技与企业结构》，《经济史杂志》26：9（1966）：29—58页；郝若贝，《中国煤铁工业的革命》，《亚洲研究杂志》21（1962）：153—162页。

⑤ 托马斯·卡特（Thomas Carter），《中国印刷术的发明及其西传》（纽约：哥伦比亚大学出版社，1925）；杜希德（Denis Twitchett），《中世纪中国的印刷与出版》（纽约：Frederic Beil，1983）。

政府在"均田制"下定期重新分配土地,以控制土地占有的努力,到唐代后期已经失败。宋朝政府虽然也有限制大土地所有制的一些局部尝试,但从总体而言,很少对私有土地交易进行限制。① 土地是一种重要的商品与财富。② 被称作"砧基簿"的政府籍册,登录了土地所有者,以及盖有政府印章、证明典质或买卖合法有效的书面契约。定期更新籍册显然行不通,所以私契逐渐成为法官据以判断土地所有权的文件。③ 这种契约总是记载这一财产是否属于"妆奁财产"(妇女的财产),"妆奁财产"是会享受到法律的特殊待遇的。除了珠宝、婢女与可以带走的家庭用品外,土地通常可作为宋代精英妇女出嫁时的妆奁。

土地经常同耕作土地的雇农或长工一起被出卖。宋代存在着各种不同等级的被奴役阶层。被奴役阶层,有依附关系严格的农业或家庭奴仆,也有义务较为宽松的雇农,后者有按契约耕种土地的权利,自身也有拥有其他土地的权利。那种认为整个宋代中国盛行一种"庄园制度"的观点,已被柳田节子最先提出的另一观点所取代。这种观点认为,在宋代可找到一系列地位不等的阶层。在地理位置不同的地区,占统治地位的土地所有制也不尽相同。④

---

① 周藤吉之,《中国土地制度史研究》(东京:东京大学出版会,1954),537—602页;周藤吉之,《唐宋社会经济史研究》(东京:东京大学出版会,1965),233—320页。当土地出卖时,优先购买者为亲属与近邻,不过,这并不必然影响土地市场的流动性。有关私有土地发展的一般情况,见仁井田陞,《中国法制史研究》,第4卷《法与习惯,法与道德》(东京:东京大学出版会,1964;1991年再印)。有关这些问题精彩的英文概述,见杜希德(Denis Twitchett),《唐宋时代中国的土地占有与社会秩序》(伦敦:牛津大学出版社,1962),特别是25—29页。

② 葛平德(Peter Golas),《宋代中国的农村》,《亚洲研究杂志》39:2(1980年2月):299—300页。最近强调宋代土地对精英的重要性的研究为漆侠,《宋元时期浦阳郑氏家族之研究》,见《刘子健博士颂寿纪念宋史研究论集》(东京:同朋舍,1989),159—166页。系统考察宋代以后土地占有对精英的重要性的研究为希拉里·贝蒂(Hilary Beattie),《中国的土地与宗族:明清时代安徽桐城的一项研究》(剑桥:剑桥大学出版社,1979)。

③ 从依靠政府登记到签订私契以证明土地所有权的发展过程,见韩森(Valerie Hansen),《传统中国日常生活中的协商》(纽黑文,康涅狄格:耶鲁大学出版社,1995)。

④ 柳田节子,《宋代土地所有制所见两种类型:先进与边境》,《东洋文化研究所纪要》29(1963):95—130页。柳田节子的研究已为葛平德(Peter Golas)《宋代中国的农村》所推进。她简单的"先进与边境"二分法领域已被周绍明(Joseph McDermott)所改进,见《探究空白与争议地区:宋代土地占有的问题》,《亚洲研究杂志》44:1(1984):13—41页。旧观点认为,在乡村占统治地位的是由受奴役的租佃农奴耕作的庞大的联合庄园制度。这一观点由周藤吉之详尽提出(尤其是他的《中国土地制度史研究》),并被伊懋可(Mark Elvin)吸收介绍给英语读者,见《中国过去的模式》,69—83页。与之对立的观点则认为,佃户与地主之间结成契约关系,并在小块土地上耕作,才是正常现象。这一观点由宫崎市定提出,见《宋代以后的土地所有形式》,《亚洲史研究》,第4册(京都:东洋史研究会,1964),87—129页。柳田节子的研究则是协调这两个极端的观点。

各个阶层所面临的经济风险，给经济的快速发展蒙上了一层阴影。市场的扩大不仅带来了新机遇，也带来了新风险。在很短的时间里，有时仅在一代之内，家庭就可致富，或者更有可能陷入贫困。即使是高官也无法保证他们的直系子孙可以享有他们曾有过的辉煌。① 一本全新风格的家族指导书强调，精英家族应建立在合理的家庭财政基础之上，应对维持财富与地位予以关注。② 妻子在家庭财务管理与家庭约束方面发挥着重要作用。（第三章考察了儒家作者对此类女性责任所给予的持续增长的重视）。

妇女非常容易失去自己的地位。精英阶层的增长使妾与婢女的市场需求扩大。③ 当父母双亡或因其他原因被剥夺财产时，妇女很容易沦落为受奴役阶层。肆无忌惮的人口贩子在将女孩变卖为奴时，毫不理会她们的家庭背景或出身。男性也可以被卖为家仆或奴隶，但出身知识阶层的男性不大可能沦落为奴。他们通常有指望可以找到某种以知识技能为背景的职业，有可能是教师或者是小吏。有知识的妇女，如果有姿色的话，更有可能成为妾，或者是与高官来往的高级妓女。

对妇女而言，另一个非常显著的变化是缠足的推广。传统记载认为缠足起源于10世纪（宋以前）的宫廷舞女。在11世纪与12世纪，这一习俗开始从娱乐圈扩展到精英家庭，既有妻子，也有婢女。考古证据显示，到13世纪，缠足在南方精英妇女中间几乎已得到普及。大致与此时代同

---

① 这一点为柏文莉（Beverly Bossler）所强调，虽然崛起的可能性也许没有她所认为得那样大。见《权力关系》，特别是第2、第4、第5、第9章与结论。

② 这些著作中最有名的已被伊沛霞（Patricia Ebrey）翻译，《宋代中国的家族与财产：袁采世范》（普林斯顿，新泽西州：普林斯顿大学出版社，1984）。参见她的介绍，特别是41—44页，对其他部分的讨论。周绍明（Joseph McDermott），《南宋家庭财政计划》，《亚洲专刊》，第3系列，4：2（1991）：15—78页。

③ 伊沛霞（Patricia Ebrey），《内闱：中国宋代妇女的婚姻与生活》（伯克利：加利福尼亚大学出版社，1993），217—235、265—270页；伊沛霞，《宋代中国的妾》，《家庭史杂志》11（1986）：1—24页；伊沛霞，《妇女、金钱与阶级：司马光与宋代新儒学对妇女的看法》，《前近代中国社会与文化论文集》（台北："中研院"史语所，1992）。这些研究包括许多宋代出身名门的女孩子被卖为奴的例子。还可见葛希芝（Hill Gates），《中国妇女的商品化》，《标识》14：4（1989年夏）：799—832页。

时，我们也发现一位散文作家反对缠足，认为这给女孩子带来了可怕的痛苦。① 提倡妇女与世隔绝的儒学改革家们，被指责应对缠足负责，但实际上他们似乎并没有为缠足推波助澜。没有直接证据显示他们赞成缠足。毫无疑问，缠足刚开始时是一种色情习俗，与此观点相一致的是，儒学改革运动的创始人程颐（1033—1107），他的女性后裔直到元朝初年也没有缠足。② 令人感兴趣的是思考缠足与道德冲突之间可能存在的联系，这或许与我在本书中所描述的财产法律的演变有类似之处。可以认为，缠足逐渐被与中国文化的精妙细致联系起来。相比之下，蒙古与中国其他草原近邻的妇女从不缠足。不过，非常遗憾的是，现存史料并未提及缠足与本书所描述的妇女生活演变之间有意义的联系。鉴于法律文献与本书所使用的其他材料非常缺乏缠足的记载，在发现更多新材料之前，这个问题只能搁置一边。

宋代经济与社会的变革刺激了家族组织的变化，也就是说，刺激了有组织的宗族集团的发展，这些变化中相当多的部分与妇女及财产问题有关。虽然中国帝制时代晚期庞大的公共地产在宋元时代还没有出现，但10—14世纪却经历了加强男性集团纽带的所有活动与制度的发展。其中最早出现的现象之一就是宗族墓祭。这开始出现于唐代的平民中间，极有可能受到佛教葬礼的影响，但在宋代却变得更为复杂与重要。崇敬更为久远、常常是最早被安葬在某一地区的祖先，并在同一天相聚，使血缘关系更远的男性亲属纽带得以产生。新的关注是将男性亲属按照父系排列次序（一项也许与风水要求冲突的壮举）安葬在一起，并保存古老的墓址。到南宋时代，我们发现更多的文献提到公共土地被划拨出来，用作墓址并举

---

① 《脚气集》（百部丛书集成本），1：22a 页；伊沛霞（Patricia Ebrey），《内闱》，40 页。进一步的讨论，见李豪伟（Howard Levy），《中国人的缠足：一种奇特的性风俗史》（纽约：Walton Rawls, 1966）；伊沛霞，《内闱》，37—43 页。一位来自福建福州叫黄升的妇女，下葬时缠足，脚上穿着小鞋子；另外有 5 双约 5.3—5.6 英寸长、不足 2 英寸宽的鞋子陪葬。福建博物馆编，《福州南宋黄升墓》（北京：文物出版社，1982），8、9、19 页，图版 62。更多的考古证据，见江西省文物考古研究所等，《江西德安南宋周氏墓清理简报》，《文物》第 9 期（1990）：1—13 页；衢州市文管会，《浙江衢州市南宋墓出土器物》，《考古》第 11 期（1983），1007 页。

② 《湛渊静语》（丛书集成本），1：1b—2a 页。

行墓祭仪式。①

与这些普遍发展同步进行的是精英们加强宗族集团稳固与儒家礼仪的努力。儒学复兴运动者们重新强调祖先崇拜，并试图用儒家思想为指导的礼仪取代佛教与道教的丧葬仪式。② 一些人甚至主张复兴一种（假定意义上）古老的家族组织制度——宗法，官位与资源均由一个宗族的嫡系控制，不过这一观点是无法实现的。③ 更为引人注目的是族谱的修纂，族谱的修纂由北宋时一些国家精英发展到南宋时任何可以负担此事的人。到元代，族谱已发展成由著名文人撰写序言从而增色不少的印刷品。这些族谱排列了范围极广的族人，由此产生了范围极广的公共联系网络。④ 公共祠堂更进一步宣扬了宗族的声望与在当地的地位。更为雄心勃勃的活动是建立义庄。义庄作为促进儒家信仰、道德与家族福利活动的制度，是由范仲淹（989—1052）开创的，具有指导意义。尽管有免税及其他国家政策支持，范仲淹及其他人早期建立的义庄常常失败，义庄成员家庭只好在经济上自谋生路，通常是转而向女儿与姻亲寻求帮助。⑤ 比较成功的活动，则是集中宗族财力，在宗族公共墓地与为宗族仪式捐献土地方面所进行的有限努力。

总之，上述制度与习俗，尤其是在宋代中国，产生了新的宗族意识与

---

① 对这些问题，伊沛霞（Patricia Ebrey）有最好的描述，见《后裔群体组织发展的早期阶段》，伊沛霞与华生（James Watson）编，《中国帝国晚期的亲属关系组织》（伯克利：加利福尼亚大学出版社，1986），16—61页。有关宋代以后的宗族类型，见此书其他论文，有关宗族的经典报道，见莫里斯·弗里德曼（Maurice Freedman），《中国宗族与社会：福建与广东》（伦敦：阿斯隆出版社，1966；1971年再印）；莫里斯·弗里德曼，《中国东南的宗族组织》（伦敦：阿斯隆出版社，1958）；裴达礼（Hugh Baker），《中国的家族与血统》（纽约：哥伦比亚大学出版社，1979）。

② 见伊沛霞（Patricia Ebrey）译著的介绍，《朱熹"家礼"：一本12世纪有关冠礼、婚礼、葬礼与祭礼的手册》（普林斯顿，新泽西州：普林斯顿大学出版社，1991）；伊沛霞，《中华帝国的儒学与家礼：有关礼仪著述的社会史》（普林斯顿，新泽西州：普林斯顿大学出版社，1991），68—102页。

③ 伊沛霞（Patricia Ebrey），《宋朝家族的概念》，《亚洲研究杂志》43：2（1984年2月）：219—246页。

④ 韩明士（Robert Hymes），《宋元时代抚州的婚姻、后裔群体与地方策略》，伊沛霞与华生（James Watson）编，《中国帝国晚期的血缘关系组织》，95—136页；森田宪司，《宋元时代的修谱》，《东洋史研究》37：4（1979）：27—53页。柯胡（Hugh Clark）已经发现许多南宋福建的宗谱写本。我要感谢他同我讨论他尚未发表的发现。

⑤ 杜希德（Denis Twitchett），《范氏义庄：1050—1760》，倪德卫（David Nivision）与芮沃寿（Arthur Wright）编，《儒学表现》，97—133页；万安玲（Linda Walton），《宋代中国的亲属、婚姻与身份：宁波楼氏研究，1050—1250》，《亚洲研究杂志》，18：1（1984）：35—77页。

地方族人联系纽带。这样的族人不愿意让财产由出嫁的女儿带离本族,他们更愿意而且能够对以前传给亲生女儿的财产提出要求。宗族长辈,甚至是远亲的言辞,在法庭获得尊重,而宗族认同与共同行动也越来越常态化。到元朝末年,共同的族产在南方已有牢固的基础。对南方许多人而言,由于宗族成员广泛地参与宗族活动与制度,家庭事务已成为宗族事务。这扩大了宗族集团对财产如何转移的关注,而这将对妇女产生不利影响。

宋朝面临境外各民族的经常性威胁。它被一些非汉族国家所包围,不得不承认这些国家在国际舞台上的平等地位,而这些国家分别占领了以前中国王朝所控制的领土。早在937年,包括现在北京地区在内的北方十六州,就已经被割让给非汉族的契丹王朝——辽朝。同其他草原政权一样,契丹人将其强大骑兵投入战场,对中国腹地造成严重威胁。1004年,宋朝结束抵抗并同意签订一项屈辱条约,条约要求宋朝每年缴纳大宗丝绸、银两,并承认宋、辽皇帝的平等地位。① 在西北,佛教王国——夏(或作西夏)由藏族的一支——党项人统治。宋朝输掉了征服这一地区的战争,并在1006年签订了一项条约,这一条约一直维持到11世纪40年代。

为了应付外来威胁,宋朝政府不得不维持一支庞大的常备军,而为了防止国内地方部队的威胁,宋朝又由京城提供军饷并指挥军队。战争压力与军事需要导致了对国库的空前需求,这促成了11世纪的政府改革运动。其中最著名的人物是王安石(1021—1086),他于1068—1076年担任宰相。王安石与年轻的神宗皇帝发起了一场名为新政的运动,试图通过经济行动与政府干预来发展经济、充实国库。② 尽管遭到强烈反对,而且在

---

① 陶晋生,《天有二子:宋辽关系研究》(图森:亚利桑那大学出版社,1988);王赓武,《小帝国的辩术:宋初与其邻国的关系》,罗沙比(Morris Rossabi)编,《平等国家中的中国》(伯克利:加利福尼亚大学出版社,1983),47—65页。有关辽朝的更多研究,见魏特夫(Karl A. Wittfogel)与冯家昇,《中国社会史:辽》(费城:美国哲学学会,1949);杜希德(Denis Twitchett)与克劳斯·彼得-蒂兹(Klaus Peter Tietze),《辽》,傅海波(Herbert Franke)与杜希德编,《剑桥中国史》第6卷,"异族王朝与边疆国家,907—1368"(剑桥:剑桥大学出版社,1994),43—153页。

② 刘子健,《宋代中国的改革:王安石(1021—1086)及其新政》(卡布里奇,马萨诸塞州:哈佛大学出版社,1959)。王安石的经济激进主义、与军事和安全需要的联系以及后果,史乐民(Paul Smith)有很好的描述,见《繁重的天库:马、官僚及四川茶业的崩溃,1074—1224》(卡布里奇,马萨诸塞州:哈佛大学出版社,1991)。

1085—1100年还曾出现过改革逆转，王安石的政策直到1126年还是在某种形式上得到发展，这导致了使国家大伤元气的朝廷党争，并使南宋统治期间中央政府的信心全面丧失。1127年中国北方的沦陷极大地支持了反王安石的观点，他们将这一事件归咎到一位拥护王安石的宰相身上。

在12世纪早期，来自东北地区的一支通古斯民族——女真强大起来并建立了自己的王朝——金。女真人的生产方式多种多样：狩猎、渔业、牧牛以及农业。虽然骑马是女真文化的一个重要部分，但女真人并非游牧民族。女真人很快就开始威胁辽朝，而希望收复失地的宋朝，则设法与他们结成军事同盟。这一失策所造成的后果，到辽朝抵抗迅速失败，最后一位辽朝皇帝1225年被俘时，已非常明显了。金朝随后发动了对宋朝的全面进攻，并在1126年包围京城开封。开封在1127年初陷落，许多皇室成员与无数官员大臣屈辱被俘，北宋时代就此终结。女真人继续进攻，侵入长江以南，甚至进入了浙江。宋朝一位皇子被拥立为新皇帝，开始了南宋时代。不过，在15年的时间里，宋朝政府残部为躲避女真人的进攻，不得不从一个地方逃到另一个地方。1238年，朝廷终于可以在杭州建立一个较为安全的都城。1142年与金朝签订的合约，确定以黄河与长江之间的淮河作为两国的边界。①

南宋统治期间，京城位于中国繁华的心脏地带。尽管与金朝不时发生战争，支付大量赔款，且仅拥有半壁江山，但南宋王朝总体上已达到北宋曾有过的繁荣局面。国家所不断面临的外来威胁，同社会与经济的飞速发展结合在一起，形成重新思考社会政策与文化价值的背景，这成为南宋知识分子生活的主要特色。这种重新思考为元代发生的国家转变做好了准备。

北方的金朝很快就面临来自可怕的蒙古人的外来威胁，后者正在对整个亚洲进行征服。1211年，成吉思汗将他的注意力转向中国北方，通过一

---

① 有关这些进展，蒙古人及其征服的报道，见牟复礼（Frederick W. Mote），《中华帝国900—1800》（卡布里奇，马萨诸塞州：哈佛大学出版社，1999），第9、第10、第12、第18章；傅海波（Herbert Franke）与杜希德（Denis Twitchett）编，《剑桥中国史》第6卷，特别是第3—5章。金朝的相关研究，还可见傅海波与陈学霖，《女真与金朝研究》，集注版研究系列：CS591（奥德肖特，英格兰：阿什盖特出版公司，1997）；陶晋生，《12世纪中国的女真》（西雅图：华盛顿大学出版社，1976）；田浩（Hoyt Cleveland Tillman）与奚如谷（Stephen H. West）编，《女真统治下的中国》（奥尔巴尼：纽约大学出版社，1995）。

系列入侵，成功地占领了金朝的大片领土。到1234年（成吉思汗1227年去世后），金朝被蒙古人灭亡。① 对中国南方的进一步征服延缓下来，这是由于蒙古人的内部原因，而非宋朝的有效抵抗。到1276年，蒙古人控制了整个中国南方，最后一位宋朝皇帝1279年死在海上。

如果我们将其理解为代表生产与再生产的两种全球基本体制的碰撞，其重要性是可以得到正确认识的。这两种制度，社会人类学家杰克·古迪（Jack Goody）称为非洲型与欧亚型，分别与游牧类型和定居类型相对应。② 以中国为范例的欧亚型，占统治地位的是固定农业、复杂的社会等级与阶级差别，以及通常由此将财产转移到妇女手中的陪嫁制度［杰克·古迪称这种制度为"分散式转移"（diverging devolution）］。相比之下，与蒙古社会相类似的非洲型，以游牧生活或者说移动农业，经济地位相对平等，较少阶级差别，以聘礼（也就是说，新郎支付新娘家的补偿）为主而较少嫁妆的婚姻关系为特征。中国人承认复杂的土地权利，政府强调依靠土地征税；相反，蒙古人想的却是从控制人，而不是从控制土地的角度出发。这将导致元朝统治下不同的赋役形式（比如更加强调劳役与世袭军户制度），而这对妇女而言意义深远。

地方状况：福建建宁县

宋朝与蒙古入侵的国情构成了本书的大背景，不过本书所使用的相当多的证据与福建北部地区，尤其是建宁县有关。我据以得出许多结论的北宋与元代的两部案例集，均产生于建宁。当时建宁为这一时期的一个商业出版中心。此外，建宁还是儒学复兴运动的一个主要中心，而这对我们的故事非常重要。复兴运动的最有影响力的领导人朱熹（1130—1200）的家即在此地。而且，朱熹的女婿黄榦（1152—1221）在那里担任过地方官，

---

① 有关宋朝对这些事件的反应，见查尔斯·彼得森（Charles A. Peterson），《旧幻想与新现实：宋朝的外交政策，1217—1234》，罗沙比（Morris Rossabi）编，《平等国家中的中国》，204—239页。

② 古迪（Goody）首次提出非洲与内陆欧亚（印度也属这种情况）的区别，见杰克·古迪（Jack Goody）与坦姆比亚（S. J. Tambiah），《聘礼与嫁妆》（剑桥：剑桥大学出版社，1973）。古迪进一步发展了这一观点，见《生产与再生产：一项家内领域的比较研究》（剑桥：剑桥大学出版社，1976）；包括中国在内最彻底的分析，见《东方世界、古代世界与远古世界》（剑桥：剑桥大学出版社，1990）。

他的学说极大地影响了元代儒学。我书中许多史料的作者也与这个地方有关。正是由于这些原因，建宁的地方状况值得特别重视。在许多方面，这些状况所反映的发展适于描述整个国家。

公元 621 年建宁地区成为州，① 在宋代由 7 个县组成：建安、建阳、崇安、瓯宁、浦城、松溪与政和。② 1162 年高宗皇帝临时驻跸此地后，建宁由"正规"的州升为"较高规格"的府，名称也由建州改为建宁府。

同整个福建地区一样，建宁的户口在宋代早期增长迅速，而且在整个宋代都持续增长。现存 980—1080 年的户口调查数据显示，在这一百年内，建宁的户口翻了一倍多，几乎达到 200000 户。③ 根据 1162 年的户口调查，建宁的户口又一次翻番，超过 400000 户。与此类似，福建的户口在宋代增加了 4 倍，在 1225 年达到 170 万户。④

建宁是一个多山的内陆地区，远离福建沿海贸易中心福州与泉州。不过，路经府治的贸易路线使建宁免于闭塞，并使建宁的精英能跟上帝国其他地区的发展。这一地区的茶叶在整个帝国是最被看重的，而木材、丝绸、纸张与陶瓷也都从这一地区出口。⑤

建宁地区的建阳县是繁荣的出版贸易业中心。各个方面的书籍产自建阳的印刷中心麻沙与书坊，并远销整个东亚。⑥ 现存的出自这些书坊的庞

---

① 福建北部直到 7 世纪的移民浪潮来临才完全并入汉族文化圈，这一时期，有不少繁荣的贸易路线从沿海通过建宁地区到达闽江。毕汉斯（Hans Bielenstein），《中国直到唐末为止的福建殖民》，见易家乐（Soren Egerod）编，《庆祝高本汉七十岁论文集》（哥本哈根：埃及纳·蒙斯卡出版社，1959），102—111 页；Hugh Clark，《乡镇、贸易与网络：从 3—13 世纪的福建省南部》（剑桥：剑桥大学出版社，1991），7—18 页；苏基朗，《福建南部的经济发展，946—1276》（澳大利亚国立大学，博士学位论文，1982），12 页。

② 有些县在整个宋元时代曾更换过名字。见 Hope Wright，《宋代中国按字母顺序排列的地名索引》（巴黎：高等研究实验学院，1956）。

③ 这些数据来自《太平寰宇记》与《元丰九域志》；见 Clark，《乡镇、贸易与网络》，74—75 页；和毕汉斯（Hans Bielenstein），《中国历史人口统计学》，75 页。宋代的户口统计并不全面，且仍未能完全解读，但在再现这里叙述的基本趋势时，则是可靠的。

④ 户口数据来自《宋史》（北京：中华书局，1977），卷 88—90。此外，南宋路一级的户口总数，绝大部分来自《宋会要》，并再现于 Clark，《乡镇、贸易与网络》，74 页；和毕汉斯（Hans Bielenstein），《中国历史人口统计学》，77—79 页。

⑤ 斯波义信，《宋代中国的商业与社会》，183 页。有关这一地区以后的茶叶生产，见 Robert Gardella，《丰收之山：福建与中国的茶叶贸易，1757—1937》（伯克利：加利福尼亚大学出版社，1994）。

⑥ 见贾晋珠（Lucille Chia），《盈利的出版业：（宋明）福建建阳的商业出版》（哥伦比亚大学，博士学位论文，1996）。产自麻沙与书坊的书籍今天仍有残留，有些还被复制给来访者。

大书籍，成为本研究许多史料的来源。

建宁有着浓厚的学术与教育传统。这一地区在北宋期间产生的进士总数达 809 人，比任何其他府州的进士都要多。这一势头在南宋时期仍保持良好，整个宋代建宁总共有 1318 名进士，仅次于其在福建的近邻福州。① 作为著名哲学家朱熹的家乡，建宁自然成为儒学复兴主义——道学运动的一个中心。其学说通过私人书院进行传播，仅在建阳县即建有书院七座之多，其中最重要的当属朱熹讲授所在的考亭书院。供奉儒学先哲的为数众多的祠堂常常设于书院内，进一步推动了儒学礼仪、信仰及研究。②

福建盛行各种宗教。③ 在宋以前，这一地区由闽国（879—978）统治，这是一个佛教国家。被宋朝征服后，佛教当权者的力量保留了下来。福建全部被开垦的土地，在北宋有 1/3，在南宋有 1/5，都被佛教寺院控制。④ 佛教僧侣的数量也很多，特别是在东南沿海的城市，这似乎反映了人口增长的压力。⑤ 在远离沿海佛教中心的建宁，世俗佛教运动盛行。到宋末及入元之际，建阳的白莲会特别兴盛；追随者们建起了祭祀殿堂、桥梁以及其他公共设施。⑥ 摩尼教在福建有许多信徒，其他流行的宗教运动也是如此。不了解情况的官员将各派信徒都归为可怕的摩尼教徒或"吃菜事魔者"，他们担心这些人会引起地方叛乱。⑦ 福建在宋代（正如今天那样）还

---

① 贾志扬（John Chaffee），《宋代中国学术的荆棘之路》，149、197 页。福建的福州在宋代有 2799 名进士。

② 李弘祺，《福建建阳的新儒学教育，1000—1400 年：书院、社团与地方文化的发展》，《国际朱子学会议论文集》（台北："中研院"，1993），945—996 页；陈荣捷，《朱熹与书院》，见狄百瑞与贾志扬编《新儒学教育》，特别是 400—401 页；有关儒学祠堂的更多研究，见 Ellen Neskar，《先贤崇拜》；至于建宁的学术声誉，见斯波义信，《宋代中国的商业与社会》，181—182 页。

③ 这一传统延续到今天。据认为，那里基督教的恢复，比中国任何其他省份都要迅猛（根据 1988 年 9 月在福建建阳同官员与神职人员的私下交流）。

④ 竺沙雅章，《中国佛教社会史研究》（京都：同朋舍，1982），151 页。至于宋以前，见薛爱华（Edward Schafer），《闽国》（Rutland, Vt: Charles E. Tuttle, 1954）。

⑤ 竺沙雅章争辩说僧侣差不多占男性人口的 0.5%。《中国佛教社会史研究》，158 页。

⑥ 田海（Barend ter Haar），《中国宗教史上的白莲教教义》（莱顿：E. J. Brill, 1992），特别是 80—82、93—96 页。

⑦ 竺沙雅章，《中国佛教社会史研究》，199—260 页；田海（Barendter Haar），《中国宗教史上的白莲教教义》，48—55 页。还可见格鲁塞（Gernet），《蒙古入侵前夜中国的日常生活》，208—210 页；以及欧大年（Daniel Overmyer），《中国民间宗教教派研究》（卡布里奇，马萨诸塞州：哈佛大学出版社，1976），77 页（引自洪迈，1202）

以阴阳学的一个主要流派而闻名。①

我们仅存的一些证据显示，福建北部多山地区大多由小土地所有者耕种。租佃也非常普遍，土地常常通过买卖或抵押（或继承）而转手。长江上游周边地区所特有的附带受契约束缚的雇农的庄园制，在建宁并未出现。② 土地被密集开垦，而这一地区的许多山坡有可能被建成梯田。

年景好的时候，建宁生产的稻米，不仅能满足当地需要，还能输送一些到沿海府州，那里也从海上进口稻米。③ 早熟的占城稻在贫瘠的丘陵土壤地区生长良好，但农民不得不耕种、销售缺少黏性的、晚熟的品种以缴纳税收与地租。④ 来自武夷山脉的洪水、不可靠的气候，以及低资本的投入，使得维持最低生存的空间很小。贫瘠地区的单一农作物耕作、不稳定的收成与对市场的依赖，造成激烈的价格波动，从而使家庭负债累累，土地经常被抵押。⑤ 私盐在建宁是一个长期存在的问题，而且这一地区在宋代也以盛行杀婴而闻名。⑥

不稳定的农业经济意味着经常性的饥馑与动乱威胁。北宋时期，1150、1167—1168 年建宁发生歉收。1187、1191、1194 与 1207 年爆发大规模饥民暴乱，当时，饥饿的农民夺取了富人的粮仓并杀死任何一个被发现囤积谷物的人。1188 年，哲学家朱熹在他的家乡崇安县目睹了一次饥民

---

① 伊沛霞（Ebrey），《儒学与家礼》（*Confucianism and Family Rituals*），140 页。朱熹本人称赞过福建与江西的阴阳学。

② 周绍明（Joseph McDermott），《探究空白与争议地区》，30 页；Gudula Linck, Zur Sozialgeschichte der Chinesischen Familie im 13. Jahrhundert（斯图加特：Franz Steiner Verlag, 1986），221 页。

③ 斯波义信，《宋代商业史研究》，161—162 页；斯波义信，《宋代中国的商业与社会》，61 页。

④ 政府要求以高质量的低筋稻米缴税，因为这样的稻米会保存更长。

⑤ 万治安（Richard von Glahn），《社区与福利：朱熹社仓的理论与实践》，韩明士（Robert Hymes）与谢康伦（Conrad Schirokauer）编，《规范世界：宋代中国对待国家与社会的方法》（贝克利：加州大学出版社，1993），225 页与注 4。

⑥ 《宋会要》（北京：中华书局，1957；1987 再印），刑法二，49：49b、59b 页（第 7 册，6520、6523 页）。还可见仁井田陞，《中国法制史研究》，第 3 卷《奴隶农奴法，家族村落法》（东京：东京大学出版会，1962；1991 再印），389、391 页，注 6；斯波义信，《宋代商业史研究》，429、430 页注 2。斯波义信引述了其他一些宋朝官员对福建北部杀婴行为的指责。

抢米的流血暴乱。① 宋朝政府试图通过义仓与常平仓来赈济并控制价格，但并未能解决这些问题。后来到南宋，热心公益的官员与居民（包括朱熹）试图建立私人性质的"社仓"来借贷贫民。② 这些机构在某些地方运行了一段时间，但在建宁十年或二十年后就失败了。有影响的大族常假借他人名义借走谷物，然后拒绝偿还。地方官员也没有足够权力强迫他们这样做。③ 到 13 世纪早期这一制度就崩溃了，接下来 1232 年武夷山脉爆发大规模暴动，政府用巨大代价才将其平息。

上述问题解释了福建北部为什么会被认为难以治理。在一篇评价社仓制度得失的回顾性文章中，朱熹的女婿、担任建宁地方官的黄榦，写过这样的话。

> 窃见闽中之俗，建宁最为难治。山川险峻，故小民好斗而轻生；土壤狭隘，故大家寡恩而啬施。米以五六升为斗④，每斗不过五、六十钱，其或旱及逾月，增至百金。大家必闭仓以俟高价，小民亦群起杀人以取其禾。闾里为之震骇，官吏困于诛捕。苟或负固难擒，必且啸聚为变。⑤

建宁并非唯一难以治理的州府——整个福建北部都声名狼藉——而黄榦黑暗末日式的描述或许仅是对那个时代问题的夸张性表达。不过，他的评价使我们多少了解土地对建宁及其他地区的人们的重要性，以及他们中

---

① 《宋会要》（北京：中华书局，1957；1987 再印），刑法二，49：49b、59b 页（第 7 册，6520、6523 页）。还可见仁井田陞，《中国法制史研究》，第 3 卷《奴隶农奴法，家族村落法》（东京：东京大学出版会，1962；1991 再印），389、391 页，注 6；斯波义信，《宋代商业史研究》，429、430 页注 2。斯波义信引述了其他一些宋朝官员对福建北部杀婴行为的指责。

② 万治安（Richard von Glahn），《社区与福利》；田浩（Hoyt Tillman），《士人与官员的表现：宋代中国的书院与仓》，《亚洲专刊》，第 3 系列，4：2（1991）：8—14 页；Watanabe Hiroyoshi，《咸淳末年的建宁府——社仓米的昏赖与贷粮》，195—217 页。弃婴仓也被建立起来以防范杀婴行为，但这些人中朱熹并不支持这样做。万治安（Richard von Glahn），《社区与福利》，240—242 页。

③ Watanabe Hiroyoshi，《咸淳末年的建宁府》，196—199 页。至于官员对地方权贵无可奈何的相关记载，见韩明士，《政治家与绅士》，206—209 页。这包括了来自建宁的黄榦的评论（当他在江西抚州任职期间）。地方政治掮客们常常有自己的官方联系；见竺沙雅章，《北宋士大夫的从居与买田主东坡尺牍资料》，《史林》54：2（1971）；竺沙雅章，《宋代官僚的寄居》，《东洋史研究》41：1（1982），28—57 页。

④ 一斗相当于约九公升（liter）干量，但也可以有很大不同（低至六升）。在现代，一斗被标准量化为十升，也相当于中国的十升（pint）。请注意，根据黄榦的描述，在建宁，一斗仅相当于"五六升"。

⑤ 《勉斋集》（四库全书珍本），18：19b 页。

的许多人在其中不确定的经济地位。这有助于解释他们自身及其周围的人围绕土地及妇女土地继承重要性的许多争议。

朱熹（1130—1200）与道学

宋朝也许最有名的是在思想上给知识分子生活带来高度影响的儒学复兴。在佛教于中国社会取得永久地位几个世纪后，一些著名士大夫开始攻击佛教，并对古典儒学做出重新阐释以回应佛教的挑战。儒学复兴在唐代伴随着韩愈（768—824）与李翱（死于844）就已经开始了。但儒学大受欢迎并充满活力则是在北宋时期，伴随着欧阳修（1007—1070）、王安石（1021—1086）与司马光（1019—1086），各类不同学说与主张开始涌现。其中一种学说关注宇宙与济世，而且从元代以后成为儒学的主要形式。这种学说源自北宋哲学家程颐（1033—1107）及其兄程颢（1032—1085），其主要阐发者朱熹将其发展为追随者所称的道学，有时也翻译为"新儒学"或"正统新儒学"。① 这一学说也以两个创建者程朱学或程朱理学而闻名。

---

① 卜德（Derk Bodde）翻译冯友兰《中国哲学史》时，通常把"新儒学"译为"道学"。见《中国哲学史》第 2 卷（普林斯顿，新泽西州：普林斯顿大学出版社，1953），第 10—13 章。从那以后，狄百瑞（Wm. Theodore de Bary）对范围较窄的术语"道学"（Othodox Neo-Confucianism）提出异议，认为应将宋代范围较广的儒学复兴运动与宋末才发展起来的范围较窄的朱熹学派区分开来。见《介绍》，狄百瑞与金滋炫（JaHyun Kim Haboush）编《韩国新儒学的兴起》（纽约：哥伦比亚大学出版社，1985），4—17 页；狄百瑞，《中国的自由传统》（香港与纽约，1983），5—6 页。为了避免混乱，我选择了与字面更贴切的"Learning of the Way"作为英文"道学"的翻译。不过，应当牢记的是，对"道学"的理解也因时因人而异，既然在晚宋与元代，这一运动从广泛的团体发展成范围狭窄的正统学说，最终又回归为广泛的社会运动。见田浩（Hoyt Tillman），《儒学话语与朱熹说的主流化》（火奴鲁鲁：夏威夷大学出版社，1992）。有关"道学"术语问题的简短讨论，见谢康伦（Conrad Schirokauer）与韩明士（Robert Hymes），《介绍》，《规范世界：宋代中国对待国家与社会的方法》，9—12 页。有关像新儒学（Neo-Confucianism）之类术语适当性的讨论，见田浩，《儒学研究的新方向：对"新儒学"与"道学"之区别的考察途径》，《东西方哲学》42：3（1992 年 7 月）：455—474 页；狄百瑞，《新儒学的使用：回应田浩教授》，《东西方哲学》43（1993 年 1 月），541—555 页；田浩，《再谈新儒学的使用：答狄百瑞教授》，与狄百瑞，《答田浩》，《东西方哲学》44：1（1994），135—144 页。还可见包弼德（Peter K. Bol），《斯文：唐宋中国文化中的思想变迁》（斯坦福，加利福尼亚州：斯坦福大学出版社，1992），27—31 页。读者应当注意的是，在当代有关元以及以后的学术成果中，我这里称为"道学"的儒学，习惯上被称为新儒学（Neo-Confucianism）。相关例子可见傅海波（Franke）与杜希德（Twitchett）编，《剑桥中国史》第 6 卷，Martina Deuchler，《韩国的儒学改造》（卡布里奇，马萨诸塞州：哈佛大学出版社，1992）。

道学这一术语反映了程颐及其追随者对道这一概念的强调。对这些儒学家而言，道代表了道德行为的一种方式，由对儒学经典的探究与认真的自省——与术语"修身"相结合——所支配。对道德行为的强调为自省努力的一部分，是为了将文人努力的焦点，从宽泛的所谓"文"转移到更具体的"道"。① 其目标是通过对古代文本原典主义的解读，而从当今社会中认识儒家经典中的道德路径。为此，道学派建立了学校与书院来传播他们的教义，并把那些据信传播了真"道"的儒学名人奉为神明（一个称为"道统"的过程）。② 对经典原典主义的新诠释所产生的直接诉求，为独立于政府当局或刚刚过去的历史，提供了权力与知识合法性的源泉。它容许以"回归"古代价值与真正的儒家道德的措辞而从长期的传统中脱离出来的激进解决方案。他们对妇女地位及婚姻法律的诠释所持态度也是如此。

道学运动源于12世纪一个松散的士人群体，这一群体受几位文坛巨擘的影响，起先为吕祖谦（1137—1181）。③ 吕祖谦去世后，朱熹成为主导人物，而在朱熹明确提出更为狭窄的正统观念后，这一群体的范围缩小了。朱熹的许多作品综合了以前哲学家的思想并为后代创立了道学思想的核心。他的主要追随者为他的女婿黄榦，黄榦在建宁与他一同学习，也在那里任职。到南宋晚期，道学发展成一个知识、信仰与社会方面的运动，这一运动广泛吸引了南方知识界的许多精英。它为精英们通过社区行为致力于地方影响提供了正当理由，因为对大部分人而言，随着科举考试竞争的逐渐增强，在京师身居政府高位已可望而不可即。此外，这一学说还为精英们独立于政府权力之外支配地方社会提供了道德与社会方面的正当理由。

蒙古征服南方后，朱熹的学说传播到北方并很快在蒙古宫廷赢得支持者。1313年，蒙元政府将朱熹重新规范儒家经典的注解作为重设科举考试的基础，④ 而这一政府倡导的新正统学说此后主导了中国知识分子的生活。

---

① 有关宋代道学的这一基本要点，由包弼德（Peter K. Bol）《斯文》一书发展而来。
② 见 Neskar，《先贤崇拜》。
③ 田浩，《儒学话语与朱熹说的主流化》。
④ 狄百瑞（Wm. Theodore de Bary），《新儒学的正统与心学》（纽约：哥伦比亚大学出版社，1981），1—66页。蒙古人掌权后已经取消了科举考试。

朱熹思想对中国北方的渗透可溯源自三个知识谱系，而所有这三个谱系都起源于朱熹的弟子黄榦，黄榦对道学的诠释由此成为元朝及以后朝代的标准。① 这也与婚姻和财产法律有关（见第4章）。

道学对日常生活的规范由此也对妇女有特殊重要的意义。社会变革开始于个人与家庭。个人通过道德方面的自我修身以寻求类似宗教解脱方面的精神焕发。家庭为道德修养提供环境，也为社会与国家做出表率。而且，家庭内部正确的礼仪关系与伦理的纯洁将个人与宇宙的普遍原理联系起来。正如禅宗一些学派将日常生活赋予宗教色彩那样，家庭是道学信仰的神圣殿堂。② 对大多数人而言曾看起来平淡无奇的生活，如今必须与义务与原则保持一致，从而带上了神圣庄严的性质。

儒学传统上过分强调两性角色的区别，并通过划分男性与女性的物质空间与社会功能，确立两性间的关系界限。它通过宣扬男女各自"外"与"内"的"自然"领域，将二者从概念上加以区分。妇女被理解为适合承担家内领域与劳动力再生产的独特角色：负责衣食、生育与抚养孩子。早期的儒学著作对女性贡献的安排，使妇女不适合于从事公众领导或家庭以外的工作角色。由此，在整个历史发展过程中，妇女被从政府学校、私人书院、官员职场、科举考试及几乎任何一种合法政治权力中排除。③ 男性则被分配以公共领域，或者说"外"，如学术、政府与商业领域。

儒家经典将两个领域的功能区别与空间区别等同起来："为宫室，辨

---

① 陈荣捷，《朱熹与元代新儒学》，陈学霖与狄百瑞（Wm. Theodore de Bary）编，《元代思想：蒙古人统治下的中国思想与信仰》（纽约：哥伦比亚大学出版社，1982）。
② 有关这些观点的详尽阐述，见克理和（Theresa Kelleher），《儒学》，夏尔玛（Arvind Sharma）编，《世界宗教中的妇女》（奥尔巴尼：纽约大学出版社，1987）；克理和，《思考身边的人：程朱理学中妇女的地位》，亚洲研究学会年会提交报告，1985，费城。
③ 有关儒学经典记载的性别角色及对女人的厌恶，这方面的例子可见桂时雨（Richard Guisso），《湖上之雷：中国早期五种经典与对妇女的看法》，桂时雨、约翰内森（Stanley Johannesen）编，《中国妇女》（扬斯敦，纽约州：Philo Press, 1981）。还见伊沛霞（Patrica Ebrey），《内闱》，23—27页。当然，其他包括西方在内的传统也对两性角色做出类似区分。较好的综述为米歇尔·罗萨多（Michelle Rosaldo），《妇女、文化与社会：理论方面的综述》，雪莉·奥特纳（Sherry Ortner），《女性对男性如同自然对文化吗？》。二者均见米歇尔·罗萨多与路易斯·蓝菲尔（Louise Lamphere）编，《妇女、文化与社会》（斯坦福，加利福尼亚州：斯坦福大学出版社，1974）。有关这些二元结构更广泛的意义，这方面的例子可见司考特（Joan Scott），《性别与历史的政治》（纽约：哥伦比亚大学出版社，1988），特别是28—52页。

外内。男子居外，女子居内。……男不入，女不出。"① 宋代儒学复兴的推动者们重申两性的物质差别，并将其作为他们哲学思想的基础。哲学家像司马光鼓吹严格的儒学家庭观念，甚至是女仆也禁止走出内院，更不用说年轻的女主人。根据这一教示，当妇女不得不冒险出去时，她们应当穿戴面纱。② 实际上，我们知道，在宋代，较为贫穷的妇女在田间劳作，在市场出售商品，充当媒人与产婆，参与了各种各样的活动，这使得儒学理想主义者所设想的任何严格的隔离政策根本行不通。③ 至于宋代的精英妇女，很难说出这种虚张声势的隔离政策会在多大程度上影响到她们中的大多数。绘画作品很少显示出在街头上有妇女，但这些作品或许表达的是一种理想而非现实。④ 然而，宋代以后，在中华帝国后期的年代里，隔离女性成为家庭美德的一个重要标志，以至于当家庭财富允许时，精英妇女只有在精心陪伴下出游时，才能冒险走上街头。⑤

朱熹与道学学派其他人相当关注妇女在家庭中的角色，他们有关这一问题的作品大多体现在墓志铭中。墓志铭是某人死后为其所作的颂扬性传记，这些文献仅仅包含某人生平中被挑选出来的信息，而且充满了标准的赞扬之辞。作者本人常常不认识传主，根据二手乃至三手的信息进行写

---

① 理雅各（James Legge）译，《礼记》（1885；再印，纽约：大学书库，1967），Ⅰ，470—471页；朱熹，《小学集解》（国学基本丛书本；再印，台北：商务印书馆，1966），33—34页。还可见柏清韵（Bettine Birge），《朱熹与妇女教育》，狄百瑞（de Bary）与贾志扬（Chaffee）编，《新儒学教育》，331—333页；讨论见伊沛霞（Ebrey），《内闱》，21—27页。

② 《司马氏书仪》（丛书集成本）4：43页。男人晚上在"妇女"的内闱睡觉，但白天要避免进入内闱。正如司马光规定所显示的那样，这种隔离总是会有例外情况发生。

③ 例如，晚宋福建邵武一位时人抱怨说，集市摊位更多是由妇女而不是男人经营，另一人则描述了女性中间人控制了县城的贸易。见斯波义信，《宋代商业史研究》，429页；斯波义信，《宋代中国的商业与社会》，187页。

④ 韩森（Valerie Hansen），《北京清明上河图及其对中国史研究的意义》（奥尔巴尼，纽约州：《宋元研究杂志》，1996），4—5页；伊沛霞（Ebrey），《内闱》，21—22页。至于其他社会，隔离也许大部分出于男女相互间的系列行为，以使对立性别成员间的接触最小化，特别是对陌生人而言。见柏清韵（Birge），《评伊沛霞译〈朱熹"家礼"：一本12世纪有关冠礼、婚礼、葬礼与祭礼的手册〉》，《中国文化：论文、书评》16（1994）：160页。晚宋以后，缠足还限制了妇女的活动。

⑤ 有关帝国晚期的隔离，见白馥兰（Francesca Bray），《科技与性别：中华帝国晚期的权力结构》（伯克利：加利福尼亚大学出版社，1997）；曼素恩（Susan Mann），《兰闺宝录：漫长的18世纪的中国妇女》（斯坦福，加利福尼亚州：斯坦福大学出版社，1997）；高彦颐（Dorothy Ko），《闺塾师：17世纪中国的妇女与文化》（斯坦福，加利福尼亚州：斯坦福大学出版社，1994）。诗歌所显现的评论表明，男女分离与女性隔离在以后的时代更为强烈。见韩明士（Robert Hymes），《评伊沛霞著〈内闱：宋代中国妇女的婚姻与生活〉》，《哈佛亚洲研究》57：1（1997年6月）：236页。

作。尽管墓志铭叙述的全部故事是靠不住的，但墓志铭却透露出什么样的女性行为是正直的、值得赞扬的。这些行为体现的是理想行为的典范，将会被其他人效法，因此也准确透露出道学为女性所设定的议程。① 我在第三章叙述儒学对女性财产权的反映时，大多依靠这些文献。

墓志铭对模范女性行为的描述，在我们今天看来，是对内外二元关系矫揉造作的展现。男性与女性、对内与对外活动的界限肯定是可以转移的，以便某种场合下适合男性（对外）的行为，可以在另一场合下转换为适合女性（对内）。（家内空间也可以这种方式转换）。在宋代儒学有关妇女在家庭内承担责任的作品中，两性角色的这种转换性非常明显。朱熹同其他与道学有关的学者举出"三从"的例证以强调温顺与服从。"三从"教导妇女在家从父、既嫁从夫、年老从子。② 然而，朱熹及其他学者号召妻子成为丈夫的助手，而这引申出碰到"外部"世界问题，像解决诉讼或处理官僚腐败时，向丈夫提出建议。③

除了充当丈夫的顾问外，朱熹和其他宋代儒学家还为妇女分派了家庭管理者这一独立而重要的角色。在这一领域，内与外的界限看起来特别模糊不清。宋代作家赞美年长的妇女以铁腕治理大家庭，这包括了担任家庭财务长的角色。④ 这样的行为远远超出了监督家仆与向做官的丈夫提建议，

---

① 墓志也会提供准确宝贵的传记资料，像生卒年、结婚时间、配偶名字以及官位；见司马光明细表所包含的内容（《司马氏书仪》，7：80页）。有关墓志构成的更多细节以及对朱熹的分析，见柏清韵（Birge），《朱熹与妇女教育》。有关墓志的准确性研究，还可见安吉拉·肖顿海默（Angela Schottenhammer），《宋代墓志的性质》，Dieter Kuhn编，《宋代中国的葬礼》（海德堡：Edition Forum，1994）；有关墓志在墓中的安置，见 Dieter Kuhn，《解读宋代精英墓》，Dieter Kuhn编，《宋代中国的葬礼》，38—39页。有关唐代的情况，见杜希德（Denis Twitchett），《唐代官方历史的修纂》（剑桥：剑桥大学出版社，1992），71—75页。

② 朱熹将此纳入自己的规范性文本《小学》，见《小学》，35—36页。这一信条最初在汉朝开始流行；Albert O'Hara，《中国早期妇女地位：据列女传》（西港，康涅狄格州：Hyperion Press，1945，1981再印），42页。班昭（45—114?）在她的《女诫》中提倡类似的顺从，使得朱熹大为赞赏；孙念礼（Nancy Lee Swann），《班昭：中国最初的女学者》（纽约：世纪公司，1932）。孝道与"三从"相抵触。孝道规定男人服从包括母亲在内的双亲，母亲由此可在任何年龄对儿子产生重大影响并发号施令。

③ 《朱文公文集》（四部丛刊本），90：19b，92：3b。有关这方面更多的例子，见柏清韵（Bettine Birge），《宋朝中国的妇女与财产》（哥伦比亚大学，博士学位论文，1992），298—300页。

④ 妇女对他人的支配，当然因其生活圈子中地位的不同而不同。年轻妻子必须侍奉公婆，听从他们的任何指令，而公婆去世后，她的地位转为家庭女主人。当自己的儿子娶妻过门时，她自己也获得了做婆婆的权力。

还包括安排婚姻、举行葬礼、雇用佃农、买卖土地、家庭记账、收取租金、帮助有需要的亲戚和为社区发放救济等。妇女的行为只有在相对于补充丈夫的行为时，才被认为是"内"的领域。朱熹的作品坚决要求赞成男性不要太多地关注家庭与钱财事务。男性可以更好地把时间花在教育、道德修身与"外部"事务如做官上。不使自己拖累于家庭管理或因钱财事务而受玷污，对男性而言更为可取。这种基于性别产生的力量将相当大的权力，包括掌握金钱与财产的权力，转交给了妇女。

就朱熹的追随者而言，对妇女家庭管理者的强调，使得寡妇的地位特别重要。一名寡妇需要将家庭团结起来并确保香火延续。正是以寡妇的资格，妇女才可获得掌握一个家庭收支的全部责任。寡妇克服她所面临的艰辛及教育子女长大成人的能力，对女性而言是最高成就。寡妇将不得不接手丈夫的事业，并使其子孙的延续成为可能，因为子孙将在丈夫身后祭祀他。寡妇对丈夫的忠诚也呈现了隐喻意义。妻子通过再嫁侍奉二夫，近似于大臣抛弃君主改投他人。对儒学复兴运动者而言，毫不妥协的忠诚是一种非常重要的美德，而保持贞洁的寡妇体现了这种节操。这种态度将支配他们对宋代财产法做出回应，宋代财产法在许多方面是鼓励寡妇再嫁的。

就即将发生变革的家庭与社会而言，妇女将成为这一过程的组成部分。男性与女性之间，无论是思想上还是物质上的相关性与依赖性，说明了朱熹与道学改革家们为什么会在新的改造社会秩序的视野中给予妇女以相当多的关注。社会不可能是仅为男性而设的，除非妇女也有她们合适的位置，并有适当的规则与约束支配其行为。这些态度延伸到妇女的财产权，并最终通过一个社会变革的复杂过程，影响了妇女的经济独立。

妇女财产：概念、语言与意义

语言最小化

附属于女性的财产在父系社会中的概念是异乎寻常的，因为在这种社会中家族的传宗接代与理论上的世袭财产仅仅通过男性来完成。描述妇女财产所使用的语言反映出这种概念上的分离。用于已婚妇女财产的术语，趋向于降低其重要性与减少其作为一种经济力量的意识。他们强调此类财产的私人与个体性质，并给人一种此类财产为动产而非不动产的印象。①

在宋代，新娘结婚带走的财产的最常见词汇是"粧奁"。②"粧"意为装饰，指女性的个人打扮。在宋代，其表意文字通常用米字部首写成，表示用来化妆的白米粉。"奁"意为盒子或箱子。宋代大辞典《广韵》将其定义为盛香或香水的盒子；也指可作镜子的盒子，用来盛放梳子与化妆品。③ 由此，妆奁在字面上意指"化妆盒"，一种用来打扮妻子自身的物品，而且，在中国中古时代，这一词汇有时也使用其基本含义。④ 不过，这一词汇更经常用来作为一种比喻，指代已婚妇女的所有财产，这可从保存下来的最早记载中见到，在这些记载中其含义远远比化妆品更常见。在宋代，像"粧奁"这样的词汇经常用来表示田产。⑤

其他一系列带有类似委婉用法的词汇也表示妇女的财产，不管是田产还是动产。单字"装"（与前面谈到的发音也是 zhuāng 的字不同）有"包扎或系成一捆"的意思，由此从其基本意思衍生出与英语词汇 Trousseau（嫁妆）相同的含义。⑥ 欧洲与汉语的词汇都有为外出旅行所准备的行李的意思；在两种情形下旅行者均为离开父母到一个新家庭的新娘。⑦ （见图 1）。恰如其分的是，"装"的另一层含义为装载、包装或储藏。

Boxes、Bags 与 Baskets 被用来储藏私人物品，在宋元史料中与这些含

---

① 在土地容易交易之前的早期时代，嫁妆总是为动产。
② 有时"粧"字有不同的写法。我在宋代文献中没有找到现代的通用词"嫁妆"。有关与"嫁妆"等同的这些词汇，见戴炎辉，《传统中国法律中的离婚》，包恒（David Buxbaum）编，《中国的家族法律与社会转变》（西雅图：华盛顿大学出版社，1978），105 页。
③ 诸桥辙次，《大汉和辞典》（东京：大修馆书店，1960），第 3 册，606 页。例子见《斐然集》，26：15b 页；《陶山集》，16：186 页。
④ 见诸桥辙次，《大汉和辞典》，第 3 册，653 页，一个唐代的例子。
⑤ 一些例子，可见《江苏金石志》（《石刻史料新编》重印，第 13 册），14：27a 页（9781 页）；《清明集》10：365 页；滋贺秀三，《中国家族法的原理》（东京：创文社，1967；1981 年再印），516—517 页。
⑥ 诸桥辙次，《大汉和辞典》，第 10 册，226 页。有关中国用法的例子，见朱熹，《朱文公文集》，90：15a，92：3b 页。宋代文献中有带有不同字根的不同形式。Trousseau 来自中古法语 Trussel，意思是"捆"或"包"。
⑦ 当然迁出的目的地在两种情形下是不同的。在欧洲，新婚夫妇组建一个新家庭，而在中国，新娘搬进丈夫父母所在的家。

义有关的特殊词汇意指新娘的财产。囊指大袋子而橐指小袋子。① 有时二者合在一起使用，有时则与其他字合在一起用来指新娘所带的财产（如囊中或囊橐）。② 竹箱或竹篮用箧或筐表示。同样，由这些字组成的词像奁箧或囊箧，在宋代许多用法的语境中明确指向妇女的个人财产，无论是不动产还是动产。③ 所有这些词汇均突出了在婚妇女财产的个人与私有性质。其中所含不能被丈夫随意占用的迹象将在后面的章节中进一步证实。

图1　正在往新郎家运嫁妆
选自中川忠英《清俗纪闻》（1799），由普林斯顿大学图书馆 Marquand 艺术与考古图书室提供

---

① 诸桥辙次，《大汉和辞典》，第2册，1187页；第6册，550页。另一种注解解释为有底及无底的袋子之意。
② 如，《清明集》，10：365页；《朱文公文集》，90：15a页，91：14a页。司马迁（公元前145—前190？）在其《史记》中用"囊中装"表示放在袋子中的金钱与珠宝的意思；《史记》（北京：中华书局，1959；1982再印），97：2698页。
③ 如，《东轩笔录》，12：90页；《清明集》，10：366页。

图 1　正在往新郎家运嫁妆（续）
选自中川忠英《清俗纪闻》（1799），由普林斯顿大学图书馆 Marquand 艺术与考古图书室提供

在宋元时代，当一个富裕家庭出嫁自己的女儿时，他们会特别慷慨地为女儿准备嫁妆，包括添置夫妻居室内的物件，以及包括土地、房屋建筑甚至是生意等不动产。因此，在重要场合，像议婚阶段或是最后的嫁妆清单，宋代汉语都会对财产明确加以说明，无论这些财产是动产还是不动产。譬如，他们会说"自随田"或"随嫁田土"。① 甚至是田产也通过最常见的表述——奁田，与内闱联系在一起。奁总是指已婚妇女的财产。像"女田"之类的词汇则指一名可能未嫁女性所拥有的土地。② 所有这些术语

---

① 如，《清明集》，8：258、259、366 页。《梦粱录》，20：304 页。相反，像"奁珠"之类的词有时常常用来表达动产。
② 如，《清明集》，8：258 页。《元典章》（影印元刻本：台北：故宫博物院，1976），14：35 页；《两浙金石录》，14：8b 页。更多有关拥有财产的未婚妇女，见柳田节子，《宋代的女户》，伊原弘编，《柳田节子先生古稀纪念：中国的传统社会与家族》（东京：汲古书院，1993）。

在宋元时代非常普遍，而在以后的时代则表现为其他词汇。①

这些就概念与语言角度而言不同种类的财产被混为一谈。宋代作家没有系统地区分动产与不动产，或是纯粹用于女性的（如珠宝与化妆品）与同丈夫联系起来使用的（如土地）财产。与闺房有着不同程度联系的不同术语可以互换，用来指妇女任何形式的私人财产。只有当一汉字像"田"或者"具"出现在术语中时，我们才可以肯定财产是不动产还是动产。这样，橐箧或是橐櫜既可指由佃户耕种的土地，也可以指私人珠宝或被子。②

一本宋代书信写作指南把"大数"与"细数"区分开来，前者即早期议婚阶段"定帖"中开列的土地与奴仆，后者包括丝绸、珠宝，以及"房中"物件，这些物品详细登录在"奁具状"中，在婚礼前同嫁妆一起交付。③ 我们可以假定第一份清单总体描述嫁妆以备议婚，而另一份清单则确认每一件新娘带到夫家，以后与丈夫财产区分开来，以防夫家亲属产生误会的物品。一份宋代"定帖"与"奁具状"保存下来的记载支持了这一推断。这份 1260 年的"定帖"开列了三大种类及其总价值：500 亩地（约 90 英亩），价值 10 万贯的动产（奁具），价值 5000 贯的"缔姻"物品。详细的清单"奁具状"在 26 个月后完成，对动产进行了具体统计，开列了各种丝绸、器皿、礼书与其他物品。④ 这样的清单为妻子嫁妆提供了法律保护。

---

① 滋贺秀三，《中国家族法的原理》，516—517 页。提供了 12 世纪使用的其他一些术语。滋贺秀三在其他地方争辩说，除了宋代以外，奁田非常罕见，见《中国家族法的原理》，440 页。

② 如，《清明集》，10：365—366 页。

③ 《翰墨全书》（1307 年版），Ⅰ 18：6b 页；引自伊沛霞（Patricia Ebrey），《婚姻财产的变化》，见华如璧（Rubie Watson）与伊沛霞编，《中国社会的婚姻与不平等》（伯克利：加利福尼亚大学出版社，1991），106 页。我感谢伊沛霞教授，当我无法得到这一原始文本时，她在同我私人联系中详细谈到了这一参考文献。这些"定帖"在《梦粱录》与《东京梦华录》中有描述，见《梦粱录》，20：304 页；《东京梦华录》，5：30 页。还可见伊沛霞，《内闱》，83—84 页。

④ 《水东日记》，8：4a—5b 页（四库全书本）。这一数量庞大的嫁妆不可能具有代表性（这或许可以解释为什么它保留在明代笔记中），但文献中这样数量庞大的嫁妆在宋代精英中并不罕见；例子可见《吕东莱文集》，8：201 页。有关皇室家族，见贾志扬（John Chaffee），《宋代宗室妇女的婚姻》，华如璧（Rubie Watson）与伊沛霞（Patricia Ebrey）编，《中国社会的婚姻与不平等》，142—143 页。有关晚宋到明初小说中的参考文献，见杨宪益与戴乃迭（Gladys Yang）译，《烟花女子的珠宝盒：10—17 世纪中国的故事》《宋明平话选》（北京：外文出版社，1981），18 页。"系姻"有可能是给丈夫家族的礼物；伊沛霞（Patricia Ebrey），《婚姻财产的变化》，106 页。类似的术语"系亲"（给"加入亲戚"的礼物），见《宋史》，115：2732 页。

没有将动产与不动产加以系统区分的原因之一，有可能是二者之间常常可以互换。宋代文献资料多次提到，妇女使用作为嫁妆的珠宝或丝绸，置买土地或其他产业。生活在13世纪的一对夫妇用妻子的嫁妆钱购买土地47"种"，以增益丈夫此前仅有的23"种"。① 洪迈（1123—1202）谈到一个故事，一位因丈夫喜好嫖妓而离异的妇女，用她的嫁妆建立了一个商铺，根据这个故事，这个商铺后来涨到价值10万贯钱。② 刘宰（1166—1239）通过一个墓志铭告诉我们，他的妻子如何到市场上卖掉"盘盂、醆斝、帘幕"以帮刘宰的父亲买一块地。③

宋代的证据显示出，同其他前近代社会一样，现金、珠宝与动产同土地相比，相对而言比今天更有价值，因此交易起来很容易。13世纪早期的一位苏州妇女以约平均每亩14贯的价格卖掉136亩地，这一价格与另外一些宋代晚期的文献记载相差无几。④ 按照这个换算比率，1260年嫁妆清单中价值10万贯的动产，可以购买超过7000亩的土地，或者大大超过出嫁时与动产一起带走的550亩土地。⑤ 我们知道，在其他社会，动产贬值的速度比今天要慢许多，这样，相对于土地而言动产即能保值。⑥ 这在中国的中世纪社会也是如此。

---

① 《清明集》，10：365—366页。"种"为今天还不知道确切面积的土地单位，但据认为相当大。

② 《夷坚志》（北京：中华书局，1981），丙集14：484页；伊沛霞（Patricia Ebrey），《内闱》，11页。

③ 《漫塘集》（四库全书珍本），32：17a页。

④ 《江苏金石志》，14：6a页。《清明集》，8：170页记载了1218年一次典卖中每亩约14贯的相同价格；而另一处1206年的典卖给出的价格是每亩约10贯（《清明集》，9：315页）。当然，土地价格因质量、位置与年代不同而不同，而且，宋代大部分土地交易是给予有限所有权的典卖。在宋代，一亩略小于1/6英亩。

⑤ 在回忆中，1260年的清单还包括用以"系姻"的价值5000贯的动产；《水东日记》，8：4a—5b页；伊沛霞（Patricia Ebrey），《婚姻财产的变化》，106页。这一堪比土地价值的高额动产，可与中世纪晚期到18世纪中期的英格兰相比。当房子不比家中的床、家具与生活器具更值钱时，儿子的土地继承，常常由给女儿的现金或动产来弥补。见艾米·路易丝·埃里克森（Amy Louise Erickson），《近代早期英格兰的妇女与财产》（伦敦：Routledge，1993），64—78页。有关美国殖民地时代的类似情形，见Carole Shammas、Marylynn Salmon与Michel Dahlin，《从殖民时代到当今美国的继承》（新不伦瑞克，新泽西州：拉特格斯大学出版社，1987），32、64—67页。

⑥ 例如，艾米·路易丝·埃里克森（Amy Louise Erickson），《近代早期英格兰的妇女与财产》，64—78页。

妇女所拥有的财产的汉语定义并没有婚前、结婚或婚后的区分。①
Dowry 指妇女出嫁时所得财产，Inheritance 指妇女在其他时间获得的财产，
而在汉语中没有在概念上对此区分。传给未成年女性的财富（由于双亲去
世与分家）或许更通常指"Property"，而当女孩子达到婚龄时，她所积累
的任何财产都被混在一起重新贴上"Dowry"的标签。② 妇女婚后所获财产
被简单地称为"Dowry"。这可以是进一步来自父母的遗产、以前财产所产
生的收益，或者是丈夫购置并有意识地登记为"婚田"的土地（这些土地
与其兄弟及其他亲属的土地分开，有时带有欺诈性质）。汉语对妇女财产
的定义并没有区分这些不同取得形式的财产。相反，这些术语强调的是同
男性财产相比，法律对女性所获财产的不同处理方式。正如本研究将要展
示的那样，妻子的财产总是被刻意与家庭中的其他财产区分开来，汉语中
像"Dowry"这样的特殊标签，意指对女性所获财产的特别处理方式，而
不是她什么时候或怎样获得它。

妇女财产权的经济意义

嫁妆在语言学方面贬低了妇女财产在经济上的重要性，这与文献所显
示的作为财产所有者与处分者的女性形成了巨大反差。宋代史料显示，各
个年龄段的妇女是社会中耀眼的经济活跃分子，可以明显地感到她们已从
内闱走入外部世界。

妇女在宋代契约中作为土地所有者出现。例如，1206 年的一通碑刻描
述了苏州吴县学校在姓唐的新任教授主持下的土地购买。碑文记载了数份

---

① 英文中"Dowry"一词意指仅仅结婚时给予妇女的财产，因此不会产生歧义。而且，历史
上，按英国普通法的规定，妇女的嫁妆会并入丈夫的财产并由丈夫支配［虽然有一些限制，特别
是土地；见艾米·路易丝·埃里克森（Amy Louise Erickson），《近代早期英格兰的妇女与财产》，
24—25 页；杰克·古迪（Jack Goody），《东方世界、古代世界与远古世界》，85 页］。因此，嫁妆
的中文词汇也许最好翻译成英文"property of a wife"（妻子财产），或"a woman's personal property"
（妇女个人财产），在某些地方，我使用了这样的表达方式。不过，为可读性起见，我大部分地方
还是用"Dowry"或"Trousseau"来翻译。现代学者当中，有关妇女财产及嫁妆与继承之间的区
别，存在许多争议。这包括日本学者仁井田陞与滋贺秀三之间有名的争论；如滋贺秀三，《中国家
族法补考》，《国家学会杂志》，第 1—4 部分，67—68 页（1953 年 11 月—1955 年 3 月）；滋贺秀
三，《中国家族法的原理》，特别是 437—465 页；仁井田陞，《中国法制史研究》Ⅲ，特别是
381—393 页。有关作品的评论，见柏清韵（Birge），《宋朝中国的妇女与财产》，36—41 页。

② 有一个例子见《清明集》，7：217 页，其中分家时给已到出嫁年龄的妇女的那部分叫
"嫁资"，而给小女孩的那部分只叫"财产"。

契约，其中一些土地可明显确认属于女性。有一份契约购买土地花了 1908 贯 550 文这一大价钱，土地属于陶氏，是一位不知名的吏部官员的儿媳。这块土地被分成 17 块，共 136 亩 3 角 14 步，总收入为米 123 石 1 斗。① 而且，这份地产还配备了一位租户吴七五，而租契则被附于作为唯一地主的陶氏的卖契上。② 从上项我们可知，这份地产是以陶氏的名义在官府登记的，而有迹象表明，她的公公作为家长缴纳土地税。③ 17 块土地中的第 16 块南接被称为"己产"的土地，这有可能指陶氏的其他地产。在对这些地段的描述中，女性名字作为财产所有者反复出现：作为邻接四至土地的所有者，作为以前的所有者，等等。④ 同书其他碑刻有类似的项目将妇女列为出卖者、抵押者、相邻地产的占有者，或土地前所有者。其中一些看起来是未出嫁的女孩子。⑤

其他记载显示妇女以个人名义将大量钱财捐助公共事业。一块珍贵的石碑记录了 1179 年为苏州主要街道铺设石砖的捐款者名单。一些妇女出现在名单中。其中，"朱四娘"出钱 20 贯买砖 10000 片。既然我们知道一位知县的月俸约为 30 贯，而这足以维持一个多口之家，这一捐款的规模应当受到称赞。在土地契约中，一些名字，像"胡十八妹"，看起来像是未出嫁的女孩名字。⑥在邻近的江南西路（江西），从建宁绵亘至此的武夷山

---

① 《江苏金石志》，14：6a、8a 页。还可见柳田节子，《南宋时期家产分割中的女子继承》，衣川强编，《刘子健博士纪念宋史研究论集》（东京：同朋舍，1989），239 页。在宋代，一亩略小于 1/6 英亩；10 角与约 240 步相当于一亩。一石约 72 千克，一斗约 9 公升。不过所有这些度量可以有不同变化；例证可见小川环树编，《新字源》（东京：角川书店，1968），1224—1225 页；马伯良（Brain McKnight）与刘子健，《清明集》（奥尔伯尼：纽约州立大学出版社，1999），498 页。

② 《江苏金石志》，14：9a 页。

③ 柳田节子，《南宋时期家产分割中的女子继承》，239 页。这些登记簿为"砧基簿"，即地税登记簿，设置于 1214 年，目的是使税收评估更为准确。登记簿会记录一个州每块土地的大小、四至、位置与性质。见马伯良（Brain McKnight），《中国南宋的乡村与官僚》（芝加哥：芝加哥大学出版社，1971），51—52 页。苏州这一碑刻似乎引用了这些登记簿。

④ 《江苏金石志》，14：6b—7b 页（第 13 册，9781—9782 页）。

⑤ 柳田节子，《南宋时期家产分割中的女子继承》，239—240 页。

⑥ 《江苏金石志》，13：12b—13a（9754—9755 页）；伊原弘，《中国中世都市纪行》（中央公论社，中公新书，1988），77—79 页；伊原弘，《宋代社会与钱：围绕庶民的资产力展开》，《亚洲游学》，第 18 期（2000 年 7 月）：14 页。感谢伊原教授首次唤起我对这一文献的关注。最低的官员每月收入约 12 贯。见衣川强，《朱子小传》，《神户商科大学人文论集》，15：1（1979），第 1 部分，10 页；有关官员收入的更多信息，见衣川强，《关于宋代的俸给：以文臣官僚为中心》，《东方学报》（京都）41（1970）；衣川强，《官僚与俸给：宋代俸给续考》，《东方学报》（京都）42（1971）。

上，一位守寡的王氏（死于1191年），每年主持其家附近的水坝再建工程，据记载，这一工程可灌溉相当大的面积（20顷或2000亩）。①

史料中妇女最显著的记载是对宗教设施的捐献。数量众多的墓志记载了妇女如何慷慨地捐赠佛教寺院，而寺院自身所立石碑也将妇女公布于施主名单中。例如，宋朝建立后不久，常州（今属江苏）的一些妇女捐助了太平寺两座经幢的雕刻。② 1134年，23位妇女为江阴军附近的一处寺院捐献钱物，以建造500座阿罗汉尊号碑。另外还有62位妇女名列次要施主的名单。③ 1157年，一座豪华的殿堂在湖州（今属浙江）一座寺院落成，以供奉据说是曾显过灵的观音大士像。妇女出现在施主名单中，或者是她们自己，或者是同丈夫与孩子们一起。④ 供奉民间神祇的祠庙也得到妇女的资助。1227年，在宜兴县（今属江苏），已被神格化的晋朝英雄周处的信徒们付出一项重大努力，为周处的祠庙捐献了一份永久性的土地基金。在17位施主中，有一位妇女庄氏，她共捐献了纸币10000贯与米1石6斗。⑤

这些随机找到的例子透露出妇女对财产拥有相当独立的支配权。下面的章节将考察妇女们怎样获得财产，以及她们生活的不同时代对财产可支配到什么程度。本书将展现蒙古人入侵以前尤其是此后妇女同财产的关系是如何发生变化的。

---

① 《江湖长翁文集》（四库全书珍本），35：13a—16a页；韩明士，《政治家与绅士》，169页。妇女对社区慈善事业的参与，将在第三章进一步讨论。

② 《江苏金石志》，8：1a—b页（石刻史料新编，第13册，9613页）。

③ 《江苏金石志》，11：17a—20a页（石刻史料新编，第13册，9697—9699页）。

④ 《吴兴金石志》，8：20b—25a页（石刻史料新编，第14册，10770—10773页）。张氏修复塑像的臂膀，促成了奇迹的发生，而后张氏自己的胳膊被观音大士治愈了；韩森，《中古中国的变迁之神，1127—1276》（普林斯顿，新泽西州：普林斯顿大学出版社，1990），167—170页。

⑤ 《江苏金石志》，15：23b页（第13册，9818页）。寺院最终的捐赠收入为官会560000与米19石（约合1800公升）；韩森，《南宋时代（1127—1276）的民间神只与社会变化》（宾夕法尼亚大学，博士学位论文，1987），35—36页。

第一章　宋代之前的妇女与财产：演变与延续

从有文献记载的最早时代起，我们发现支配妇女财产关系的观念与实践几个世纪以来一直保有着显著的延续性。下一章讨论的宋代实践，必须放在这一漫长的传统中才能得到理解。就本质而言，女儿同儿子一样，血缘关系会给他们带来某种物质上获得支持的期望，这种期望会与父母的财产多少相称。因此，尽管长期的政治与社会演变导致财产、婚姻法、遗产继承模式在形式上发生较大变化，但妇女财产权利的特定基本模式几乎在宋代以前的每个时代都依稀可辨。宋代法律尽管在许多方面出现了新的变化，但也没有与这种模式发生抵触。这些模式包括几个要点：非奴隶身份的妇女结婚时可指望随身携带作为嫁妆的财产。已婚女儿可以在婚后某个时候从父母那里获得嫁妆之外的额外财产。在婚期间，妻子的财产从理论上讲是与丈夫的财产截然分开的。虽然丈夫及其家族总会直接或间接地从妻子的财产那里受益，但这确实是妻子本人的财产，当发生离婚或守寡而走出婚姻时，她可以随身带走这部分财产。当没有子嗣时，女儿不论是已婚还是未婚，可以继承父母的所有财产。妇女尤其是寡妇常常会对家庭与财产有相当大的权威，而且她们的权力会受到特定的保护。虽然早期的证据较少，但史料显示出这一习惯做法的基本延续性，即妇女，特别是精英女性，会对不同种类的财产有相当大的支配权。尽管妇女的财产继承缺少法律保障，但妇女总会依惯例获得个人财产，这些财产不仅生前可用来供养她们，死后也可用来祭祀她们。

妇女支配财产的历史事实被儒家理想主义的语言所掩盖。保存到今天由男性精英所创作的文献，充斥着经典儒家的思想意识，这使得当其叙述精英的习惯做法时，需要用儒家规范来加以修饰。甚至某些现代学者也受到史料中这种偏见的影响，以致出现妇女财产权晦暗不明的现状。① 在唐朝之前的时代，儒家思想对涉及妇女财产权领域的法律影响很小，而当妇女财产与儒家礼制要求与宗族观念发生抵触时依然盛行不衰。甚至在唐代及其以后，当法律有意识地支持家长权力时，赋予妇女财产的惯例依然保留下来并保持着合法地位。

接下来的篇幅，在描述中国早期妇女与财产的关系时，我将试图将儒家理想与历史事实剥离开来。这一章将探究宗教、社会、法律观念与真实的历史实践之间的矛盾。通过追溯宋代之前规范妇女财产的法律在历史上产生的变化，显示其延续性的方方面面。这一简要概述显示出宋代妇女所享有的强有力的财产权，尽管在许多方面出现新的变化，但与长期以来就形成的习惯正相符合。

第一节　周代封建主义与儒家理念

至少从商代开始，中国人即按父系追溯他们的祖先。统治家族宣称自己源于按男系计算的强大祖先神灵，而且只有这种祖神才会被允许祭祀。统治家族通过复杂的祭祖仪式、皇家葬礼与占卜同祖先沟通，从而树立起自身的政治与宗教权威。② 接下来的周朝，祖先祭祀扩大到贵族与平民，但依据政治等级有着严格的限定（例如，平民只能用蔬菜而不能用肉类祭祀）。

政治权力通过男性世系传承。在松散的封建制度下，周代国家以嫡妻

---

① 这样的例子可见陈东原，《中国妇女生活史》（台北：商务印书馆，1986）；陈顾远，《中国古代婚姻史》（上海，商务印书馆，1933）；瞿同祖，《传统中国法律与社会》（巴黎：Mouton and Co., 1965）；滋贺秀三，《中国家族法的原理》（东京，创文社，1967）；Esther Yao，《中国妇女：过去与现在》（Mesquite, 德克萨斯：Ide House, 1983）。

② 吉德炜（David Keightley），《中国早期文明：对其如何成为中国人的反思》，见罗溥洛（Paul Ropp）编，《中华遗产：对中华文明的当代见解》（伯克利：加利福尼亚大学出版社，1990），15—54页。

的长子为封地的继承人与宗族仪式上的首领。家族内部长子优于诸弟、长辈优于晚辈、男性优于女性的等级制度，成为围绕父系展开的宗教与政治综合秩序的组成部分。统治贵族需要男性子孙以延续家族世系并继承领地，完成祭祀祖先的礼仪责任。女性从政治权力与家族世系中被排除。她们不能祭祀自己的祖先，而且她们自身也只有在丈夫的世系中才能成为祖先。只有宗长的嫡妻才能在祭祀中担任正式角色；根据礼书，没有她参与的祭祀是不完整的。①

儒家思想观念反映出它起源于这一宗教与政治秩序时期，而孔子及其追随者们阐明了这一秩序哲学与宗教方面的理论基础。孝、对国家与等级制度的关注是儒家思想的基础。祖先崇拜及其仪式也为儒家所强调，他们成为宫廷礼仪与追悼仪式方面的专家。儒学哲人孟子的名言表达了对男性后裔的绝对需要，指出最大的不孝就是无后。②

由周代晚期与汉代早期文献而编成的儒家礼典，提供了贵族世系结构理想模式的详尽蓝图，正如它在周朝封建制度中运行的那样。既然这些著作对宋代产生了影响，这里有必要阐述一下它所描绘的家族结构。家族可组成一个"宗"。长支中的长子为"宗子"，他是宗族仪式上的首领及父亲官位与领地的继承者。长支组成"大宗"，而较年轻的诸子形成的旁系被称为"小宗"，每一支延续五代。主干家庭通常各自生活，但他们共同组成族或宗族。③ 这一时期土地并非私人所有，而且从理论上讲土地收益仅属于受封的封建领主。虽然宗族成员不在一起生活，但族产由宗族仪式上的首领宗子控制，并根据需要进行分配。④ 但甚至是《礼记》也承认未生活在一起的弟弟可以获得比同宗尊长更多的财富与更高的贵族地位。在拜访同宗尊长的家庭时，这样的成员被告诫要将马车、随从及贵族标志置于

---

① 理雅各（Legge），《礼记》"曾子问"，Ⅰ，316页。
② 《孟子》，4A：26页。
③ 瞿同祖，《传统中国法律与社会》，31—36页；理雅各，《礼记》，特别是第14册"大传"；施约翰（John Steele）译，《仪礼》，第2册（伦敦：Probsthain & Co.，1917）Ⅱ，第11节，特别是18—20页；伊沛霞（Patricia Ebrey），《家族的概念》，《亚洲研究》，43：2（1984年2月）：221—222页。
④ 施约翰（John Steele），《仪礼》，Ⅱ，17页。这些规定也出现于后出的汉代儒家礼仪手册《白虎通》中，见瞿同祖，《传统中国法律与社会》，34页。

门外。①

与父母共同生活的儿子们禁止拥有个人财产，他们的妻子也是如此："子妇无私货，无私畜，无私器。"②《礼记》详细规定了儿子与儿媳应如何处理落入他们手中的不动产。儿媳要将财产献给公婆，而且即使公婆返还，儿媳也要妥善保管以备以后之需。③ 这些文字表明，尽管遭到儒家的严厉批评，个人在家庭中持有一些个人财产并非罕见现象。

妇女的确拥有个人财产这一事实，也被周代其他一些史料所证实。我们知道，妇女结婚时会带走一些奴隶与财物。这一事实被来自法家的著作《韩非子》的一则故事所证实。这部著作写于公元前3世纪，当时《礼记》已形成现在的形式。法家韩非（公元前280—前233）虽然反对儒家的许多学说，但他也接受家族等级制度与孝道，因为这会培养他的社会极权体制中所需要的忠诚与服从。韩非一般情况下不会写到家庭内部事务。在下面一段文字中，他意图斥责那些损公肥私的官员，但无意中却谈到了妇女与财产：

> 卫人嫁其子而教之曰："必私积聚。为妇人而出，常也；其成居，幸也。"其子因私积聚，其姑以为多私而出之。其子所以反者，倍其所以嫁。其父不自罪于教子非也，而自知其益富。今人臣之处官者，皆是类也。④

我们从这段文字中可以看出以下几点。首先，妇女结婚时以嫁妆的形式带走财产。⑤ 其次，在婚期间，她以私人财物的形式持有这份财产。再次，当因离婚而走出婚姻时，她带走这部分财产。还有就是，她的个人财富会在婚姻期间增长。我们也看到对潜伏于婚姻中过多私人财产的普遍反对态度（如此之多，以致这个故事被看成官员牟取个人私利行为的一个比喻），

---

① 《礼记》（上海古籍出版社，1987），"内则"，5：156页；理雅各（Legge），《礼记》Ⅰ，458—459页；瞿同祖，《传统中国法律与社会》，36页。（我根据的是瞿同祖的翻译，他的翻译与理雅各的翻译有很大差异）。

② 《礼记》，5：156页；理雅各（Legge），《礼记》Ⅰ，458页。

③ 同上。

④ 《韩非子校注》，汤敬昭等责编，（江苏人民出版社，1982），"说林"第1部分，249页。

⑤ 这一观点来自以下文字，"其子所以反者，倍其所以嫁。"

而这种财产可成为导致婆媳间紧张关系,甚至是离婚的原因。①

儒家经典《礼记》自身表明妻子持有个人财产并可在走出婚姻时随身带走。《杂记》一节规定了休妻的程序并宣称随她带入婚姻的物品要返还。② 注释者将这些嫁妆项目理解为包括男女仆人与动产。③

与其类似,时间也为公元前3世纪的秦朝法典(其中的片段1975年于湖北出土)提供了额外证据,法律将妻子财产与其丈夫的财产区分开来。法典规定当男人因犯罪被逮捕并将其财产充公时,他的妻子如在他被捕之前曾向当局告发,"男女奴隶、衣服、嫁妆"可免没收充公。(大概如果她没有告发的话,她将被视作丈夫的同谋并丧失她的财产)。法典还透露出嫁妆应使夫妻双方受益并在某种程度上视作受丈夫支配的期待,因为当妻子因犯罪而被捕时,她的嫁妆并不会没收充公,而是由丈夫保留。④

第二节 汉代的发展:同居共财

我们不知道儒家的宗法制度是否曾经像礼书所描述的那样运作,但我们的确知道这套制度到汉代(公元前202—公元220)初年已不再实行。春秋战国时代(公元前8—前3世纪),由于土地税与地租逐渐取代为封建

---

① 我不同意现代学者所认为的那样,这段文字说明儿媳对私人财产的持有等同于窃贼,而且是导致离婚的理由。见陈顾远,《中国古代婚姻史》,46页;戴炎辉,《传统中国法律中的离婚》,88页。陈顾远与戴炎辉将这段文字与传统儒家著作中的"七出"联系起来,"七出"之一为"窃盗"。在《韩非子》中,没有任何证据显示他将其与"七出"联系起来,甚至是盗窃的想法也没有。而且"七出"我们只是从汉代文献中才见到,其写作时间比韩非生活的时代晚几个世纪,甚至是在汉代,"七出"也很少被提出作为离婚的理由。见杜敬轩(Jack Dull),《汉代中国的结婚与离婚》,包恒(David Buxbaum)编,《中国的家族法律与社会转变》(西雅图:华盛顿大学出版社,1978),52—53、57页。瞿同祖在处理"七出"问题时,没有将妻子的个人财产与盗窃联系起来;《汉代社会结构》(西雅图:华盛顿大学出版社,1991),40页。"七出"见于《孔子家语》《大戴礼》与何休《公羊传》解诂,这些都是汉代的书。"七出"被复制到唐律并以儒家礼书在注释中出现;《唐律疏议》(北京:中华书局,1983),14:267—268页。还可见戴炎辉,《传统中国法律中的离婚》,85页;仁井田陞,《唐宋法律文书的研究》(东京:东方文化学院,1937;东京大学出版会再印,1983),483页。

② 《礼记》,"杂记"第2部分,7:239页;理雅各(Legge),《礼记》Ⅱ,170—171页。文本也建议妇女可以自己主动寻求离婚。

③ 仁井田陞,《唐宋法律文书的研究》,499页与505页注60。

④ 何四维,《秦朝法律残简》(莱顿:E. J. Brill,1985),168—169页;程天权,《婚姻与亲属》,见叶孝信编,《中国民法史》(上海人民出版社,1993),149—150页。

领主所服的劳役,家庭成为农民中间的一个独立经济单位。① 随着封建制度的进一步崩溃,由兄弟同父母生活在一起的一个个被称作"家"的制度,逐渐成为中国所有社会阶层的普遍模式。从那时起,宗法制度及兄弟间礼仪上与物质上的不平等,成为一种抽象的理想事物。宗法制度再也没有以其原有的形式施行过,尽管后来有过许多复兴它的努力。②

汉代发展起来的"家"的概念是以"同居共财"为原则的。我们从早自汉代的法律及其他文献中发现这个术语,从那以后这个术语即频频出现。③ 根据这一原则,儿子同父母留在联合家庭内,而妇女则要嫁出去,加入丈夫的家庭以服侍公婆(正如汉代以前那样)。家庭财产为家长领导下所共有,家长可以委派另一名家庭成员进行管理。在家户内,由男人、妻子及子女组成的婚姻单位各有他们自己的"房",但要集中提供劳作与收入,与此同时从家的共同预算中获得生活所必需的配给额。全家在一起用餐,而一家通常被定义为共享一个炉灶的家户。传统的完美典范是由五代"房"共同生活在一个屋檐下的联合家庭,但无论是历史还是现代资料均显示出,家庭通常会在父母去世后分裂。从汉代到20世纪,中国家庭的平均规模是4—6人。当分家时,家庭财产会在诸子中间均分,每个儿子会成为一个新家的家长。秦代以来的政府责成家长缴纳税款并赋予他们统治家庭成员的合法权力。由此家成为一个正式的经济与法律实体。值得注意的是,家庭组织的这种模式,无论是穷人还是富人阶层,直到今天仍在中

---

① 许倬云,《转型中的古代中国》(斯坦福,加利福尼亚:斯坦福大学出版社,1965),107—139页。

② 宗法制度对后来的宗族组织不无影响。甚至在20世纪,人类学家认为,中国北方的宗族团结是以形式上类似古代宗法制度的亲属关系为基础的。这样的例子,可参见孔迈隆(Myron Cohen),《中国北方的宗族组织》,《亚洲研究杂志》49(1990年8月):510页及注5。

③ 滋贺秀三,《传统中国的家族财产与继承法》,包恒(David Buxbaum)编,《中国的家族法律与社会转变》(西雅图:华盛顿大学出版社,1978),111—112页。正如滋贺所表明的,甚至在汉代,"同居"也并非家庭存在的必要条件。至于现代,也可见孔迈隆(Myron Cohen),《中国家庭生活团体的发展历程》,莫里斯·弗里德曼编,《中国社会的家庭与亲属关系》(斯坦福,加利福尼亚:斯坦福大学出版社,1970);华琛或屈顺天(James Watson),《移民与中国宗族:香港与伦敦的文氏家族》(伯克利:加利福尼亚大学出版社,1975)。在某些情况下,法律仅仅承认家庭内的居住者为"同居"团体成员。见本章有关《唐律》的讨论。还可见滋贺秀三,《中国家族法的原理》,50—107页;中田薰,《唐宋时代的家族共产制》,《法制史论集》(东京:岩波书店,1943;1985年再印),第三册第二部分,1295—1360页。

国社会保留下来。①

分割继承这一规定的起源我们并不是很清楚,但这一新的中国家族主义与儒家宗法制度的原则相抵触。无论实质上还是法律上,所有的儿子都平分父亲的地位。更为重要的是,每一个儿子都有权利与义务祭祀父亲并延续新的家系。直系与旁系之间没有差别。滋贺秀三认为,在中国,"继承"("inheritance"或更恰当地说"succession")有三层含义:继承家系中连接祖先与后代的父亲;继承对父亲及祖先的祭祀;继承保障祭祀与子孙的财产。② 长子拥有额外祭祀义务的儒家学说,在以后的法典及某些宗族习惯中仍可见其残余(包括20世纪的台湾),③ 不过,这样的习惯却因法律与习俗所支持的平等继承的规定而被动摇。从唐代以后,甚至是父亲,无论是在生前还是遗嘱中,也不能超越这一规定的基本含义。④

"同居共财"的理想似乎早在战国时代就在中国人的思想中形成,但历史文献展现给我们的却是在汉代它仍远离现实。历史名著《史记》记载了两条公元前4世纪的法律,它们源自阻止联合家庭的秦国:一条法律对超过两个成年儿子的家庭课以双倍赋税,另一条则禁止父子"生活在同一房间"。⑤ 这些法律被汉律所复制而且一直到魏朝(220—265)仍保留在文本中。史料显示出它们在后汉已不再有效,但在前汉的中国部分地区曾实行过。这样的法律的目的在于削减大家族的势力,但瞿同祖反驳说这些法

---

① 有关中国联合家庭,有丰富的历史学与人类学资料。历史学著作的例子,可见滋贺秀三,《中国家族法的原理》第一、第二章;滋贺秀三,《传统中国的家族财产与继承法》。早期人类学著作,见费孝通,《中国农民生活》(伦敦:Routledge and Kegan Paul, 1939;1980年再印);Olga Lang,《中国家庭与社会》(纽黑文,康涅狄格:耶鲁大学出版社,1946)。最系统的现代研究为孔迈隆(Myron Cohen),《合家与分家:台湾的中国家庭》(纽约:哥伦比亚大学出版社,1976)。我同意他的论断,即他的台湾模式实际上也适合整个中国。共灶的概念,卢蕙馨(Margery Wolf)作了很好的描述,见《林家:一项中国农民家庭的研究》(Englewood cliffs, NJ: Prentice-Hall, 1968)第三章。

② 滋贺秀三,《中国家族法的原理》,108—148页;滋贺秀三,《传统中国的家族财产与继承法》,121—127页。

③ 费孝通,《中国农民生活》,66—68页;特别是孔迈隆(Myron Cohen),《中国北方的宗族组织》,自510页起。

④ 滋贺秀三,《传统中国的家族财产与继承法》,125页。在简要地概述历史时,伊沛霞提出汉代长子有额外的祭祀责任,滋贺秀三则争辩说这极有可能不是事实。伊沛霞,《妇女、婚姻与家族》,见罗溥洛(Paul Ropp)编,《中华遗产:对中华文明的当代见解》,205页。

⑤ 《史记》(北京:中华书局,1959;1982年再印),68:2230页;瞿同祖,《汉代社会结构》,4—5页。所提供的文献翻译,见252—254页。

律同时强迫富人与穷人同其成年儿子分开生活。穷人将他们的儿子"典"给其他家庭,而富人则在儿子结婚时将财产分配给他们,将他们送走以组建新的家庭。①

在汉代,同儿子一样,女儿在结婚时也得到财产。嫁妆的数目可以非常可观,交给女儿的财产可以同儿子的份额一样多。这方面一个非常有名的例子为卓文君。她是一位富裕的制铁商人卓王孙的女儿,已经守寡,又嫁给了诗人司马相如(公元前179—前117)。根据《史记》与《汉书》的描述,卓文君在父亲为司马相如举办的宴会上爱上了他,并在那个晚上同他一起私奔。她的父亲因她没有征得同意就结婚而暴怒不已,起初拒绝分给她"一钱"。在这对夫妻开酒店以自谋生计,亲戚们向这位父亲再三恳求后,卓王孙变得宽容了些,"分予文君僮百人,钱百万,及其嫁时衣被财物"。(着重号为笔者所加)。卓文君与丈夫而后将财产卖掉,并在夫家成都购置了田产,在那里他们开始了自己的舒适生活。司马相如成为高官后,这位父亲再次斟酌一番,"而厚分与其女财,与男等同"②。

这个故事表明人们期待父亲给予女儿与其财富相称的嫁妆。尽管女儿不听话,工商业主卓王孙因羞愧而不得不分给女儿财产。我们也看到,卓文君拿回了第一次结婚时的财产。最后,虽然卓文君最终获得了同兄弟相等的份额,但文献却称其为"慷慨的"(厚),表明这一事件非同寻常。卓文君兄弟、姐妹各有一人,我们不知道她另外那位姐妹获得了什么。

汉代及其后不久的其他文献进一步证实了精英妇女通常会获得丰厚的嫁妆。《盐铁论》中,一位官员抱怨说"财产浪费在丰厚的葬礼与为嫁女准备的满车嫁妆上"(葬死殚家,遣女满车)。③ 宣帝时期(公元前73—前47在位)也有类似的抱怨,指出嫁妆与聘礼毫无节制,使得穷人无法比得上。④ 王符(约90—165)在其《潜夫论》中抱怨说,富人竞相在奢

---

① 瞿同祖,《汉代社会结构》,5—8页。
② 《史记》,117:3001,3047页。这些段落为瞿同祖所翻译,见《汉代社会结构》,271—273页。相同的故事亦见《汉书》(北京:中华书局,1962;1975年再印),57A:2530—2531页;57B:2581页。
③ 转引自杜敬轲(Jack Dull),《汉代中国的结婚与离婚》,46页。杜敬轲仅讨论聘礼,但在讨论中,他将聘礼与嫁妆的论据混在一起,并假定二者是相等的。我没有做这样的假设,仅仅是利用他有关嫁妆的资料。
④ 《汉书》,72:3064页;杜敬轲(Jack Dull),《汉代中国的结婚与离婚》,46页。

侈的嫁妆上压倒彼此，而穷人则耻于无法达到标准（富者竞欲相过，贫者耻不逮及）。① 后汉的另一文献讲述了两位女性携带了七八名奴仆与可观的嫁妆出嫁。② 生活在1世纪、不循规蹈矩的戴良，在哀悼母亲时，曾通过食肉饮酒来嘲弄礼仪，出嫁五个女儿时，又进而只以"疏裳布被、竹笥木屐"来反对社会习俗。这种简陋的嫁妆因其非常罕见而闻名，尽管戴良也不能完全摆脱嫁妆这一习俗。③ 学者鲍宣埋怨妻子带来太多的嫁妆，而他自身与妻子的财富不匹配。妻子将仆人、衣物与珠宝返还给自己的父亲，而她的无私行动为其赢得了正史记载中的一席之地。④

嫁妆的私人性质通过后汉李充的故事显现出来。李充同母亲及五个兄弟生活在一个同居家庭。他的妻子发现他们的财产已无法承担生计，私下里对他说："妾有私财，愿思分异。"李充假装赞同这一建议并告诉妻子安排一场告别宴会。当客人们聚齐时，李充在母亲前跪下，讲述了他的妻子如何不知羞耻地让他离开母亲与兄弟，然后把妻子赶走了。⑤ 这个故事表明，妻子的财产能够导致兄弟间的不均与纷争（一个儒家文献提出的贯穿中国历史的主题）。李充的妻子不愿与整个家族分享自己的财产，甚至直到分家时，她才愿意将此透露给自己的丈夫。嫁资被她牢牢地掌握在手中。这一问题在宋代达到顶点。

汉朝法律规定，离婚时，妇女的财产随其返还娘家。根据法律规定，这些财产权既适用于丈夫挑起，也适用于妻子挑起的离婚。⑥ 一些学者甚至认为，离婚时，妻子女仆生下来的孩子，也要返还给妻子带走。⑦

汉代文献提供了一些妇女处置财产的事例，这些事例包括买卖土地（到汉代，对某些类型的土地而言，这种情况已很常见）。一份保存在砖瓦

---

① 《潜夫论》（丛书集成本），3：77页。
② 《华阳国志》（台北：商务印书馆，1976），10C：172页。
③ 《后汉书》（北京：中华书局，1965；1973年再印），83：2773页。
④ 《后汉书》，84：2781—2782页。这里引用的例子，在杜敬轲（Jack Dull）《汉代中国的结婚与离婚》中均曾提到，48。最后一个例子，见瞿同祖，《汉代社会结构》，283页。
⑤ 《后汉书》，81：2684。还可见中田熏，《法制史论集》第3册，第2部分，1343页注16。
⑥ 仁井田陞，《唐宋法律文书的研究》，498—499页；戴炎辉，《传统中国法律中的离婚》，105页与注173。
⑦ 戴炎辉，《传统中国法律中的离婚》，105页。戴炎辉没有清楚讲明有关女仆的史料，我也没有在原始资料中发现。这一观点非常有趣，因为（至少以后的时代）妻子女仆的孩子可能是同丈夫所生。

上、时间标明为公元176年的契约写道："广［武］乡乐成里刘元台从同县刘文平妻［买得］代夷里冢地一处，贾钱二万。"① 在一份来自洛阳、时间标明为188年的文献中，一位妇女以三千钱的价格，将一亩未开垦的荒地卖给另一女性。② 显然，寡妇可以处理亡夫的不动产。公元前1世纪的一个故事包含了一份详尽的奴隶买卖契约。奴隶为一名寡妇拥有，契约将奴隶描写成"亡夫时户下髯奴便了"③。汉代有更进一步的证据显示，寡妇可以继承丈夫的不动产并携带不动产再嫁。④ 正如事实经常反映的那样，这有可能发生于夫妻远离丈夫父母生活或丈夫父母已经离世的时候。

汉代的资料较为贫乏，但前面的事例及其他资料表明，嫁妆是女儿享有的习惯性权利，而且，同儿子结婚而离家或分家时给予他们的财产没有太多的不同。而且，父母也会将更多的财产分给他们的女儿，正如给他们的儿子一样。虽然夫妻单位作为一个整体受益于嫁妆，而且许多丈夫无疑有权使用妻子的财产，但嫁妆从法律上而言与家庭其他财产是分离的。理论上讲，妻子可在不受丈夫干涉的情况下处置自己的嫁妆，而当离婚时，妇女可以保有她的财产。

最后，寡妇可以占有亡夫的财产，而且资料显示，她们可以处置这些财产。在某些情况下，她们会携带这些财产再嫁。

第三节　嫁妆与聘礼

以上的讨论表明，已婚妇女的个人财产并不与丈夫及其家族拥有的财产合在一起。女儿出嫁时父母所经历的财产损失，严格地讲，并非家族之间的一种财产更换。更准确地说，这些财产留在他们的女儿身边，在某些

---

① 宋格文（Hugh Scogin），《天人之间：汉代中国的契约与国家》，见《南加利福尼亚法律评论》63：5（1990年7月）：1344页。
② 宋格文（Hugh Scogin），《天人之间：汉代中国的契约与国家》，1345页。
③ 韦慕庭（C. Martin Wilbur），《前汉时代中国的奴隶制》（芝加哥，1943）；宋格文（Hugh Scogin），《天人之间：汉代中国的契约与国家》，1357页。见何四维（Anton F. P. Hulsewé），《汉代契约》，兰乔蒂（Lionello Lanciotti）编，*Il Diritto in Cina*（佛罗伦萨：Leo S. Olschki, 1978），30页。
④ 见Jennifer Holmgren提供的证据，《贞操的经济基础：早期与现代中国的寡妇再嫁》，5—6页［大部分取自杜敬轲（Jack Dull），《汉代中国的结婚与离婚》与瞿同祖，《汉代社会结构》］。

场合下还会回到他们身边。

就这点而言，新郎家给新娘家的聘礼与嫁妆有很大不同。根据儒家礼经文献，正规的婚姻需要一种从新郎家到新娘父母的财产更换。这样的更换是婚姻依据仪式完成所要遵循的婚姻六礼之一。如果没有正规仪式，妇女将仅仅成为妾。① 杜敬轲（Jack Dull）的研究表明，在汉代，六礼很少被关注，确切地说，唯一的例外是第四种礼仪——交纳聘礼（纳征）。② 在汉代，聘礼的转移"是婚礼的主要特点"③。不仅儒家经典《礼记》强调聘礼的强制性，其他汉代儒学文献也赞同聘礼至为重要。④《礼记》的规定到7世纪被编入法典，而且很有可能早在此以前就如此了。根据唐律，一旦新娘家接受聘礼，无论聘礼微薄或丰厚与否，订婚将不能被中止，婚姻将确定下来。法典解释说，就法律层面而言，接受聘礼与返还一份正式的婚姻书面承诺完全一样。⑤《仪礼》规定聘礼为"玄纁束帛、俪皮"⑥。汉代人不理会这段文字要求，而且精英新娘家族要求的聘礼极其奢华。⑦

聘礼本身没有互换性；相反，新娘本人携带自己的资产来到夫家。就法律与理论层面而言，嫁妆并非完成婚姻所必需，相反，聘礼则在正规婚姻中不能被取消。这意味着在中国早期，财产需要从新郎家转移到新娘家，而非相反。相比之下，新娘父母所损失的财产并非直接进入夫家。这些财产注定会由妇女的孩子们继承，只有当母亲去世后，这些财产可用来献祭其神灵时，这些孩子才会毫无限制地得到这些财产。

即使适用于早期的证据有限，我们仍然已经认识到妻子及其娘家同丈夫及其嫁入的夫家之间存在观念上的壁垒。这一壁垒阻止了那一代的财产从妻家到夫家的完全转移，维持了妻子在夫家作为半独立经济实体的地位。这一观念上的壁垒与支持它的习俗在以后的朝代得以延续下来。

---

① 施约翰（John Steele），《仪礼》Ⅰ，18—41页；理雅各（Legge），《礼记》Ⅱ，428—430页与Ⅰ，78页。
② 杜敬轲（Jack Dull），《汉代中国的结婚与离婚》，42—49页。
③ 同上书，45页。
④《淮南子》与《大戴礼记》均强调没有聘礼将会导致淫秽之风；杜敬轲（Jack Dull），《汉代中国的结婚与离婚》，45页。
⑤《唐律疏议》，13：253—254页。甚至接受食品与酒也会使订婚具有法律约束力。违反这一法律规定的处罚是笞六十。
⑥ 施约翰（John Steele），《仪礼》Ⅰ，21页。
⑦ 杜敬轲（Jack Dull），《汉代中国的结婚与离婚》，45—48页。

第四节　唐代继承与财产法

到唐代（618—906），联合家庭家长权威下的"同居共财"原则成为精英与平民家庭价值观的基础。实际上这也成为新儒学的理想。唐朝政府鼓励联合家庭并支持家长的权威。为此，政府颁布律令以强制推行联合家庭的规定，并剥夺男女家庭成员的自由。

法典的一些修订是在唐初进行的。最权威的版本归功于太宗（627—649年在位）的表兄弟*长孙无忌（？—659），但法典的现存所有版本基于737年的修订本。① 这次编纂，以《唐律》闻名，为中国后来所有法典的基础并成为日本、朝鲜与越南法典的范本。② 这部法典包括家庭与继承在内的条款，对后世影响深远。

流传到我们手中的法典本身由502条组成。每条包含法典的主要条款（律），附加以注与疏。③ 法典的第一部分有57条，阐明总则（名例），绝大部分是对地位差异、社会等级与刑罚级别的解释。长辈被赋予高于晚辈的权威，平民高于奴隶（贱民），男人高于妇女。某些极其严重的罪行，冠以"十恶"之名，置于总则中（第6条）加以强调，而律文本身对此则有更详尽的说明。④ 在标题为"不孝"（"十恶"中的第7项）的项目下，是一些用来支持家族体系及其等级制度的禁令。如其中一个例子，只要父

---

* 编辑注：太宗李世民是长孙无忌妹夫，不是表兄弟关系。

① 没有证据显示出653年与737年修订本之间有显著变化。653年，长孙无忌同他的班子为法典条款（律）添加了注（疏），并产生了法典最著名的版本。一般认为，法典的所有现存版本是以长孙无忌的版本为基础的，直到1931年，仁井田陞与牧野巽证实所有现存版本实际上来自737年的文本，这一年现在被接受为《唐律》的时间。庄斯得，（Wallace Johnson）《唐律》，第1册，总则（普林斯顿，N.J.：普林斯顿大学出版社，1979），39—40页。元代以来，书名一直为《唐律疏议》（字面解释为，带有注与解释的唐律）。

② 庄斯得（Wallace Johnson），《唐律》，I，9页。进一步的信息，见仁井田陞，《中国法制史研究》，第1册，刑法（东京：东京大学出版会，1959；1991年再印），301—596页。

③ 见《唐律疏议》。注含有律文的基本要素，因而被视为律本身不可分割的组成部分。他们常常被印成小一些的字体，附于每条律文之后。疏是长孙无忌的班子撰写的对律文有用的解释与引申。见庄斯得（Wallace Johnson），《唐律》，I，43页。

④ "十恶"大部分为威胁国家或家族权威的犯罪。可见庄斯得（Wallace Johnson）的讨论，《唐律》，I，从第17页起。

母健在，子孙不可以单独成户或单独拥有财产。① 其后，律文本身的第155条对此做出更为具体的表述，规定子孙如没有经父母同意而单独成户或分财，要处3年徒刑。②

要找到继承与家庭条款的更多细节，除了律文条款本身外，我们还必须看更具体的行政规定，这些规定在令文中有明确的阐述。③ 就司法审判的日常事务而言，令文同律文本身几乎同样重要。

与继承制度相关的令文颁布于719年，737年再次颁布。这条带有注释的令文主要由5节组成，以下为5节的全文翻译。④

1. 诸应分田宅及财物者，兄弟均分。

注：其父祖亡后，各自异居，又不同爨，经三载以上；逃亡，经六载以上。若无父祖旧田宅、邸店、碾硙、部曲、奴婢⑤见在可分者，不得辄更论分。⑥

2. 妻家所得之财，不在分限。

注：妻虽亡没，所有资产及奴婢，妻家并不得追理。

3. 兄弟亡者，子承父分。

注：继绝亦同。

4. 兄弟俱亡，则诸子均分。

---

① 《唐律疏议》，1：12页；庄斯得（Wallace Johnson）《唐律》，Ⅰ，33、74页。

② 《唐律疏议》，12：236页。池田温对这一体系中的户籍登记程序及其变化有阐述，见《唐代户籍登记及相关文献》，芮沃寿（Arthur Wright）与杜希德（Denis Twitchett）编《唐代的透视》（纽黑文，康涅狄格：耶鲁大学出版社，1973）；其中135页讨论了分家。

③ 令文没有全部保留下来，但通过日本法制史学家仁井田陞《唐令拾遗》（1933；东京再印：东京大学出版会，1983）对引文与残片的整理得以复原。唐代法律的另外两种形式为格与式。我使用的这些术语的翻译，可见庄斯得（Wallace Johnson）《唐律》，Ⅰ，5页。

④ 仁井田陞，《唐令拾遗》，245页。并见仁井田陞，《唐宋法律文书的研究》，583页。滋贺秀三，《中国家族法的原理》，245页。

⑤ 部曲与奴婢是法典提到的3种依附人口中的两种。第3种为客户，即官户或杂户。虽然唐代还有许多其他身份的依附人口存在，但"部曲奴婢"似乎可以指所有依附人口。这方面的全面讨论，见仁井田陞，《中国身份法史》（1942；再印，东京：东京大学出版社，1983），858—997页。"部曲"这一术语历史的讨论，见Yang Chung-i,《依附人口地位的演变》，孙任以都（E-tu Zen Sun）与德范克（J. de Francis）编，《中国社会史》（华盛顿特区：美国学术协会理事会，1956），142—156页。

⑥ 这里隐含的意思是，如果兄弟不在时，分产已经发生了，那么他们不得要求重新再分（不得辄更论分）。

注：其父祖永业田及赐田亦均分，口分田即准丁中老小法。① 若田少者，亦依此法为分。

5. 其未娶妻者，别与娉财。姑姊妹在室者，减男聘礼之半。寡妻妾无男者，承夫分。若夫兄弟皆亡，同一子之分。

注：有男者，不别得分，谓在夫家守志者。若改适，其见在部曲、奴婢、田宅，不得费用，皆应分人均分。

这条令文的第 1、3、4 节与诸子继承有关。令文清楚地表达了兄弟均分的概念。共同继承人指那些居住在联合家庭内的人，继承的前提为居住。如果儿子离开家庭，3 年或 6 年之后（取决于他离开时的情形），他将丧失分家后的任何继承权。第 1 节将以前的习俗——即父母健在时，儿子可以得到一份财产并组建一个新家——搁置一边。唐令假定经父母同意分开生活的儿子已得到财产，而禁止这样的人获得"双份"财产。如儿子未经允许而逃离，6 年后他不再会得到谅解且得不到任何财产。如果儿子们全部死亡，孙子们将同祖父母组建一个新的联合家庭并均分财产，而不考虑之前应给他们父亲的份额。堂兄弟既然成为第一代共同居住者，由此也成为共同继承人。每个人将建立一个新家并开始一个新的世系。

妇女不是共同继承者的正式组成部分。嫁入家族的妻子分享丈夫的份额。正如我们在第 5 节所见到的，如果丈夫去世，她可以得到丈夫的遗产。寡妇代表亡夫虚拟的、潜在的家系。只要她不再嫁人，作为保持贞洁的寡妇，她可以在自己担任家长的家中（因为已经分家，所以不会有公婆或叔伯待在家里）拥有并处置丈夫的财产。正如滋贺秀三所强调的，这一构想是寡妇会把财产传给一位能使家族祭祀永远延续下去的继承人（如果有必要的话，可收继）。她像是丈夫家系的补位链接。② 如果寡妇改嫁，她将会破坏家系。在这种情况下，丈夫的遗产会传给侄子们，由他们祭祀丈夫的祖先并形成自己没有中断的家系。寡妇的第一位丈夫将会没有子孙后裔与正式的祭祀，除非寡妇改嫁时有儿子留下来（常有的事）。

---

① 这段文字不同种类的土地反映了唐朝的"均田"分配制度。这方面极好的英文概述，见杜希德（Denis Twitchett），《唐代的财政管理》（剑桥：剑桥大学出版社，1963；1970 年再印），1—23 页；万国鼎，《中古时代的均田分配制度》，见孙任以都（E-tu Zen Sun）与德范克（J. de Francis）编，《中国社会史》。

② 滋贺秀三，《中国家族法的原理》，415—433 页。

第 2 节处于显著位置，规定妻子的财产不是分家的组成部分。丈夫的联合家庭成员不能处置妇女嫁入时带来的财产。无论是分家前还是分家后，嫁妆仅为她个人所使用。不过，妻子死后，她的个人财产将会怎样呢？存在于妻子及其娘家同丈夫及夫家之间财产习惯上的壁垒，正如我前面提到的，也许会增加寡妇的娘家要求收回嫁妆的可能性。当时的评论特别禁止这种行为，言下之意，以前也许发生过这样的事情。如果妇女有子女，她的财产可以传给他们。但如果没有子女，财产的处置就变得复杂起来，这在唐代与宋代的法律中都没有特别明确的规定。

第 5 节表明，分家时如姑姐妹尚未结婚离开家庭，她们可获得财产。无论是先分家还是先结婚，要求儿子同居的准则同给予女儿财产的社会习惯是并行不悖的。当女儿出嫁时，她不会在家里居住，由此她参与以后分家的权利会遭到削弱或剥夺。结果是，当女儿结婚时，其财产份额会作为嫁妆赠予她们。女儿通常继承的财产或许比儿子要少，但在分享父亲的某些财产时，她们有着强烈的习惯性与合法性权利。

一份太和年间（827—836）的敦煌写本证实了这一点。一份更为普通的文件附加在现存的一份分家书后，病已膏肓的父亲告诫两个儿子与一个女儿公平地分割家产（接下来是他们母亲的指示）并且在他死后不许再起纷争。他明白无误地将女儿算作分家的财产继承者。①

第 5 节的句子，即给予儿子聘礼为女儿嫁妆的两倍，目前已有许多研究。这或许表明，在唐代精英阶层当中，聘礼通常比嫁妆要多。② 从令文我们无法断定，与一名男性的全部财产相比，大概会有多少是嫁妆或聘礼。正如以前的时代那样，唐代的父亲可以随心所欲地给予女儿任意数目的嫁妆。嫁妆同聘礼一样，取决于结婚时各方的协商（虽然这一点并不被官方赞成），而在上层中间，嫁妆与聘礼的数额可以非常庞大。在 642 年，太宗对婚姻的商品性质非常不满。他抱怨说，大族要求数额庞大的嫁妆或

---

① 斯坦因（Stein）S. 6537；翟林奈（Lionel Giles），《大英博物馆藏敦煌汉文写本注记目录》（伦敦：大英博物馆，1957），185 页。仁井田陞的著作将这份写本重印，见《中国法制史研究》，第 3 册，582 页（图版 7 复制了部分原件）。

② 这一观点受到伊沛霞（Patricia Ebrey）的质疑，而这条令文是一个关键证据；《婚姻财务管理的转变》，107 页。

聘礼，这使得为婚姻耗费大部分钱财的任何一方都会蒙羞。① 659 年，他的继承者高宗进而通过禁止某些大族通婚并禁止奢侈的聘礼交换以改革婚姻习俗。值得注意的是，他 659 年的同一份诏令对支持妇女的个人财产权产生了积极影响。高宗要求精英阶层婚姻中的聘礼全部交给新娘，以为嫁妆的一部分，这样娘家就不能从女儿的婚姻中谋取净收益。他进一步宣称夫家不可以盗用这笔嫁妆。② 高宗的话进一步证实了已经存在的悠久传统，即精英阶层的女儿出嫁时可获得数目可观的财产。她们可以直接从父母那里，也可以间接通过父母从新的姻亲那里获得这笔财产。（如果所有聘礼如高宗所言，确实作为嫁妆交给新娘，这或许可以解释为什么唐令所规定的嫁妆比例恰好是聘礼的一半）。此外，即使妻子的个人财产间接来自姻亲的聘礼，诏令也加强了妻子个人财产与其所嫁入的家族财产间观念上的壁垒。尽管我们承认，高宗的话表明这一壁垒极易被打破，而且需要持续不断的法律强化。

在某些情况下，女儿可以获得嫁妆或婚后礼物以外的另外形式的遗产。如果妇女没有兄弟，当父母双亡时，其家族传承将被认为断绝或者说"户绝"。前面翻译的 719 年与 737 年的令文没有提到这种情形，但 737 年的另一条令文明确提到了此类问题。这条令文明确规定，万一某人死后户绝，在花费合理的丧葬费用后，财产的其余部分全部交给活着的女儿。如果没有女儿活下来，财产应当交给次一级最近的亲属。如果没有找到亲属，国家将会把财产充公。但如果死者留下遗嘱，他的愿望将会得到履行而此条令文则会失去效力。③ 这条令文表明，唐代法律承认某种如仁井田

---

① 《唐会要》（台北：国学基本丛书，1968），83：1528；姜士彬（David Johnson），《中古中国的寡头政治》，50 页。
② 《唐会要》（台北：国学基本丛书，1968），83：1528—1529 页。伊沛霞（Patricia Ebrey），《婚姻财务管理的转变》（100 页）引用了这一诏令但标明时间为 657 年。通过引用这一诏令，她认为在唐代更多的指责是针对数额庞大的聘礼而非嫁妆，因此聘礼的数额比嫁妆要多。高宗与太宗一样，似乎关注普遍的买卖婚姻，如果聘礼数额大部分或完全接近嫁妆，那么嫁妆的数额一定也很大。姜士彬《中古中国的寡头政治》（50 页）通过引用这一诏令说明高宗正在限制"嫁妆"，但我同意伊沛霞对文本的解读，即限制针对的是聘礼。
③ 仁井田陞，《唐令拾遗》，835 页；《中国法制史研究》Ⅲ，381 页；《中国身份法史》，478—479 页；滋贺秀三，《中国家族法的原理》，386 页。虽然我没有唐代的直接证据，但我认为活下来的单身妇女也可以留下一份遗嘱。

陞所说的"生存者取得权"①，这种权利不同于对保持祭祀传于子孙万代的强烈关注。当祭祀不再成为问题所在时，女儿作为血亲可以继承父母的全部财产。

一条令的注文规定，如果政府登记簿表明死者仍是联合家庭的一员，但实际上已经分家，令文仍然适用并由女儿获得财产。②这条注文已被诠释为如下含义，即只有父辈已经分家而亡父（或亡母）成为家长的情况下，令文才会有效。如果父亲去世时仍留在联合家庭内，女儿不会像儿子那样取得财产份额，但会获得嫁妆那部分，余下部分则返还公库由叔伯（父亲的兄弟）及其诸子继承。③同居又成为处置财产至关重要的准则。如果堂兄弟生活在家户内，他们有权要求某些会落入亲生女儿手中的财产。只有当已经分家且女儿与堂兄弟异居时，女儿才有优先于堂兄弟的继承权。

结婚还会影响到户绝家庭女儿的继承权。737年的令文没有明确规定女儿必须未婚才能继承，大概许多人婚后也能获得这样的遗产。但依据某些官员的意见，结婚会削弱她们的财产权利。在为考生王说（活跃于904—905年）出的极有可能是虚拟的一道考题中，一位富人据说身后仅留下一位已出嫁的女儿。官府试图将富人的财产没收充公，可已出嫁的女儿起诉要求重新获得所有权。她父亲的弟弟也诉诸官府。在一份被称作"判"④的书面答卷中，考生王说决定支持弟弟，理由是他与已故者同姓，可以在实际上延续家族的血脉。反之，女儿已进入另外的家族，而她的财

---

① 仁井田陞，《中国法制史研究》Ⅲ，381页。
② 仁井田陞，《唐令拾遗》，835页。这条注文含蓄地证实了政府登记簿通常会过期且不准确。
③ 仁井田陞，《中国法制史研究》Ⅲ，381页注3，382页。滋贺秀三，《中国家族法的原理》，396页。仁井田陞与滋贺秀三不太赞同这条注文的诠释。仁井田陞遵循中田薰的理解，即"异居"适应于女儿而非亡父；《中国法制史研究》Ⅲ，381页注3。这会影响到已出嫁的女儿。见下段文字。
④ 唐代文体"判"，作为一种文笔能力的测验，包括为提拔候选人所出虚拟问题的答卷。这些判词由华美炫丽与引经据典的辞藻写就，没有证据显示他们与真实的法律应用有关。见麦大维（David McMullen），《唐代中国的国家与学者》（剑桥：剑桥大学出版社，1988），26，231页。陈智超，《明刻本名公书判清明集介绍》，《名公书判清明集》附录（北京：中华书局，1987），659—661页；仁井田陞，《名公书判清明集解题》，《名公书判清明集》编后记（东京：古典研究会，1964），3页。

产不会有益于父亲的家系。① 这一判词表明，已出嫁的女儿极有可能在婚后继承父亲的遗产，但父系的延续引起了某些官员的足够重视，从而使男性亲属比女儿更有优势。

第五节 结论

早期儒家文献设置了男性权威高于女性的宗法原则，并宣称地位的继承与财产的转移要遵循父系。祖先祭祀总是围绕儒家礼经规定的男性世系，从而进一步将财产与男性及男性后裔结合起来。尽管如此，早期中国的证据却为我们展现了一幅完全不同的画面，使我们得以辨识儒家道德借以适应时代、众多财产借以传给妇女的惯例的总体轮廓。

儒家伦理，正如从精英价值观、法典、礼仪与哲学文献中所见到的，随着社会结构的变化而发展演变，以至于适应周代封建制度理想形式、支持全宗族范围男性世系的宗法制理念，被诸子而不限于长子延续家系不灭的观念所代替。这意味着每一个儿子继承祭祀，每一个儿子有分享家族遗产的合法权利。到汉代，如果不再早的话，共同经济体仅限于由一群兄弟与父母、妻子组成的家，在这个共同经济体内，儿子与其兄弟平等分享家庭财产的权利在法律与习惯上均根深蒂固。

妇女在礼仪上从父系中被排除，因而没有获得家庭财产的法律保障。不过，证据显示，实际上财产通常会通过妇女进行传承。在传统中国高度阶级分层的农耕社会，社会地位由物质财富来支撑。当妇女结婚时，她带来了娘家的身份地位，这在相当大程度上由嫁妆的数量来确定。风俗习惯确保了女儿出嫁时会带上与娘家社会与物质地位相称的个人财产。汉代及其以后的零散证据进一步显示，无论是父母生前还是生后，已出嫁的妇女可以继续从父母那里获得礼物和遗产。儒家礼仪的严格要求，甚至更为普遍的祖先崇拜与男性家系延续的社会习惯，对分家时财产的移转影响甚微。父母尽可能地关心今世女儿的幸福与好的联姻，而对来世的父系传承与礼仪却少有实际关注。已逝去的配偶需要儿子供养他们饥饿的灵魂，但

---

① 《全唐文》（北京：中华书局，1983），821：8653 页（第 9 册）；黄顺明（Wong Sun-ming），《儒家理想与现实：唐代中国婚姻制度的转变》（华盛顿大学博士学位论文，1979），253 页。

第一章 宋代之前的妇女与财产：演变与延续

这并不意味着他们所生的女儿必须被剥夺继承权。

一旦结婚，妇女在夫家的出现意味着她的财产会给新的家庭带来实惠，而丈夫无疑会对这些财产有某种程度的控制。但妻子的财产总是具有私人性质，从而使得这些财产在法律与习惯上都会与大家庭的共同财产截然区分开来。宋代以前，妻子的财产大部分由珠宝、动产与贴身奴仆组成，资产的私人属性特别明显。正如本书序言所见，妇女财产的词汇——常常指箱、柜甚或化妆品，加强了财产的私人属性。当妇女走出婚姻时，她的嫁妆会随其而去。即使妇女因法定理由被逐出家门，离婚的相关法律也要求财产返还给妇女。尽管许多妇女在婚与离婚时或许被阻止享有财产权，但对无论结婚、离婚还是守寡时嫁妆均属妇女本人的认知，在法律标准与风俗习惯中都得到体现。这使得妇女可以靠娘家亲属、法庭或社会压力来强化她们的财产权。人口统计学的事实表明，大部分夫妻生活在核心家庭，这意味着丈夫去世时，妻子还常常会另外控制丈夫的财产。汉代以来，寡妇在法庭上维护自己财产的事例屡见不鲜，正如男性家长所做的那样；无权无势的寡妇在行使合法的财产权时或许会碰上麻烦，国家通过法庭对这些权利的支持，至少提供了重要的补救之源。

从唐代以后，我们有许多继承与财产法更详尽的证据。《唐律》是第一部完整保存下来的法典，也是我们正式的继承法令的最早记录。唐代是士大夫自觉努力将儒家伦理注入社会习惯的时代。法典反映了这些努力，鼓励以同居与家族祭祀为特点的孝道。儒家经典关于婚姻的规定首次被付诸实施。①

通过长期以来的社会习俗，妇女一直可获得一份家族财产。男性继承所需要的居住标准也同样适用于她们：女儿出嫁时离开家庭，她或是在结婚时获得作为嫁妆的一份财产，或者是在分家时获得一份财产，而不论何者在先。孤女习惯上可获得嫁妆，并被赋予这方面的特定法律权利，孤儿则保证可获得聘礼。法律规定后者所获份额是前者的两倍，或许反映出家

---

① 见黄顺明（Wong Sun-ming），《儒家理想与现实：唐代中国婚姻制度的转变》；伊沛霞（Patricia Ebrey），《中华帝国的儒学与家族礼仪：礼仪写作的社会史研究》（普林斯顿，N.J.：普林斯顿大学出版社，1991），38—39页；麦大维（David McMullen），《官僚与宇宙论：唐代中国的礼典》，见大卫·坎纳丁（David Cannadine）与西蒙·普莱斯（Simon Price）编，《皇家礼仪》（剑桥：剑桥大学出版社，1987）。

庭利用聘礼资助新娘嫁妆的社会习惯。在唐代的联合家庭中，没有兄弟的孤女不能分到父亲的财产，这些财产将交给同居的男性亲属。嫁妆由新家长决定，孤女除了嫁妆外什么也得不到，即使她们没有兄弟也是如此。然而，分家后，如没有儿子活下来，家庭将被认为"户绝"，女儿能够继承父母所有的财产。法律没有区分已嫁或未嫁女儿谁能进行这样的继承，不过已出嫁的女儿对此类财产的权利主张也许会大打折扣。

唐代法律明确规定妻子的财产不构成分家的组成部分，因此妻子的财产并未被并入共同财产。在婚姻存续期间，妻子的财产指"嫁妆"，但这样的财产可以指她结婚时所获的嫁妆份额，也可以指分家时所获共同财产的份额，甚至还可以指妻子从去世的父母那里直接继承的遗产，如果她没有兄弟的话。虽然法律将设于妻子与丈夫财产之间的壁垒纳入法典，但帝国反对夫家盗用嫁妆的劝诫或许暗示了婚姻关系中个人财产权的履行存在着诸多困难。不过，尽管妻子去世时，娘家不能要求返还嫁妆，因为它必须留给丈夫的继承人，但婚姻关系结束时，妇女仍能一如既往地带走她的财产。

寡妇有义务保障丈夫家族的一脉相承。只要寡妇还留在家中，她就代表了丈夫实际上或潜在的继承人，因此分家时有权享有丈夫的份额。（如寡妇有儿子，儿子年龄小的话，所得份额由作为家长的寡妇管理，成年的话，所得份额由寡妇与其子共同管理。）如果寡妇再嫁，虽然她仍能对自己的嫁妆主张权利，但她不再是男系亲属的组成部分，因此不能对丈夫的任何财产提出要求。如此一来，父系传承的继承在法律上就同男性亲属财产的移转结合起来。作为嫁妆的财产则置于男性亲属财产之外，留在妇女手中。没有再嫁的寡妇则在父系传承中仍起到承上启下的作用，同样能合法地控制可观的财产。

唐代及中国崇尚过去的巨大影响力，确保了《唐律》绝大部分内容被移植到所有以后的法典中。婚姻与继承的基本条款也完好无损地保存下来。不过，由于社会不可避免地发生变化，《唐律》的一些规定已废弃不用。以后的政府转而制定另外的法律以回应时代的需要，而数量众多的敕命、法令与条例遮掩了《唐律》一些条款的本意。在下一章，我将展示宋代国家怎样通过积极的法律行动来回应历史变革与流俗，在某些方面，这些行动对妇女是有利的。

第二章　宋代妇女与财产：时代更迭中的法律革新

宋代可以说是妇女财产权达到顶峰的时期。尽管宋代妇女与财产的关系大体沿袭以往的传统，但是在快速变化的时代背景和不稳定的经济状况下，妇女财产权获取了新的意义和更大程度的保护。详尽的法律条款规定了女儿在各种情况下继承财产的方式，并对妻子婚内及寡居后的财产权提供了保障。许多法规允许将财产通过女儿传给异姓家庭，或者由寡妇带入她的第二或第三次婚姻。最为重要的是，一些本来用于保障父系宗族财产权的法律语言被重新诠释，用以确立女儿继承财产的正当性。宋代以前，在财产权的问题上就已经开始出现由父系原则转向保护妇女的趋势，上述一系列变化标志着这一趋势在宋代达到顶点。

宋代的社会经济变革影响了国家与社会之间的动态关系，既推动了财产权的演变，也为我们对这些领域的研究提供了新的史料。在宋代，具有读写能力的人越来越多，法律书籍的印刷也越来越普遍，因此有更多的人有能力走上法庭。大量的宋人就财产纠纷向官府提起诉讼，或者要求国家对其财产权提供保障，这些人当中既有男性也有女性，法律诉讼的范围因此变得更加广泛。此外，宋代新兴的印刷业生成了大量文献记录，为研究者提供了法律演变的细节情况，这些资料在宋代以前是不存在的。

无论对于男性还是女性，要维持上层社会的地位，财产都是必不可少的。新娘有无嫁妆，决定了她在嫁入夫家之后的地位是妻还是妾，是良人还是奴婢。父母双亡的在室女如果没有财产，则很可能沦为奴婢。值得特别注意的是，宋代为了保护孤女，专门制定了新的法律。除了确保女性自身的地位之外，嫁妆还可以巩固两个家庭之间的姻亲关系，这是宋人确立并维持上层社会地位的一个重要策略。女儿如果没有丰厚的嫁妆，就无法嫁入名门望族，与之缔结姻亲关系。姻亲关系可以帮助女方家中的男性成员读书科举，甚至通过荫补获得入仕的机会。更重要的是，父母还经常可以向女儿或姻亲寻求经济支持，他们为女儿准备的嫁妆会成为自己的保护网。① 宋代的经济情况多种多样且变动不居，即使是富裕的士大夫家族也有可能陷入窘境，在这种情况下，可靠的姻亲关系则可以成为这些家庭的经济保障。

巨额嫁妆是宋代上层社会的一个标志，为女儿准备嫁妆已经成为父母的沉重负担。由于政府放松了对土地所有权和买卖权的控制，宋人的嫁妆中经常包含大量的田产。在宋代上层社会，甚至在较为富庶的农户当中，为女儿陪嫁田产已经成为一种普遍现象，这种现象在宋代以前的史料中没有记载，宋代以后也极为鲜见。

宋代厚嫁的风俗，复杂的土地所有权，紧密的姻亲关系，以及细化的社会分层，都符合杰克·古迪（Jack Goody）所描述的欧亚定居社会模式，我在引言中已经做了介绍。这些特征表明，宋代中国是欧亚模式的一个极佳范例，与13世纪入侵中国的蒙古之间存在着巨大的反差。

本章内容主要包括下列几个主题，每个主题都是产生于宋代的一个历史趋势，直接影响了关于女性及男性财产的法律制度和实行情况。第一，尽管宋代财产法和唐代一样，也是建立在儒家父系制度的思想和语汇之上的，但是宋人对这些法律语言做出了新的阐释，并加以灵活运用，从而使女性从中受益。第二，从宋代初期开始，政府就确立了对继承事宜的干预权。宋代官员对继承及没官的法律进行了修正，从而阻止富户兼并土地，并且保证政府有足够的财政收入用以负担边境战争的军费支出。第三，父系宗族组织的蔓延阻碍了妇女继承权和财产权的提升。尽管相对于其他朝代而言，宋代妇女可以掌控更多的财产，尤其是田产，但是她们的财产权也遭到了来自政府及父系宗族双方面的蚕食。

最后，虽然宋代法律加强了对妇女财产权的保护，这一政策贯穿整个宋代，但是儒家理学的发展逐渐催生了一种反对妇女拥有财产的新话语。儒家改革者们试图在当时的社会实现各种经典儒家理想，严格的父系制度就是其中之一，这种制度不允许妇女拥有继承权。笔者将在本书的第三章

---

① 关于姻亲的重要作用，见万安玲（Walton），《宋代中国的亲属关系、婚姻与身份》，和柏文莉（Bossler），《权利关系》。关于宋代存在的大笔嫁妆及男性亲属借用嫁妆的情况，见陈鹏，《中国婚姻史稿》（北京：中华书局，1990），137—142页。

和第四章详细论述宋代儒家如何应对妇女和财产之间不断变化的关系,但从本章的内容中也可以清晰地看到这一主题。

第一节　宋律和宋代的司法体系

宋代政府为了统一并控制全国,编纂了一系列法律和编敕,从而建立起一套全国通用,具有一致性,并且可以广泛应用的司法规范。为了达到这一目的,宋太祖赵匡胤在建国之初就立即颁布法典,于963年刊印了《宋刑统》。[1] 这部法典基本上沿袭了后周(950—965)的《大周刑统》,《大周刑统》又是以737年颁行的《唐律疏议》为基础编纂的。《宋刑统》中的许多律文是由唐律中逐字照抄而来,说明宋代政府在新旧更迭的过程中,依然希望树立自己接续传统的形象。[2]《宋刑统》与唐律在形式上的主要区别在于,它收录了唐代以后通行的一些敕、令、格、式,并将它们添加在相应律文之后,因而在使用中更具参考价值。

宋代政府为适应时代的变化,一直在不断更新法典,颁布了大量的敕、令、格、式,[3] 还包括例和申明一类的文件。[4] 这些文件都被编纂为"编敕"和"条法事类",用以取代过时的律文,指导官员实施法令。庆元(1195—1200)年间颁布并留存至今的《庆元条法事类》就是一个这样的例子。其他类似文献都已经散佚了,但是有很多诏书奏章之类的法律文献,都通过《宋会要》这样的政书以及各种正史和野史保存了下来,这些文献揭示了宋初至13世纪20年代之前的法律演变情况。[5]

---

[1] 本书引文均出自《宋刑统》,窦仪等撰(北京:中华书局,1984)。引文中标注其所在卷数,冒号之后标注其在中华书局版中的页码。

[2] 本章对宋律的介绍是建立在以下著作的基础上的:宫崎市定,《宋代的司法和审判管理》,载《中国法律传统论集》,孔杰荣(Jerome Cohen)、艾德华(Randle Edwards)、陈富美(Fumei Chang Chen)编,(Princeton, N.J.:普林斯顿大学出版社,1980);马伯良(Brian McKnight),《从成文法到先例:宋律及其变迁概论》,载马伯良编,《传统东亚的法律与国家》(火奴鲁鲁:夏威夷大学出版社,1987);以及马伯良为《剑桥中国史》写的《中国法律与法律体系:五代与宋》一章的手稿。特此感谢马伯良允许我引述他未发表的手稿。

[3] 中文原文英译情况。

[4] 见马伯良,《从成文法到先例》,113—117页;以及马伯良,《中国法律与法律体系:五代与宋》,10—12页。

[5] 见王云海,《宋会要辑稿考校》(上海:上海古籍出版社,1986)。本书引文均出自《宋会要辑稿》(北京:中华书局,1987),此后简称为《宋会要》。

对本书的研究最为重要的是，另一种称为"书判"的法律文书自宋代开始兴起，与前文提到的几种文献不同，书判揭示了法律在具体案例中的应用。书判一般是由主审法官撰写的短文，总结案情并宣布判决。① 南宋时期有一部 1210—1260 年的诉讼判词汇编留存至今，这就是《名公书判清明集》，或称《清明集》。②

20 世纪 80 年代前，《清明集》仅有的版本是日本静嘉堂所藏南宋时期的残本（引言作于 1261 年），共 4 卷 136 篇，以家庭争端为主，大约是全本 1/3 左右的内容。③ 1984 年，上海图书馆发现了几乎完整的明刻本《清明集》，共有 14 卷 473 篇，包罗了日常生活的各个方面及各种法律程序，这一版本在 1987 年出版。④

《清明集》的编著者已不可考，只能确定他是福建建宁府人（建宁也是哲学家朱熹的故乡，这一地区对本书的研究有重要意义）。⑤ 日本静嘉堂的宋刻本《清明集》卷首有一篇残序，由其编印者作于 1261 年，署名经过辨认，基本可确定是一个四字别号"幔亭曾孙"（见图 1 和图 2）。中国学者陈智超对这个别号所用的典故进行了分析，认为此人是建宁府武夷山

---

① 书判与更早的"判"不同。唐代的判文是取士选官的考试中常见的一种文体，辞意深奥，用典丰富［见麦大维（McMullen），《唐代中国的国家与学者》，26，231］。与唐代判文相反，宋代的书判语言直白，道德意味浓重，正如包弼德（Peter Bol）所说，宋代文人写作最重要的目的并不是文学成就，而是道德教化（包弼德，《斯文》）。书判这一文体的演变，也可以放在宋代经世思想不断发展的背景中来理解，见陈智超《明刻本名公书判清明集介绍》，661—664 页。

② 马伯良（Brian McKnight）和刘子健（James T. C. Liu）已将这本书大约一半的内容译成英文，即 *The Enlightened Judgments*：*Ch'ing-ming Chi*，*The Sung Dynasty Collection*（Albany：State University of New York Press，1999）。

③ 《名公书判清明集》（东京：古典研究会，1964）。梅原郁将此版本译成日文，并作了注释，即《名公书判清明集》（京都：同朋社，1986）。

④ 《名公书判清明集》（北京：中华书局，1987）。本书所有引文出自这一版本，此后简称《清明集》。明刻本由张四维从《永乐大典》中辑出，并于 1569 年刊印出版。据记载，《清明集》原本共 17 卷，张四维从中辑出 14 卷宋代案例，其余 3 卷元代案例至今仍无下落。1984 年以前，学术界一直认为 14 卷和 17 卷本《清明集》均已散佚（《永乐大典》书目和其他残片证明它们确实曾经存在过）。东京静嘉堂所藏的 4 卷本与明刻本中的相关内容几乎完全吻合，中华书局 1987 年版的编辑在注释中指出了这两个版本的异同点。

⑤ 以下内容参见陈智超，《明刻本名公书判清明集介绍》，645—685 页；陈智超，《名公书判清明集述略》，《中国史研究》第 4 期（1984），137—152 页；以及日本静嘉堂版《名公书判清明集》的两篇后记：仁井田陞，《〈名公书判清明集〉解题》；以及长泽规矩也《版本解说》。参见仁井田陞，《永乐大典版清明集について》，《中国法制史研究》第 4 卷，437—441 页。

第二章 宋代妇女与财产：时代更迭中的法律革新

崇安人。① 此外，他还发现了署名同为"幔亭曾孙"的另一篇文章，并追溯到了这篇文章的作者。文章作于1216年，即《清明集》出版的45年之前，出自一本由一位不曾入仕的文人詹琰夫所作的道家文集。詹琰夫在文中还自称"先野后人"，詹先野于1026年通过乡试，后来放弃仕途在崇安隐居。詹琰夫的人生经历与詹先野相似，很可能因此对这位祖先产生认同感。詹琰夫自称先野后人，更进一步表明他是崇安人。可是，我们仍然无法确定詹琰夫是否就是编纂《清明集》的"幔亭曾孙"。陈智超怀疑这两位"幔亭曾孙"并不是同一个人，因为署名"幔亭曾孙"的两部作品在时间上相隔45年之久。笔者认为，尽管对于现代学者来说，两部作品之间45年的间隔的确显得太长，但是这并不能排除它们出自同一作者的可能性。另外，在这45年当中，该作者也有可能还出版了其他著作，但是后来散佚掉了。综上所述，要确定《清明集》编著者的身份，还需要进一步的证据。

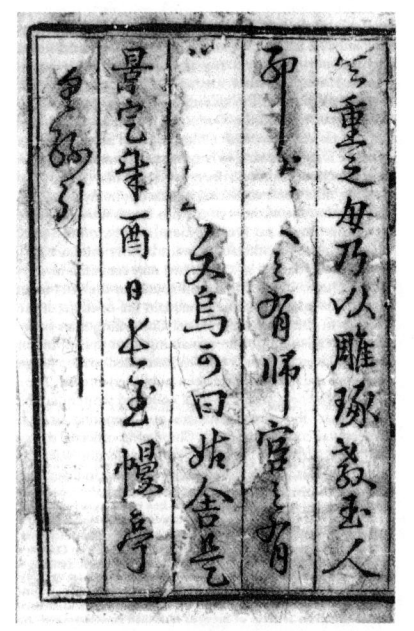

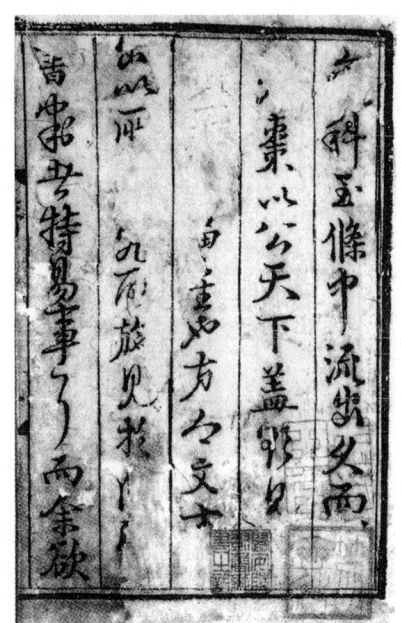

图1 现存宋刻本《名公书判清明集》序言片段
序言末尾"景定辛酉日长至"，表明当天为1261年的夏至，接下来是四个字的别号"幔亭曾孙"（由日本东京静嘉堂文库提供）

---

① 陈智超，《明刻本名公书判清明集介绍》，650—651页；陈智超，《名公书判清明集述略》，184页。

25

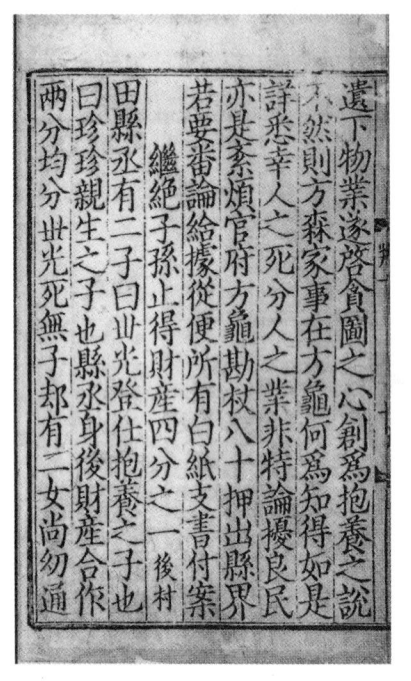

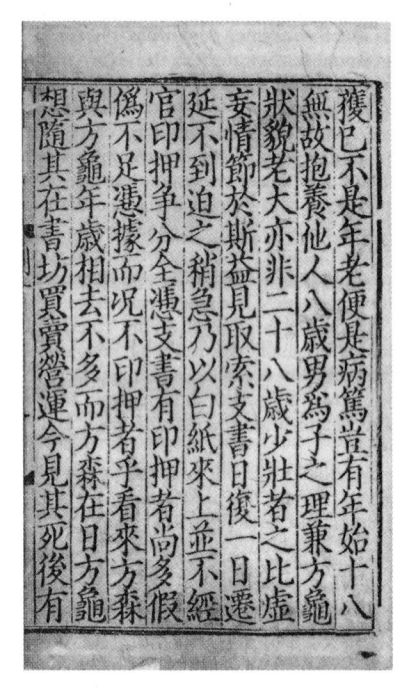

图 2 　选自《名公书判清明集》宋刻本
（由日本东京静嘉堂文库提供）

虽然编著者的具体身份目前还无法考证，但我们已经可以确认他是建宁府武夷山崇安县人。这个结论有助于我们理解《清明集》的内容。《清明集》中的案例大都出自崇安当地人或曾在崇安任职的官员。其余案例主要是从一些有名望的士大夫已经出版的文集中辑录出来的，因为当时很多士大夫都会将自己的判词收入文集。《清明集》的编著者似乎是先搜集了建宁官府档案中所记载的或者与他相识的建宁官员所撰写的判词，然后再额外添加了从已出版的文集中辑录出来的判词。① 《清明集》在建宁出版，

---

① 例如，《清明集》中范应铃（1205 年进士）所撰写的判词，都收入了他当时已经出版的文集《对越集》。陈智超指出这些判词是《清明集》的作者从《对越集》中辑录出来的，见陈智超《明刻本名公书判清明集介绍》，662 页。刘克庄和真德秀所撰写的部分判词也收入了他们的文集，但是《清明集》中还包括没有收入文集的一部分判词。刘克庄曾为文集中的两卷书判写了跋语，称这些判词只是他所撰写的书判当中的一部分，有些判词留在他曾经就任的官府，已经销毁，他感到十分惋惜。见《后村集》（《四部丛刊》版）第 193 卷 18b—19a，（1730—1731 页），《清明集》附录卷 3，第 632 页，并参见 Ian Burns 的博士学位论文，"Private Law in Traditional China（Sung Dynasty）: Using as a Main Source of Information the Work Ming-kung chu-p'an ch'ing-ming chi", University of Oxford, 1973, 15—16 页。

第二章　宋代妇女与财产：时代更迭中的法律革新

而建宁正是当时的坊刻中心之一，表明这部文集的刊印有可能是为了谋取商业利益。①

《清明集》的内容以及我们掌握的关于其编著者的资料都说明收入文集的案例几乎是随机选取的。笔者没有发现任何迹象表明《清明集》具有倾向性，它也不是各种经典案例的汇编。② 笔者认为，《清明集》之所以用"清明"二字作为书名，主要是为了故意误导读者，让读者以为书中收录的案例都是断案清明的典范，从而达到提高销量的目的。《清明集》中的司法官员们本身就代表了各种不同的法律理念，有些法官并没有注明姓名，还有一些职位较低的法官只记录了其官称。书中收入的判词之间常常意见相左，更加表明编者选择案例时并没有预设的标准。13世纪关于儒家理学的论争在中国南方（建宁也并不例外）依然如火如荼，但是在崇安隐居的编者对此并没有表现出特别的关注。《清明集》中姓名可考的19位法官有些在理学阵营之内，有些则不属于这一阵营。近年来也有学者认为，《清明集》是作为一种写作时用来参考的工具书出版的，属于类书的范畴，在当时具有很高的消费需求。③ 这个判断很可能与当时的实情相去不远，也进一步证实了《清明集》的史料价值：作为一部南宋晚期具有典型意义的司法诉讼文书汇编，它深刻地反映了宋代法律与社会的复杂性与矛盾性。

有学者认为，《清明集》体现了南宋时期财产继承行为的地域差异。④ 但是，从地域上看，《清明集》中的案例几乎覆盖了南宋各路，出自现今

---

①　关于建宁印刷业的研究，见贾晋珠（Lucille Chia）的博士学位论文，"Printing for Profit: The Commercial Printers of Jianyang, Fujian (Song-Ming)", Columbia University, 1996。

②　Gudula Linck持相反意见，见Zur Sozialgeschichte der Chinesischen Familie im 13. Jahrhundert: untersuchungen am Ming-gong shu-pan qing-ming ji (Stuttgart: Franz Steiner Verlag, 1986), 27—31页。笔者对这一观点的评论见柏清韵（Bettine Birge），"Zur Sozialgeschichte der Chinesischen Familie im 13. Jahrhundert: untersuchungen am Ming-gong shu-pan qing-ming ji, by Gudula Linck, review article", Journal of Sung-Yuan Studies 24 (1994): 279—280页。

③　裴志昂（Christian de Pee），"Cases of th New Terrace: Canon and Law in Three Southern Song Verdicts", Journal of Sung-Yuan Studies 27 (1997): 52-57。

④　例如，伊沛霞（Patricia Ebrey），"Women in the Kinship System of the Southern Song Upper Class", in Women in China: Current Directions in Historical Scholarship, ed. Richard Guisso and Stanley Johannessen (Youngstown, N.Y.: Philo Press, 1981), 118 n. 13. 仁井田陞认为《清明集》中的律令和判决体现了中国南方的普遍做法，政府不得不予以认可，见《中国法制史研究》第3卷，387—391页。Burns在Private Law一书275—277页引述了仁井田陞的观点和滋贺秀三的不同意见。Linck在Zur Sozialgeschichte一书119—120页采纳了仁井田陞的观点。

的浙江、江西、福建、湖北和湖南一带的案例尤为众多，法官们还经常援引全国通行的法令来证明自己的观点。因此，笔者不认同这些学者的论断。新发现的明刻本《清明集》其实反映了南宋疆域内大部分地区在司法上的一致性。相互不一致的判决，有些出现在可以从轻量刑的案例中（很多这样的案例本身十分复杂），有些则是因为法官对当时通行的法律和习俗持有异议，并在判决中做出了明确的阐述。① 这也表明了官吏们在解决争端时拥有一定的自由裁量权。

宋代司法体系结构上的一些特点加剧了法官办案的难度。民事案件的涉案人可以无止境地进行上诉，各级官员不管身处任何职位，都可以听审，因此每个案件都会有很多种可能的结果。② 按照规定，原告提起诉讼时，应该首先递交给最低一级的司法机构，即当地的知县或县令。只有当原告不服判决时，才可以向州或者路等更高级的司法机构上诉。然而实际情况却是，机智的原告们会在各级司法机构寻找有可能同情他们的法官，如果他们认为相邻其他行政区划的法官会做出对他们有利的判决，也会将诉状递交到那里。有时候，案件在当地或是较低级的司法机构还未审理完毕，原告就已经越级或者在异地开始上诉。《清明集》中有一位法官描述了这一现象："本府未及结断，而遽经漕司；漕司方为索案，又经帅司；帅司方为行下，又经宪司。"③

为了阻止涉案人向高一级司法机构上诉，法官审理案件时不得不尽量做到让各方满意。因此他们必须协调涉案各方，并且在成文法与"人情"之间求取极其难得的平衡。这也解释了为什么法官们在判案时需要一定的

---

① 个别这样的案例也可能是由于法官对法律不熟悉造成的，但是一般来说，笔者认为这种情况应该是非常少见的，因为官吏们必须学习法律并通过考试才可以就职，在日常断案时也有很丰富资料可以用来参阅。见马伯良（Brian McKnight），"Mandarins as Legal Experts: Professional Learning in Sung China", in *Neo-Confucian Education: the Formative Stage*, ed. Wm. Theodore de Bary and John Chaffee (Berkeley: University of California Press, 1989), 493–516；徐道邻，"Separation between Fact-finding (Trial) and Law-Finding (Sentencing) in Sung Criminal Proceedings," *Sung Studies Newsletter* 6 (1972)；以及宫崎市定，"Administration of Justice"，关于宋代的法医学，见马伯良（Brian McKnight），*The Washing Away of Wrongs: Forensic Medicine in Thirteenth-Century China* (Ann Arbor: Center for Chinese Studies, University of Michigan, 1981)。

② 与刑事案件不同，民事案件不能一路递交到中央审判机构，因此对民事案件的判决也无法最终盖棺论定。见宫崎市定，"Administration of Justice"，66。关于司法和行政职能的分离（以及二者无法完全分离的情况），见徐道邻，"Separation"，及宫崎市定，"Administration of Justice"。

③ 《清明集》，8：281。

第二章　宋代妇女与财产：时代更迭中的法律革新

自由裁量权。① 宋代政府允许法官们在情、理、法之间寻找自己的平衡点。

宋代具有读写能力的人越来越多，印刷业也越来越发达，因此对普通人来说，法庭已经不再是遥不可及的了。② 宋代妇女也不例外，根据《清明集》的记载，各个年龄的女性都有向官府提起诉讼的情况。③ 宋代出版的类书中可以找到各种诉状的范本，还有专书描述如何进行法律诉讼。著名文人沈括（1030—1095）谴责了这些书籍教唆人们作伪诬告的负面作用。④ 尽管如此，宋代大部分人并不具有读写能力，必须找讼师来帮助他们提交诉状并进行诉讼。有些讼师获得了官府的许可，有一些则是非法的，法官们对他们教唆诉讼的行为向来深恶痛绝。⑤

宋代政府为在全国范围内颁行法律并保证其统一实施做出了极大的努力，然而，不可避免的是，法官们持有不同的司法观念，在判案时也有各自的准则。同一个案件在不同级别的司法机构审理时，经常会得到相互矛盾的判决。在宋代社会飞速变革的影响下，法律也在不断地发生变化，宋代司法系统所面临的挑战和各种复杂问题，并不亚于我们的现代社会。因此，在研究宋代的财产法时，我们也应该将它视为一个充满张力、不断演变的过程，而不是一成不变的统一标准。⑥

---

① 详见佐立治人，『清明集の「法意」と「人情」——诉讼当事者による法律解释の痕迹』，收入梅原郁编，『中国近世の法制と社会』（京都：京都大学人文科学研究所，1993），293—334页。

② 为了抑制好讼之风，宋代政府不允许私人出版法典，尽管如此，11世纪各种法律诉讼依然在急剧增长，详见宫崎市定，『宋元时代の法制と裁判机构——元典章成立的时代·社会的背景』，收入『アジア史研究』第四卷（京都：东洋史研究会，1975），237—238页；及宫崎市定，"Administration of Justice"，58-59，71-72。

③ 《清明集》12：479记录了一个12岁女孩提起诉讼的案例。只有孕妇和70岁以上的老人不能作为状首人，因为宋代对诬告罪可以处以脊杖刑，但是孕妇和老人是免予处罚的。见宫崎市定，"Administration of Justice，" 60。

④ 《梦溪笔谈》（四部丛刊本），25：7a。关于元代类书中的诉状范文，见《元代法律资料辑存》（杭州：浙江古籍出版社，1988），214—237页。朱熹也谴责了诬告行为，并努力遏制民间好讼的风气，见朱荣贵，"Chu Hsi and Public Insruction"，in *Neo-Confucian Education*，ed. De Bary and Chaffee，268-70。并参见《清明集》附录6：640。

⑤ 见《清明集》，12：479—480；8：280；附录6：640；《作邑自箴》（四部丛刊本），8：40a—41b；郭东旭，《宋代之讼学》，收入漆侠编，《宋史研究论丛》（保定：河北大学出版社，1990），133—147页；以及宫崎市定，"Administration of Justice"，59-60。

⑥ 见笔者在柏清韵（Birge），"Linck review article" 283—285页的评论。

第二节 妇女获取财产的方式

和唐朝及以前各朝代一样,宋代妇女通常在成婚时离开娘家,同时以嫁妆的形式带走属于她们的一份财产。从法律上来说,父亲可以全权决定给女儿多少嫁妆,但是,和以前历代一样,根据当时的习俗,上层社会的新娘都会获得数额不菲的财产,到10世纪,女儿已经对娘家祖产享有不小的权利。在宋代,不管一个家庭有没有儿子,新的法律和习俗都赋予了女儿更大的财产权。尽管这些法律变革的最初意图其实是为了强化父系宗族,并将妇女排除在正式家庭继承之外,但它们确实从内部改变了分家析产的传统法律框架。

一 分家析产时儿子和女儿的财产权

(一)"女合得男之半"的原则

737年的唐律规定,分家析产时,财产应该"兄弟均分"。根据这条父系继承的法规,在有儿子的情况下,女儿被排除在财产和正式家庭继承之外。只有在分家析产中涉及未婚子女的聘财和嫁妆时,才可能出现将财产移交给女儿的情况。未婚的儿子除了和其已婚兄弟均分家产外,还可以得到一份额外的聘财,未婚女儿也可得到一份嫁妆,数量是聘财的一半。宋代963年颁布的法律重申了737年唐律继承法的全部五项条款,还包括了涉及已经弃用已久的均田制的内容。① 但是,有证据表明,早在10世纪《宋刑统》颁布的时候,这条未婚女可得到未婚男聘财的一半作为嫁妆的规定,在实施的时候已经发生了改变,在分家的时候给予未婚女的家产,相当于未婚男继承的所有家产的一半,而不是数额可以随意指定的聘财的一半。

---

① 《宋刑统》,12:197。宋律与唐律继承法唯一的区别在于最后一部分多出了"妾"字。《宋刑统》的原文是"寡妻妾无男者承夫分",可以理解为既包括妻也包括妾,但是"妻妾"二字所指的也很可能只有妻子。中田薰认为宋律中多出的"妾"字应为讹误,因为有其他史料明确指出,妾室是不能继承家庭财产的。见《法制史论集》第3卷第2部分,1342页,并参见滋贺秀三《中国家族法的原理》,262页,注16。笔者同意中田薰的观点,"妻妾"二字所指称的当为合法妻子。宋代的妾室不能继承亡夫的遗产,但有时可以掌管自己的子女所继承的遗产。例如《清明集》,8:251—253;7:238—239;以及本章中的其他案例。

对于这一法律变革最早的记载,来自宋代名臣张咏(号乖崖)的传记。根据《宋史》的记载,999年张咏任杭州知州时,曾断过一起民家子与姊婿争家产的案子。赘婿称妻父临终留有遗书,将家产七成留给女儿及其赘婿,三成留给儿子,当时儿子只有3岁。张咏读过遗嘱之后,命将家产七成分给儿子,三成分给女儿及其赘婿。他对赘婿说:"汝妻父,智人也,以子幼故托汝。苟以七与子,则子死汝手矣。"①

张咏的书判在当时颇负盛名,他在四川做官时,所作的判词就已被好事者结集出版。② 这条判词也有很多人熟知,并且在以后的判决中多次被引为先例。3世纪之后,《清明集》中的一位法官就以张咏的这条判词为先例,将一个家庭的家产2/3分给了儿子,1/3给了女儿。③(从这个案例我们也可以看出,法律允许父亲以遗嘱的方式将家产的七成留给女儿女婿,而只留三成给儿子,但是如果儿子就父亲的遗嘱提出上诉,则很有可能得到对自己有利的判决。)

女儿在分家析产时继承财产的事实,在北宋司业高闶(1097—1153,1131年进士)所作的一篇文章中已经可见一斑。这篇文章是高闶《送终礼》32篇之一,作于张咏那条判词之后约100年左右。高闶呼吁回归古代宗法制度中的嫡长子继承制(即嫡长子代表全家族掌控所有财产的制度),并批判了已经实行很久的兄弟均分制。同时,他也在无意中证实,女儿有权参与"均分",甚至有权参与"探筹"获取不动产:

> 今人不知古人异居之意,而乃分析其居,更异财焉,不亦误乎?且析居之法,但取均平以止争端,而无嫡庶之辨,此作律者之失也。夫丧,不虑居为无庙也。若兄弟探筹以析居,则庙无定主矣。而律复有妇承夫分、女承父分之条,万一妇人探筹而得之,则家庙遂无主祀也,而可乎?④

---

① 《宋史》,293:9802(卷28)。

② 《宋史》,293:9800—9804(卷28);又见梅原郁,"Chang Yung", in *Sung Biographies*, ed. Herbert Franke (Wiesbaden: Franz Steiner Verlag, 1976), 48 – 50;史乐民(Paul Smith),*Taxing Heaven's Storehouse: Horses, Bureaucrats, and the Destruction of the Sichuan Tea Industry*, 1074 – 1224 (Cambridge, Mass.: Harvard University Press, 1991), 99。

③ 《清明集》,8:278。

④ 《诚子通录》(《四部丛刊》珍本),6:13b;仁井田陞,《唐宋法律文书的研究》,597页。部分引文还可见于仁井田陞,《中国法制史研究》,卷3,382页;以及伊沛霞(Ebrey),"Conceptions", 231。

探筹分财的行为早在公元前2世纪的道家文本《淮南子》中已有记载，直到近代，这种行为无论在士大夫还是农民家庭中，都十分普遍。《淮南子》中记载，探筹是为了确保分家析产时绝对的平均和公正，而均平原则在汉代已是一种根深蒂固的习俗。① 宋代的其他士大夫似乎并不认同高闶对均分制的担忧，因为高闶的批判并没有激起任何反响，整个宋代，无论是探筹分财，还是女性继承田产的行为一直很常见。②

高闶提及当时的一条"律"明确规定在儿子和女儿同时参与分家析产时，应该"女承父分"，这条法律应该是对家庭中有儿子的情况下女儿依然享有继承权的最明确的表述。日本著名学者仁井田陞推测，"女承父分"的文字并非出现在"律"文当中，而是南宋绍兴（1131—1162）年间颁布的某一条"令"。③ 他的推测很有可能是正确的，因为整个宋朝的"律"都没有做过任何改变。宋律沿袭了唐律中"子承父分"的一般规定。④ 仁井田陞认为，在唐律和宋律中，这里的"子"都是指"子女"。⑤ 事实上，一个世纪之后，《清明集》中的法官的确曾数次引用"子承父分"的条款来保障女儿的继承权。⑥ 我们还不能判断是高闶把宋律中的"子承父分"理解为包括女儿，还是宋律颁布后另有一道"令"明确指出"女承父分"，这道"令"高闶曾经读过，但没有留存至今。无论是哪种情况，高闶这段文字都表明，自南宋初年开始，即使在有儿子的情况下，女儿在分家析产的程序中也是享有继承权的。

唐律和宋律的基本继承法都是兄弟"均分"，高闶也提到了析居中的"均平"原则。"均"和"均平"的意思不只是"均等"，也可指广义的

---

① 仁井田陞，《中国法制史研究》，卷3，386页，注8；仁井田陞，《唐宋法律文书的研究》，597、603页，注78。

② 更多探筹分财的例子，见仁井田陞，《唐宋法律文书的研究》，597页。自1092年开始，宋代政府已经允许将祭田排除在分家析产的范围之外，见《宋会要辑稿》，食货61：61（59024页）。高闶很可能是为了宣扬嫡长子继承制而有意设置了一个靶子。他的文章之所以能够留存下来，是因为后来被刘清之（1130—1195）收入了《诫子通录》，用以支持嫡长子继承制。刘清之是著名理学家，也是朱熹的友人。

③ 仁井田陞，《中国法制史研究》，卷3，382—383、388页。

④ 仁井田陞，《唐令拾遗》，245、246页；《宋刑统》，12：197。高闶文中的"妇承夫分"也不见于宋律，最相近的情形是无子的寡妇承受亡夫应得的那份遗产，见《宋刑统》，12：197。

⑤ 仁井田陞，《唐宋法律文书的研究》，583页。Burns反对这一观点，见"Private Law"，260。

⑥ 例如，《清明集》，8：280—281；8：255。

"公正"和"公平",在南宋时期,这些词语用在儿女并在的家庭分家析产的语境中时,就是"公正"和"公平"的意思。12世纪的法官们将律文中的"兄弟均分"阐释为"女合得男之半"基础上的兄弟姐妹公平分配。至南宋末年,999年张咏的判决中分配给儿子和女儿遗产的二比一的比率,已经成了法律规定。

《清明集》中有几个法官都引用了当时的一条"令",并没有按照唐律和宋代早期法律的原文,只分给父母双亡的孤女一份数额可以随意指定的嫁妆,而是按照分家析产时儿子所得财产一半的标准,将田产分给孤女。几个世纪以来,宋代女性一直都以嫁妆的形式,从父母处获取大额财产,宋代政府应该是顺应了这一习俗,对孤女的财产权予以了一定程度的保障。

《清明集》中有三条判词直接引用了这条"令",其中两条是福建莆田籍名臣刘克庄(1187—1269)所作。刘克庄1209年以荫补入仕,1224年任建宁府建阳知县。他有许多判词收入他本人的文集和《清明集》中。前文提到的这两个案例都发生在鄱阳湖(今江西省)边,时间在1244—1246年,当时刘克庄在江南东路任提刑。①

在第一个案例中,刘克庄开篇即引用了一条明确的法律:"在法:父母已亡,儿女分产,女合得男之半。"② 这个案例与张咏判过的幼子与姊婿争夺家产的案例相似,也存在高闶提到的女性通过探筹获取田产的情况。鄱阳县人周丙去世后,留下一名遗腹子,还有一个女儿和赘婿。刘克庄写道:"周丙身后财产合作三分,遗腹子得二分,细乙娘得一分,如此分析,方得法意。"但是赘婿却对族人声称妻父妻母将一半(本应为1/3)财产留给女儿。刘克庄坚持见行条令"女得男之半",申斥赘婿非法侵吞他人财产,然后传唤合分人,即本案中的儿子和女儿,当庭拈阄,按律分配父亲

---

① 刘克庄文集《后村集》原文及一条注释(《后村集》,192:1a)表明,这些案例都发生在他任提刑期间,刘克庄的行状中列出了他任江东提刑的起止日期,见《后村集》,194:6b—7a。[有些学者由刘克庄所作的一篇跋文(《后村集》,193:18b;《清明集》,附录3:632)误认为他的判词作于1249—1258年。]刘克庄本人很为这些判词感到自豪,并选择最好的判词收入文集当中,见《后村集》,193:18b;《清明集》,附录3:632。

② 《清明集》,8:277。参见仁井田陞,《中国法制史研究》,卷3,381页;滋贺秀三,《中国家族法的原理》,612页;柳田节子,『南宋期における女性の財産権について』,237页;伊沛霞(Ebrey),"kinship",117;Linck, *Zur Sozialgeschichte*, 118;袁俐,《宋代女性财产权述论》,收入鲍家麟编,《中国妇女史论集续集》(台北:稻乡出版社,1991),178页。这个案例的全文英译,见马伯良与刘子健,*Enlightened Judgements*。

所遗留的动产和不动产。

刘克庄判案之前，县尉首先引用张咏999年的先例提出了意见："县尉所引张乖崖三分与婿故事，即见行条令女得男之半之意也。"① 刘克庄支持县尉的观点，他的这段文字也证实，当时"女得男之半"的原则已经实施了几个世纪，县尉这样的底层官吏也会据此办案。②

在第二个案例中，刘克庄明确地将"均分"二字用于在儿子和女儿之间分配家产，并运用"女合得男之半"的原则来决定女儿应得的财产数额。③ 都昌县（江南东路的鄱阳湖北岸）的一名田姓县丞，与妾室刘氏有一名亲生子珍珍，一名养子世光，还有两个未具名的女儿（见图3 田氏家族关系图）。④ 世光与其父一样，未娶正妻，但与一名婢妾秋菊育有两个女儿。田县丞死后，其养子世光也相继去世，田县丞的弟弟通仕试图将自己的儿子立为世光的继子，从而剥夺世光两个女儿的继承权。刘氏提起诉讼，要求保留自己对家产的掌控权，并阻止为世光立嗣。此案先由蔡姓提刑办理，判决对刘氏十分有利，家产依然交由她来管理。刘克庄起先同意了这个判决，后来详查了田氏家族的情况，发觉刘氏的意图也是剥夺世光两个女儿（刘氏在讼词中对她们只字未提）的继承权，而且家产本应留给她的子女，却已被刘氏挥霍掉很大一部分，因此刘克庄改变了原来的观点，命令田家分家析产，并为世光立嗣。⑤

此次分家析产过程十分复杂，新的案情不断浮出水面，刘克庄也随之

---

① 《清明集》，8：278。这个案例和张咏999年所判的案例一样，都应用了同居原则。女儿已经结婚，但是因为她与丈夫一起依然住在娘家，可以推断她结婚时应该没有得到嫁妆，所以在分家析产时有权继承财产。

② 县尉通常不直接判案，但他们有包括罪案调查在内的一系列司法职责，有时候也会代理县令办案，见马伯良（McKnight），*Law and Order in the Sung China*（Cambridge：Cambridge University Press, 1992），147-167，特别是157页及166页。

③ 《清明集》，8：255。

④ 《清明集》，8：251—7；《后村集》，93：10a—17b。刘氏在法律意义上是"妾"，因为田县丞与她并不是依礼正式成婚的，刘克庄在判词中也强调了这一点。但是判词中称其为"刘氏"，并未直呼其名，而且她还很有头脑地提起了诉讼，可以说明她并非奴婢出身，她在诉讼过程中也一直以田县丞之"妻"自处。对刘氏身份的进一步讨论，见仁井田陞，《中国法制史研究》，卷3，385页；柳田节子，『南宋期における女性の財産権について』，237页。判词中说这个家族居住在都昌县，而在刘克庄的文集中，这个案子的标题却指出他们居住在临近的建昌县。

⑤ 田通仕的儿子是死者世光的堂兄弟，按照辈分，不能作为他的继子。因为田氏族中尊长声称无其他可立之人，所以刘克庄允许将他立为继子。

第二章　宋代妇女与财产：时代更迭中的法律革新

数次更改判决。① 他在每一次更改判决时，都运用了"女合得男之半"的原则。本案和大部分案例一样，都无法完全归入法律明确界定的范畴当中，但是刘克庄每次更正判决时，都清楚地说明了他的法律依据，对于当时的读者以及我们现在的研究者，都很有借鉴价值。值得注意的是，他在这个案例中第一次引用"女合得男之半"的原则时，将其与"均分"原则联系在了一起。

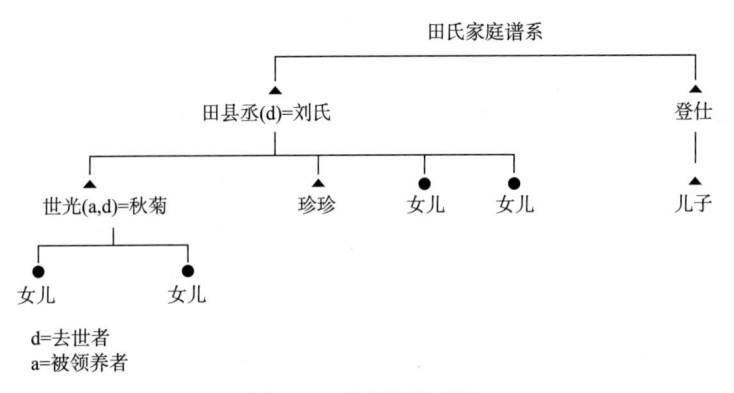

```
                        田氏家庭谱系
              ┌──────────────────────┬─────────┐
         田县丞(d)=刘氏                         登仕
    ┌────────┬──────┬──────┐                   │
  世光(a,d)=秋菊  珍珍  女儿  女儿              儿子
    ┌────┴────┐
   女儿     女儿

   d=去世者
   a=被领养者
```

图3　田氏家族关系图

前此所判，未知刘氏亦有二女。此儿女既是县丞亲女，是登仕尚存，合与珍郎均分，儿女各合得男之半，今登仕既死，止得依诸子均分之法，② 县丞二女合珍郎共承父分，十分之中，珍郎得五分，以五分均给二女。③

刘克庄接着指出，世光既然有两个女儿，那么家产应该分为三份，一份留给世光家，一份给亲生子珍珍，最后一份给县丞的两个女儿。（世光应得的那一份家产，应该依照户绝情况下的法律规定，1/4 分给继子，3/4

---

①　这篇判词的结构和刘克庄的用词表明，这篇判词分为两部分，是分两次写成的。最为重要的第二部分只收入了刘克庄的文集，未收入《清明集》，说明这篇判词的第一部分曾经单独传播过，甚至有可能在第二部分写完之前就已经散布出去了。

②　"诸子均分"与唐律中的"兄弟均分"不同。正如仁井田陞所指出的那样，"子"可指"子女"（《唐宋法律文书的研究》，583 页），在这个案例和宋代其他一些案例中，女儿确实是包括在内的。

③　《清明集》，8：255。《后村集》，93：10a。参见仁井田陞，《中国法制史研究》，卷3，385 页；滋贺秀三，《中国家族法的原理》，612 页；柳田节子，『南宋期における女性の財産権について』，237 页。

35

留给他的两个亲生女儿。详见本章"女儿和继子"一节中的探讨）他一再重申自己分配家产的方法是完全合乎法律的。例如：

> 以法言之，合将县丞浮财田产，并作三大分均分，登仕、珍郎，各得一分，二女共得一分。①

尽管从法律的角度来看理当如此，刘克庄却注意到县丞留下的所有浮财（动产）都由刘氏掌管，世光还没有安葬，县丞和刘氏所出二女和世光的两个女儿如果分得的财产不相等，一定会引来进一步的无休止的争讼。因此，刘克庄最后决定在法律的基础上稍做变通，让涉案各方和田氏其他族人都能够接受（但是刘克庄知道刘氏有可能不服判决，因为法律本是对她有利的）。② 刘克庄允许刘氏继续掌管浮财，因为他认为刘氏不会轻易放弃这个权利，然后命令将所有的田产分成8等份。在县衙的监督下，由刘氏母子和秋菊拈阄均分：珍珍两分，他的两个姐妹各得一分（依据"女合得男之半"的原则），其余四分归世光一家，其中继子可得一分，两个女儿各得一分（这样她们和两个姑姑就可以分得数额相等的田产），最后一分用来安葬世光。这种分配方法很聪明地留给继子世光遗产的1/4，合乎户绝家庭遗产分配的法律，同时还确保了世光的两个女儿得到和两个姑姑数额相等的田产。③ 这个案例十分复杂，每次修正判决的时候，刘克庄都是以"女合得男之半"的原则作为依据的。值得注意的是，刘克庄处理的这两个案例中，女儿都有权参与拈阄分财并获取田产。他明确地把女儿也列入"合分人"的范畴。④ 这样的用词进一步证明"均分"二字的意思已经变成了在儿子和女儿当中"公平""公正"地分配家产。男性和女性都可以参加拈阄分财，说明了田产不再只能留给男性继承人。女儿有权继承儿子可以继承的任何种类的动产和不动产，"均分"原则规定了她们继承

---

① 《清明集》，8：255。

② 此前的几个判决都对刘氏有利。法律规定分家析产和另立继子都应该征得死者寡妻的同意，刘克庄强调刘氏的妾室身份，因此不具有等同于死者寡妻的权利。

③ 刘克庄在这条判词的第一部分将县丞的遗产均分为两份，分别给世光一家和珍珍，他当时还不知道县丞还有两个女儿。他最终将遗产的一半分给世光一家的决定，很可能是受到了先前这个判决的影响。如果情况如笔者所推测，判词的第二部分是在前一个判决已经生效之后才完成的，那么刘克庄很可能是为了使前一个判决不受影响，才将所有田产的一半判给了世光一家。

④ 《清明集》，8：278。

遗产的份额是男性继承人的一半。

我们现在还无从得知"女合得男之半"的法令具体是什么时候开始生效的，有证据表明，这道律令最初是一条地方法规。（这种地方法规常常会成为全国性律令的基础。）首先援引这条法规作为"他郡处分之例"① 的是范应铃（1205）所作的一条判词。这个案例大约发生在1219—1224年，地点在范应铃任知县的崇仁县（今江西省），② 属江南西路，在鄱阳县西南约120千米处 。笔者推测，这个案例发生在前文刘克庄的两个案例至少20年前。和刘克庄一样，范应铃也将"均分"二字用于儿子和女儿并存时分家析产的情形，并分配给女儿相当于儿子所得一半的财产。

这条书判中描述，郑应辰无子，只有两个女儿。他从自己的父系亲属处过继了一名养子，名叫孝先。郑应辰共有田产3000亩，仓库11座，他在世时留有遗嘱（文中未说明是口头还是书面的），分给两个女儿各130亩田产和1座仓库，其余财产归养子孝先继承。即便如此，郑应辰死后，养子还试图霸占所有财产。范应铃指出，郑应辰留给两个女儿的财产数额已经很小，并对养子企图剥夺她们财产权的做法表示愤慨。此案中的父亲只将家产的一小部分留给两个女儿，范应铃认为，如果没有遗嘱，女儿本应得到更多的遗产："若以他郡均分之例处之，两女与养子合各受其半。"③他在判词中接着明确表示，女儿应当享有财产权，并批评县丞最初的判决

---

① 关于"例"这个字在法律史上的定义和用法，见 Burns, *Private Law*, 275 – 277。

② 范应铃后来又在江南西路的抚州和正北紧邻的淮南东路蕲州做过通判，也在广西路做过提刑。见陈智超，《明刻本名公书判清明集介绍》，682页；以及《宋史》，410：12344。这个案例有可能来自上述任一地点，但是范应铃以在崇仁知县任上所写的大量优秀判词著称，《清明集》中他所办理的其他案例也来自崇仁县，见韩明士（Hymes），*Statesmen*，266 n. 76。这个案例应该也是其中之一。范应铃是龙溪郡丰城县（今江西省）人，与前文刘克庄处理的两个案子的地点十分接近。

③ 《清明集》，8：290。依"他郡之例"处理的其他案例，见《清明集》，9：303，马伯良与刘子健，Enlightened Judgements，312 – 313。范应铃这个案例的重要意义，见柳田节子，《宋代妇女的财产权》，收入《法政史学》卷42（1990），326页；参见仁井田陞，《中国法制史研究》，卷3，386页；滋贺秀三，《中国家族法的原理》，441页；柳田节子，『南宋期における女性の財産権について』，236页；伊沛霞（Ebrey），"Kinship"，119；Linck, *Zur Sozialgeschichte*, 118 - 119。有些学者误认为范应铃的原意是指，一个家庭中如果有养子，那么不管还有多少个女儿，她们总共只能继承一半的遗产，另一半由养子继承；见白凯（Kathryn Bernhardt），"The Inheritance Rights of Daughters: the Song Anomaly?"，Modern China 21：3（July 1995）：282；以及叶孝信等编，《中国民法史》（上海人民出版社，1993），416—417页。这个观点忽略了一个事实，即在宋代所有的法律条文中，父亲生前收养的养子都享有和亲生子等同的法律权益。《中国民法史》一书的结论是，在范应铃这个案例和刘克庄的两个案例相隔的数十年间，法律发生了变化，改成了给每个女儿相当于儿子所得一半的财产。

只重视遗嘱，而忽视了女儿应有的财产权。

> 县丞所断，不计其家业之厚薄，分受之多寡，乃徒较其遗嘱之是非，义利之去就，①却不思身为养子，承受田亩三千，而所拨不过二百六十，遗嘱之是非何必辩也。二女乃其父之所自出，祖业悉不得以沾其润，而专以付之过房之人，义利之去就，何所择也。舍非而从是，此为可以予，可以无予者？设舍利而从义，此为可以取，可以无取者？设今孝先之予，未至伤惠，二女之取，未至伤廉，断然行之，一见可决。②

最后，养子被判杖刑一百，并戴镣铐，两个女儿按照原遗嘱各自获得田产 130 亩和仓库 1 座。

范应铃的判决和论辩说明，当时普遍认为儿子和女儿对祖业均享有继承权。此外，他还指出此案中的两个女儿应该得到一份数额可观的遗产。因为父亲留给女儿的财产份额实在太小，范应铃认为包括遗嘱是否成立在内的其他因素都可以不予考虑。他强调两个女儿是"父之所自出"，理当有权从祖业当中获益，这个权利并不局限于继承宗祧的男性继承人。

儒家对于父系亲族的紧密联系和父系宗祧继承制度的理想是有局限的。在范应铃的这篇书判中，他不加掩饰地谴责了养子的贪婪和父亲给女儿分配遗产时的不公正。他形容养子"刻薄"，父亲的行为则是"固执"，"不义之甚"③。范应铃的严厉措辞应该深得当时读者的认同，因为他向来以断案清明著称。时人称其断案及时，明辨是非，"虽负者亦无不心服"④。建宁籍理学大家真德秀（1178—1235）曾亲自为他书写匾额，他的书判当时也已结集出版。⑤

《清明集》中还有两个案例可以表明，律文中的"兄弟均分"在南宋时期是包括女儿在内的，其中一个案例也提到了"女合得男之半"的原

---

① 参照《孟子》，1A：1 和 6B：4。
② 《清明集》，8：291。
③ 《清明集》，8：290。
④ 《宋史》，410：12345。
⑤ 《宋史》，410：12345。真德秀书写的匾额是"对越"二字，用了《诗经》中的典故，赞扬范应铃严谨审慎，像周文王一样。见《十三经注疏》，583 页，毛诗第 266 篇；理雅各（Legge）trans, *The She King or Book of Poetry*（1871；reprint, Hong Kong：Hong Kong University Press, 1961），569-570。范应铃当时出版的书判集《对越集》现已不存。

第二章　宋代妇女与财产：时代更迭中的法律革新

则。这个案例出自荆湖东路的邵阳县（今湖南省境内），是由胡颖在13世纪40年代任邵州知州时办理的。①此案中的女儿没有兄弟，但胡颖仍然依据"女合得男之半"的原则核准她应当继承的财产数额。案例中的父亲生前与其两名兄弟并未分家，死后留下一女，当时未嫁。女儿出嫁后，呈上诉状要求在娘家分家时获取亡父本应继承的那份财产。②金厅和推官先拟定了一份判决，判女儿继承亡父应得财产的1/3，而胡颖推翻了这个判决，而是应用了"女合得男之半"的原则，并援引宋代继承法：

> 大使司札内明言：兴词虽在已嫁之后，而户绝则在未嫁之先。如此则合用在室女依子承父分③法给半，夫复何说。④

另一篇分家析产时将女儿包括在内的判词，是荆湖北路某州的司法⑤代替当地的提举常平所拟定的。这篇判词两次指出女儿获取的嫁妆是"均分"家产的一种方式，我们还可以看出，女儿可以通过向官府起诉来确保自己能得到这份"均分"而来的家产。通城县的吴氏家庭父亲去世，留下四个女儿和一个养子。大女儿和二女儿都招有赘婿，婚后依然留在娘家，三女儿已经出嫁，四女儿未嫁。细读这篇判词，我们可以看出，是家中四女儿向官府提起诉讼，要求分家析产，以确保自己能得到足够的嫁妆，不

---

① 从这条书判和其他案例中可以推断出胡颖当时的官职和这个案例的大致时间；见《清明集》，3：97；4：124—126。胡颖当时还兼任提举常平一职，见《宋史》，416：12478—12479；陈智超，《明刻本名公书判清明集介绍》，681页。参见白凯（Bernhardt），"Inheritance"，306 n.9。
② 《清明集》，8：280—282。这个案例的全文英译见马伯良与刘子健，*Enlightened Judgements*。
③ "子承父分"的"子"可以指儿子，也可以指"子女"。
④ 《清明集》，8：281—283。胡颖还把父亲私房置得的物业全部分给了女儿，这部分财产通常会包括其母的嫁妆及其增值部分。对嫁妆的讨论，详见下一节"女性婚内的个人财产权"。值得注意的是，在这个案例中，胡颖在将遗产分配给女儿，她的一位叔伯和一位堂兄弟时，虽然家中并没有儿子，他还是将（假设中的）儿子可以继承的遗产的一半分给了女儿。但是按照宋代继承法，户绝家庭应将所有遗产判给女儿。胡颖的判法似乎与之相违背，Linck认为胡颖是为了防止此案中的叔伯继续争讼才做出了妥协；见Linck, *Zur Sozialgeschichte*, 118。这个判决也有可能是胡颖考虑了此案当中的其他大量复杂细节才做出的决定，例如父亲死亡时尚未分家，女儿在分家时已经出嫁，父亲死后又有一名继子，后者在胡颖的判词中并未提及（见马伯良与刘子健，*Enlightened Judgements* 中的阐释），参见本章对户绝家庭的讨论，还有与笔者不同的另一种观点，见白凯（Bernhardt），"Inheritance"，291 – 293。
⑤ 唐代的司法可以断案，但宋代司法的正式职责一般只包括核查律令及核定刑罚。见徐道邻，"Separation"，5 – 6。在这个案例中，我们可以看到司法为他的上级代拟判文，这是不在他的职权范围之内的，反而更像唐代司法的做法。

会被卖为奴婢，或因为没有嫁妆而无法出嫁。从判词中还可以发现，与四女儿同住的家人（她的两个姐姐及其赘婿，收继来的兄长及其妻子）都不愿意分家，也不愿让她把一部分财产带到夫家，因此一直在拖延她的婚事。审理案件的知县和司法显然都站在四女儿一边："赵知县深烛其情，遂有均分议嫁之判。"① 知县和司法都将四女儿的婚事和嫁妆与分家析产联系在了一起。知县命吴家分家后尽快为四女儿求偶，不得迁延，以免她应得的嫁妆化为"乌有"（被其家人挥霍殆尽）。② 四女儿的两个姐姐不服分家的判决，又再次上诉，称父亲生前收继养子的时候没有经过合法程序，所以应按照户绝家庭处理，将遗产全部留给四个女儿。法官驳回了她们的上诉，并指出她们已经嫁人，法律上没有明文规定她们在分家时是否享有任何财产权。法官的言辞同时进一步明确了在室女的财产权："殊不思已嫁承分无明条，未嫁均给有定法。"③ 法官还在判词中表示，三女儿很可能也没有带着嫁妆正式出嫁，而是被两个姐姐卖给其他人家做义女了。这更进一步证明，大女儿和二女儿不愿意把家产分给两个妹妹，非法侵占了她们应得的财产。④

笔者没有发现任何现存的法律条文对父母在世时可以给予女儿嫁妆的数额做出限制，理论上讲，父母去世前也不能分家析产。这是符合中国古代婚姻的性别结构的。父母在世时，法律不能限制女儿获取的嫁妆和其他家庭成员可以继承的财产之间的比率，因为女儿出嫁后，家产数额会发生变化，其父母也可能再有其他子女。宋代法律假定父母在世时不可分家析产，因此由父母全权决定嫁妆的数额。但是如果女儿未嫁时已父母双亡，需要分家析产，那么她是有权参加的。在这种情况下，南宋晚期法律中的"均平"或"均分"是指女儿有权得到儿子应得的遗产的一半，财产分配常常是通过拈阄的方式，女儿可以参加。参加遗产分配的家庭成员必须居住在家中。已经不在家中居住的出嫁女和离开家庭的儿子一样，是无权参

---

① 《清明集》，7：217。这个案例的全文英译见马伯良与刘子健，*Enlightened Judgements*。
② 《清明集》，7：217。
③ 《清明集》，7：217。
④ 《清明集》，7：217。这个案例也说明了嫁妆对女性维持良人身份的重要作用。司法写道，如果四女儿失去嫁妆，则会"又失仓台恤孤之意"。可以看出，法官们对孤女的财产权是十分重视的。

加遗产分配的。① 宋律中"均分""均平"的理念,在分家析产之前是无法确切实施的,因此,父母在世时女儿的财产权并没有明确的定义和保障。但是,父母去世后,分家析产的过程中,女儿与儿子在遗产继承方面的公平和公正则有明确的法律保障。前文所述的几个案例分别来自南宋的四个路,从中我们可以看出,从13世纪中叶开始,在父母双亡的情况下,如有涉及遗产分配的法律诉讼,对于在室女,法官们会依据"女合得男之半"的原则来分配遗产。"兄弟均分"的概念,已经扩展为按照"女合得男之半"的原则,在子女之间公平地分配遗产。②

(二) 政府对女性继承权的肯定

尽管笔者在宋代法律文献中并未找到其他关于"女合得男之半"这一原则的史料,但是有大量证据表明,在有儿子的家庭中,女儿依然享有财产权。"女分"一词多次出现在各种法律文献中,各地都有案例,时间上也跨越了几个世纪。历史文献中记载了大量各种相关法律条文和法律诉讼,更进一步证实了南宋时期的妇女(以及她们的丈夫)如果没有继承到数额合理的财产,可以要求政府进行干预。

---

① 离开父母另立户籍三年以上,或离家出走六年以上的儿子,没有权利参加遗产分配;见《宋刑统》,12:197。

② 有些学者认为,笔者描述的"女合得男之半"的规则并不是普遍适用的。部分学者认为这条规则只适用于家中只有一个儿子的情况,见 Linck, *Zur Sozialgeschichte*, 118;叶孝信等编,《中国民法史》,417页。(上述两部著作都没有引用刘克庄的第二条书判,在那个案例中,刘克庄将"女合得男之半"的规则用于一个有两个儿子和两个女儿的家庭。Linck 的著做出版于1986年,当时明刻本《清明集》还没有发现,而早先的静嘉堂版南宋残本《清明集》中没有这个案例的后半部分内容。)还有些学者认为,只有当儿子未成年时,"女合得男之半"的规则才适用;见永田三枝,『南宋期における女性の財産権について』,《北大史学》,31,(1991):9页,13;高橋芳郎,『親を亡くした女(むすめ)たち——南宋期のいわゆる女子財産権について』,《東洋史論集》,6,(1995)。(在通城发生的那个案例中,儿子已经结婚,显然不是未成年人,当然,此案判决中的"均分"财产并未按照"女合得男之半"的标准。)日本著名法律史学者滋贺秀三并不否认"女合得男之半"这一规则的存在,但他认为女儿继承田产在中国古代社会是一种反常现象,这种做法只存在于宋代的上层社会;见《中国家族法の原理》,440页、454页,注7,及516—517页。同时参见费孝通,*Peasant Life in China* (London: Routledge and Kegan Paul, 1939), 68。白凯(Kathryn Bernhardt)对"女合得男之半"这一规则的存在提出了最彻底的反对意见,她认为这条规则根本不存在,或者只是一种地方习俗,不论在宋代,还是在整个中国古代社会,都是一种反常现象;见"Inheritance"以及 *Women and Property in China*, 960–1949 (Stanford, Calif.: Stanford University Press, 1999), ch. 1. 笔者将另外撰文回应白凯的观点。柳田节子对永田三枝观点的回应,见柳田节子,『书评——永田三枝「南宋期における女性の財産権について」』,《法制史研究》,42 (1993): 300—301。

北宋政治家司马光（1019—1086）描述了一件在室女为了在分家时获取嫁妆而起诉家人的事例，应该是关于"女分"较早的记载。为了劝诫子孙不要贪财，司马光讲述了一个吝啬鬼的故事。这个人生前既不分家也不嫁女，死后子孙纷纷争夺遗产，"其处女亦蒙手执牒，自诉于府廷，以争嫁资"①。这些事例表明，依据"均分"的法律，女儿享有一定的财产权。孤女可以依法提起诉讼以确保自己获得数额合理的一部分家产。

袁采（活跃于1140—1195年）在1178年出版的著名家训中有一段文字，表明当时存在明确的法律条文，保护大家族中孤女的财产权。袁采是两浙东路的衢州人，也曾在京城和西南部为官。② 他写道："孤女有分，必随力厚嫁；合得田产，必依条分给。若吝于目前，必致嫁后有所陈诉。"③

《清明集》中也有一个相似的事例。这个案例发生在福建建阳县，时间大约在13世纪30年代早期，当时的县令刘克庄命令一名叔父将田产拨给父母双亡的侄女作为嫁妆："仰魏景谟以兄弟为念，当恤其女，或于堂前财物内议行支拨，量具其嫁资，以慰九原之望。"④

刘克庄还特别重视在孤女及其兄长之间公正地分配遗产，在判词中提到被其兄非法典卖的田产应归还孤女作为嫁妆："魏景宣房下一分田产，多为魏汝楫典卖，荣姐乃在室亲女，已拨之田宜与充嫁资。"⑤

《清明集》中还有其他几个案例反映了儿子与女儿享有在概念上十分相似的继承权，这是与儒家父系宗法制度的理念相违背的。有两篇判词与前文中范应铃的判词类似，都明确地认定女儿享有一定的继承权。这两篇判词都是吴革所作，吴革原籍四川（庐山县），13世纪中叶曾在江西、福建及都城杭州（临安府）等地为官。刘克庄是他在福建时的上司，也是他

---

① 《诫子通录》（四部丛刊版），5：18a—b。
② 袁采的著作《袁氏世范》由伊沛霞（Patricia Ebrey）译成英文，题为 *Family and Property in Sung China: Yuan Ts'ai's Precepts for Social Life*（Princeton, N. J.: Princeton University Press, 11984）。本书中所有引文标注丛书集成版原文卷数和页码，以及伊沛霞英译本中的章节号和篇目号。关于袁采的生平，见伊沛霞（Ebrey），*Family and Property*, 18ff。
③ 《袁氏世范》（丛书集成版），1：6，伊沛霞（Ebrey），*Family and Property*, 1：17（p. 281）。
④ 《清明集》，9：356。关于此案的时间和地点，见《清明集》，9：349—351。
⑤ 《清明集》，9：355。

的朋友，并曾为他的诗集作序。① 吴革的第一个案例，案情和结果都与范应铃的案例近似。曾千钧无子，只有两个女儿，但从父系宗亲处过继了一名养子。他的遗嘱具有本县官府的印押，申明将税钱800文"摽拨"给二女。曾千钧死后，养子的生父曾文明称遗嘱是伪造的，县印也是假的，这样就可以与其子一同占有曾千钧的所有遗产。吴革对此表示强烈反对，指责其"不近人情"。他还进一步谴责了曾文明："况文明尚欲子其子，乃使千钧终不得女其女，② 于理可乎？""（养子）今亦以遗嘱为伪，是不特不弟其女兄，实不孝于其父矣！"③ 由此可见，养子试图剥夺女儿的继承权，这一行为既不合法理，又不近人情，而且是不孝的表现。

吴革的第二个案例中，高五一无子，只与其"婢"阿沈育有一女。死后阿沈向官府申请检校田产，但高五一的弟弟将自己的儿子立为高五一的继子，分得了3/4的家产。随即阿沈携女改嫁，高家企图侵吞高五一留下的所有家产。9年后的1241年，阿沈提起诉讼，吴革裁定她的女儿享有1/4家产的继承权，④ 并认为这个份额已经太小，像上个案例一样，斥责高家的行为"不近人情"，"不仁之甚"。⑤ 在上述两个案例中，"理""仁""孝"这样定义儒家父子关系的语汇，都用在了财产继承语境中的父女关系上。

《清明集》中还有其他一些概念和语汇进一步突出了儿子与女儿继承权的相似性。《清明集》中的两个类目"女承分"和"女受分"中都收录了关于女性继承权的案例。⑥ 日本学者滋贺秀三并不认为女性享有继承权，但他也注意到《清明集》等法律文献中的用词似乎表明当时存在一种与男性继承类似的女性继承权的概念。滋贺秀三从南宋残本《清明集》中发现了7条案例，其中都使用了"拨"或"摽拨"这样的语汇来表示将财产分

---

① 昌彼得等编，《宋人传记资料索引》（台北：鼎文书局，1973），Ⅱ，1097页；陈智超，《明刻本名公书判清明集介绍》，683页。
② 意为"把儿子当作儿子对待"，"把女儿当作女儿对待"。
③ 《清明集》，7：237—238。
④ 笔者将在下一节（没有儿子的情况下女儿的继承权）中论述这个1/4的份额实际上已经很小。此案中的女儿只分得1/4的家产，很可能是因为其母的婢妾身份。
⑤ 《清明集》，7：238—239。
⑥ 《清明集》，8：287—289（一个案例），以及7：237—239（两个案例）。

给女性。① 明刻本《清明集》中还有一些这样的案例。②

北宋时期有一条关于女儿参加分家析产的明确记载，比《清明集》中记载的案例还要早很多。在1109年的一道奏折中，福建官员蔡襄谴责了建州一带杀溺婴儿的现象。建州就是后来的福建建阳县，即《清明集》的出版地。蔡襄认为这种陋习的产生，是因为子女在父母在世时就开始分家析产。

> 父母生存，男女共议私相分割为主，与父母均之。既分割之后，继生嗣续，不及襁褓，一切杀溺，俚语之"薅子"。虑有更分家产。建州尤甚，曾未禁止，伏乞立法施行。③

不管这种子女在父母去世前就开始非法分家的情况在南宋时期是否依然存在，女儿在分家析产时享有继承权的现象在东南部已成为一种根深蒂固的习俗，南宋各地都出现过这样的案例。

(三) 女儿通过遗嘱享有的继承权和法律对未成年妇女继承权的保护

除了分家析产以外，即使在家中有儿子的情况下，女儿出嫁后还可以从父母处获得嫁妆以外的其他财产。在唐代及唐前历代，父母都可以通过遗嘱或其他方式将财产分给女儿，即使家中有儿子可以继承这部分财产，这种做法也是完全合理的。及至宋代，父母赠予女儿的财产中往往包含田产。南宋名臣赵鼎（1085—1147）的家训中就有一个十分突出的例子。赵鼎是北方人，金人入侵时被贬谪至南方，于1144年写了这部家训。赵鼎希望子孙不要分家析产，而是维持累世同居的状态，相互扶持，来自族产公田的收入公平分配（这种模式与古代"宗"的理念十分接近，是后来族田制度的前身）。为了达到这个目的，赵鼎在30条家训中多次劝诫子孙不可分家，在《家训笔录》的跋文中，他甚至说明自己撰写家训的主要目的就是维持家族田产不被子孙分异。但是，在第27条家训中，他却要求儿子在他死后将一份不小的田产拨给他特别偏爱的一个女儿，这已经违背了他避

---

① 滋贺秀三，《中国家族法的原理》，440页；453页，注2。
② 例如，《清明集》，6：198；7：237；7：217。
③ 《宋会要辑稿》，刑法2：49b（6520页）。参见仁井田陞，《中国法制史研究》，卷3，389页；仁井田陞，《中国身份法史》，817页。

第二章 宋代妇女与财产：时代更迭中的法律革新

免分家析产的宗旨："三十六娘吾所钟爱，他日吾百年之后，于绍兴府租课内拨米二百石充嫁资，仍经县投状，改立户名。"①

一个世纪之后，《清明集》收录的一个案例中，一名男子钱居茂在妻子和儿子都在世的情况下，立遗嘱将田产分给了女儿和女婿。女婿后来将其亡母安葬在继承来的土地上，钱居茂的侄子因此向官府起诉，称遗嘱是女婿伪造的。州县两级的法官都驳回了侄子的上诉，她们指出钱居茂生前有权将田产拨给女儿，而且他的妻子和儿子当时并未对遗嘱提出质疑，多年后侄子更没有道理横加干涉。②

从上文中的例子可以看出，不管当时的习俗如何，父亲有权决定给予女儿多大数额的嫁妆，也有权在女儿出嫁后立遗嘱将田产留给女儿。在这样的家庭中，即使儿子本以为自己应该得到那份财产，也不能提出异议，但是法律会保证儿子不会完全失去继承权。整个宋代，女儿有权获取部分家产已经是一种社会习俗，随着时间的推移，宋代法律逐渐正式认可了这一习俗。

女儿在分家析产中继承财产的时候，通常已经父母双亡而且尚未出嫁。（出嫁女已经离家，并在成婚时获得了嫁妆，因此不能再参加分家析产）这样的孤女有可能在自己的名下拥有数额可观的财产。宋代法律为这类孤儿和孤女的财产权提供了保障。

> 揆之条法，所谓检校者，盖身亡男孤幼，官为检校财物，度所须，给之孤幼，责付亲戚可托者抚养，候年及格，官尽给还，此法也。③

官府每年将抚养孤儿孤女所需的财物交予负责的亲戚，等到这些孤儿孤女成年，再将所余财物还给他们本人。对于孤女而言，官府是在她们成

---

① 《家训笔录》（丛书集成版），3—4 页。一石相当于大约 133 磅。对赵氏家族的研究，见周绍明（Joseph McDermott），"Equality and Inequality in Sung Family organization: Some Observations on Chao Ting's *Family Instructions*"，收入伊原弘编，『柳田节子先生古稀记念：中国の传统社会と家族』（东京：汲古书院，1993），1—21 页。

② 《清明集》，6：197—198。

③ 《清明集》，7：228。马伯良与刘子健，*Enlightened Judgements*，254。擅自支取官府检校的财务，按律应处以两年徒刑；见《清明集》，8：281。

年而不是成婚的时候归还财产的。① 这部分财产是她们所继承的遗产，可以作为嫁妆带入夫家，也可以作为成婚之前或嫁妆之外她们私有的财产。柳田节子认为，各种法律文献中提到的"女户"所指的经常就是这些孤女和她们私人拥有的财产。②

政府对孤女财产权的干预体现了政府对妇女财产权的保护以及对他人侵吞孤女私人财产现象的担忧（还包括对其亲属的不信任）。北宋时期，这类事例往往发生在高官之女或皇室宗女身上。997年，右谏议大夫王子舆暴亡，留下一名寡妻，一个儿子和三个女儿。皇帝命令检校他楚州家中的所有家产收归官库，以后留给子女（这个命令表明皇帝担心他的寡妻不能或者不愿将家产全数留给子女）。王子舆的儿子旋即死亡，寡妻回到了自己娘家。五年后，王子舆的一名父系宗亲奏请皇帝，要求将他的灵柩送回家乡，并卖掉京师的住宅，"以钱寄楚州官库，备三女资送"③。这名宗亲当然会从中抽取一定的佣金，但我们还是可以看出，政府检校财产并收归官库的措施，有效地保护了王子舆孤女的财产权。宋太宗的女儿鲁国长公主没有儿子，去世时家中还有丈夫柴宗庆和两个女儿，柴宗庆临终时，奏请将全部家产捐给官府。宋仁宗不准，命两名官员检校其家产，估算出丧葬事宜所需的费用，其余财产收归官库，留给两名幼女。④

《清明集》中南宋时期的案例表明，即使孤女不是高官之女或皇室宗女，政府也会保护她们的继承权不受奸猾的亲属侵犯。有一个案例是妾室向官府提起诉讼，状告亡夫的父系宗亲非法侵吞本应属于她两个女儿的大笔财产，她最后打赢了这场官司。⑤ 另外一个案例中，孤女被卖为义女，本应继承的财产被族人及其母侵吞，官府介入为她夺回了遗产。⑥ 还有其他多个案例，法官命令检校家产，以防止孤女所继承的遗产被其监护人

---

① 见《清明集》，7：232—233；马伯良与刘子健，*Enlightened Judgements*，259。
② 柳田节子，『宋代女子の財産権』。
③ 《续资治通鉴长编》（上海：上海古籍出版社，1986）51：430。
④ 《宋会要辑稿》，帝系8：49；《宋史》，463：13556。参见袁俐，《宋代女性财产权述论》，175页。
⑤ 《清明集》，7：232—233。
⑥ 《清明集》，7：230—232。

（经常是其母）所挥霍，或被其他族人争抢。①

《清明集》中的案例表明，孤女的财产权很容易受到侵犯。这些案例中，孤女的亲属常常试图侵吞她所继承的遗产，连她的监护人也不例外。前文中孤女被卖为义女的案例中，孤女只有 10 岁，她的生母是妾室身份，试图侵占她所继承的遗产作为自己改嫁时的嫁妆，并把女儿卖给别人做童养媳。② 有些时候，孤女的亲属要求官府检校家产，其实家产并不需要检校，他们只是以此为由，试图掌控这些财产。③ 还有一些案例中，政府官员在没有必要的情况下检校孤女的家产，从而非法将其据为己有。④ 我们很难确定是否宋代政府对孤女财产权的保护到底。

二　没有儿子的家庭中女儿的继承权

如果一个家庭夫妻俱亡并且没有任何男性子嗣可以继承宗祧，称为"户绝"。宋代约有 20% 的家庭是"户绝"状态。⑤ 政府担心户绝家庭的财产从税收账册上消失或被其他家庭非法侵占，因此对户绝家庭十分关注。地方官员在一个家庭户绝之后三日内必须上报，并检校其家产，确认是否有人有权继承。侵吞或瞒报户绝家庭财产的官吏会受到处罚。⑥

有史以来，户绝家庭的女儿一直享有继承权，宋代也不例外。宋代政府颁布了前所未有的详尽法规，澄清并加强了女儿的继承权。但是政府也对男性和女性的继承权都加以了新的限制，以期将更多的财产收归国有。这一系列的法律变革和其他方面的财产法变革共同作用，实际上削弱了父系宗亲的财产权，并给予女儿和其他亲属更多的物质利益。那些曾经与死

---

① 《清明集》，8：253。前文所述的通城案中，法官也命令吴家立刻为孤女求偶，并将嫁资还给孤女，以免被家人挥霍，化为"乌有"；《清明集》，7：217。
② 《清明集》，7：230—232。参见《清明集》，7：232—233；8：280—282。
③ 例如，《清明集》，7：228。
④ 《清明集》，11：413。
⑤ 历史上的人口统计表明，为数不少的女性没有兄弟。从 1050—1400 年的大量家谱得出的粗略统计数据显示，22% 的男性没有在世的亲生儿子；艾伯华（Wolfram Eberhard），*Settlement and Social Change in Asia*（Hong Kong：University Press，1967），39。广东省近代的统计数据表明，大约1/3 的男性没有儿子；艾伯华（Wolfram Eberhard），*Social Mobility in Traditional China*（Leiden：E. J. Brill，1962），153。这些数据与欧洲的人口模型和统计数据一致，见 Anthony Wrigley and Rogers Schofield，*Population History of England*（Cambridge：Cambridge University Press，1989）。
⑥ 《宋会要辑稿》，食货 61：38b—39a；魏天安，《宋代户绝条贯考》，《中国经济史研究》第 3 期（1988），31—32 页。

者同住，在他们生前曾予以照顾或有情感纽带的亲属都能从这些法律变革中获利，而父系近亲则失去了他们以前所享有的财产继承权。很显然，这些新的法律是与儒家父系宗族的观念背道而驰的。

（一）有关户绝家庭中女儿继承权的新法律条款

737 年的唐律规定，户绝家庭的财产，扣除丧葬费用之后，全部由女儿继承。《宋刑统》全文引用了这条律文。这条律文在字面上对在室女和出嫁女未做区分，但很可能只适用于在室女。①

[准] 丧葬令，诸身丧户绝者，所有部曲、客女、奴婢、店宅、资财，并令近亲（亲依本服，不以出降）转易货卖，将营葬事及量营功德之外，余财并与女。（户虽同，资财先别者亦准此。）

无女均入以次近亲，无亲戚者官为检校。若亡人在日，自有遗嘱处分，证验分明者，不用此令。②

《清明集》中的一篇书判援引了这条律文，称其为"令"，并且只用于在室女："诸户绝财产尽给在室诸女。"③

唐律中关于户籍的注释表明，这条法律只有在死者生前已经分家析产的情况下才适用。如果死者与族人同住，则不算作户绝。换言之，如果死者生前未曾分家，那么孤女的叔伯可以为其父延续香火，孤女就无法继承亡父的家产。这条法律最晚在南宋时期已经发生了变化。

从《清明集》中的一些案例可以看出，南宋时期扩大了户绝家庭的范围，所以女儿有了更多的机会继承家产。户绝法已经适用于共同居住的大家族中的任何一对夫妇。④ 只要一名男性没有儿子，他这一房就算作户绝，无论他是否有同住的兄弟子侄可以为他延续香火。家族中的每一房都有自

---

① 仁井田陞，《中国法制史研究》，卷 3，381 页。

② 《宋刑统》，12：198。唐律中的律文见仁井田陞，《唐令拾遗》，835 页；仁井田陞，《中国法制史研究》，卷 3，381 页；仁井田陞，《中国身份法史》，478—479 页；滋贺秀三，《中国家族法的原理》，396 页。滋贺秀三对"近亲"和"亲戚"两个词语含义的考证，见《中国家族法的原理》，409 页，注 2。他认为"亲戚"包括父系和母系的亲属，但笔者认为在这个语境下，这两个词语应该都是指父系亲属。

③ 《清明集》，8：251。

④ 《清明集》，7：217；8：251；8：280。参见滋贺秀三，《中国家族法的原理》，402 页；袁俐，《宋代女性财产权述论》，176 页。

己的世系，也有独立的遗产继承权。在室女即使与叔伯同住，也有权继承父亲的遗产。叔伯应将家产中属于她父亲的一份保留下来，日后分家析产时移交给她。《清明集》中还有案例表明，女儿可以赎回父亲生前典卖的家产。①

尽管女儿可以从这些新的法律中受益，它们也体现了宋代政府对家庭财产移交的强大干预，这种现象是历史上前所未见的。后文将会提到，依照其他一些法律，政府可以将户绝家庭财产中更大的一部分收归国有，既然户绝家庭的范围已经变得更加广泛，那么这些法律的适用范围也会随之扩大。值得注意的是，父系宗亲的继承权被削弱了。即使他们与死者同住，也不能继承其财产，而必须将财产移交给死者的女儿，这部分财产就脱离了父系宗族。这样就赋予了宋代女性又一种成为真正意义上的共同继承人的方式。如果一名女子没有兄弟，她就可以代替其亡父继承家产。②这种情形符合前文中高闶在12世纪所说的"女承父分"，他所指的很可能就是这条扩大户绝家庭范围的法律。③

根据宋代户绝法，出嫁女也享有一定的财产继承权。但是，与在室女不同，由于宋代政府期待将户绝家庭财产中更大的一部分没官，所以降低了出嫁女的继承地位。836年颁布的一条诏令（抄录在《宋刑统》中）规定，出嫁女可以继承亡父的资产（心存观望、孝道不全，与夫合谋侵夺家产者除外）。④ 但是963年颁布的《宋刑统》推翻了这条先例，规定出嫁女只能继承1/3的遗产，余下的2/3收归官用。

> 今后户绝者，所有店宅、畜产、资财，营葬功德之外，有出嫁女者，三分给予一分，其余并入官。如有庄田，均与近亲承佃。⑤

宋代政府后来又对这条法律做了进一步的修改，针对出嫁女的继承权

---

① 《清明集》，9：315—316。
② 参见仁井田陞的论述，见《中国法制史研究》，卷3，382页。
③ 《清明集》中援引了这条法律，称其为"令"，见《清明集》，8：251，仁井田陞认为这就是高闶提到的那条法律，见仁井田陞，《中国法制史研究》，卷3，382—383、388页。
④ 《宋刑统》，12：198；滋贺秀三，《中国家族法的原理》，401页；仁井田陞，《中国身份法史》，478页；袁俐，《宋代女性财产权述论》，179页。
⑤ 《宋刑统》，12：198。唐律中户绝家庭遗产类别里的部曲、客女和奴婢在《宋刑统》中已不存在，宋律中增加了畜产这一类别。

颁布了多条法律。1026年颁布的一条法令修改了"入官"的规定，将遗产中剩余的2/3拨给与死者同住三年以上或曾帮助死者经营产业的亲属或其他人等，包括赘婿、养子，或其妻与前夫的儿子。① 在完全找不到上述这些合法同居人的情况下，才会将2/3的财产没官。值得注意的是，法律并没有将这部分财产拨给不与死者同居的父系亲属，只有在不存在合法同居人的情况下，这部分财产才交由近亲、"从来佃莳或分种之人承税为主"。②

宋初法律规定，只有在没有在室女的情况下，出嫁女才可以继承财产。③ 但是，1089年户部又颁布了一道法令，规定如果遗产数额达到1000贯以上，出嫁女也可继承一份。④ 这道法令极为周详地定义了在没有在室女的情况下，出嫁女可以继承的财产数量。家产不足300贯时，出嫁女可得100贯；如果家产不足100贯，则全归出嫁女继承。家产超过300贯时，出嫁女可得1/3，但不得超过2000贯的上限。如果家产超过20000贯，官员必须上奏，由上级裁定是否能将超过2000贯的家产拨给出嫁女。⑤ 1132年，户部又准许了江南东路提刑的奏章，将出嫁女继承遗产的上限调至3000贯。⑥

宋代法律还规定了寡居或离异后返回娘家的归宗女的继承权。依照《宋刑统》，在户绝的情况下，归宗女如果不曾分割夫家财产，就可以和在室女一样继承全部家产。963年的这条律文写道：

---

① 《宋会要辑稿》，食货61：58a（5902页）。遗产数额巨大时，出嫁女可以通过向官府递交申请而获得多于1/3的份额，例如《续资治通鉴长编》，106：947。参见袁俐，《宋代女性财产权述论》，179—180页；魏天安，《宋代户绝条贯考》，33页。

② 《宋会要辑稿》，食货61：58a—b（5902页）。将这部分财产拨给可以承税之人的举措，无疑是为了解决宋代政府难以从没官田产中征税的问题，对这一现象的详细论述，见梅原郁，『南宋淮南の土地制度試探——営田屯田を中心に』，《东洋史研究》，21：4（1963）；及板桥真一，『宋代の戸絶財産と女子の財産権をめぐって』，收入伊原弘编『柳田節子先生古稀記念：中国の传统社会と家族』（东京：汲古书院，1993）。

③ 《宋会要辑稿》，食货61：58a（5902页）。

④ 《续资治通鉴长编》，501：4688。袁俐认为这份遗产的数额应为1/3，见《宋代女性财产权述论》，180、183页。但这道法令本身没有指定份额，笔者认为不大可能是1/3，因为这样就给予了出嫁女、归宗女和在室女相等的份额，与其他法律相矛盾。

⑤ 《续资治通鉴长编》，501：4688。

⑥ 《宋会要辑稿》，食货61：64（5905页）。1133年，高宗将其一名宠臣所得恩赐1/3拨给了其出嫁女，数额一定在3000贯以上。《建炎以来系念要录》（文渊阁《四库全书》版），63：2b—3a（325—818）；袁俐，《宋代女性财产权述论》，181页。

如有出嫁亲女,被出及夫亡无子,并不曾分割夫家财产入己,还归娘家,后户绝者,并同在室女例,以准令敕处分。①

这里提到的"准令敕"当指737年颁布的唐律和836年颁布的诏令。《宋刑统》在这条律文之前援引了这两条法律,允许在扣除丧葬费用之后将全部遗产分配给女儿(此处并未说明是在室女还是归宗女)。

同出嫁女一样,对于归宗女,宋代法律也详细地定义了她们的继承权,并指定了她们相对于其他女儿可以继承遗产的比例。1098年户部颁布的法令规定归宗女的继承权与在室女相同,她们应均分全部遗产。但是,如果没有在室女,归宗女则只能继承2/3的遗产,其余1/3的一半,即遗产总额的1/6,拨给出嫁女。(另外1/6没官)这道法令还对这种情况下出嫁女继承的遗产做了进一步规定:如果所余1/3的家产不足200贯,出嫁女可得100贯,若不足100贯,则全归出嫁女。② 至13世纪中叶,归宗女的继承权被进一步削减。《清明集》中援引了一道法令,规定归宗女只能继承在室女一半的财产。③ 表1总结了出嫁女和归宗女可继承财产上限的变化。

表1　关于出嫁女和归宗女财产继承的法律沿革(户绝家庭)

年份	法规	出处
出嫁女		
836	无在室女时,出嫁女继承全部家产	《宋刑统》
963	出嫁女继承1/3家产,其余2/3没官	《宋刑统》
1026	出嫁女继承1/3家产,其余2/3不没官,交由男性合法同居人代为管理	《宋会要辑稿》
1026	无出嫁女时,1/3家产(相当于出嫁女应继承的财产)给予出嫁的女性亲属	《宋会要辑稿》
1098	有在室女时,如家产超过1000贯,出嫁女有权继承财产(有可能是出嫁女继承1/3,在室女继承2/3)	《续资治通鉴长编》

---

① 《宋刑统》,12:198;滋贺秀三,《中国家族法的原理》,402页。
② 《续资治通鉴长编》,501:4688;参照袁俐,《宋代女性财产权述论》,183页。
③ 《清明集》,7:271;9:316。这道法令也可以理解为,如果家中没有在室女,只有归宗女,那么归宗女可以继承一半的家产。

续表

年份	法规	出处
出嫁女		
1098	出嫁女可继承的家产上限为 2000 贯,家产不足 300 贯时另有规定	《续资治通鉴长编》
1098	既有出嫁女,又有归宗女时,归宗女继承 2/3 家产,出嫁女继承 1/6,没官 1/6	《续资治通鉴长编》
1132	家产数额巨大时,出嫁女可继承的家产上限提高至 3000 贯	《宋会要辑稿》
归宗女		
963	按在室女处理	《宋刑统》
1098	与在室女均分家产(与 963 年颁布的法律一致)	《续资治通鉴长编》
1098	如无在室女,归宗女继承 2/3 家产	《续资治通鉴长编》
13 世纪 40 年代	归宗女继承在室女遗产份额的一半(可理解为在没有其他在室女和出嫁女的情况下,归宗女继承全部家产的一半)	《清明集》

附注:宋代政府削减了出嫁女可以继承的财产份额,将一部分遗产没官。但是后来政府不再将出嫁女不能继承的家产没官,而是给予合法同居人(而不是与死者异居的父系亲属)。归宗女可以继承的财产也在逐步减少。

由此可见,宋代法律对在室女、出嫁女和归宗女的继承权做了区分。区分这三种不同的身份是为了便于判定她们是与父母同住还是与丈夫在另外的户籍下同住,以及是否已经从父母处获得了嫁妆。这些因素都会影响到她们在分家析产时能继承多少家产。与非户绝家庭一样,女儿是否与父母同住,是决定她们在分家时能得到多少遗产的主要因素。但是,这个因素并不能对女儿的遗产继承起到决定性的作用。由于女儿出嫁后与娘家往往保持着紧密的经济联系,户绝家庭中的出嫁女依然享有继承权,在没有出嫁女的情况下,其他已出嫁的女性亲属享有继承权。

如果户绝家庭的女儿招了赘婿,则属于在室女、出嫁女和归宗女三种主要身份之外的例外情况。这时女儿虽已出嫁,但仍然与父母同住(因此并未"嫁出")。赘婿会从其父母处得到"嫁妆",结婚时带进妻子家中,即使在同居共财的家族中,这也是夫妇二人的私有财产。(这种现象进一步说明,女儿享有与儿子在概念上类似的继承权。如果儿子在分家析产之前就离开父母家,他也会从父母处得到一份财产作为"嫁妆")大多数情况下，非户绝家庭中有赘婿的女儿，在分家时等同于在室女处理。① 前文案例中，女儿和赘婿继承了相当于儿子一半的家产，和在室女应得的份额是相等的。但是，1026 年颁布的法律规定，户绝家庭中，出嫁女继承家产的 1/3，赘婿作为男性合法同居人，可以继承余下的 2/3，南宋时期的判例中就有这样的案例。② 由此可见，是否与死者共同居住这一标准可以在多种情形下影响继承人的遗产继承地位：与死者同住，曾经帮助过死者管理资产并在死者生前照顾过他们的合法同居人具有较高的继承地位，高于在父系宗族中与死者关系更近的亲属。

（二）政府对遗产继承的干预

有关户绝家庭中女儿继承权的法律经历了一系列变革，表明宋代政府对遗产继承事宜十分重视并经常主动干预。宋代早期，政府试图加强对境内土地的所有权，与唐代相比，宋初颁布的法律往往将更多的土地和资产收归国有，而这是与均田制的理想背道而驰的。从上一节的论述中可以看出，政府削弱了出嫁女和一些其他亲属的继承权，有些户绝家庭的遗产因此被收归国有，而在财产继承方面损失最大的其实是死者的男性父系亲属。

宋代政府为了增加财政收入，防止土地兼并，采取了一系列措施，将户绝家庭遗产中更大的一部分收归国有，在这个过程中，男性父系亲属的利益被牺牲掉了。这个现象在当时就引起了很多争议，因此一些户绝法对父系亲属继承权的限制开始逐渐松动，有些法律也不再严格实施了，但是，从总的趋势上来看，户绝法和宋代其他财产法的变化趋势是一致的：女性和其他合法同居人都从新的法律中获得了利益，而儒家父系宗族（以与死者异居的父系亲属为代表）则遭受了损失。

737 年的唐律规定，如果没有女儿，户绝家庭的所有财产由父系近亲

---

① 但是，在前文的通城案中，法官认为大女儿和二女儿都已经出嫁（尽管她们都有赘婿），所以继承地位应该低于在室女。

② 川村康，《宋代赘婿小考》，收入伊原弘编，『柳田节子先生古稀记念：中国の传统社会と家族』，347—363 页；伊沛霞（Patricia Ebrey），"Property Law and Uxorilocal Marriage in the Sung Period", in *Family Process and Political Process in Modern Chinese History* (Taipei: Institute of Modern History, Academia Sinica, 1992). 川村康强调分家析产时赘婿是不能作为合分人的，合分人必须是女儿本人；而 Ebrey 认为法官们并没有系统地将对女儿和赘婿的财产区分开来。不管是哪种情况，分得的遗产都应由女儿与赘婿共同管理。

继承，只有在既没有女儿也没有近亲的情况下，政府才可以将户绝家庭的家产没官。① 这条法律被全文抄录在《宋刑统》中。但是，在 1015 年颁布的一道法令中，皇帝废除了户绝财产给予近亲的法律，改为将户绝田地首先出卖，无人买的出租。② 这道法令很可能是针对富户的，因为 1023 年大臣蔡齐曾经上奏请求破例允许贫困户绝家庭的亲属租赁已被没官的田地。其他官员也指出没官的田地租课过高，伤及佃户的利益，或者建议将田地卖给佃户。③

宋代的政府内部对将私人财产收归国有的做法始终存在争议，对于应该如何处置没有女儿的户绝家庭财产，官员们也一直各持己见。1026 年颁布的法令废除了将出嫁女无法继承的户绝财产没官的政策，改为将其交与死者同住三年以上的合法同居人，可以是父系亲属，也可以是赘婿、养子、死者妻子的随嫁子，甚至是佃户。除非上述合法同居人都不存在，否则政府不能将户绝财产没官。与死者异居的父系亲属依然没有继承权，但是 1026 年的法令规定，如果父系亲属或佃户愿意承担赋税，在没有合法同居人的情况下，可以把户绝田产交给他们。1038 年，在一场大地震中，忻州有 25 家户绝，政府并没有将户绝田产没官，而是以七折的价钱卖给了与死者异居的父系亲属。④ 宋代庆元年间还有法律规定，僧人死亡之后，应由其亲属（死者是僧人，因此其亲属当为异居）安葬，丧葬费用由政府从死者遗产中划拨给亲属。⑤

到宋代末年，这些削减父系亲属继承权并将户绝田产没官的法律名义上依然存在，但是有些法官已经不再依照这些法律断案了。1244 年有一个案例，法官将户绝财产判给了一名忠心的女仆及其丈夫，命他们来处理死

---

① 《宋刑统》，12：198；仁井田陞，《唐令拾遗》，835 页。前文中引用过这条律文。

② 《宋会要辑稿》，食货 1：12a（4812 页），63：171b（6072 页）；仁井田陞，《唐令拾遗》，837—838 页。根据上下文无法判断这道法令是否只适用于没有女儿的情况。

③ 《宋会要辑稿》，食货 1：21a（4812 页），63：171b—172a（6073 页）。在此感谢马伯良（Brian McKnight）提供相关文献并与笔者详加探讨，关于户绝法的详细论述，见马伯良（Brian McKnight），"Who Gets It When You Go: The Legal Consequences of the Ending of Family Lines (*juehu*) in the Song Dynasty (960 – 1279)", *Journal of the Economic and Social History of the Orient* 43：3（2000），314 – 363。

④ 《续资治通鉴长编》，122：1104。

⑤ 《庆元条法事类》，51：487；仁井田陞，《唐令拾遗》，838 页。这道法令颁布于庆元年间，1195—1200。

者的丧葬事宜。① 在这名法官的另一篇书判中，他明确表示不喜将私产没官，并将本应没官的财产拨给死者的父系亲属。②

1015 年颁布的法令禁止父系近亲继承户绝家庭的财产，从此以后，父系亲属获取户绝家庭财产的唯一方式，就是为死者立一名继子延续宗祧。继子必须是与死者儿子同辈的男性父系宗亲，还必须放弃对自己生父遗产的继承权。根据宋律，同一个人不能继承家族中两个分支的宗祧和财产。

在宋初的遗产继承法律发生改变之后，父系亲属为死者立继的现象很可能越来越多，只有这样才能将户绝家庭的财产留在父系宗族之内。因此，在不到一个世纪的时间里，政府通过将户绝财产收归国有而获得的财政收入越来越少，父系亲属能否为死者立继的问题也一直存在激烈的争议。1092 年政府禁止父系亲属为死者立继，规定这一程序必须由官府来完成，但是在两年后的 1094 年又撤销了这道法令，允许父系亲属为死者立继。③ 1113 年，政府官员中再次掀起了一场是否应允许立继的论争，支持者称孔子赞同为户绝者立继，这种做法既不违背礼法，也符合人情；而反对者则指出，政府收归国有的户绝财产本已越来越少，若允许立继，那么天下再无户绝之家，会造成更大的财政损失。一番论争之后，皇帝最终还是决定允许立继。④

20 年之后的 1132 年，政府又颁布了一道法令，对 1113 年允许立继的法律进行修正。从此以后，继子只能享有与出嫁女同等的继承权，可继承 1/3 的家产，余下的 2/3 没官。⑤ 除此之外，这道新的法令还对继子可以继承的财产数额设置了上限，不得超过 3000 贯，但如果家产超过 20000 贯，继子可以向官府申请继承更多的财产。⑥ 1179 年，经常亲自参与订正律典

---

① 《清明集》，10：377—378。
② 《清明集》，8：281—282；板桥真一，『宋代の户绝财产と女子の财产権をめぐって』，377—378 页。
③ 《宋会要辑稿》，礼 36：16a（1316 页）。
④ 《宋会要辑稿》，礼 36：16a—b（1316 页）。参见永田三枝，『南宋期における女性の财产権について』，5 页。
⑤ 《宋会要辑稿》，食货 61：64a（5905 页）。仁井田陞和永田三枝都认为这道法令的措辞表明，在此之前，继子是不能继承任何财产的。见仁井田陞，《中国身份法史》，484—485 页，487 页注 25；参见永田三枝，『南宋期における女性の财产権について』，5 页。
⑥ 《宋会要辑稿》，食货 61：64a；Burns, *Private Law*, 270。

的宋孝宗又撤销了这道法令，同时撤销了几道以增加财政收入为目标的法令。① 但是，到了 13 世纪，这道法令再次出现，家产超过 20000 贯时继子可继承财产的上限已提高至 5000 贯。②

在没有女儿的户绝家庭中，继子只能继承 1/3 家产的法令，在《清明集》中多次被援引。③ 但在这个时期，法官们已经开始公开批评政府强行没收私人财产的行为。建宁府建阳县的一名法官不允许将当地一个户绝家庭的财产没官，他认为建阳是朱熹所居之乡，因此官员们更应该遵循"理"，而不是一味地寻求"利"。④ 当户绝家庭既有女儿又有继子的时候，宋代法律赋予了女儿高于继子的继承地位，本章下一节将详述这个问题。

1132 年对继子可以继承的遗产数额设置上限的法律并没有提及女儿的继承权，但是，出自 13 世纪的证据表明，这些限额同样适用于女儿，以及继承户绝家庭财产的其他人。范应铃在一篇书判中写道，可以继承的财产"并至三千贯止，即（所有家产）及二万贯，增给二千贯"⑤，他所指的继承人包括继子，也包括女儿。在范应铃的另一则书判中，他更加明确地将法律规定的限额用于女儿，⑥ 但是在这两个案例中，他最终都没有将任何财产没官。法官可以用这条法律来震慑涉案人，迫使他们服从判决，但是范应铃和其他法官都极少这样做。

宋代政府对遗嘱继承也设置了限额，并将超出限额的部分没官。在唐代，如果一名男子没有儿子，他可以通过遗嘱将财产留给任何人，但是在

---

① 《续资治通鉴》（北京：古籍出版社，1957），147：3922；《宋史》，200：4993—4994。仁井田陞在《玉海》第 66 卷中发现一条记载，指孝宗撤销法令的时间在 1177 年，见仁井田陞，《唐令拾遗》，838 页。

② 《清明集》，8：288。参见仁井田陞，《中国法制史研究》，卷 4，411—412 页。

③ 《清明集》，4：107，110；8：251，258，266，287。

④ 《清明集》，8：258。

⑤ 《清明集》，8：288。滋贺秀三，《中国家族法的原理》，404 页；仁井田陞，《中国身份法史》，484—485 页；柳田节子，『南宋期家产分割にわける女承分について』，235 页；Burns，"Private Law"，267。范应铃援引的这条法令也可以理解为只适用于继子，见滋贺秀三，《中国家族法的原理》，411 页注 15。但柳田节子（『南宋期家产分割にわける女承分について』，235 页）和仁井田陞（《中国身份法史》，484—485 页）都认为这个上限也适用于女儿，笔者同意后者的观点。

⑥ 《清明集》，4：110。这个案例中提到的限额是 300 贯，滋贺秀三认为 300 贯应为 3000 贯之讹文；滋贺秀三，《中国家族法的原理》，402—403 页；Burns，*Private Law*，270。范应铃称这个家庭财产总额不足 300（或 3000）贯，所以应该全部归女儿继承。他的意思可能是 300 贯并未超出限额，因此 300 贯未必是讹文。

有儿子的情况下,父亲不能剥夺儿子的继承权。737 年的唐律中关于户绝家庭女儿继承权的律文(抄录在《宋刑统》中)最后写道:"若亡人在日,自有遗嘱处分,证验分明者,不用此令。"① 可是,北宋政府则削弱了父母通过遗嘱分配遗产的权利。这条新的法律是在 1064 年和 1086 年之间颁布的,因此很可能是王安石变法的一项措施,目的是提高政府的财政收入。1086 年的一道奏章足以证明这条法律的存在。奏章作于 1086 年,应该与最终推翻王安石变法的元祐更化有关,奏章批评了新法对遗嘱的限制。

> 左司谏王岩叟言:"臣伏以天下之可哀者,莫如老而无子孙之托,故王者仁于其所求,而厚于其所施。此遗嘱旧法,所以财产无多少之限,皆听其与也。……然其后献利之臣,不原此意,而立为限法,人情莫不伤之。不满三百贯文,始容全给,不满一千贯,给三百贯,一千贯以上,给三分之一而已。国家以四海之大、九州之富,顾岂取乎此?徒立法者累朝廷之仁尔。伏望圣慈特令复嘉祐遗嘱法,以慰天下孤老者之心,以劝天下养孤老者之意,而厚民风焉。"②

1162 年宋孝宗即位时,政府稍稍放宽了对遗嘱继承的限制。家产在 1000 贯和 1500 贯之间者,可通过遗嘱分配不超过 500 贯的财产,家产在 1500 贯以上者,可以通过遗嘱分配 1/3 的财产,但数额不得超过 3000 贯。此外,这条新法还允许将余下的财产留给继子,而不是全部没官;并且规定了在有赘婿的情况下,继子和赘婿各自应得的份额。③这样一来,政府实际上等于批准了 1086 年王岩叟的奏章,将遗产留给能"笃情义于孤老"的亲属,但是依然规定了遗产应该怎样分配,并不允许"孤老"自己决定。

即使在这些限制之内,通过遗嘱也只能将财产留给丧服制度中当中

---

① 仁井田陞,《唐令拾遗》,835 页;《宋刑统》,12:198。这道法令赋予了父亲剥夺女儿继承权的权利,但是在前文的案例中,我们已经看到南宋晚期的法官们更加认同"女合得男之半"的原则,如果遗嘱留给女儿的财产太少,法官往往不愿执行。

② 《续资治通鉴长编》,383:3609。仁井田陞,《中国身份法史》,480—481 页;见滋贺秀三,《中国家族法的原理》,399 页;马伯良(McKnight),"Chinese Law and Legal Systems",45-46;Burns,"Private Law",271。滋贺秀三也认为限制遗嘱的法律可能与王安石变法有关。

③ 《宋会要辑稿》,食货 61:66b(5906 页)。仁井田陞,《中国身份法史》,749—750 页。

"缌麻"（第四代血亲）以内的同宗或异姓亲属。《清明集》中翁甫所作的两则书判中都引用了这道法令，其中一则是 1242 年以后所写的。①

（三）女儿与继子的继承权

如果一对夫妇没有儿子，则可收养一名父系亲属作为继子，继子享有和亲生子同等的宗祧和财产继承权。这个过程（以及所收养的继子）称为"立继"，丈夫死后妻子有权为亡夫立继。② 一个家庭中如果妻子还在世，就不能算作户绝，因为妻子可以在任何时候为亡父立继以延续香火。夫妻俱亡的情况下，如果有人代为收养一名继子，也可以使这一房免于户绝。族长或官府都可以在这种情况下代死者收养继子，这个过程（以及继子）称为"命继"。③

儒家父系宗族礼制的观念要求每家必须有一名男性继承人来继承宗祧，延续香火。（孟子说过"不孝有三，无后为大"。④）唐律对收继的规定并不明确，可能也没有区别立继和命继。⑤ 与之相反，宋代法律则清晰地将命继子与普通继承人做了区分。⑥ 命继子与亲生女之间的法律纠纷十分频繁，针对这种情况，宋代政府颁布了新的法律以保护女儿的继承权。从《清明集》中可以看出，尽管有些财产被拨给了命继子，但是大部分遗产还是由女儿继承的。

《清明集》中有多篇判词援引了大量法令以解决命继子与亲生女之间的财产纠纷，笔者从这些法令中总结出了南宋时期在命继子与亲生女之间

---

① 《清明集》，5：141—2；9：304。滋贺秀三，《中国家族法的原理》，399 页，410 页注 8。
② 法律规定，继子必须与死者同姓，不过异姓男孩如果不足 3 岁，有时也可以立为继子。笔者认为，总的来说，宋代法律一般不会特别注重父系宗族的理念，与此相应，政府常常允许在立继时收养异姓男孩。妻子常常会将自己娘家的亲属立为继子，未必总是符合法律规定。见马伯良（McKnight），"Chinese Law and Legal Systems"。
③ 《清明集》，8：265—267。
④ 《孟子》4A：26。关于这个观念对上层社会和民间文化的影响，见王安（Ann Waltner），*Getting an Heir*: *Adoption and the Construction of Kinship in Late Imperial China*（Honolulu：University of Hawaii Press，1990）。
⑤ 仁井田陞，《中国法制史研究》，卷 3，383 页；Burns，*Private Law*，268；仁井田陞在《唐令拾遗》中引用了一条法令，规定继子必须在 18 岁以上才可以继承财产，见仁井田陞，《唐令拾遗》，234 页。他在《中国身份法史》中指出唐律对收继问题的规定比较含糊，见仁井田陞，《中国身份法史》，786 页。
⑥ 例如《清明集》，8：265—267。这则书判的题目就是"命继与立继不同"。

分配家产的规则，见表2。①（表2囊括了分配遗产过程中可能出现的各种情况，家中有亲生子的情况也包括在内。）笔者在脚注中注明了这些援引法律的判词的篇目，如果这些案例的地点可以确定，也随篇目注明。有时候同一条法律在多篇判词中被援引，引文都十分近似或完全相同。在一些特殊情况下，主审法官有时并不完全按照律文中的规定来分配遗产，特别是当涉及将私人财产没官的时候，和本章中的其他一些案例一样，法官们更倾向于把财产分给涉案人，而不是没官。② 总体来看，各州县的多个法官无论在援引律例还是在实施法律方面，都表现出了相当突出的一致性。

表2　13世纪遗产在女儿、儿子、命继子和政府之间的分配情况
（父母双亡后由官府分配遗产）

		女儿	命继子	没官
在儿子和女儿之间分配遗产				
1	亲生子和亲生女	女合得男之半		
2	立继子和亲生女	同1		
3	亲生子和养女	同1		
只有女儿没有儿子的情况下，在女儿之间分配遗产				
4	只有在室女	全部财产（以5000贯为上限）		
5	只有出嫁女	1/3		2/3
6	只有归宗女	2/3 或 1/2		1/3 或 1/2
7	在室女和出嫁女	在室女得全部遗产（10000贯以内）		
8	在室女和归宗女	在室女得2/3，归宗女得1/3		
9	出嫁女和归宗女	归宗女得1/3，出嫁女得1/6		1/6
没有儿子的情况下，在女儿和命继子之间分配遗产				
10	命继子和在室女	3/4	1/4	
11	命继子和出嫁女	1/3	1/3	1/3
12	命继子和归宗女	1/2	1/4	1/4

---

① 许多其他的学术文献也提到了这些规则，如仁井田陞，《中国法制史研究》，卷3，385页；卷4，410—412页；滋贺秀三，《中国家族法的原理》，401—405页；柳田节子，『南宋期家产分割にわける女承分について』，234—238页；Linck, *Zur Sozialgeschichte*, 117 - 119, 130；袁俐，《宋代女性财产权述论》，184页。

② 例如《清明集》，8：251—253；8：258；7：205—206。

续表

		女儿	命继子	没官
没有儿子的情况下，在女儿和命继子之间分配遗产				
13	命继子和在室女、归宗女	共4/5，其中在室女得8/15，归宗女得4/15	1/5	
14	命继子和在室女、出嫁女	?	?	?
15	只有命继子		1/3	2/3

附注：规则1—3只适用于在室女。在家庭中既有儿子又有女儿的情况下，出嫁女因为已经得到过嫁妆，所以在分家析产时不能再继承财产。

在亲生女和命继子之间分配遗产的规则：

1. 如果家庭中只有在室女和命继子，命继子可以分得四分之一的家产，其余四分之三由在室女均分。（例如，在只有一个在室女的情况下，她可以获得相当于命继子三倍的财产。如果家中有三个在室女，她们每人分得的财产份额与命继子相等。）①

2. 如果家庭中只有出嫁女和命继子，命继子可以分得三分之一的家产，出嫁女得三分之一，余下三分之一没官。②（如果没有命继子，出嫁女在户绝情况下也可以得到三分之一的家产；而如果没有女儿，命继子也同样可以得到三分之一的家产。）

3. 如果家庭中有在室女、归宗女（丧夫或离异）和命继子，命继子只能得到五分之一的家产，余下的五分之四归在室女和归宗女。③

---

① 《清明集》，8：251，建昌（江西）；8：266，建宁（福建）；8：287，元州（湖南）；4：100（具体分配比例未说明）；4：110；7：251a；7：238。（最后两个案例中法官应用这个规则时有所变通）。

② 《清明集》，8：287，元州（湖南）；《清明集》，7：205—206（后来法官又对这个规则做了修正）。第一个案例的图示，见滋贺秀三，《中国家族法的原理》，404—405页，以及柳田节子（「南宋期家产分割にわける女承分について」，235页。笔者没有发现在室女、出嫁女和命继子之间分配遗产的案例。出嫁女在这种情况下可能得不到任何遗产，因为如果没有命继子，只有出嫁女和在室女的户绝家产中，出嫁女也是没有继承权的。

③ 《清明集》，8：266—267，建宁（福建）；8：287，元州（湖南）。参见 Burns, "Private Law", 267 - 268。根据户绝继承法可以推断，归宗女可得到在室女继承财产份额的一半；见《清明集》，7：217，通城（湖北）；9：315，（可能出自临安府，今浙江杭州，见陈智超，《明刻本名公书判清明集介绍》，682页）。

4. 如果家中只有归宗女和命继子，法律没有明确规定应如何分配遗产，可能是归宗女分得一半家产，命继子只能得到四分之一，余下四分之一没官。①

在《清明集》的案例中，规则 1 是最常被法官们采用的。《清明集》中有 7 名法官援引了这条规则，只有两名法官对规则加以变通。第一个案例中，死者去世时，与其婢所生的女儿只有一岁，后来婢女携女改嫁，族人为死者命继。法官将遗产的 1/4 判给了死者的幼女，并命将九年来命继子及其亲属伙同佃户所侵吞的田租一并交还幼女。② 第二个案例中，命继之后，法官只判给两名 9 岁以下的幼女 2/3 的家产，而不是规则中的 3/4。③ 还有一名法官对规则 2 做了变通，法官将兄弟二人的遗产全数分给了他们各自的命继子和出嫁女，没有将任何财产没官。这几名出嫁女都招了赘婿，因此并没有离开娘家，法官在判案时应该是考虑到了这个情况，才没有将遗产没官。④

第三节　妇女的婚内财产权

女性结婚后，会将她所有的财产以"嫁妆"的形式带进夫家。这些财产可以是父母在她出嫁时给予的嫁资，也可以是父母双亡的情况下婚前所继承的遗产。田产的赋税在婚后会转移到丈夫的名下，但是在官府的簿册和法律契约上，这些田产依然登记为妻子的私有财产，与夫家其他财产区

---

① 《清明集》，8：266—267，建宁（福建）；8：287—289，元州（湖南）。这些案例中援引的法律并不明确，只规定了归宗女应该"按户绝律"分得家产。有法律规定，归宗女可得到在室女继承财产份额的一半，也可理解为在没有在室女的情况下，归宗女可继承一半的家产；《清明集》，7：217，通城（湖北）；9：319，（可能出自临安府，今浙江省）。见滋贺秀三，《中国家族法的原理》，404 页；袁俐，《宋代女性财产权述论》，184 页；永田三枝，『南宋期における女性の財産権について』，3 页；以及白凯（Bernhardt），"Inheritance"，274。柳田节子认为无法判断这种情况下归宗女和命继子各自继承遗产的份额，见柳田节子『南宋期家産分割にわける女承分について』，235 页。

② 《清明集》，7：238。

③ 《清明集》，7：215a。这则书判中法官没有援引任何律文。

④ 《清明集》，7：205—206。

分开来。① 因此，宋代政府对妇女所有的田产在其生前和死后都予以特殊处理。

宋代一般将女性所有的田产称为"私产"，而将家庭中男性共同所有的田产称为"公产"。这种将财产性别化的现象是中国传统家族结构的特点之一，与个体家庭成员的财产权息息相关。宋代法律沿袭唐律，支持"同居共财"的传统家庭模式，家庭财产共同所有，由家长统一管理。在父亲死亡之前别籍异财的行为，处以三年徒刑。如果父亲有儿子，则不可越过儿子，将财产给予他人继承。法律还严格禁止儿子变卖家庭共同所有的田产。② 尽管男性可以拥有某些私人财产，兄弟之间贫富也可能有很大差异，但是男性的私人财产是无法绝对地与家庭公共所有的财产区分开来的。③ 无论从法律上还是习俗上来说，家庭中妻子的私产是唯一可以由私人所有和支配的财产。因此，女性的私人财产与男性私产相比，所受到的限制更少，也更容易自由支配。

用来指称妻子私财的词语本身就十分特殊，与其他家庭财产不同。这些词语往往把嫁妆同女性的身体及装饰联系在一起，淡化了其经济色彩。这种形式的话语模糊了女性的私有财产与儒家父系宗族观念之间的冲突。到了宋代，上层社会女性的嫁妆十分丰厚，还经常带有田产，所以又产生了新的词语来指称女性的田产，这些词语依旧与女性的身体和个人密不可分。宋人显然不认为"奁田"或"自随田"这样的词语有任何自相矛盾的地方。宋代厚嫁成风，妻子的嫁妆有时甚至超过夫家全部财产的总和，在这种背景下，"奁田"一类的词语不只是淡化了嫁妆的经济色彩，更突出

---

① 《宋史》，178：4334；《文献通考》（国学基本丛书版，1959）13：138—139；《清明集》，附录2：607；见滋贺秀三，《中国家族法的原理》，522页；柳田节子，『南宋期家产分割における女承分について』，239页；邢铁，『宋代的奁田和墓田』，收入《中国社会经济史研究》第1期（1993）：36—53页。Valerie Hansen 论述了宋代私人契约如何取代了官府往往早已过时的土地登记，从而称为土地所有权的法律证明；见韩森（Valerie Hansen），*Negotiating Daily Life in Traditional China：How Ordinary People Used Contracts*，600 - 1400（New Haven, Conn.：Yale University Press, 1995）。

② 《宋刑统》，12：192；196—197。

③ 男性的私人财产可以是在外为官所得的俸禄，也可以是不靠祖产而自置的产业。袁采（活跃于1140—1195年）称当时的私人财产主要有以下三种：妻子的私产、官俸，以及私人自置的产业。兄弟之间有贫富差距的情况在宋代也很普遍；见《袁氏世范》，1：8—9；1：9；3：60；Ebrey, *Family and Property*, 1.25, 1.26, 3.56；以及滋贺秀三，《中国家族法的原理》，507—511页。对这一问题的详尽论述，见柳立言，《宋代同居制度下的所谓"共财"》，《"中央研究院"历史语言研究所集刊》，65：2（1994）。

了其特殊性质，并将嫁妆与男性的、家庭共同所有的财产明确地区分开来，以保障其私人所有权。

西方现代之前，妇女的财产必须与丈夫合并，她们本人无法独立签订契约。与之相反，中国古代妇女的财产则没有在法律上并入夫家，妻子独立签订契约的权利是宋代家庭生活中社会经济变动性的特征之一。此外，妻子婚后还有可能继承财产，妻子或其丈夫可以用她的财产再添置田产，他们还可以通过这些私人财产获得收益或利息，所有这些财产被归为一类，统称"嫁妆"。在这个十分宽泛的定义下，嫁妆从理论上"同居共财"的家庭内部划出了一个独立的经济领域，在这个领域内，个人可以不受共有财产和同居制度的约束，尽可能地寻求个人利益，而法律是不能干涉这种行为的。

不管通过何种方式，财产一旦被划入一名女性名下，就会永久性地归她所有。如果妻子在离异或丧偶之后改嫁，宋代法律允许她们带走所有的私人财产，包括婚后获得的部分。这种针对妇女私人财产的特殊措施是为了确保这些妇女在世时可以维持一定的经济和社会地位，去世后有人祭祀她们，因此，这个措施是超越了婚姻和家庭结构的。因为宋代的寡妇和离婚女性都掌握着一定的财产，而且可以不通过父母自行安排下一次婚姻，所以曾经结过婚的妇女改嫁时依然很受欢迎。（当时早亡的人口较多，这无疑也是造成寡妇再婚现象十分普遍的原因之一。）宋代法律鼓励再婚，又一次与儒家重视父系宗族的观念相违背，也影响了父系宗族的物质利益。

一　寡妇可将私人财产从亡夫家带走

妻子的私人财产性质十分特殊，而且还包括她在婚后获得的财产。如果丈夫先于妻子死亡，寡妇可将她的私人财产带进下一次婚姻，这条法律明确地体现了女性私人财产的特殊性。它的原意是为了在分家析产时将妻子的私人财产排除在外，但在实际应用中，它还保证了即使在分家析产之后，妻子仍然拥有独立于丈夫的私人财产。

《清明集》中有一个案例可以清楚地表明宋代法律对寡妇私人财产的保护。这篇书判题为"子与继母争业"，法官的名字只录有天水二字，《清明集》中共有他所作的 5 篇书判,但他的身份已不可考。①这篇书判反映了儒家理想与宋代法律之间的冲突,儒家支持寡妇守节,但是宋代法律十分明确地鼓励寡妇再婚,并对其财产权提供了保障。在这个案例中,法官天水个人并不赞成将婚后购置的田产登记在妻子名下,也不赞成寡妇分走丈夫的产业并再婚,但由于法律规定极为明晰,他不得不保留个人意见。他的措辞和评议清晰地透露出当时立法者和法官们对这个问题的不同思路,因此笔者在此将这个案例的全文引用如下。

子与继母争业②

自柏舟之诗③不作,寡妇始不能守义以安其室;自凯风之什④既废,人子始不能尽孝以事其母。载拊遗编,为之三叹。

吴和中贡士,⑤今已久矣,不知其为何如人。今考案牍,见其家储书数千卷,必也佳士。前室既亡,有子七岁,再娶王氏,所望百年相守者。

王氏果贤,当知敬以事其夫,恩以抚其子,此妇道也。既嫁从夫,其心岂容有异,续置田产,所立契券,乃尽作王氏妆奁。其立法之意,盖为兄弟同居,妻财置产,防他日讼分之患耳。王氏事吴贡士,上不见舅姑之养,下亦无伯叔之分析,一门之内,秋毫以上皆王氏夫妇物也,何用自立町畦,私置物业,此其意果安在哉?

---

① 陈智超,《名公书判清明集述略》,152 页;陈智超,《明刻本名公书判清明集介绍》,685 页。天水是县名,也是郡名,属于秦凤路或利州路(今陕西、甘肃、四川三省交界处)。为方便起见,此后将这名法官称为天水。

② 《清明集》,10:365—366。参见柳田节子,『南宋期家产分割にわける女承分について』,231—233 页。

③ 见《诗经》毛诗 45;理雅各(Legge), *The She King or Book of Poetry* (Oxford University Press) Bk. 4, Pt. 1, p. 73。这段小序将这首诗理解为卫庄公妻子庄姜的故事。朱熹也认可这种阐释,宋儒们多次引用这首诗来支持寡妇守节的观点,刘克庄在《清明集》,9:354 这一案例中的措辞就是如此。对这首诗的另一种阐释,见 Arthur Waley, *Book of Songs* (New York: Grove Press, 1937; reprint of 1960),53 n. 53。

④ 《诗经》毛诗 32;理雅各(Legge) *She King*, 3:1:7, 50。朱熹认为,这首诗是名寡妇的儿子们在哀叹自己不孝,未能阻止母亲改嫁。(参见 Waley, Book of Songs, 73 n. 78。)

⑤ 贡士在宋代是指在州或府一级的科举考试中的中试者,他们享有一定的法律特权,在当地也具有较高的社会地位,见贾志扬(Chaffee), *Thorny Gates*, 31 - 32;以及韩明士(Hymes), *Statesmen*, 29 - 62, esp. 48, and 280 n. 93。

第二章　宋代妇女与财产：时代更迭中的法律革新

吴贡士溺爱，一听其所为，固已失之当时，王氏盖已无"永矢靡他"①之志。吴贡士嘉定九年九月死，家道颇温，王氏若能守志自誓，扶植门户，且教其子使之成立，不惟王氏可为节妇，吴贡士亦且有后矣。②一念既偏，但知有身，不复念其夫若子。

吴汝求为非淫佚，狂荡弗检。王氏席卷于其上，③汝求破坏于其下，子母之恩爱离矣，吴贡士之家道坏矣。未几，王氏挈橐再嫁，汝求倾赀产妄费，贫不自支，遂致交讼，岂复知有孝道，能诵我无令人④之章。

事既到官，当与究竟。吴贡士无恙时，有屋一区，有田一百三十亩，器具、什物具存，死方三年，其妻、其子破荡无余，此岂所以为人妇、为人子哉？

王氏原有自随田二十三种，⑤以妆奁置到田四十七种，及在吴收拾囊箧，尽挈以嫁人。吴汝求既将故父遗业尽行作坏，岂应更与继母计较成讼。今据所陈，王氏所置四十七种之田，系其故夫己财置到，及有质库钱物，尽为王氏所有。然官凭文书，索出契照，既作王氏名成契，尚复何说？

吴汝求父死之时，非是幼騃，若有质库钱物，何不自行照管，方其鬻产妄费之时，何不且取质库钱物使用？继母已嫁，却方有辞，无乃辩之不早乎？以前后亦有领去银器财物，批照具在，已上二事，皆难施行。

但王氏，吴贡士之妻也，吴汝求，吴贡士之子也，倘未忘夫妇之义，岂独无子母之情？王氏改适既得所，吴汝求一身无归，亦为可念。请王氏以前夫为念，将所置到刘县尉屋子业与吴汝求居住，仍仰吴汝求不得典卖。庶几夫妇、子母之间不至断绝，生者既得相安，死者亦有以自慰于地下矣。各责状入案，照会契书给还。

---

① 语出《诗经》毛诗45，即开篇所引用的"柏舟"。
② 天水的意思是，如果没有财产，吴贡士的家业就无以为继，后人也无法依礼祭祀他。
③ 语出《诗经》毛诗26，理雅各（Legge），*She King*, 38；Waley #75。这首诗也题为"柏舟"，但与开篇引用的"柏舟"不是同一首诗，全句是"我心匪席，不可卷也"。
④ 《诗经》毛诗32，理雅各（Legge），She King, 50；Waley, #78。即开篇所引"凯风之什"。
⑤ "种"是当时计量土地面积的量词，具体数值尚不清楚。可能指在一段特定的时间内可以播完种的土地面积；见梅原郁，《名公书判清明集译注》，17页，注3。另一种解释是收成等于一定量的种子的土地面积。与之类似，"把"也是《清明集》中用到的一种土地面积单位，见注179。

这篇书判很值得探讨。和《清明集》中的大部分书判一样，它分为三个部分，第一个部分陈述普遍的道德伦理原则，第二部分罗列案情，第三部分写下法官的判决。通常前两部分是为法官的判决做铺垫的，败诉一方往往被描绘成道德败坏的小人。

简单地说，在这篇书判的第一部分，天水首先引用了《诗经》中关于节妇和孝道的两首诗。朱熹和其他宋儒都赞扬了第一首诗中宣扬的寡妇守节思想，天水引用了这首诗，说明他是认同宋代理学观念的。

法官在第二部分中描述了案情。吴贡生是一位饱学之士，家境殷实。他以前结过一次婚，并与妻子育有一子，名叫吴汝求。吴汝求 7 岁时生母亡故，吴贡生续娶王氏。王氏的嫁妆中包括田产 23 种，与吴贡生成婚后，又置田产 47 种，全部登记在王氏名下作为她的私产。数年后，吴贡生去世，儿子吴汝求挥霍无度，王氏旋即改嫁，带走了她所能带走的所有动产和不动产，包括她与吴贡生婚后所置田产 47 种，还有家中其他一些财物。儿子吴汝求向官府提起诉讼，称王氏带走的财产中有一部分属于其亡父，应该由他本人继承。

第三部分是法官的判决。令人惊讶的是，他完全站在王氏一边，尽管吴汝求已经"一身无归"，法官还是驳回了他的所有要求，只能在判决最后请求王氏将一处房产让给继子吴汝求居住。他的用词是"请"，这个措辞是极不寻常的。因为王氏的所作所为完全合法，她没有任何义务为继子吴汝求提供住房，所以法官无法依照法律命令她这样做。更加值得注意的是，法官在这篇书判开头就谴责了寡妇不能守义，人子不能尽孝的现象，但在结尾的判决中，他还是不得不准许了这种行为。与书判的标准格式相反，天水法官最终的判决违背了自己支持寡妇守节的道德准则。

这个案例生动地体现了宋代法律对上层社会妇女财产权的保护，主要有如下四个方面。

第一，法律没有为寡妇改嫁设置任何障碍，而是为寡妇提供了经济保障，并鼓励其改嫁。天水法官因此身处两难之境，他希望可以倡导寡妇守节，儿子尽孝，这样就避免吴贡生去世后的窘境，但是他却不得不承认，现实中寡妇极少守节，自从《诗经》的年代以来，寡妇已经不再安于其室了，但是没有任何法律措施可以强制寡妇守节，为亡夫扶植门户，令其得享后人香火祭祀。尽管他不赞同王氏所为，却毫不犹豫地保护了她的合法权益。宋代法律与法官个人的儒家理想不一致,但法官只能依法判案。

第二,法律将丈夫和妻子的财产做了区分。夫妻双方的财产在婚后并没有合二为一,相反,法律将妻子的田产与丈夫及全家共同所有的田产做了区分,称为"妆奁"。此外,除了妻子出嫁时带来的田产,婚后置办的田产也算作妻子的私人财产。在这个问题上,天水法官又一次发现法律与他个人的道德观念不一致。他认为婚后财产应该全家共同所有,并在判文中明确表达了自己的见解:"何用自立町畦,私置物业,此其意果安在哉?"事实上,正是王氏私人所有的财产为她后来的再婚铺平了道路。但法官也无能为力,必须保护她的合法权益:"然官凭文书,索出契照,既作王氏名成契,尚复何说?"

第三,保护已婚女性财产权的法律,本来是针对同居共财家庭中的女性的,但是,在分家析产后的另立户籍的夫妻之间,这条法律依然适用。天水援引了《宋刑统》中的律文(抄录自719年和737年的唐律)作为女性享有私人财产权的依据:"妻家所得之财,不在分限。"① 他接着解释说,这条法律本是为了防止兄弟之间在分家析产时产生纠纷的,但吴贡生既无兄弟,父母也已亡故,并不存在分家析产的问题,家中"秋毫以上"任何财物都属于吴贡生夫妇二人,毫无"讼分之患"。允许女性享有私人财产权的法律,本来是为了保护同居共财家庭中每一房的夫妇二人,但在吴贡生家这种特殊情况下,实际效果却是保护了妻子,而牺牲了亡夫子女的利益。

天水法官慨叹当时的法律竟然能让王氏这样一个诡诈的女人钻了空子,以满足自己的私欲。在他看来,王氏与吴贡生结婚时就没有忠贞之志,"但知有身",不顾丈夫和继子的需求。她利用了吴贡生的"溺爱",唆使他将婚后购置的田产算作她自己的私人财产。这样,一旦王氏离异或守寡,她就能享有最大的经济保障,吴贡生的继子也无法图谋这些财产。

第四,法律允许王氏改嫁时带走属于她的那部分家产,致使继子吴汝求陷入贫不可支的境地。王氏"席卷"家财,包括田产、银器及现金,并从吴贡生家所经营的当铺中拿走了很多其他财物。天水固然希望王氏能留在亡夫家中守节,扶植继子,为她提供经济上的支持,但他却不能强迫王

---

① 《宋刑统》,12:197。仁井田陞,《唐令拾遗》,245页;滋贺秀三,《中国家族法的原理》,245页。

氏将财产留给继子，只能斥责继子为何拖延到王氏已经改嫁才开始上诉：
"继母已嫁，却方有辞，无乃辩之不早乎？"值得注意的是，吴贡生夫妇婚后购置的田产达47种，是王氏结婚时带来的23种田产的两倍。继子吴汝求称这47种田产是用袁贡生的财产购置的，事实也很可能如此，因为王氏应该没有能力购买数额如此巨大的田产。但是这些田产的买卖文书上都写着王氏的名字，因此是受到法律保护的。此外，吴汝求称王氏非法带走家中财物，法官也驳回了这一指控。王氏有权带走属于她的私人财产，也没有证据可以证明她有任何违法之处。从表面上看，宋代法律是以儒家同居共财，宗族内部互相扶持的理想为基础的，但在实际应用中，却可能与这些道德观念背道而驰。在清晰的法律条文面前，法官对此也无能为力。

除了法官们之外，宋代还有一些人也对已婚女性独立的财产权表示忧虑。袁采（1140—1195）就是其中之一，他的家训《袁氏世范》为时人所推崇。袁采认为财产是共同居住的兄弟之间产生纠纷的主要原因，他多次告诫读者，无论是家庭内部各房支取财物，还是父母死后分家析产，都务必公平。① 妻子的妆奁是家庭中私人财产的主要来源，因此也是引发纠纷的主要因素。他还特别劝诫读者一定要警惕像吴贡生和王氏那样的诡计。

> 朝廷立法，于分析一事非不委曲详悉，然有果是窃众营私，却于<u>典卖契中称是妻财置到，或诡名置产</u>，官中不能尽行追究。②（着重号系笔者添加）

又如：

> 亦有作妻家、姻亲之家置产，为其人所掩有者多矣。亦有<u>作妻名置产</u>，身死而妻改嫁，举以自随者亦多矣。凡百君子，幸详鉴此，止须存心。③（着重号系笔者添加）

---

① 《袁氏世范》，1：1，6，8，9-10，21；伊沛霞（Ebrey），*Family and Property*，1.1，1.15，1.22，1.27，1.62。
② 《袁氏世范》，1：8-9；伊沛霞（Ebrey），*Family and Property*，1.25。
③ 《袁氏世范》，1：9；伊沛霞（Ebrey），*Family and Property*，1.26，参见 Burns，*Private Law*，175-176。

袁采的描述与吴贡生和王氏的案例是极其相似的。

《清明集》中还有一个与袁采所说的情况完全相同的案例,这个案例是 13 世纪 20 年代刘克庄在建阳做知县时审理的。一名叫魏景谟的男子以其寡嫂赵氏的名义私下购置田产和其他财物。刘克庄认为魏氏兄弟并未分家,魏景谟用来购置田产的资金是家庭共有财产,因此当由其母管理,不属于赵氏。此外,刘克庄还发现,赵氏所经营的船舶运输产业是她的丈夫与其前妻生前所置,不应归她所有。① 如果这些财产果真来自赵氏的妆奁,那么整个船运产业和魏景谟私下购置的财产就会变成赵氏的私人财产。

《清明集》中的其他判决也表明法律允许妻子在改嫁时带走自己的私人财产。有一个案例是一名年老的寡妇丧子之后归宗,将自己的 10 种田产带回娘家,她的两名外甥负责照顾她(应该同时也管理她的田产)。张氏亡夫吴子顺的族人吴辰和他的儿子向官府提起诉讼,告张氏盗走吴家的财产。法官很快驳回了他们的诉状。张氏随后去世,吴辰再次上诉,要求将他的孙子立为吴子顺和张氏的继子,并声称命继一事已经获得了族长的认可。法官发现此案涉及的财产都是张氏的妆奁,而吴辰所说的族长就是他自己。在最终的判决中,法官听从了吴氏真正的族长的建议,命将张氏的田产变卖,用来安葬她本人和先于她去世的儿子,还命令为吴子顺和张氏这一房立一名继子以延续香火。吴辰及其家人不得再行干涉,吴辰的儿子试图非法侵占张氏的私人田产,处以杖刑八十。②

这个案例说明了妇女的妆奁无论在生前还是死后都应该是归她个人使用并从中获益的。在这篇书判的开头,法官就明确指出,张氏可以自由支配她的奁田,当然也可以将其交给自己的两名外甥管理。他引述了吴氏族长的证词:"所余田是张氏自随田,非吴氏之产也。"这 10 种田产是她和丈夫吴子顺这一房的全部财产,但因为这是张氏的自随田,所以她拥有绝对的支配权。张氏死后,这些财产依旧应该用在可使她本人及亡夫受益的事情上,为他们立嗣,令他们得享后人祭祀。因为吴辰不顾张氏本人的利益,贪得无厌,所以法官认为他的孙子不适合做张氏的继子。在夫妻二人均已亡故之后,妻子的妆奁一般被视为夫妻两人这一房的财产,应该由他

---

① 《清明集》,9:353—356。
② 《清明集》,8:258—259。这个案例发生的地点没有注明,但是这个法官还有一则书判,就是紧邻这篇书判的前一篇,地点是建宁府建阳县,所以这个案例很可能也出自建阳县。

们的继子继承。这是父系宗族制度的一部分，但张氏生前将自己的奁田从夫家带走，依然是完全合法的行为。①

《清明集》中还有一个案例，以一种十分奇特的方式证实了妻子改嫁时有权带走属于自己的田产。这是一个虽然可怕但是很有意思的案例。在建阳（属建宁府）和顺昌（属相邻的南剑州）两县境内，一家不法之徒聚集了大量爪牙，并贿赂了当地的许多官吏，称霸一方，搅得当地"一乡千家"不得安宁。他们的罪行包括贩卖私盐，向商人非法征税，抢夺平民房屋田产，杀死耕牛，掠人妻女充作婢女等。法官详细地描述了他们对受害者施加的各种酷刑（例如将烧红滚烫的细沙灌进受害者的耳朵等）。罗列他们的罪状时，法官最后加了一条："夺人之妻，擅改嫁与恶少爪牙，而取其财。"②这样看来，即使妻子被匪徒绑架，并被迫改嫁，她的私人财产依然从属于她本人。匪徒们霸占这些女性为妻，就可以通过她们的田产获取收益，而她们的前夫也无可奈何。（从这个案例也可以看出，如果丈夫不讲道德，他完全可以使用暴力控制妻子而掌握她的田产。）

在法律意义上，妻子的妆奁在生前从属于她本人，死后则从属于她的遗体。1210 年左右黄榦在江西任职时所审理的一个案例中，一名周姓女子结婚两次又离婚两次，第三次结婚嫁给了一名叫京宣义的男子。婚后不到一年，京宣义就带着嬖妾去往其他地方做官，周氏认为自己已被遗弃，就逃回了她的第一任丈夫家中，四年后去世。京宣义向官府申请将周氏遗体带回归葬，并要求拿回她的奁产。黄榦驳回了他的请求，并指出因为京宣义将周氏遗弃在前夫家中四年之久，可以视为离婚，她的遗体以及奁产都应留在前夫家中。③

即使夫妻两人均已去世，在子女分家析产时，妻子的私人财产也是与丈夫的财产区分开的。胡颖在邵阳（今属湖南省）为官时审理的一个案例中，三兄弟共同居住，其中一名及其妻子双双亡故，留有一女，后来出嫁（出嫁时应有嫁妆）。后来在分家析产时，这名女儿又要求继承父母应分得的那一份家产，她是父母唯一的继承人。胡颖站在了女儿一边，将其母的

---

① 滋贺秀三对此有不同的理解，他强调丈夫的宗族有权为夫妻二人立嗣以继承妻子的奁产；见滋贺秀三，《中国家族法的原理》，525 页。
② 《清明集》，11：471—472。
③ 《清明集》，附录 2：602—603。

全部奁产（胡颖称为"私房置到物业"）都判给了她，此外还判给女儿其父应分得的家产的一半。尽管夫妻均已亡故，唯一的女儿也已出嫁，法官依然将妻子的奁产与其他家产区分开来，不算在分家析产的范围之内。①

《清明集》中还有一个更为极端的案例，我们从中可以看出，即使妻子已经改嫁，并且改嫁时并没有将妆奁从前夫家中带走，她的私人财产依然有别于男性家庭成员的财产，在法律上需要区别对待。这个案例是范应铃在江西审理的。一名女性阿甘在改嫁数年以后又要求从前夫家中取回自己的奁产。根据《清明集》中的记载，阿甘守寡后，将自己和亡夫的财产全部留给女儿，然后改嫁。女儿去世后，阿甘称留给女儿的财产是她的妆奁，试图将其索回。这篇书判的全文如下：

熊邦兄弟与阿甘互争财产②

熊赈元生三子，长曰邦，次曰贤，幼曰资。熊资身死，其妻阿甘已行改嫁，惟存室女一人，户有田三百五十把③。当元以其价钱不满三百贯，④ 从条尽给付女承分。未及毕姻，女复身故。今二兄争以其子立嗣，而阿甘又谓内田百把系自置买，亦欲求分。

立嗣之说，名虽为弟，志在得田。后来续买，亦非阿甘可以自随。律之以法，尽合没官，纵是立嗣，不出生前，亦于绝家财产只应给四分之一。⑤ 今官司不欲例行籍没，仰除见钱十贯足埋葬女外，余田均作三分，各给其一。此非法意，但官司从厚，听自抛拈。如有互

---

① 《清明集》，8：280—282。
② 《清明集》，4：110。参见柳田节子，『南宋期家产分割にわける女承分について』，234页；滋贺秀三，《中国家族法的原理》，402页；Burns, *Private Law*, 272。范应铃审理的全部案例都发生在1206—1227年，但这个案例的时间并没有注明。他的大部分案例都出自江西崇仁县。关于其他可能的地点，见陈智超，《明刻本名公书判清明集介绍》，682页。
③ "把"是一个计量土地面积的单位，具体数值不清楚。滋贺秀三指出这个词语在战前的中国北方有人使用，可能是指播种时站在固定地点撒下一把种子，所能覆盖的面积；见滋贺秀三，《中国家族法的原理》，202页。
④ 此处应指户绝家庭遗产继承3000贯的上限。在本章上一节中，笔者同意滋贺秀三的观点，认为三百贯应是三千贯的讹文，此处原文如此；见滋贺秀三，《中国家族法的原理》，402—403页。
⑤ 根据宋代继承法，如本章上一节所述，户绝家庭如果没有女儿，命继子可得全部家产的1/3（而不是1/4），其余没官。范应铃似乎是按照有在室女的情况来分配遗产的，他这样做可能只是为了强调自己从宽判案。

争,却当照条施行。

在这个案例中,寡妇阿甘虽然已经改嫁,并将奁田留在了前夫家里,而且也没有任何契约文书可以证明这些田产是她的私人财产,但她依然认为自己有权从前夫家中索回自己的妆奁。法官命令阿甘与前夫的两个兄弟以拈阄的方式分异田产,这就说明阿甘的奁田是无法明确地从家庭共有财产中分辨出来的。尽管如此,法官还是认可了阿甘的说法,即全部家产中有100把是用她自己的妆奁购置的,并把这部分田产算作她的嫁妆。值得注意的是,法官在这里援引了一条普遍规则,即妻子不能将婚后购置的田产带走("后来续买,亦非阿甘可以自随。")。而事实恰恰相反,宋代女性改嫁时,一直是将这部分田产带走的,吴贡生和王氏的案例就是这样,袁采也提到这种情况在当时十分普遍。而且范应铃最后并没有按照他自己援引的这条规则判案,虽然阿甘自己承认那100把田产是她婚后购置的,法官还是将350把田产(再减去阿甘女儿的丧葬费10贯)的1/3分给了她。范应铃为了强调自己"官司从厚",首先对每个当事人的讼词都做出了质疑。他对阿甘的质疑是合理的,如果田产不是以妻子的名义购置,就不能证明是属于妻子的私人财产,因此妻子无权将其带走。但是,妻子改嫁时带走妆奁的现象太普遍了,范应铃只好允许阿甘参与拈阄分异田产,而且按当时的地价计算,她所分得的田产有可能多于她自己要求的100把。我们从范应铃的判决中可以看出,仿佛总有一股看不见的力量,将女性的私人财产向外拉出她丈夫的宗族,即使妻子已经将自己的财产留在夫家,这股力量还在起着作用。①

(一) 改嫁与法律

宋代法律规定,寡妇在极为贫困不能维持生活的情况下,可在丧夫一

---

① 滋贺秀三对已婚女性财产权的看法与笔者相反,他认为婚后夫妇二人的全部私人财产都属于丈夫,妻子如果改嫁他人,必须将其妆奁留给子女继承;见滋贺秀三,《中国家族法的原理》,520—522页。滋贺秀三对这个案例的解读也与笔者不同,见《中国家族法的原理》,422、402—403页。邢铁的观点与滋贺秀三相近,也认为妻子的妆奁基本上是归丈夫所有的;见邢铁,《宋代的奁田和墓田》,38—39页。参见袁俐,《宋代女性财产权述论》,192—194页。柳田节子反对滋贺秀三的观点,她的看法与笔者相似,见柳田节子,『南宋期家产分割にわける女承分について』,233页。

百天之后改嫁。① 而实际情况却是，法律对改嫁并没有任何限制，连反复改嫁的情况都屡见不鲜，宋代的法律文献中常有记载。事实上，与立法的本意和儒家道德观念相反，宋代财产法使改嫁更加容易，甚至变成了一个很好的出路，对上层社会的女性来说尤其如此。寡妇可以保留自己的私人财产，还可以自行选择改嫁的对象。《清明集》中的很多法官都对此感到忧虑，但他们也不得不按照财产法来判案，并给予女性改嫁和拥有私人财产的权利。

前文中提到的天水及其他一些法官在书判开头的小序中都明确反对了寡妇改嫁，但在清晰的法律条文面前，他们对此也无可奈何，必须依法保障女性的财产权。例如，朱熹的女婿黄榦在前文所述的案例中，就将奁产判给了一名改嫁三次的女人周氏，周氏无子女，因此死后奁产依然留在她身边。② 又如，胡颖在他所作的书判中多次明确表示强烈反对寡妇改嫁，③ 但是在判案时，他却不得不认可女性有权选择是否改嫁。有一名妇人两次改嫁，小叔将她告到官府，试图阻止她改嫁，胡颖支持了这名妇人，他在书判中写道：

> 阿区以一妇人，而三易其夫，失节固已甚矣！但李孝德乃其小叔，岂得以制其命？……李从龙既死之后，或嫁或不嫁，惟阿区之所自择，可也，李孝德何与焉？④

尽管黄榦对寡妇改嫁的态度与这名小叔相同，他还是申斥了小叔，并判其杖刑一百。

在胡颖所作的一则书判中，他形容一名两次改嫁的妇人"易夫如易传舍"⑤，表达了自己对改嫁行为的强烈不满。在这个案例中，妇人阿常遗弃了她第二任丈夫徐巡检的老母阿侯，改嫁第三任丈夫张巡检。两年以后，阿常得知阿侯的死讯后，向官府起诉，以求分得家产（这又一次证实了妻子改嫁后依然可以有权索要自己留在前夫家中的私人财产）。胡颖认为她

---

① 《清明集》，10：378。
② 黄榦对有子女的改嫁女性不是这样处理的，详见第3章。
③ 《清明集》，10：377—378，10：379，10：379—380。
④ 《清明集》，9：344—345。
⑤ 《清明集》，10：377。

的要求不合情理,将其驳回,并把阿侯的遗产判给了一直照料她的婢女阿刘及其丈夫(这也证明了宋代法律给予了合法同居人一定的财产权)。胡颖谴责阿常朝三暮四,也谴责了她的前夫徐巡检明知阿常是寡妇改嫁,毫无贞节,还与其成婚,造成了徐氏无后,其老母无人供养的后果,家产还落入异姓人手中:"天不肯富不道之家。"① 在胡颖看来,如果儒家寡妇守节的观念得以推行,那么这些家庭就不至于陷入如此窘境,而宋代的法律则违背了这一道德观念。

宋代财产法中也有鼓励寡妇守节的条款。尤其是在已经分家另立户籍的小家庭中,如果丈夫死亡,寡妻将代替丈夫成为家长,从而可以同时掌握丈夫的财产和她自己的妆奁。寡妇应妥善管理丈夫的遗产,将其留给子女,因此按照法律规定,如果一名寡妇有年幼的子女,是不能出卖田产的。② 但实际情况却是,有子女的寡妇可以自由买卖田产,官府很少干涉。③ 而且儿子成年(年满16岁)以后,典卖田产时,必须有母亲的签名。如果没有母亲的签名,买卖契约以后可能不被承认。

北宋法律中有一个条款,规定寡妇如果没有子女或者儿子未成年,都可以招进一名"接脚夫"与其同住,前夫的财产还继续由她掌握。这条法律体现了寡妇对家庭财产强大的支配权。寡妇在招进后夫之后,仍旧是她前夫家庭的家长,她可以与接脚夫共同管理财产,但是不能将财产转移到后夫名下。如果没有子女的寡妇去世,或者"改嫁"他人,这个家庭就已经户绝,并将按户绝法处理遗产。(如果寡妇和亡夫有子女,遗产由子女继承。)④ 为了防止有人滥用这条法律,南宋政府对其做了修正,规定前夫财产必须经政府检校登记,而寡妇及其接脚夫只能掌握不超过5000贯的财产。但我们并不清楚这条法律的实施情况。⑤ 北宋和南宋的法律本意都是为了将寡妇前夫的财产保留在其宗族之内,但是有证据表明,如果前夫死

---

① 《清明集》,10:378。
② 《清明集》,5:141。
③ 袁俐,《宋代女性财产权述论》,201页。
④ 《宋会要辑稿》,食货61:58。如果寡妇与前夫的儿子已成年,则不可再招接脚夫上门,但是违反这一规定的情形也很常见,例如《清明集》,9:296—297。
⑤ 《清明集》,8:272。南宋文人经常谴责这些接脚夫侵占前夫财产,对这个问题的详细论述,见川村康,《宋代赘婿小考》。

后附近没有亲属加以照看，寡妇及其后夫不难将这份财产带进异姓宗族。①

二 丈夫在世时妻子的私人财产

夫妻二人都在世时，妻子应该对她的私人财产有多大的支配权，是一个很棘手的问题。在儒家宗族制度下，夫妻被视为"一体"，法律上一般认为妻子的妆奁理应由夫妻二人共同支配。但是，法律又规定，妻子私人财产具有独立性，那么妻子对自己的妆奁就有了很大的控制权。法律允许妻子购买田产并登记在自己名下，但是尽管法律文献中有许多妻子自行典卖珠宝首饰等动产的记载，田产一般是由丈夫代表妻子买卖和管理的。虽然《清明集》中有一些夫妻相讼的案例（这些案例往往以离婚告终），②可是笔者并没有发现有任何丈夫或妻子起诉对方侵吞奁产的案例。法律的意图是不允许妻子瞒着丈夫私藏奁产以备离婚或丧偶时之需，也不允许丈夫不经妻子同意私自处置奁产。似乎是为了防止这种情况，法官们一再重申"妇人财产，并同夫为主"③。

建宁籍法官翁甫（1226 年进士）向来反对女性享有财产权，从他所作的一则书判中，我们可以看到夫妻二人都在世时法律对妻子所享有的独立财产权是如何规定的。这个案例中，陈圭状告儿子陈仲龙和儿媳蔡氏将家庭共有的田产非法典卖给蔡氏的弟弟蔡仁。审案过程中蔡仁出示了抵押田产的文契，写明田产是蔡氏的妆奁。法官断定这份田产确实是蔡氏的奁产，不是家庭共有财产，因此家长陈圭不能干涉。他援引了两条"法"作为判决的依据：

> 在法：妻家所得之财，不在分限。④ 又法：妇人财产，并同夫为

---

① 关于由宋至明寡妇各项权益的变化，见柏清韵（Bettine Birge），"Women and Confucianism from Song to Ming", in *The Song-Yuan-Ming Transition in Chinese History*, ed. Paul Smith and Rechard von Glahn (Berkeley: University of California Press, 2001); 白凯（Bernhardt）, *Women and Property*, ch. 2。关于宋代寡妇对财产的支配权，见袁俐，《宋代女性财产权述论》，200—212 页；以及滋贺秀三，《中国家族法的原理》，415—437 页。

② 例如，《清明集》，10：380—381。

③ 例如，《清明集》，5：140；9：315。滋贺秀三通过分析现代社会的数据指出，丈夫必须获得妻子的许可才能处置她的奁产，而妻子的娘家很有可能从中干涉以保护女儿的财产；见滋贺秀三，《中国家族法的原理》，521—522 页。宋代可能也是这种情况，但目前为止并没有找到确切的证据。参见 Burns, *Private Law*, 186。

④ 这是唐律和宋律的原文，见仁井田陞，《唐令拾遗》，245、246 页；《宋刑统》，12：197。

主。进陈仲龙自典其妻妆奁田,乃是正行交关。①

因为蔡仁是蔡氏的弟弟,确有可疑之处,而且法官怀疑陈仲龙由于欠款太多,故而被迫将田产典卖给了蔡仁,所以尽管三年赎期已过,法官还是要求蔡仁归还田产。然后判决在这里出现了一个耐人寻味的转折,法官给了当事人两个选择:要么将田产直接还给蔡氏,按随嫁田处理,要么由提起上诉的陈圭付给蔡氏现金 20 贯,将田产赎回,作为家庭共有财产,日后分家析产时可以包括在内。(如果当事人选择了第二种方式,那么蔡氏和她的丈夫不但可以立即得到 20 贯赎金,日后分家时还可以得到这份田产的一部分)判决的结尾写道:"如陈圭不出赎钱,则业还蔡氏,自依随嫁田法矣。"②

这句话告诉我们,如果陈圭不将田产赎回,那它就会变成蔡氏的私人财产,尽管这份田产最初很可能是蔡氏的丈夫购置的,后来也是由他抵押的,其所有权依然属于蔡氏本人。法官翁甫提到了"随嫁田法",这表明当时确实存在这样的法律,保护女性婚内的财产权。滋贺秀三和其他一些学者认为,"妇人财产,并同夫为主"这条律文的意思是妻子私人财产的所有权应当以丈夫为主。③ 但是,笔者认为,法官引用这条律文,主要是为了说明丈夫参与田产典卖的行为是合法的,而不是为了限制妻子支配这些田产的权力。尽管蔡氏的丈夫也参与了对田产的管理,这并不能削弱蔡氏本人对这些田产的支配权,而且在书判中所提及的一系列田产交易中(包括最初由胡氏处购置这些田产的交易),始终都指明了田产是蔡氏的奁产。

《清明集》中还有一个案例,表明丈夫想要掌握妻子的妆奁,是十分困难的,必须要想方设法才能做到。福建邵武府(紧邻建宁府西边)的一名男子江滨叟诬陷妻子虞氏与人通奸并盗窃家财,目的是将虞氏遗弃并侵吞其私人财产。法官胡颖没有找到任何通奸的证据,并且还发现,江滨叟

---

① 《清明集》,5:140。

② 《清明集》,5:140。这个案例的全文英译见马伯良与刘子健,*Enlightened Judgements*;参见滋贺秀三,《中国家族法的原理》,517 页;Burns, *Private Law*, 180-181。笔者对这个案例的理解与以上学者皆稍有不同。

③ 滋贺秀三,《中国家族法的原理》,521—522 页;Burns, *Private Law*, 186;参见袁俐,《宋代女性财产权述论》,195 页。

称虞氏盗走的财物本来就是虞氏自己的私人财产（"自随之物"）。胡颖判江滨臾诬告，杖刑八十，并命虞氏与江滨臾离婚。他认为尽管虞氏没有任何过失，但夫妻二人明显不和，强迫他们继续做夫妻已经没有意义了。虞氏最后带着自己的财产返回娘家。①

宋代法律对婚后妇女妆奁的保护也有不完善之处。道德败坏的丈夫完全可以将妻子的妆奁挪为己用，前文福建匪患的案例中，匪徒们就是以这种方式侵夺妇女妆奁的。②《宋史》中也记载了一名妇人因妆奁被丈夫挥霍殆尽，而不得不带着子女回父母家生活的故事。③ 这些文献都谴责了丈夫的行径，但是在这种情况下，对妇女财产权的保护主要依靠社会舆论及其娘家的影响力，并没有任何法律条款做出明确规定，宋代政府也无意介入。

三 离婚

唐律和宋律都允许夫妻"和离"："若夫妻不合相安离者，不坐。"④ 和离要符合一定的司法程序。一般丈夫要先起草一份离婚协议，交给妻子，夫妻两人签字画押，还必须得到男方父母的同意。和土地买卖一样，离婚也必须取得官府许可才正式生效。⑤ 离婚文书对妻子来说非常重要，有了这份文件，离婚后才能合法离开夫家并改嫁。如果没有离婚文书，可以按擅离夫家论罪并处以两年徒刑。⑥

一般来说，只有丈夫才能提出离婚。刘克庄在一则书判中写道："夫有出妻之理，妻无弃夫之条。"⑦ 现代学者们曾一度认为这个原则在中国历

---

① 《清明集》，10：380—381。
② 《清明集》，11：471—472。
③ 《宋史》，460：13485。其他类似事例，见《夷坚志》支戊志 10：1131；袁俐，《宋代女性财产权述论》，195 页。
④ 《唐律疏议》，14：268（第 190 条）；《宋刑统》，14：224。仁井田陞，《中国法制史研究》，卷 4，398 页。
⑤ 《清明集》，9：352；10：380—381。签字通常以指纹代替。
⑥ 仁井田陞，《中国法制史研究》，卷 4，399—400 页。《清明集》，9：345—346, 349—351, 353。
⑦ 《清明集》，9：345。仁井田陞，《中国法制史研究》，卷 4，399 页。丈夫的权利与较高层次的"理"联系在一起，妻子的则与较低层次的"条"联系在一起。

史上所有时期都是通用的。① 但是,《清明集》中却有妻子起诉离婚并且胜诉的案例,还有妻子打算自行改嫁,迫使丈夫签下离婚文书的案例。胡颖审理的一个案例中,妻子起诉离婚,称其夫患有不治之症,而且公公还意图与她通奸。胡颖判她为诬告,处以杖刑六十,但仍然以夫妻不合为依据准许他们离婚。② 另一个案例中,一名男子科举中试之后,见妹婿不善经营,家境凋落,便要求妹妹离婚,另寻条件更好的配偶。这个离婚诉讼显然是由妻子一方提起的,但法官刘克庄发现丈夫已经在离婚文书上签字,并将妻子和五个女儿送回其娘家,于是准许二人离婚。③

在和离的情况下,妻子可以带走嫁妆,丈夫也可以从妻家索回聘财,这样双方都有一定的财产供再婚之用。④ 如果妻子是因为自己的过失被丈夫休弃的,有证据表明,宋代和以前各朝代一样,也允许妻子带走自己的妆奁。宋以前的法律明确规定,妻子被休,可以带走妆奁。《礼记》中已有记载,妻子被休时也可带走私人财产。⑤ 汉代法律也规定,如果妻子被休弃,她离开夫家时可以带走随嫁的婢仆和财产。⑥ 宋代法律对此没有明确的条款,应该也沿袭了以往的规定。⑦

更为重要的是,和离与出妻之间的界限无论在法律上还是在习俗上都是模糊不清的。和以前各朝代一样,宋代法律中出妻的条件也是"七出",

---

① 戴炎辉,"Divorce in Traditional Chinese Law", 105。
② 《清明集》, 10: 379。
③ 《清明集》, 9: 345—346。《清明集》中还有一个案例,妻子与人合谋,欺骗丈夫将自己卖给他人为妻,见《清明集》, 9: 352。对这个问题进一步的探讨和其他事例,见张邦炜,《宋代妇女再嫁问题探讨》,收入邓广铭、徐归编,《宋史研究文集》(杭州:浙江人民出版社,1987), 591—592;陶晋生,《北宋妇女的再嫁与改嫁》,《新史学》6:3(1995)。
④ 《清明集》, 9: 353, 345—346; 12: 453—454。其他历史时期也基本上是这种情况,见仁井田陞,《唐宋法律文书的研究》, 498—499 页。
⑤ 《礼记·杂记下》, 7: 239;理雅各(Legge), *Li Chi* II, 170—171。这段文字也表明妻子有权主动提出离婚,见仁井田陞,《唐宋法律文书的研究》, 498—499 页。
⑥ 袁俐,《宋代女性财产权述论》, 199 页;戴炎辉 "Divorce and Traditional Chinese Law", 105。戴炎辉还指出,强制离婚的情况下,随嫁财产也应归还妻子。(强制离婚多是因为非法结婚、同姓通婚,或"义绝"造成的)
⑦ 仁井田陞对此持有不同意见,他认为妻子被休的情况下,有时可能不能将妆奁带走。仁井田陞也指出宋代法律中找不到相应的条款,因此援引了元代法律。但是元代法律与宋代有明显区别,本书第四章将做进一步论述。

包括妒忌、不事姑舅、口舌等定义模糊的条款。① 但是，不管是在宋代还是在其他朝代，"七出"都很少成为离婚的法律依据。② 即使妻子确实犯了"七出"之条，法官和当事人们毫无例外地都将夫妻不和作为离婚的理由。这样看来，不管离婚是出于什么原因，妻子都可以带走自己的妆奁。

在上一节末尾提到的离婚官司中，丈夫江滨叟控告妻子虞氏通奸，这是"七出"中最严重的一条。此外，根据他的讼词，虞氏还得罪了婆婆，婆婆也为此作证，不事舅姑也是"七出"中的一条。法官胡颖在书判中提到了"七出"之状，并引用了《礼记》以证明这个案例完全满足出妻的法律条件。尽管如此，江滨叟依然认为必须再加上对妻子盗窃厨房器皿的指控，才能在离婚后继续占有妻子的妆奁。最后，法官准许他们离婚，但是判江滨叟为诬告。③ 虞氏得以保留自己的妆奁，而且从判词可以看出，即使她因为淫佚被出，也可以带走自己的妆奁。只有在她盗窃夫家财物的罪名成立的情况下，才不允许将妆奁带走。

至少在以下这个问题上，宋代法律令妇女在离婚时获得了更大的自由。在唐代，如果丈夫被流放或拘管，妻子必须跟随。但是宋代男子被移乡编管，妻子可以与其离婚。如果丈夫出外三年不归，妻子也可以离婚并改嫁。④《清明集》中有一个案例，丈夫被编管六年之后，妻子卓氏改嫁他人。卓氏的父亲拟好了离婚文书，并获得了官府批准，同时还签订了文契，归还价值 45 贯的聘财。丈夫刑满之后，向官府要求找回妻子，但法官驳回了他的要求，他只能拿回 45 贯聘财，卓氏与第二任丈夫的婚姻仍然有效。⑤ 前文提到过黄榦所审理的一个案例，周氏的第三任丈夫携妾室去外

---

① 《宋刑统》，14：223；《唐律疏议》，14：267（第189条）。如果妻子没有犯"七出"中的任何一条，而丈夫将其休弃者，判一年半徒刑。"七出"还包括无子、淫佚、盗窃和恶疾。如果夫妻一方犯了"义绝"，那么法律规定双方必须强制离婚，"义绝"的定义也不甚明晰，大体包括对配偶家人施加的暴力行为，如殴打或杀害。

② 马伯良（McKnight），"Chinese Law and Legal Systems"；韩森（Hansen），*Negotiating Daily Life*, 101 – 103. 宋代以前的情况，见杜敬轲（Dull），"Marriage and Divorce"，52 – 57. 法律中还有"三不去"的规定，定义了不允许出妻的三种情况，但是执法过程中都已经被忽略了。

③ 《清明集》，380—381。

④ 《清明集》，9：353；仁井田陞，《中国法制史研究》，卷4，398—399页；马伯良（Brian McKnight），"Divorce in Sung China"，in *Proceedings of the Second Symposium on Sung History* (Taipei：Chung-kuo wen-hua ta-hsueh, 1996)，112 – 113。

⑤ 同上。

地做官以后，她逃回了第一任丈夫家中。尽管周氏是主动逃走的，黄榦还是判周氏与第三任丈夫的婚姻无效（因此他不能索回周氏的遗体和妆奁），因为第三任丈夫已经失去音信超过三年了。① 在这两个案例中，妆奁都是跟随妻子的（在后一个案例中，是妻子的遗体）。

宋代妇女不管因什么理由离婚，都很容易改嫁。从《清明集》中的大量离婚案可以看出，妇女离婚后大都很快改嫁了。有学者发现，如果夫妻任何一方已经再婚，法官一般都会准予离婚，这也许是离异妇女迅速改嫁的原因之一。② 和寡妇一样，离异妇女大都不难再婚。由于她们掌握着自己的妆奁，还可以为丈夫带来可观的经济利益。上一个案例中的周氏因为"义绝"与第一任丈夫离婚，似乎也没有因此受到任何歧视，她后来又带着妆奁结了两次婚，而且都嫁给了官员。③ 在除神职人员之外婚姻极为普遍的社会中，一般都有证据显示离婚承受着很大的社会压力。但宋人普遍认为离异人士应该不难再婚。程颐支持因妻子不贤而出妻的行为，可是如果丈夫的指控会导致妻子难以再婚，程颐也不赞成将其公开：

> 或曰："古语有之：'出妻令其可嫁，绝友令其可交。'乃此意否？"
> 曰："是也。"④

寡妇和离异妇女先返回娘家，然后由其父母安排改嫁。父母已亡故的妇女可以自己安排，但是如果没有亲属相助（并保护她们的妆奁不被侵夺），这样的女性也很可能陷入十分窘迫的境地。⑤ 宋代法律规定再婚时必须由女方娘家安排，这一点十分重要，如果由前夫或夫家安排再婚并接受聘财，看起来与典卖妻子无异，而典卖妻子是违法的。⑥《清明集》中的一个案例中，丈夫欲将妻子典卖给酒友，官府将这名妻子送回其娘家，由其母安排改嫁。⑦ 另一个类似的案例中，被卖的妻子父母与其他亲属都已不

---

① 《清明集》，附录2：602—603。
② 韩森（Hansen），*Negotiating Daily Life*，103。
③ 《清明集》，附录2：602—603。
④ 《河南程氏遗书》，18：243；英译文见伊沛霞（Ebrey），*Inner Quarters*，258。
⑤ 例如《夷坚志》支丁9：1036；伊沛霞（Ebrey），*Inner Quarters*，258。
⑥ 《宋刑统》，14：223；《唐律疏议》，14：266（第187条）。典卖妻子判处两年徒刑。
⑦ 《清明集》，10：382—353；韩森（Hansen），*Negotiating Daily Life*，103。

在世,因此官府将她交给一名媒人,由媒人安排再婚。①

宋代的婚姻和财产法令离婚和改嫁都变得更加容易。和寡妇改嫁一样,离异妇女再婚时,几乎不会遇到来自官府、普遍观念及社会习俗的阻力。离异妇女可以将妆奁带在身边,这违背了其夫家父系宗族的利益,但这种行为却是受到法律保护的。

四 妻子去世后没有继承人时其妆奁的归属

妻子去世后,私人财产由子女继承,没有子女的情况下,由族人为她和丈夫这一房立嗣,妆奁留给继子。如果丈夫还在世,妻子的妆奁由丈夫接管。但是,如果丈夫已亡故,妻子去世后没有继承人,那么她的妆奁应该归谁所有,就变成了一个很难明确界定的问题。夫家并不能自动获取这份财产,因为有一条无形的纽带将妇女与其私人财产紧紧联系在一起,即使在这种情况下,这条纽带依然在起着作用。

宋代法官和涉案人都认为,无论妻子生前还是死后,她的妆奁都应该用在可使她本人受益的事情上。这就意味着,如果妻子的妆奁没有用于这一目的,其娘家即使不能将妆奁全部索回,也可以提出反对。福建籍法官王伯大(约1184—1253)审理过一个案例,很可能发生在建宁府。② 一名妇人陈氏死后,其父陈佐向官府提起诉讼,试图阻止陈氏的公公虞县丞侵占她的奁产。这篇书判开头写道:

> 照得虞艾存日,娶陈氏,得妻家标拨田一百二十种与之随嫁,不幸陈氏、虞艾相继物故,乃父虞县丞不能为之立后,致陈佐③有词于官。谯运使判令立嗣,虞丞方议以族中虞升夫之子虞继为虞艾后。此虞丞之初心,已为不善。④

---

① 《清明集》,9:352—353。所有当事人都被判处杖刑(而非徒刑),只有前夫的父母因年事已高免予处罚。

② 王伯大是福建福州人,1214年进士,曾在京城和其他几个地方做官。1248年任建宁知州,1253年去世。这个案例可能发生在他任建宁知州期间。《清明集》中只收录了他的一篇书判。《宋史》,420:12567—12570。陈智超,《明刻本名公书判清明集介绍》,684页;陈智超,《名公书判清明集述略》,152页。

③ 从他们的职衔可以看出,虞县丞和陈佐都是低级官吏:虞县丞的官位在知县之下,陈佐没有官位,是一名吏(职衔低于虞县丞)。

④ 《清明集》,5:248。参照伊沛霞(Ebrey),"Kinship",118;Burns, *Private Laws*, 183。

可以看出，陈氏的父亲有权对虞县丞处理陈氏奁产的方式提出反对意见。法官准许了陈佐的要求，命虞县丞家为陈氏一房立嗣。陈氏的奁产不能直接由公公接管。

这个案例似乎违背了 737 年唐律中的一条疏文，这条疏文也编入了《宋刑统》。法律规定妻子带来的妆奁不在分家析产的范围之内，但是这条法令的疏文则指明妻子亡故以后，妆奁如何处置，妻家不能干涉："妻虽亡没，所有资财及奴婢，妻家并不得追理。"① 唐律和宋律对妻子死后其妆奁应如何处置并没有做出明确规定，这个问题也成了一个始终没有得到解决的法律难题。根据这个案例和其他一些案例，Burns 推断这条禁止妻家干涉或索回妆奁的规定应该只适用于有可能为妻子这一房立嗣的情况。换言之，如果没有命继子，妻家则**有可能**索回妆奁。② 由此看来，陈佐上诉时，应该是意图索回当初给予女儿的妆奁。③

王伯大在这篇书判中后来的措辞反映了妻子去世后其妆奁归属的不确定性，以及这种不确定性给司法系统带来的问题。王伯大对这个案例中的公公虞县丞的动机做了如下描述：

> 愿虞继之立，非虞丞之本心，特其子虞艾得妻随嫁之田，身没而业无所归，既为陈佐所讼，患得患失④之心，日且切中。且准谯运使之判，姑为此以解目前之纷纷耳。⑤

从这段文字可以看出，在某种条件下，妻子的随嫁财产确实有可能被娘家索回。法官将陈氏死后的情况描述为"业无所归"，虞县丞对陈氏的奁产"患得患失"，都说明陈氏的娘家有可能将这份奁产全部从虞家索回。即使陈氏夫妇都已经亡故，夫家也不能理所当然地接管她的奁产。

笔者并没有发现宋代有娘家直接索回妆奁的案例。但值得注意的是，

---

① 仁井田陞，《唐令拾遗》，245—246 页；《宋刑统》，12：197。
② Burns, *Private Law*, 183.
③ 陈氏去世前，她的娘家是不可以要求索回妆奁的。在胡颖所作的一则书判中，他明确指出一旦女儿的财产已经从娘家"分析"出来，娘家不得再行干涉或试图索回；见《清明集》，9：323。
④ 语出《论语》，17：15。全句是：其未得之也，患得之；既得之，患失之。苟患失之，无所不至矣。
⑤ 《清明集》，8：248。

第二章 宋代妇女与财产：时代更迭中的法律革新

20世纪中国北方和南方都可以找到这样的事例。1930年出版的一部政府调查报告中描述了福建北部（与上文案例发生的地点相同）在女儿结婚时将田产登记在她名下的步骤。父母必须出具一份文书，证明田产归女儿所有，并登记女儿的姓名、田产的数额、地点，以及其他一些条款。调查报告中还指出，如果女儿死后无继承人，随嫁田产的一部分应归还娘家，作为"养膳田"。① 这部调查报告还描述了安徽和陕西省各县对这一问题的处理方法，都与福建类似，但直接规定女儿死后妆奁归还娘家。上述文件还规定夫家不能以任何方式加以干涉。② 20世纪早期一名西方学者在广东北部也观察到了这种现象。一旦父母将田产的所有权文契移交给女儿作为嫁妆，那么"田产在她死后由她的后代继承，如果没有继承人，田产归还她父亲的家庭"（着重号系笔者添加）。③

令人遗憾的是，宋朝尚未发现如此明确的证据。但是，《清明集》中有一个发生在建宁府瓯宁县的案例，可以说明即使妻子的娘家没有介入，妆奁和其他家庭财产也是区别处理的。这则书判中没有提到妻子娘家的亲属，法官最终的解决方法体现了妻子去世后她的妆奁可以在多大程度上与夫家财产合为一体。

这个案例发生在一个同居共财的大家庭中，父母都还在世，有四个儿子。大儿子已婚，育有一子，但是他们夫妻和幼子均已亡故，这一房没有继嗣。法官写道："以理言之，当为立继。"而实际上父母并没有为这一房立嗣，以日后继承大儿子应该分到的家产。因此那份家产依然作为家庭共有财产，而大儿媳的奁产则被用作烝尝田，由其余三个儿子轮流管理，收入用来按时祭祀大儿子和儿媳。只有"妻妆奁置到田业"被划为烝尝田，并于1228年在官府登记，写入砧基簿。其余大儿子一房应分得的家产仍旧算作家庭共有财产，日后由三个儿子均分。书判中解释了父母不愿为大儿子立嗣的原因。如果为大儿子立嗣，继子就会继承大儿子应分得的所有家产，这样，三个儿子当中的一名（继子的生父）就可以掌握全部家产的一

---

① 《民商事习惯调查报告录》（中华民国司法行政部，1930）第3卷，第12章，第9节；转引自滋贺秀三，《中国家族法的原理》，526、546页注34。
② 滋贺秀三，《中国家族法的原理》，526、546页，注34。
③ 葛学浦（Daniel Kulp），*Country Life in South China: The Sociology of Familism*（New York: Teacher's College, Columbia University, 1925），175。

半,而另外两个儿子只能各得 1/4。父母觉得这样不够公平,所以希望三个儿子均分家产。可是,既然大儿子没有继子,大儿媳妆奁的归属就成了一个难以解决的问题。就像虞县丞和陈氏的案例一样,属于"业无所归"的情况。①

法官赞扬了父母的处理方式,因为这样既可以保证在世的三个儿子均分财产,又保证了大儿子和儿媳这一房得享祭祀,不致成为饿鬼。但是,这种情形只维持了十五年。分家析产八年之后,父母和二儿子均已亡故,三儿子试图将自己的儿子立为大儿子的继子,这样就可以掌握大儿子应分得的家产和大儿媳的奁产。二儿媳向官府提起了诉讼,法官支持二儿媳的立场,家产分配维持原状。他还表示,大儿媳的奁产现已被划为烝尝田,与其他家庭共有财产不同,依然由其余三房轮流管理。②从这个案例可以看出,即使妻子已去世多年,其娘家也没有进行干预,她留下的妆奁作为一种特殊财产,还是与其他家庭财产有区别的。

第四节　结论:财产、性别与法律

唐代和宋代的正式法律是符合儒家道德准则的,其目的是维护父权制度下的父系宗族系统,财产由家庭成员共同所有,男性家长统一掌管,并由男性父系宗亲继承。有史以来,妇女的财产权在这个系统内部制造出了一系列矛盾,在宋代达到高峰。宋代社会商业化程度逐渐提高,财政状况不稳定,政府能动性强,在这种社会背景下,无论是中央政府和地方法官还是各阶层民众都采取了一些应变措施,而这些措施并不符合父系宗族观念,结果就产生了一套极为复杂的财产法,将大量财产传给女儿,而且在婚姻内外都赋予了妇女很大的经济独立性和自由度,这是在中国历史上前所未见的。至南宋晚期,这种性别—财产规则已经严重背离了儒家父系宗族的观念。

与以前各朝代相比,宋代性别与财产的关系发生了质变。宋以前各朝代,父母明知财产会随女儿离开父系宗族,还是会将一部分家产传给女

---

① 《清明集》,8:260—262。
② 《清明集》,8:260—262。参见 Burns, *Private Law*, 183;伊沛霞,"Kinship", 118。

儿。但是，宋代法律对一些传统概念进行了新的阐释，为这种财产继承方式提供了前所未有的法律和道德依据。"兄弟均分"的概念古已有之，一直是中国继承法的基础。南宋时期的法官们重新阐释了这个概念，将其理解为"在子女当中公平分配财产"，女儿应得的"公平"份额是儿子的一半。女儿还应和儿子一起参与拈阄分财，以确保遗产分配的公平和公正。与此类似，"子承父分"这个法律术语在宋代被重新阐释为"子女承父分"。传统的继承法的字面意思是要尽量把财产传给男性父系继承人的，但是给女儿的嫁妆已经成为宋代社会结构中十分重要的一部分，宋人也对传统继承法做了新的阐释，将数量可观的财产从父系宗族中分离出来传给女性。

父系宗族系统中，男性父系亲属共同居住，女儿出嫁后离开娘家，这些特征决定了儿子和女儿与家庭财产的关系是不相同的，而这样的差异往往掩盖了儿子和女儿的财产继承在概念上的相似性。对这种相似性的认可，在宋代的法律思想中是十分普遍的。此外，将女儿继承的财产称为"妆奁"，这样的措辞使女性的财产继承显得无足轻重，更进一步掩盖了这种财产继承方式与儒家宗族制度的矛盾。"女合得男之半"的原则只适用于在室女，允许她们参与分家析产，而且只有在父母亡故后官府介入时才适用。（理论上讲，只有父母亡故以后才可以分家，但是分家析产也可由族中其他亲属主持，不一定需要官府介入）父母在世时，可以全权决定给予女儿嫁妆（即女儿所继承的财产）的数额。尽管如此，宋代厚嫁的习俗表明，很多父亲在女儿结婚时会给予女儿数额可观的嫁妆，大约相当于儿子在分家析产时可得财产的一半。

大量新的户绝法也从多个方面削减了父系宗族的利益。在唐代及唐前各代，户绝家庭的女儿也可以继承家产。但是宋代法律扩大了"户绝"的范围，包括同居共财家庭中的任何一房，女儿就有了更多的继承财产的机会。同居共财家庭内部，如果一名男性在分家之前死亡，按照宋代以前的法律，他日后应得的财产就会变成家庭共有财产，分家时由其他父系宗亲均分。但是按照宋代的法律，女儿也可以像儿子一样"承父分"，因此这部分财产应该保留起来，分家时交给死者的女儿。

从宋代早期开始，政府就对户绝家庭中可继承的财产加以限制。这些限制减少了女儿可继承的财产，但对父系宗亲的不利影响则更加显著。如果一个户绝家庭已经没有任何子女,在以前各朝代,家产都由父系宗亲继承,宋代则减少了父系宗亲可继承的份额。如果族人为死者立嗣,宋代法律也削减了继子可以继承的份额,并且设置了一系列详尽的规则,在女儿与继子的遗产争端中,将大部分家产分给女儿。宋代政府还把户绝家庭的一部分财产收归国有,但是随着时间的推移,将财产没官的法令逐渐松动,法官们援引这些法令,主要是为了防止涉案人争讼不止,而不是为了给政府增加财政收入。

1026年,宋代政府还开始将家产分给与户主没有血缘关系的"合法同居人",包括曾帮助死者经营产业,或者在死者生前曾予以照顾的人。这是宋代法律的又一个重大革新。"合法同居人"可以是死者的养子、妻子从上一次婚姻带来的子女、赘婿,甚至是忠心的婢仆。此外,如果户绝家庭没有女儿(包括在室女和出嫁女),死者已经出嫁的姐妹、姑、姨等母系亲属也可以继承一部分。这些遗产分配方面的法律变革表明,宋代政府考虑到了户绝家庭成员在世时的物质需要,并且愿意给予照料孤老的人物质上的奖励,而不是一味满足父系宗族继承制度的抽象需求。

宋代义庄和宗族组织的发展将家庭成员在世时的物质需求及其死后的父系宗族传承结合了起来。政府支持这些新兴的宗族组织,它们也越来越多地介入了族人家庭中的遗产继承纠纷,这样就使得家庭财产的分配又从女儿转向了父系宗族。因此,至宋代末年,女儿强大的财产权开始逐渐瓦解。但是,总体来看,宋代的大部分时期,财产法都对女儿和无血缘关系的同居人有利,并牺牲了不与死者同居的父系亲属的利益。

当新娘嫁入夫家,她带来的所有动产和不动产都会被详细地登记在册,称为妆奁。这个名称赋予了已婚女性私人财产一种与男性财产不同的特殊地位,在她生前和死后都受到法律保护并予以区别对待。妻子的妆奁不是家庭共同财产的一部分,也不受家长的控制。它是一种"私"产,与家中男性成员共同所有的"公"产相反。因此妆奁就代表了一种由妻子及其丈夫自由支配的资产,不在父系宗族继承制度的范围之内。它为妻子及其丈夫开辟了一个经济独立的空间,这是与父权和宗族意识的原则背道而驰的。也许正是因为有了妆奁这个安全阀门,儒家父权和父系宗族制度才得以存续。

因为妇女的私人财产不受家长的控制,所以很容易将其投资到家庭之外的产业上。从前文所述的案例中,我们已经看到宋代妇女为了让自己的妆奁增值,将其投资到典当及船运行业。还可以自发使用自己的妆奁修建庙宇和堤坝。

在同居共财的家庭中,如果一名男性打算扩大自己的个人利益,就可以把尽可能多的财产转移到法律意义上的妆奁当中,算作妻子的私人财产,这样他本人就能完全掌控这部分财产。有些丈夫在签订文契时将涉及的财产写成是妻子的妆奁,这样就可以将家族共有财产转换成妻子的私人财产。这种做法在宋代法律中是行得通的,因为不管女性的私人财产经过多少次交易,比如变卖首饰用来购置田产,或者通过经营产业获取利润,这些财产依然被标记为妆奁,并受到法律的保护。因为妆奁在法律上是受到特殊对待的,所以官府登记田产的砧基簿和其他正式文契都在奁产或女性私有财产和非妆奁的财产或男性拥有的财产之间做了清晰的区分。①

即使在分家析产之后,奁产依然保留着其特殊属性。尽管儒家士大夫都希望丈夫另立户籍之后,夫妻财产可以合二为一,但是妻子的私人财产仍然是和丈夫的财产区分开的。妻子因丧偶或离婚脱离夫家时,法律允许她带走私人财产。这条法律是为了保护妻子在婚姻内外的物质利益。妆奁赋予了妇女独立于夫家的经济地位。此外,即使在死后,妻子也可以从妆奁中受益。在前文的案例中,我们已经看到,在妻子死后没有继承人的情况下,法官会要求将她的妆奁用于祭祀她本人。即使一名妇女已经去世多年,在遗产纠纷当中,她的妆奁仍然受到特殊对待。

宋代财产法对再婚的规定对儒家秩序的干扰尤为突出。按照儒家传统,夫妻在成婚时融为一体,成为父系宗族传承中的一个新的环节。他们的财产应该用于保障家族延续,并为祖先祭祀提供物质条件,最理想的情况是家族中的这一支世代延续下去。如果夫妻中有一人在世,这个家庭就有传宗接代的可能,必要的时候可以收养继子,寡妇和鳏夫都可以支配夫妻两人的财产。尽管如此,寡妇与鳏夫的情况还是全然不同的。男性是家族世系中的一环,而女性并非如此。没有子女的鳏夫可以再婚生子,也可

---

① 当然,妆奁也可以提高女性在夫家的地位。如果一名婆婆能够公允地对待众儿媳,而不受她们妆奁多寡的影响,在墓志铭作者眼中,这将是一种值得表彰的行为。而儒学家们也警告人们,如果妻子携带大量妆奁嫁入夫家,她很可能会不服管束;见伊沛霞(Ebrey),*Inner Quarters*, 102。妻子也可以通过妆奁来提高自己在夫家的地位和影响力;具体事例见《南涧甲乙稿》,22:22b。

以收养继子来继承家庭财产，这样财产就依然留在父系宗族内部。如果寡妇没有子女，那么这个家庭的传宗接代以及她和丈夫的财产继承都将成为问题。按照儒家道德观念，寡妇应该守节，抚养子女成人，或者为自己和丈夫收养继子，日后继承家产。但是，宋代的财产法给了寡妇另一条与儒家道德准则相反的出路：她可以带着自己的私人财产改嫁。一旦寡妇改嫁，家庭财产就被分割成了两部分，如果夫妻二人没有继承人，或者寡妇改嫁时带走了子女（这种情况经常发生），那么父系家族中丈夫所代表的这一支将无法延续。

宋代法律鼓励改嫁。从《清明集》中的书判可以看出，尽管深受儒家影响的法官们在判词中推崇寡妇守节，却还是不得不感叹自己没有权力将这一理念付诸实施。在某些特定情况下，尽管法官认为改嫁是有害无益的，也不能不支持这种行为。对某些家境富裕或年事已高的寡妇来说，选择守节并掌握丈夫的财产对她们有利，但是对很多其他的寡妇而言，改嫁则是更理想的出路。

尽管南宋时期的妇女享有前所未有的财产权，一个试图剥夺她们财产权的运动却正在兴起。理学家们开始更加热切地宣扬儒家理想，将财产留在父系宗族的观念逐渐蚕食宋代妇女享有的财产权。本书下一章将详细论述这一系列社会变革。

第三章　宋代妇女财产权及儒家对妇女财产权的抵制

宋代保护女性财产权的法律和习俗引起了很大的社会反响。一旦女儿继承家产，就会将财产带离父系宗族，女儿出嫁时，会将其所继承的财产以嫁妆的形式带进夫家，因此姻亲的地位有所提高，而夫家父系亲属的地位则相应降低。上层社会女性拥有的巨额嫁妆使她们成为独立的经济体，在某种程度上可以不受夫家家道兴衰的影响。私人财产所有权（包括男性和女性）削弱了家长的权威，因为家长在理论上是通过掌握家庭财政来管理家庭成员的日常生活的。同居共财的理念与私人财产在本质上是相互冲突的。妻子的私人财产也给了她与丈夫对抗的能力，更进一步威胁了妻子应顺从丈夫的传统观念。最为严重的是，寡妇的财产权令改嫁变得十分容易，并成为一个十分理想的出路。儒家理想和司法实践的矛盾在中国久已存在，但宋代试图复兴儒学的思想家们与这个问题进行了正面交锋，当然也对妇女财产权发起了抵制。

儒家对妇女财产权的抵制主要来自道学家们。道学是对儒家思想的一种新的阐释。这些很有影响力的思想家们试图重建经典的儒家性别角色，在这个过程中，不可避免地向支持妇女财产权的法律和习俗发起了攻击。他们对女儿的继承权提出质疑，并鼓励收养男性父系亲属以传宗接代。他们还试图拆除妻子的私人财产与丈夫的财产之间的界限，鼓励妻子用部分或全部妆奁捐助夫家。至宋代晚期，法官们开始更加直接地挑战财产法，并试图阻止妇女带着私人财产改嫁。与此同时，道学家们赋予了妇女一个新的重要角色，在料理家务的过程中，妇女可以掌控财产。他们树立了一种新的女性典范，这样的女性积极处理家庭财政问题，从而将丈夫从琐事中解放出来，专注于治学或公务。道学家们从以上各个方面对妇女财产权发起了抵制，通过对这些方面的仔细审视，我们可以看出，在宋代的几百年间，社会对妇女财产权的态度逐渐变得越来越严苛。

第一节 父系宗族和女儿的继承权

道学家们宣扬一种称为"宗法"的极端的宗族形式。如本书第一章所述，宗法制度是儒家经典中所描述的一种宗族组织，据称在周朝早期就已经存在（但也可能从来没有存在过）。依照宗法制度的理想，同一高祖的五服以内的父系亲属之间财产相通，并共同承担宗庙祭祀。家族中的嫡长子称为"宗子"，有权主持祭祀并掌管家庭财产。北宋时期，程颐（1033—1107）就已经明确提出，必须重建宗法制度，并将其作为社会及政治秩序的基础："管摄天下人心，收宗族，厚风俗，使人不忘本，须是明谱系世族与立宗子法。"① 按照宗法制度进行祖先祭祀可以教化族人，使他们懂得道德准则以及自己在家族和社会中的地位。宗法制度的核心是长幼有序，男尊女卑。

共财是宗法制度的内容之一。程颐写道："不得分割了祖业，使一人主之。"② 在本书第二章中，我们已经看到，高闶（1097—1153）在不久以后也明确表示反对兄弟均分制和妇女继承权，他认为这些制度威胁到了宗庙祭祀和传宗接代。宋代道学的另一位领袖张载（1020—1077）也有类似的忧虑。他担心兄弟均分制会破坏祖业，若没有宗法制度，名门望族也只能逐渐式微："今骤得富贵者，止能为三四十年之计，造宅一区，及其所有，既死则众子分裂，未几荡尽，则家遂不存。如此则家且不能保，又安能保国家？"③ 张载的观点体现了宗法制度的政治色彩。程颐也认为宗法制度可以巩固皇权，并教化子民忠于国家。④ 程颐和张载都认为只能在有限的范围内实行宗法制度，并且必须对其进行一些修正。程颐建议在"一二

---

① 程颐，《遗书》，转引自《近思录》（国学丛书版），9：254。英译文见陈荣捷（Wing-tsit Chan），*Reflections on Things at Hand*: *The Neo-Confucian Anthology Compiled by Chu Hsi and Lu Tsu-ch'ien*（New York: Columbia University Press, 1967），227–228。
② 《近思录》，9：254；陈荣捷（Chan），*Reflections on Things at Hand*, 229。
③ 《张子全书》，4：9a—b，转引自伊沛霞（Ebrey），"Conceptions", 230。
④ 张载甚至指出，朝廷中的官职也应该由名门望族的宗子世袭，一般认为周朝就实行这一制度；陈荣捷（Chan），*Reflections on Things at Hand*, 231。

巨公之家"推行宗法制,张载主张应该按照官阶而不是长幼的次序来立宗子。① 他们都认识到了古代宗法制度的不切实际之处,但是仍然极力宣扬宗法制度中的某些内容及其代表的道德观念。

朱熹和吕祖谦是道学运动中最具影响力的两位领袖,他们也进一步提倡了宗法制的具体实施及其所代表的道德观念。他们强调了程颐重建宗法制度的主张,并将其收入《近思录》当中。《近思录》出版于1173年,是一部影响深远的道学文集。程颐的思想中最为重要的一点是实行家礼,道学家们认为家礼是道德原则的具体表现,并能教化族人,让他们理解家庭和社会秩序。前文所引《近思录》中程颐的两段话已经涵盖了家礼的一部分内容,程颐的文集中还有其他一些内容。朱熹进一步发展了程颐的思想,以程颐和司马光的描述为基础编写了一部礼书,对古代礼仪做了变通,以适应当时的社会。这部著作就是《朱子家礼》,在朱熹死后不久的1200年出版,影响极为深远,后来的几个世纪中一直不断有人进行注释和修订。②

朱熹在《朱子家礼》中对宗法制度的倡导主要是在礼仪方面,并不推崇极端的财产共通。他主张设置祭田,专供祖先祭祀及祠堂的各项开销。祭田由宗子掌管,而其他家产依然由兄弟均分。③ 宗子是家礼的核心,冠礼（成年礼）、婚礼、葬礼和祭礼都由宗子主持,其他家族成员按照年龄、性别及在宗族中的地位参与各种仪式。朱熹编写家礼的意图是树立"名分之守,爱敬之实"④,实行家礼可以提高宗法意识,倡导支持父系亲属关系的群体价值观念。

朱熹以宗子为核心的礼仪规范在后来的版本中几乎全部被修订过,宗法制度无论在宋代还是以后都从未真正付诸实施。尽管如此,与宗法制共存的父系亲属理念还是为后来家族共同体的发展提供了意识形态上的基

---

① 陈荣捷（Chan）, *Reflections on Things at Hand*, 229；伊沛霞（Ebrey）, "Conceptions", 230 - 231。
② 伊沛霞（Patricia Ebrey）将其译成英文，*Chu Hsi's Family Rituals: A Twelfth Century Chinese Manual for the Performance of Cappings, Weddings, Funerals, and Ancestral Rites*。关于这部著作的深远影响，见伊沛霞（Ebrey）, *Chu Hsi's Family Rituals*, xxvi - ix, 以及伊沛霞（Ebrey）, *Confucianism and Family Rituals*, 146 - 166。有关这部著作写作时间和作者是否为朱熹的探讨，见伊沛霞（Ebrey）, *Confucianism and Family Rituals*, 102 - 144。
③ 伊沛霞（Ebrey）, *Chu Hsi's Family Rituals*, 10 - 11。
④ 伊沛霞（Ebrey）, *Chu Hsi's Family Rituals*, 3。

础。家族共同体的概念是由范仲淹（989—1052）首先提出的，范仲淹主张将家族成员的全部财产合在一起设立义庄，这个模式后来很快演变为仅将一部分田产设为义庄，整个家族共同所有，共同管理。无论如何，范仲淹的模式还是令家族成为一个半宗教性的实体，一个"永久性的共同崇拜组织"。[1] 在这个模式下，男性世系的延续至关重要，必须不惜一切代价避免户绝。范仲淹多次试图建立父系亲属共同体，但都没有成功，其他人类似的尝试也都失败了。因此，无论是当时还是后来，家族成员遇到财政困难时常常不得不向姻亲求助，这样就违背了纯粹的父系亲属理念。[2] 但是，至南宋时期，继嗣群共同体已经兴起，父系亲属间的紧密联系也已经开始改变社会意识。我们在上一章中已经看到宋代晚期宗族是如何影响女性继承权的。在一系列道德观念和具体实践上，宗族组织的发展和父系世系的哲学理念都是相互交叉的。正如朱熹所说，这些观念和做法包括将财产保留在父系宗族内部（而不是交给女性），反对家庭内部的私人财产权，不允许收养非父系亲属作为继子，认为侄子与儿子同等重要，重视祖先祭祀，以及特别强调通过男性继承人传宗接代。这一系列观念和做法影响了很多宋人对妇女财产及妇女家庭角色的态度。

朱熹的大量哲学论著中并没有直接提到妇女的财产权，但是他对这一问题持有十分坚定的立场。他的观点往往出现在一些应时应景之作当中，以墓志铭为最，在这些作品中，他会将注意力转向个人和他们的家庭，并从他的社会秩序理念出发，描述这些家庭中的妻子和母亲。他的评论不但体现了他自己的理想，也体现了与理想截然相反的社会现实。朱熹的儒家理想与当时的很多社会习俗相违背。他重视个人道德教化，因此他所描述的女性多是道德行为的楷模，而她们的行为与当时普遍的做法是大相径庭的。朱熹并没有寻求政府干预或法律变革，这些重大改变都是以后才发生的。

---

[1] 杜希德（Twichett），"The Fan Clan's Charitable Estate"，101.
[2] 具体事例见万安玲（Linda Walton），"Kinship, Marriage and Status in Sung China"。宋代以后的事例见 Keith Hazelton, "Patrilines and the Development of Localized Lineage"；韩明士（Robert Hymes），"Marriage, Descent Groups, and the Localist Strategy"；邓尔麟（Jerry Dennerline），"Marriage, Adoption, and Charity in the Development of Lineages"，均收入 *Kinship Organization in Late Imperial China*, 1000 – 1940, ed. Patricia Ebrey and James Watson（Berkeley：University of California Press，1986）。

第三章 宋代妇女财产权及儒家对妇女财产权的抵制

朱熹反对女儿在没有兄弟的情况下继承父母的财产,这反映了他对父系宗族的重视。他在墓志铭中赞扬了拒绝(或要求其妻子拒绝)从岳父母处继承财产的男性。朱熹早年的老师,后来的岳父刘勉之(1091—1149)就是这样做的。在1198年,刘勉之去世五十年之后,朱熹为他写了一篇墓志铭:

> 其临财廉,一介不妄取①。少时妇家富而无子,谋尽以赀产归女氏。既谢不纳,又择其宗属之贤者,举而畀之,使奉其先祀。②

这段文字表明,在宋代如果女儿没有兄弟,是可以继承父母遗产的。女儿出嫁后,也常常可以通过这种方式继承父母的财产,尽管结婚时已经获得过嫁妆,但实际上(法律上未必如此)这并不影响她的继承权。朱熹将这段文字写入岳父的墓志铭,说明他反对这种继承方式。朱熹不赞成将财产分配给女儿,然后由女儿带进另一个宗族之中。这样的财产是"不义"的。③ 与之相反,他希望可以保留男性继嗣和对父系祖先的祭祀,为达到这一目的,他宁可选择收养一名继子,尽管继子只能在名义上为收养他的家庭传宗接代。

朱熹写这篇墓志铭的目的是鼓励收养男性继承人以延续宗族祭祀,并试图阻止财产完全落入女性手中。这篇墓志铭被镌刻在石碑上,并抄录进后来的多种书籍中。前文所引用的这段文字几乎全文被收入《宋史》,④ 到了明代,又被写进刘勉之的传记,收录在黄宗羲(1610—1695)所编的道学文集《宋元学案》中,因此更加广为人知。⑤

在这篇墓志铭中,朱熹还描述了刘勉之立男性父系亲属为继子的另外

---

① 《孟子》,5A:7。"非其义也,……一介不以与人,一介不与取诸人。"
② 《朱子大全》,97:21a。
③ 朱熹的措辞会让读者认为刘勉之可以全权掌控妻子的遗产继承事宜。但是我们将会看到,在其他作品中,他大力表彰了愿意将私人财产捐助给夫家的女性,恰恰说明了他也承认女性有权支配自己的私人财产。
④ 《宋史》,459:13463。
⑤ 《宋元学案》(北京:中华书局,1986),43:1395。有关这部文集对后来儒家思想发展的重要意义,见魏伟森(Thomas Wilson),*Genealogy of the Way: The Construction and Uses of the Confucian Tradition in Late Imperial China* (Stanford, Calif.: Stanford University Press, 1995)。关于朱熹对收养继子的看法及其在中国之外的影响,见 James I. McMullen, "Non-Agnatic Adoption: A Confucian Controversy in Seventeenth and Eighteenth Century Japan", *Harvard Journal of Asiatic Studies* 35 (1975): 130–189。

两个事例。刘勉之与妻子育有两女,没有儿子,但是他收养了"以从兄之子思温为后"①。他的大女儿嫁给了朱熹(两人既有儿子也有女儿),小女儿嫁给了范念德。两个女儿都有子女,但继子思温无后,刘勉之因此又选择了一名男性父系亲属立为思温的继子。② 尽管刘勉之的两个女儿结婚时都应有嫁妆,朱熹暗示刘勉之从未将财产留给女儿继承(而且朱熹本人也没有从中获利)。

在宋代,男性通过妻子获取大量财富的情况并不鲜见,③ 但仍然很有可能因此被喜爱道德说教的官员或政敌弹劾。具有讽刺意义的是,在1196年一道著名的奏章中,作者指控朱熹为人安排了一桩有利可图的婚事。这道奏章的作者是沈继祖(1169年进士),当时朝内对道学的攻击愈演愈烈,这道奏章也是其中之一。④ 尽管沈继祖的指控完全是捕风捉影,近乎荒唐,但却为我们揭示出一些重要的信息。沈继祖弹劾朱熹犯有六大罪行,包括不孝于亲和玩侮朝廷等,同时还罗列了他的各种行为不端之处,包括为同僚赵汝愚的儿子安排了一桩可以牟利的婚事,以及试图让自己的子女与富家联姻。⑤

沈继祖在奏章中说,朱熹为了回报当时重臣赵汝愚的恩惠,安排其子赵崇宪与刘珙(字共父,1122—1178)之女联姻,赵崇宪因此得以"奄有其身后钜万之财"⑥。从真德秀撰写的一则墓志铭可知,赵崇宪确实娶了刘珙的女儿,婚事由朱熹安排。⑦ 赵崇宪的第一任妻子早亡,刘珙之女是他的第二任妻子。刘珙去世前,嘱托朱熹为其女安排婚事。她比赵崇宪早十九年去世,因此赵确实可以获取妻子数额可观的妆奁。

沈继祖还指控朱熹让自己的子女与富家联姻:"男女婚嫁,必择富民,以利其奁聘之多"⑧。宋代士大夫一般都鄙视以牟利为目的的婚姻,

---

① 《朱子大全》,97:21b。
② 《朱子大全》,97:21b。
③ 具体事例见伊沛霞(Ebrey),"Shifts",102-106。
④ 谢康伦(Conrad Schirokauer),"Neo-Confucians under Attack: The Condemnation of Wei-Hsueh", in *Crisis and Prosperity in Sung China*, ed. John Winthrop Haeger (University of Arizona, 1975), 163-198.
⑤ 《道命录》(知不足斋丛书),7A:17a—23b。感谢衣川强提示笔者关注这一文献。参见陈荣捷(Wing-sit Chan), Chu Hsi, *Life and Thought* (Hong Kong: The Chinese University Press, 1987), 12-14。
⑥ 《道命录》,7A:19b。
⑦ 《西山集》(四部丛刊版),44:13b。感谢 John Chaffee 提示笔者关注这一文献。
⑧ 《道命录》,7A:20b。

还经常讨论厚嫁的风习。① 但与此同时,在上层社会家庭中,妆奁已经是一种普遍的财富来源,朱熹所受到的批判,对很多人来说也都是不可避免的。②

有趣的是,这道奏章面世仅仅两年,朱熹为刘勉之撰写了前文引用的那篇墓志铭,赞扬了刘勉之不允许妻子从岳父母处继承财产的行为。朱熹还说明刘勉之已有继子,并暗示自己并没有通过妻子从岳父处获得大量财产。现代学者们从史料中发现,朱熹的俸禄不薄,但是按照上层社会的标准,他并不是特别富有。③

朱熹在为一名女性撰写的墓志铭中,重申了自己反对妇女继承权的观点,与刘勉之墓志铭中的立场一致。但在这篇墓志铭中,朱熹指出拒绝继承遗产的是妻子本人,而不是她的丈夫。这篇墓志铭是为朱熹童年友人的母亲虞氏所撰写,虞氏也是建宁府人。④ 虞氏守寡四十年,在这四十年中,夫家的巨额家产一直完全由她管理。她在丈夫去世后独自抚养子女,敬奉公婆,照顾丈夫的弟妹,并一直照料自己年迈的继父。虞氏的继父没有子女,他死后当由虞氏继承遗产。但是作为这笔遗产的所有者,她采取了和刘勉之一样的举措,"为之选于宗人以奉祀,而归其资产"⑤。

在朱熹看来,虞氏是一个在夫家和娘家都可以掌握大量财产的女性,因此有责任按照与儒家理想一致的方式来处理家产。朱熹认为家族中的男性和女性都应该维护父系宗族,必要的时候应收养继子,使财产不致落入女性手中。

---

① 伊沛霞(Ebrey),"Women, Money, and Class"。
② 如果事实如 Ebrey 所说,宋代上层社会嫁妆的数额要大于聘财(见"Shifts"),那么朱熹和其他很多人则不太可能从子女婚姻中获利。沈继祖显然认为嫁妆和聘财的数额都是可以协商决定的,嫁妆未必多于聘财。
③ 见(Wing-tsit Chan),"Chu Hsi's Poverty", in *Chu Hsi New Studies*(Honolulu: University of Hawaii Press, 1989);更为完整的论述,见陈荣捷,《朱子固穷》,《书目季刊》,15:2(1981),重印于《朱学论集》(台北:学生书局,1982),205—232页。参见衣川强《朱子小传》,pt. 1, 10。
④ 《朱文公文集》(四部丛刊版),92:12b。朱熹还为虞氏的儿子江清卿撰写了墓志铭,朱熹少年时曾从江清卿,见《朱文公文集》,93:1a。
⑤ 《朱文公文集》,93:13b。继父去世时虞氏已经出嫁,但是从文中可以看出,她继承了全部家产,后来归还给继子,政府并没有将部分遗产没官。有关虞氏的详细论述,见柏清韵(Birge),"Chu Hsi and Women's Education", 246ff。

第二节　对婚内私人财产权的抵制

妇女婚内的私人财产权也违背了儒家理想。宋代企图复兴儒道的士大夫们多次就这一问题提出自己的见解,如果妇女婚后将妆奁交给夫家,或者用自己的妆奁帮助夫家摆脱财务上的困境,他们都会大加赞赏。朱熹也采取了同样的立场。从他为多名女性撰写的墓志铭中可以看出,朱熹认为当时的妇女普遍享有婚内财产权,并可以全权掌控她们的私人财产,但他并不认同这种习俗。为了改变这种习俗,他鼓励妇女将全部私人财产交给夫家。在他以及其他士大夫所撰写的墓志铭中,将妆奁交给夫家是一项重要的女性美德。

一　朱熹对捐赠妆奁的鼓励

朱熹共为十七位女性撰写过墓志铭,其中有六篇都明确提到了妇女的私人财产权。他并不认为妇女普遍会将妆奁交给夫家,而是将这种行为作为非凡的道德典范来加以赞扬。而且,即使是这些女性道德典范一般也是因为夫家有某种特定的需求才献出自己的妆奁,而不是无条件地将妆奁交给夫家。

例如,一位年轻的妻子罗氏用自己的妆奁为丈夫的妹妹置办嫁妆:

> 张公故贫,初仕,将遣其女弟而无资,令人悉出橐中装以奉之,无吝色。①

还有一位女性用自己的妆奁支付了公公的丧葬费用。这一行为体现了孝道,因此尤为值得赞扬:②

> 遭舅丧,大夫公素贫,昆弟相顾谋鬻田以葬。夫人曰:"毋隳尔先业为也。"退斥橐中装以奉其役。以故,大夫公得以不烦于众而襄

---

① 《朱文公文集》,90:15a。
② 孝道,尤其是对公婆尽孝,是妇德中最重要的一项;见柏清韵(Birge),"Chu Hsi and Women's Education",335–338。伊懋可(Mark Elvin)指出,明清时期女儿卖身葬父也被视为美德;见"Female Virtue and the State in China", in Past and Present, no. 104 (Aug. 1984), 148 n. 172。

第三章 宋代妇女财产权及儒家对妇女财产权的抵制

大事。①

另一篇墓志铭中,丈夫被贬谪至南方,妻子管氏与四个子女留在家中,家境日益贫困,管氏变卖了自己的首饰贴补家用,为了不让丈夫担忧,她从未向丈夫提起过家中的窘境。② 朱熹还描述了明州（今宁波一带）王氏的类似事迹。王氏出嫁时妆奁甚厚,丈夫在金国入侵时南渡,她将自己的妆奁"尽捐以佐朝夕之用"③。通过这两个事例,朱熹赞扬了将全部妆奁用来贴补家用的女性。

最后,朱熹于 1185 年为邵氏撰写的墓志铭也体现了他对婚内私人财产权的态度。邵氏是石镐、石锜兄弟的母亲,④ 石氏兄弟是朱熹的同时代人,师从吕祖谦。邵氏于 1183 年去世,时年 71 岁。她守寡多年,一直积极参与公益活动并管理家业。邵氏的儿子曾写信给朱熹描述母亲治家严谨,朱熹在墓志铭中也详细描述了她制定的一些家规。她要求子女的一切收支都必须向家长（即她本人）汇报,添加仆妾也要一并说明。她还特别规定"凡为子妇毋得畜私财"⑤。她（或者朱熹）措辞中使用了"畜"字,表明她所说的私财是将资产投资后获得的收益。邵氏可能并没有禁止儿媳们拥有私人财产（因为这在宋代是很正常的行为）,只是允许她们通过奁产牟利,以免家中几个儿子在经济条件上悬殊太大。⑥

总而言之,朱熹（以及像邵氏一样的女性）认为妇女婚内的私人财产权会造成很大的问题。他主张家庭内部全部财产共同所有。妇女的私人财产会扰乱家庭秩序和社会关系,并且破坏无私、为公等重要道德标准。无论家长是男性还是女性,妇女的私人财产都会威胁家长的权威。这些理念并不是朱熹首先提出的,但是在南宋晚期,朱熹的追随者们逐渐接受了它们。

---

① 《朱文公文集》,91：14a。
② 《朱文公文集》,92：8b。
③ 《朱文公文集》,92：3b。
④ 《朱文公文集》,90：12a,关于石氏兄弟的情况,见《朱文公文集》,79：9b。
⑤ 《朱文公文集》,90：13a。
⑥ 在同居共财的家族中,将个人劳动力用于经营私人产业以获取收益是一个很严重的问题。袁采就提到过"私财"现象以及营运不属于家族共同财产的私财以牟取利益的产业；见伊沛霞（Ebrey）,*Family and Property*, 1.25, 1.26 (pp. 198-200)。参见柳立言,《宋代宗族制度》。现代人类学家也观察到了类似现象,但并没有宋代袁采所描述的那么大的规模；见孔迈隆（Cohen）,*House*, 179; Goody, *Oriental*, 38。

二 捐赠妆奁与道学阵营

程颢、程颐兄弟是道学运动的先驱者,但是在他们的著作却鲜有对于妆奁问题的着重论述,因为他们为女性所撰写的墓志铭大部分已经散佚了。文集中留下来的墓志铭只有三篇。程颢(1032—1085)为程颐(1033—1107)夭折的女儿写过一篇墓志铭。程颐的两篇墓志铭,一篇是为其母所作,一篇是为出嫁前就已去世的女儿撰写的。程颐并没有强调母亲将妆奁交给了夫家(夫家很大,而且婢仆众多),只是提到母亲收留了一名被商人遗弃的小男孩,引起家中亲属的不满,所以她"别粲以食之"。① 程颐赞扬了母亲对小男孩的慷慨帮助,他的措辞也表明,他的母亲有权将私人财产用在自己关心的事情上。

宋代中期,在与朱熹或与朱熹的原籍相关的人当中,可以找到更多关于妇女嫁妆的评论。当时道学阵营刚刚兴起,其中有一名朱熹的前辈撰写了多则墓志铭,和朱熹一样重视妆奁问题。他就是著名士大夫胡寅。

胡寅(1098—1156)是福建建宁府崇安县人,年幼时险些被杀,后来由伯父胡安国(1074—1138)收养。② 胡安国在各地游宦,于1129年为了躲避战乱到衡州(今湖南省境内)定居。胡寅和胡安国的其他几个儿子当时都在他身边,他们共同开创了儒学中的湖湘学派,胡寅和他的堂弟胡宏(1106—1161)是湖湘学派的代表人物。③

胡寅是二程学说的忠实拥护者,以极力反对佛教著称。④ 他的作品中充斥着对佛教的激烈攻击,胡寅还认为,治学应当以道德完善为目的,而

---

① 《伊川集》,8:6a,《二程全书》(四部备要版)。其他两篇墓志铭分别出自《二程全书》中的《伊川集》7:8a;以及《明道集》,4:9a。伊沛霞(Ebrey)将程母墓志铭大部分译成英文,见 Inner Quarters,183-184。

② 据《宋史》记载,因家中儿子太多,胡寅险些被生母溺死,胡安国的妻子将他救下;《宋史》,435:12916(第37卷);《宋元学案》,41:1341(第2卷)。一些与事发时间更接近的野史中说,胡寅是其生父的庶子,生母是妾,这种情况是极为罕见的;例如周密,《齐东野语》(上海:上海书店,1990),6:7b。参见伊沛霞(Ebrey),Inner Quarters,181-182。

③ 关于胡宏的思想和对道学的贡献,见田浩(Tillman),Confucian Discourse,esp. 29-36。遗憾的是,胡宏现存的作品中没有为女性所撰写的墓志铭。

④ 胡寅撰写了著名的《崇正辩》,这是道学家对佛教最猛烈的攻击,但是朱熹高度赞扬了这篇论文;见《宋元学案》,435:1342。参见谢康伦(Conrad Schirokauer),"Chu Hsi and Hu Hung", in Chu Hsi and Neo-Confucianism, ed. Wing-tsit Chan (Honolulu: University of Hawaii Press, 1986),482。

不是为了功名和个人利益。他无法容忍周围士大夫们为自己牟取利益的典型行为。胡寅高度赞扬贫困，尽管他在朝中做官，依然认为自己家境贫寒。①

胡寅的文集中有六篇为女性撰写的墓志铭。其中三篇都描述了妇女将妆奁捐给夫家的情形，胡寅对她们捐出嫁妆的动机的描述反映出了他自己对贫困和治学的观点。第一个例子是胡寅的妻子张季兰，原籍在南剑州，与胡寅的原籍建宁相邻。胡寅于1122年与张季兰成婚，张氏当时只有15岁，后来随胡寅来到湖南衡州。胡寅在外为官，将张氏留在家中照顾养父胡安国。胡寅写道：

> 寅筮仕②西京，交游广，薄禄不时得，费君奁具且尽，君不以为意。于后乱离，③家益空乏，饭脱粟、菜羹，或无盐酪，君能安之。④

根据胡寅的描述，张氏拿出了全部嫁妆来贴补家用。胡寅声称当时家境极为艰难，但我们还必须考虑到年轻的张氏所拥有的私人财产。她的父亲张哿（1046—1128）是朝中重臣，胡寅与张氏成婚时，张哿任兵部郎中。⑤ 他们的婚姻体现了宋代上层社会理想的联姻策略，将位高权重的京官与有影响的地方势力结合在一起。⑥ 胡寅1121年考中进士，一名张姓中书侍郎表示愿意将女儿嫁给他，但是胡寅拒绝了这个十分理想的婚事，他自称当时"方心鄙当世公卿"⑦。张哿（与张姓中书侍郎没有亲缘关系）

---

① 也许正是因为胡寅自己的家族两代之前以经商为生，所以他才特别敌视商人的牟利行为。此外，他的养父胡安国在衡州定居期间，一直依靠当地一位名叫黎明的富商豪强周济。胡寅后来与黎明结为好友，但是在1145年写给黎明的一封信中，他还是批评了对方"积货无极"，"入赀得官"，"显用州县之权"（私下了结诉讼并动用私刑）；《斐然集》，17：28b；渡边纮良（Watanabe Hiroyoshi），"Local Shih-ta-fu in the Sung", in Acta Asiatica, no. 50 (1986)：54 – 72。
② "筮仕"指初出做官。这个由来也许和第一个官职的偶然性有关。
③ 可能是指1126年金国入侵，当时他们结婚四年。
④ 《斐然集》，26：15b。
⑤ 《斐然集》，26：15a；《龟山集》，37：1b。
⑥ 郝若贝（Hartwell）详细论述了这个联姻策略，见郝若贝（Hartwell），"Demographic, Political, and Social Transformations of China"；韩明士（Hymes），Statesmen, ch. 3；以及韩明士（Hymes），"Marriage, Descent Groups, and the Localist Strategy"。参见柏文莉（Bossler），Powerful Relations。
⑦ 《斐然集》，26：15a。伊沛霞（Patricia Ebrey）指出，当时有贿赂新科进士以求联姻的情况；见"Shifts"，104 – 106。

注意到了胡寅不寻常的举动，将自己时年 15 岁的女儿嫁给了胡寅。① 胡寅在结婚之前就与张訚相识，张訚是他参加科举考试时的考官之一，胡寅高中进士后，曾亲自上门向他致谢。② 张訚的女儿对胡寅来说也许是更合适的选择，因为她也是福建人，而且她父亲在朝中的地位也不易受到党争的影响，胡寅本人后来却被卷进党争之中。③ 这些情况都说明，尽管胡寅自称家境艰难，但他的妻子是不至于吃不饱饭的。④

在为另一位女性撰写的墓志铭中，胡寅赞扬了她将自己的钱财用于教育儿子的行为：

> 生子四人，夫君延师力教，太孺人悉心协相之，脾其礼币，虽质剂服环，弗告贫也。子齐，既决科筮仕。⑤

李氏的儿子后来都有了丰厚的俸禄，弥补了她所做出的牺牲。尽管胡寅说明了李氏家境贫寒，而且父亲已经亡故，但是她没有兄弟姐妹，应该也从娘家继承了一定数额的遗产。⑥

在另一篇墓志铭中，胡寅再次赞扬了一位资助儿子教育的妇女。荚氏嫁给了一名鳏夫，尽管自己有三个儿子，还一直照料丈夫亡妻留下的两个儿子，并十分注重他们的教育："诜、谊就外傅，则又躬视其师之服膳。"从"躬视"二字可知荚氏用的是自己的钱财。此外，胡寅还说明荚氏夫家极为富足，家庭财政由她的婆婆一手掌控，婆婆命荚氏亲自照料两个继子。这样看来，荚氏不大可能是从家族共有财产中拿出钱来付给塾师的，

---

① 当时女性在 15 岁时结婚，是相当年轻的。北宋和南宋结婚年龄的平均值和中值都是 19 岁或 20 岁。在一份 160 人的样本中，笔者发现结婚年龄的平均值和中值都是 20 岁，见柏清韵（Bettine Birge），"Age at Marriage of Sung Women，"（M. A. Thesis，Columbia University，1985）。伊沛霞（Patricia Ebrey）的样本包括 65 人，平均结婚年龄是 19 岁；*Inner Quarters*，74－77。

② 《斐然集》，26：15a；27：1b。

③ 胡寅是坚决的主战派，最终与秦桧发生冲突。他被贬至广东新州；见《宋史》，435：12916ff（第 37 卷）。关于宋代的党争，见郝若贝（Robert Hartwell），"New Approaches to the Study of Bureaucratic Factionalism in Sung China: A Hypothesis，"*Bulletin of Sung and Yuan Studies* 18（1986）：33－40。

④ 在这篇墓志铭以及一首感人的悼亡诗中，胡寅都哀叹如果不是因为家中贫困不能为妻子更好地延医用药，她就不至于在 30 岁早逝。《斐然集》，27：3a；26：15b。

⑤ 《斐然集》，26：66b。（鉴于本书引言中提到的原因，笔者在这里对不动产和动产形式的嫁妆做了区分）

⑥ 《斐然集》，26：66a。

她也不具有这种权力。①

韩元吉（1118—1187）晚于胡寅20年出生，与道学阵营有紧密的联系，在他所撰写的墓志铭中，也有类似的事例。韩元吉是道学领袖吕祖谦（1137—1181）的岳父，也是朱熹青年时代的友人。他原籍邵武府，就在朱熹原籍建宁府西侧。他为七位女性撰写了墓志铭，其中有三篇涉及妇女将妆奁捐给夫家的现象。李氏（死于1177年）用自己的全部嫁妆为夫家购置田产并建造新宅。② 毛氏卖掉了自己的簪珥为亡夫祈福。③

最为详尽的描述出自太夫人上官氏（1094—1178）的墓志铭。上官氏出生在邵武一个门第显赫的士大夫家庭。④ 父亲为她"择配甚久"（这是表达晚婚的委婉语），终于将她许配给季陵。季陵原籍两浙路处州（今浙江省境内），与上官家族相距不远。韩元吉说季陵"孤而贫"，因为他少年丧父，但季陵结婚时已入太学为上舍生，前途无量，不久就在京城身居高位。⑤

上官氏所经历的财务困境，很可能源于季氏族人的算计。韩元吉讲述了这样一件事：

> 季氏之宗有不令者，以其上世清平里之茔山窃售于僧寺。侍郎谒告归，义赎之，禄薄素无积，将贷于人。
>
> 夫人泣曰："吾父母资送我者，以为君家助也。君松楸不自保，

---

① 《斐然集》，26：36b—37a。我们也可以看出芙氏对自己两个儿子的教育也是极为重视的。她的长子训被老师责打，逃回家来，她立即命儿子回去。小儿子也一直读书，后来早逝。《斐然集》，26：36b。

② 《南涧甲乙稿》（武英殿聚珍版书，1828），22：25a（四库全书珍本22：28a）。（除非特别著名，后文中的页码均出自武英殿版。笔者也提供了四库全书珍本版的页码，方便不能看到武英殿版的学者查阅，但四库全书珍本版有讹误之处。）

③ 《南涧甲乙稿》，22：31a（四库全书珍本22：34b）。

④ 上官氏的父亲上官恢是一位大儒，官至左中大夫，是三官之一。韩元吉说上官恢是第一个为上官家族光大门楣的人，但其他的叔父上官均也身居高位，还是一位很有名望的学者，因此上官家族早已跻身上层社会的最高级别；《南涧甲乙稿》，22：22a（四库全书珍本22：24b）；《宋元学案》，19：804。

⑤ 《南涧甲乙稿》，22：22a。《宋史》，377：11646（第33册）。季陵在朝中担任过数个显赫官职，宋室南渡时受命亲自携带皇室牌位。1128年，他曾被贬为舒城（淮南西路庐州府）县令，很快改任太常少卿和中书舍人。

吾安所用焉？"尽倒其奁以赎其山，且以其余增地甚广，置庐舍守之。① 曰："俾后世知自君得，他人无敢预也。"于是季氏之族无大小皆称夫人之贤，且服其识。至今薪栖不敢望其墓林，曰："此上官夫人赐也。"②

通过这一义举，上官氏在夫家及夫家族人当中赢得了很高的地位。她的慷慨行为给这篇墓田涂上了一层神话色彩，不管是伐木人还是居心叵测的族人都不敢靠近。当她把妆奁以这种方式用于夫家的祖先崇拜时，她所带来的巨额嫁妆就为她赢得了声望。韩元吉引述上官氏所说嫁妆本来就是"为君家助"的，表达了他对妇女捐助嫁妆这一行为的推崇。

这篇墓志铭还在无意中透露出另一个信息，如果寡妇有私人财产，那么她就享有了离开夫家返回娘家的自由。季陵于1135年去世，上官氏时年41岁，有四个年幼的子女。她以"夫家无依"，所以只能"依吾父母"为由，带着子女返回了娘家。上官氏在娘家致力于教育儿子，以确保他们将来"齿于士居子之流"，她的父母年事已高，其他子女都已过世，上官氏还担负起照顾双亲的责任。父亲既已年迈，作为官宦家庭中唯一在世的子女，上官氏掌管着娘家庞大而富有的家业。墓志铭中描述了她如何在邵武府城建造了一座大宅，将上官家族的亲属都请来聚居。她的子侄孙婿当中有多人获得官爵，父母也活到九十多岁。③

韩元吉觉得有必要为上官氏返回娘家找到一个合适的理由，于是引述了她自己所说的"吾于季氏无负矣"。但上层社会妇女守寡后返回娘家是很常见的现象。④ 上官氏返回娘家后，有权掌管大量家产。她很可能继承了父母的家业，因为墓志铭中并没有提到她的父母还有其他继承人。韩元

---

① 关于这些庐舍（及其与白莲教的密切联系）的详情，见竺沙雅章，『宋元佛教における庵堂』，《东洋史研究》，46：1（1987）：1—28。第23页介绍了同在福建邵武的一名男子为其母所置的白莲教庐舍。

② 《南涧甲乙稿》，22：22b。参照伊沛霞（Ebrey），*Inner Quarters*，15。

③ 《南涧甲乙稿》，22：23a—b。

④ Jennifer Holmgren 认为，富有的上层社会女性守寡后会带着私人财产返回娘家，而贫家寡妇多半会留在夫家，从公婆处获得经济来源；见"Economic Foundations of Virtue: Widow Remarriage in Early and Modern China", 7-9。又见伊沛霞（Ebrey），"Kinship"；王安（Ann Waltner），"Widows and Remarriage in Ming and Early Qing China", both in Women in China, ed. Guisso and Johannesen；以及张邦炜，《宋代妇女再嫁问题探讨》。

吉并没有反对上官氏返回娘家的举动，并且赞扬了她在娘家的种种善举。尽管如此，从他的措辞当中可以看出，他很可能已经接触到了更为激进的道学家们（例如他的青年友人朱熹，以及他的女婿吕祖谦）期求移风易俗，反对寡妇离开夫家的观点。

与朱熹同时代的道学运动领袖和他的追随者们则更加强调将嫁妆交给夫家。吕祖谦一直是道学运动的卓越领袖，直至他于1181年早逝。① 他共为十一位女性撰写了墓志铭，其中五篇都强调了捐赠嫁妆的问题。在这五个事例中，有三位女性将嫁妆用于儿子的教育。吕祖谦引用了一位儿子对母亲的描述："每游学，纫补炮烹，米盐靡密，悉出吾母之手。"② 另一位母亲变卖了自己的簪珥"直数十万"为儿子买书。她所做的牺牲让儿子求学时更有动力，吕祖谦写道："（陈氏）且曰：……'特欲汝曹异日见此书，不忘吾此意耳。'夫人没后，诸子为予诵之，辄涕下不能禁。"③ 第三位母亲为儿子聘请塾师，因为塾师贫困，这位母亲还帮助他抚养两个女儿，并出资为她们置办嫁妆。④ 另外两位女性将自己的嫁妆用来资助贫病交加的亲属或作为礼物赠予客人。其中一位每次听闻亲属有恙，都会摘下耳环脱去外衣赠送给他们，没有丝毫吝惜。⑤ 为人慷慨、不贪恋物欲是道学中的重要原则，从这些墓志铭可以看出，这个原则并不仅限于男性，也适用于女性。

魏了翁（1178—1237）是继朱熹、吕祖谦之后新一代的著名道学家。他共为十一位女性撰写了墓志铭，其中有四篇都褒扬了主动将嫁妆或其他私人财产交给夫家的女性。一位女性在孩提时期就将自己的头发卖掉来接济父母。另一位女性帮助了丈夫被贬谪的好友，并协助丈夫为当地一名寡妇的两个女儿置办嫁妆。第三位女性帮助了度日艰难的亲属和村民，自己的一切财物都与丈夫的姐妹共享。第四位女性李氏是丈夫的第二任妻子，用自己的嫁妆帮助丈夫按照先人的模式重新修建了祖宅，并对其做了进一步的完善，工程持续了十五年之久。⑥ 没有提到嫁妆问题的墓志铭中，死

---

① 见田浩（Tillman），*Confucian Discourse*, esp. 82, 90–92。
② 《吕东莱文集》，8：199。
③ 《吕东莱文集》，8：201。
④ 《吕东莱文集》，8：198。
⑤ 《吕东莱文集》，8：161。
⑥ 《鹤山集》（四部丛刊版），73：3b（592）；80：18a（665）；81：8b（669）；70：6b（565）。

者通常早逝，或者与魏了翁并不熟识。

魏了翁的友人真德秀（1178—1235）原籍福建建宁，也是一名卓越的道学领袖。他只为两位女性撰写了墓志铭，其中都提到了嫁妆问题。第一位女性毫不吝惜地将自己的嫁妆赠予丈夫的姐妹供结婚之用。第二位将自己的钱财交给丈夫和前妻所生的女儿用作妆奁。①

并非所有在墓志铭中提及妆奁的作者都与道学阵营密切相关。袁说友（1140—1204）并没有被收入明代出版的《宋元学案》当中，② 但他与朱熹同为建宁人，他对妇女妆奁的担忧与朱熹和其他道学家十分相似。袁说友出生在建安县，后来升迁后移居湖州（今浙江省境内）。他于1163年考中进士，先后在京城和地方任多个要职，官至参知政事和知枢密院。③

袁说友共为三位女性撰写了墓志铭，都很详尽，而且语气亲近。其中两篇详细描述了墓主怎样将妆奁贡献给了夫家，另外一篇是他妻子的墓志铭，他的妻子去世时年仅31岁。

提及嫁妆的两篇墓志铭当中，第一篇的长度和详尽程度都是极不寻常的。④ 这篇墓志铭共有15页半，长达2552字，是史上女性最长的墓志铭。墓主是袁说友的一位表亲的母亲，与袁说友的母亲一起在建安长大，情同姐妹。袁说友称她对自己来说就像母亲一样。她嫁给了一名官员，儿子也都有官爵，袁说友应该与她和她的家人一直保持着亲戚间的往来和公务上的联系。

墓主的名字叫叶妙慧（在女性墓志铭中写下墓主全名也是非常罕见的），生于1104年，死于1185年。她嫁给了一名带着几个子女的鳏夫，名叫单莘（生卒年不详）。单莘出生于京城杭州的一个士大夫家庭。叶妙慧30岁那年，丈夫就已经去世，留下她一人照管一个庞大的家庭：包括丈夫前妻子女在内的九名子女及公婆。尽管单家是官宦之家，但叶妙慧嫁入单家时，家中经济状况却十分困难，一部分原因是她的婆婆一心向佛，不问家事。⑤ 叶妙慧"密以嫁时簪珥鬻以为助"，而且只允许自己吃最简单的食

---

① 《西山集》，45：15b，28b。
② 袁说友没有被收入《宋元学案》，但后来出版的《宋元学案补遗》（四明丛书版）将他补录了进去，35：186。他对佛教的态度比较友好，很可能因此不被同时代的道学家们接受。
③ 《东塘集》（四库全书珍本版），20：33b；《宋元学案补遗》，35：65（186）。
④ 《东塘集》，20：22b—30a。
⑤ 《东塘集》，20：23a。

物以降低开销。她的公婆十分感激,将家庭财务全部交给她掌管。①

另一篇墓志铭中,墓主年轻时"日出簪服质贸以裨太夫人饮食"②。后来她又用自己的私人财产为儿子延请良师,倾其所有为他们提供白天的饮食和夜晚的灯火,毫无吝惜之意。③

以上这些行为都与朱熹的理想一致:妇女应将自己的私人财产用于侍奉公婆或教育子女,为夫家提供协助。能够以这种方式处理私人财产的妇女都受到了高度赞扬,这表明当时社会并不要求妇女一定要将妆奁贡献给夫家,这种行为是非常出人意料的。从前文所举的事例中可以看出,如果妻子对夫家在经济上有所贡献,她会获得十分可观的声望和影响力。随着时间的推移,宋代妇女可能感受到了越来越大的社会压力,要求她们放弃自己的财产权和经济上的独立性。宋代早期,程颐描述了自己的母亲如何收留了一名被遗弃的小男孩,并用自己的嫁妆为他添置衣食,这时的妇女有权按照自己的意愿将私人财产用于个人事务。与之相反,程颐后来的追随者们所描述的妇女都拿出了自己的嫁妆去满足丈夫及其亲属的需求。

三 宋人对嫁妆日渐深化的忧虑

宋代的三百年间,随着道学的逐渐兴盛,宋人对如何支配妻子嫁妆这个问题的忧虑也在逐渐加深。尽管对妇女私人财产权的法律保护依然存在,墓志铭中出现的话语却表明,要求妻子将妆奁交给夫家的社会压力越来越大。宋代的墓志铭自始至终都在褒扬将嫁妆交给夫家的妻子,这说明当时这样的善举并不是理所当然的;无论在法律上还是在习俗上,妆奁都是妻子的私人财产。尽管如此,越来越多的墓志铭描述了将嫁妆捐赠给夫家的行为,这表明牺牲自己的私人财产已经成为妇德中的一个重要内容。提倡这种行为的宋人往往与道学运动有关。

妻子牺牲私人财产的事例在北宋和南宋的墓志铭中都存在。但是,笔者研究了从北宋到南宋 40 多位作者所写的 400 余篇墓志铭,发现南宋时期提及嫁妆的次数明显增多。北宋时期的 171 篇墓志铭当中,只有 17 篇,大约 10% 提到了将嫁妆贡献给夫家。南宋时期,这样的事例增长了三倍,

---

① 《东塘集》,20:23b。
② 《东塘集》,20:19b。
③ 《东塘集》,20:20b。

27%的墓志铭中有这样的记载（240篇中的65篇）。① 道学领袖吕祖谦和魏了翁所撰写的墓志铭中，这个比例尤其高。陈亮（1143—1194）反对道学运动，在他所写的18篇内容详尽的墓志铭中，从未提及妻子献出嫁妆的事例。对他来说，这个问题显然并不重要。尽管不是所有提及嫁妆的墓志铭都出自道学阵营，但是作为一个群体，道学家们所写的墓志铭中有很大比例都将献出嫁妆作为一项美德加以表彰。② 表3和表4展示了上述研究的结果，笔者列出了作者姓名，笔者查阅过的文集，该作者为女性撰写的墓志铭留存至今的总数，其中提及嫁妆的墓志铭数目，及其所占的百分比。

表3　　　　　带走个人财产的女性相关墓志铭（北宋）③

作者与文集④	女性墓志铭数量	没有提到妆奁者	%
张方平（1007—1091）《乐全集》	17	0	0
程颐（1033—1107）《伊川集》	2	0	0
范仲淹（989—1052）《范文正公集》	2	0	0
徐铉（916—991）《徐公集》	7	0	0
李纲（1083—1140）《梁溪集》	1	0	0
李觏（1009—1059）《直讲集》	9	2	22
廖刚（1071—1143）《高峰集》	2	0	0
陆佃（1042—1102）《陶山集》	20	5	25
刘弇（1048—1102）《龙云集》	3	0	0

① 伊沛霞（Patricia Ebrey）随机选取了北宋和南宋时期161位女性的墓志铭，发现其中15%提到了嫁妆问题。她从唐代女性墓志铭中随机选取了42篇，没有一篇提及嫁妆，与宋代的情况形成了强烈反差，见"Shifts"，109 n. 12, 13。笔者选取了南宋和北宋时期411位女性的墓志铭，平均有20%提及嫁妆问题。
② 笔者没有找到张载（1020—1077）、周敦颐（1017—1073）、邵雍（1011—1077）以及张栻（1133—1180）等重要道学家为女性撰写的墓志铭。
③ 作者以字母表顺序排序。（实际是以威妥玛拼音排序。——编者注）
④ 有关版本，见参考文献，此处文集名仅为缩写。

第三章　宋代妇女财产权及儒家对妇女财产权的抵制

续表

作者与文集①	女性墓志铭数量	没有提到妆奁者	%
欧阳修（1007—1072）《欧阳集》	21	0	0
司马光（1019—1086）《司马集》	4	1	25
苏轼（1036—1101）《苏东坡集》	5	0	0
苏颂（1020—1101）《苏魏集》	7	1	14
蔡襄（1012—1067）《端明集》	4	0	0
曾巩（1019—1083）《元丰稿》	25	3	12
王安石（1021—1086）《王临川集》	31	4	13
杨杰（11世纪晚期）《无为集》	5	0	0
杨亿（974—1020）《武夷集》	1	0	0
杨时（1053—1135）《龟山集》	5	1	20
总计	171	17	10

表4　　带走个人财产的女性相关墓志铭（南宋）②

作者与文集	女性墓志铭数量	没有提到妆奁者	%
真德秀（1178—1235）《西山集》	2	2	100
陈亮（1143—1194）《陈亮集》	18	0	0
朱熹（1030—1200）《朱子文集》	17	5	29
周必大（1126—1204）《徐公集》	15	2	13
方大琮（1183—1247）《铁庵集》	5	2	40

① 有关版本，见参考文献，此处文集名仅为缩写。
② 作者以字母表顺序排序。（实际是以威妥玛拼音排序。——编者注）

续表

作者与文集	女性墓志铭数量	没有提到妆奁者	%
韩元吉（1118—1187）《南涧甲乙稿》	7	3	37
徐元杰（1194—1245）《梅野集》	1	0	0
胡寅（1098—1156）《斐然集》	6	3	50
黄榦（1152—1221）《勉斋集》	6	0	0
林希逸（约1210—1273）《竹溪鬳斋集》	4	0	0
林光朝（1114—1178）《艾轩集》	1	0	0
刘克庄（1187—1269）《后村集》	35	8	23
刘宰（1166—1239）《漫塘集》	22	7	32
刘子翚（1101—1147）《屏山集》	2	0	0
楼钥（1137—1213）《攻媿集》	10	4	40
陆九渊（1139—1193）《陆九渊集》	2	0	0
陆游（1125—1210）《渭南文集》	14	4	28
吕祖谦（1137—1181）《吕东莱集》	11	5	45
魏了翁（1178—1237）《鹤山集》	11	4	36
杨万里（1127—1206）《诚斋集》	22	12	54
叶适（1150—1223）《叶适集》	26	2	7.7
袁说友（1140—1204）《东塘集》	3	2	67
总计	240	65	27

第三章　宋代妇女财产权及儒家对妇女财产权的抵制

如果我们只看建宁（今福建省北部，道学运动的重镇）籍作者所撰写的墓志铭，就会发现南宋时期31位作者的39篇墓志铭中，有39%都明确提到了妻子用自己的嫁妆负担夫家日常开销的事例。北宋时期建宁籍作者为女性撰写的墓志铭笔者只找到一篇，而且并没有提到嫁妆。南剑紧邻建宁，北宋时期南剑籍作者廖刚（1071—1143）所作的两篇墓志铭，墓主分别是建宁和南剑人，也都没有提及嫁妆。在南宋时期的墓志铭中，有12篇提到了嫁妆问题，其中10篇出自与道学运动有紧密联系的作者之手，包括胡寅、朱熹和真德秀。详情见表5。

表5　带走个人财产的女性相关墓志铭（北宋、南宋，建宁）①

作者与文集	女性墓志铭数量	没有提到妆奁者	%
北宋			
杨亿（974—1020）《武夷集》	1	0	0
北宋总计	1	0	0
南宋			
胡寅（1098—1156）《斐然集》	6	3	50
刘子翚（1101—1147）《屏山集》	2	0	0
朱熹（1030—1200）《朱子文集》	17	5	29
袁说友（1140—1204）《东塘集》	3	2	67
真德秀（1178—1235）《西山集》	2	2	100
徐元杰（1194—1245）《梅野集》	1	0	0
南宋总计	31	12	39

如果我们只看除去建宁府以外的福建籍作者所写的墓志铭，北宋时期共有18篇，只有两篇（11%）提到了嫁妆。一篇是苏颂（1020—1101）所作，苏颂官至丞相，还是一名科学家，朱熹对他十分仰慕，并为他写了《苏丞相祠记》。另一篇是杨时（1053—1135）所作，杨时是将道学引入福建的程氏

① 此处碑铭包括作者来自建宁或大部分时间生活在建宁的。

兄弟的学生。南宋时期，提到嫁妆的墓志铭比例增长了一倍，达22%，是总数58篇中的13篇，作者全部与道学运动有紧密联系。研究结果见表6。

表6　带走个人财产的女性相关墓志铭（北宋、南宋，福建路）①

作者与文集	女性墓志铭数量	没有提到妆奁者	%
北宋			
苏颂（1020—1101）《苏魏集》	7	1	14
杨时（1053—1135）《龟山集》	5	1	20
廖刚（1071—1143）《高峰集》	2	0	0
蔡襄（1012—1067）《端明集》	4	0	0
总计	18	2	11
南宋			
林光朝（1114—1178）《艾轩集》	1	0	0
韩元吉（1118—1187）《南涧甲乙稿》	7	3	37
黄榦（1152—1221）《勉斋集》	6	0	0
方大琮（1183—1247）《铁庵集》	5	2	40
刘克庄（1187—1269）《后村集》	35	8	23
林希逸（约1210—1273）《竹溪鬳斋集》	4	0	0
南宋总计	58	13	22

总而言之，上述证据表明，在道学追随者当中，在道学运动的重镇，以及宋代后半期，宋人对如何支配妻子嫁妆这一问题的关注度明显高于其他群体、地点和时间段。这些作者乐于将贡献嫁妆描述成妇德的内容之一，在他们看来，妻子将私人财产用来满足自己的需求已经逐渐成为一种

---

① 这些碑铭不包含建宁，如同表5，这些碑铭包括作者来自福建或大部分时间生活在福建。

令人无法接受的行为。

第三节 道学理想和妇女管理家庭财务的职责

道学理想的倡导者们反对妇女持有私人财产,但他们并不认为妇女在同居共财家庭中应该只是一个无所作为的附庸,而不能支配任何家产。他们将家庭视为一个集体主义的共同体,男性和女性成员都应该为整个共同体的利益而牺牲个人自由。每个家庭成员都应该各司其职,为整个家庭做出贡献。女性家庭成员根据其所处的人生阶段,也需要负担各种不同的重要职责。按照道学家对女性的要求,作为儿媳,年轻的新娘应该放弃私人财产权和经济上的独立性,但是家族中年长的女性成员往往肩负着更大的职责,可以在一定程度上管理家庭财产。

本书引言中提到,道学强调男女有别。儒家经典早已申明,妇女的职责是主理家庭内部的事务,活动范围也应该限制在闺阁之内。朱熹和其他道学家对这一职责做了更加详细的说明,肯定了女性通过管理包括财产在内的一系列家务为家庭做出的贡献。与此相反,他们敦促男性专注于治学、修身和公职,而不要将过多的精力放在日常财务上面。日常生活中的各种麻烦和难题,最好交给一个能干的妻子来处理。如果妇女能够完全负担起料理家务的职责,她们的丈夫和儿子就可以从琐事中解放出来,追求更高的、家庭之外的事业。对朱熹和他的追随者来说,妇德的内容之一就是管理家业的强大能力。这个职责赋予妇女掌管钱财和地产的权力,同时也模糊了内与外的界限。

一 北宋时期关于妇女掌管家务的话语

妇女管理家庭财务的职责并不是由道学家们首先提出的。宋代以前的墓志铭极少提到这个话题,[①] 但是关于妇女掌管家务的内容从北宋时期就

[①] 笔者查阅了 24 篇唐代女性墓志铭,没有一篇提到管理家务。柏文莉(Bossler)研究了 63 篇唐代墓志铭,只找到了一篇写于 832 年的女性墓志铭,其中提到了管理家务;*Powerful relations*,20。北魏(386—534)时期一位李氏的女性墓志铭中,简略地提到了这个话题,转引自伊沛霞(Patricia Ebrey), *The Aristocratic Families of Early Imperial China* (Cambridge:Cambridge University Press, 1078),57。

已经开始经常出现。这种话语的出现与宋代以士大夫为主的新的精英阶层的兴起有关。宋代的精英阶层不能再通过祖先荫庇或显赫的世系来获取朝中高位或其他方面的成功。宋代政府的运作是以教育和个人成就为基础的，精英阶层中的一大部分已经参与到了这个体系当中。墓志铭的措辞也体现了这一转变。宋代的墓志铭大多强调墓主的美德以及个人成就，墓主可能出身卑微，但是良好品德和个人成就帮助他们获得了成功。这种勤奋和毅力是一种可贵的道德素质。与之相反，唐代的墓志铭大多将优秀的品德与显赫的出身联系在一起，往往赞扬墓主高贵的世系，而不是其本人。①

北宋时期提到妇女管理财产的墓志铭还并不多见。欧阳修（1007—1072）和王安石（1021—1086）这样的名流都为大量女性撰写过墓志铭，但他们有时会简略地赞美墓主的理家能力。节俭和量入为出是其中反复出现的主题，这种美德使妇女管理家务的职责显得更为重要。② 但他们并没有提到妇女可以实际掌控家庭财产和其他资源。值得注意的是，王安石所作的墓志铭中，有五位墓主都是必须独自抚养幼子的寡妇。在这种情况下，她们必须监管家庭财务，但王安石却完全没有提及这一点，只是赞扬了她们的贞静蛰居。③ 王安石在一则墓志铭中提到，墓主的丈夫是朝中高官，妻子管理家务，可以让丈夫更加专注于公务，而不必"以家为恤"。④ 这个主题在一个世纪之后成为朱熹关于妇女管理家务的思想的核心。司马光在为苏轼的母亲撰写墓志铭时，也有类似的评论。他表彰了苏母在经济和管理家业方面对家庭的贡献，正因为如此，她的丈夫苏洵和两个儿子才能专心治学。司马光还为另外四位女性撰写了墓志铭，但是都没有涉及管理家庭财务的话题。⑤ 程颢、程颐兄弟是道学的先驱，但是他们唯一一篇为成年女性撰写的墓志铭就是程母的墓志铭。程颐描述了她管理婢仆的能

---

① （Bossler）详尽地论述了这一问题，见柏文莉（Bossler），*Poweful Relations*, esp. 12 – 24。

② 例如《王临川集》，100：633，634—635。《欧阳集》（重印于《全宋文》），95：377—378，384—385。王安石为30名女性撰写了31篇墓志铭，数量在宋朝现存的墓志铭中位居第二。居第一位的是南宋时期的刘克庄，他写了35篇墓志铭。欧阳修写了23篇。与其他作者相比，他们撰写的墓志铭数目很多，但并没有一篇具体描述女性管理家务的能力，这是很值得注意的。

③ 《王临川集》，99：627—628，628—629；100：634—635，636，637。

④ 《王临川集》，100：633。

⑤ 《司马传家集》（国学珍本丛书版），78：967—968。（四部丛刊版，76：11b—12b）。在司马光所作的家训中，他强调了应有丈夫而不是妻子来理家；《家范》（中国子学名著集成版），7：650—658；8：659ff。

力，以及节俭和安于俭朴生活的美德，但是并没有提到她对家庭财产的掌控。① 其他道学运动的先驱们并没有留下任何为女性撰写的墓志铭。②

对妇女掌管家务的详细描述在北宋虽然少见，却并不是完全没有。江西著名学者李觏（1009—1059）为其母撰写的墓志铭就是一个很好的例子。程颐的母亲生活在一个庞大的家庭中，还有大量婢仆（但是程颐声称家道不丰），管理家庭财产的职责由家中其他人负担。但李觏的母亲则完全不同，她40岁守寡，必须独自抚养14岁的儿子，家产只有"水田二三亩"。李觏描述了母亲如何保证家人不受饥寒之苦："（夫人）募僮客烧薙耕耨，与其同利。昼阅农事，夜治女功。斥卖所作，以佐财用。"③ 李觏将这段叙述放置在一个重要的框架之中：母亲管理家务，他本人才能专心求学，获取功名：

> 而觏也得出游求师友，不为家务罔其心用，卒业为成人，不然蕞尔小子，为佣保，为负贩，供养犹不足，何暇孳孳学问邪？④

我们不清楚李觏的出身是否真的如此卑微，但是他后来师从范仲淹，成为著名学者，并精通礼仪，官阶很高。他求学极有效率，很多名作都是在20多岁的时候完成的。⑤ 毫无疑问，李觏艰难的家境让他更能认可女性管理家务的职责，他撰写的其他一些墓志铭也体现了这一点。⑥

南宋士大夫陆佃所撰写的墓志铭中，也多次提到妇女掌管家务，令丈

---

① 《伊川集》，8：6a，收入《二程全书》。英译文见伊沛霞（Ebrey），*Inner Quarters*，183-184。

② 前文中已经提到，这些先驱者包括张载、周敦颐、邵雍和张栻。

③ 《直讲集》（四部丛刊版），31：7b。

④ 《直讲集》，31：7b。参见刘静贞，《女无外事？墓志碑铭中所见之北宋士大夫社会秩序理念》，《妇女与两性学刊》第4期（1993年3月）：31。

⑤ 1032—1044年，李觏从23岁到35岁，他已经撰写了有关《周礼》的几篇名作，希望将古代制度和礼仪用于发展经济并加强军事。有学者因此认为他的思想影响了王安石，应该归入王安石一派，但是李觏的思想是很难归类的。他反对佛教，因为他认为佛教毁坏人伦，威胁政府的权威，这与道学改良主义的观点是一致的。另外，他试图复兴古代的"道"，并将其应用在现实社会，还很重视道德和社会责任，这些态度都与道学家们一致。见 S. Ueda, "Li Kou", in *Sung Biographies*, ed. Herbert Franke, 574-575；《宋元学案》，3：155ff；《宋史》，432：12839-12842。参见包弼德（Bol）的论述，"This Culture of Ours"，185-186，370 n. 133。

⑥ 《直讲集》，30：9b—10b，14b—15b；31：1a—2a。李觏共为七名女性撰写了墓志铭，其中四篇都名七条提到了墓主掌管家业的事迹，当中有两名墓主是寡妇。

夫或者儿子专心求学或追求其他事业这一主题。和李觏一样，陆佃（1042—1102）也是一位著名学者，尤其擅长礼。他是越州（今浙江省境内）人，多次在京城担任要职，有时也会因为陷入党争而被贬谪到地方。①陆佃为二十位女性撰写了墓志铭，其中多篇都描述了墓主管理家务以减轻丈夫负担的情形。在他撰写的一篇墓志铭中，墓主蒋氏的公婆去世后，丈夫开始依赖她"经理其家"。她组织奴仆在外耕作，婢女在内闱织布，一切活动都符合时令。陆佃还赞扬了另一位墓主在丈夫退休后令其专注于"外事"，无须顾及家务。②陆佃为自己的一位姨母撰写了墓志铭，她也在丈夫退休后掌管家务，为丈夫分忧："家事无大小，决于夫人，公自以不忧。"她为家人安排婚事，用自己的钱财为家族购置墓地，陆佃赞美道："（夫人）有才智，持家颇严，甚遇事以理取胜，虽公不能无屈，亦天下奇女子也。"③

陆佃的另一篇墓志铭中也记载了一位妻子管理家业以减轻丈夫负担的突出事例。墓主周氏原籍越州山阴县（今浙江省境内），26岁时以妾室的身份嫁入傅家。她的勤劳、节俭、守礼最终赢得了正妻（作为妾室周氏应侍奉正妻）的认可，陆佃还详细描述了周氏对傅家财富的积累所起到的重要作用：

> 康定中，傅氏之族蕃衍日大，而府君以不足于养为忧。去城之东湖，得童山废田百顷，又得浪港废陂数百亩。府君以千金易之，曰："田将种之粳稌，而陂将养之乌芉也。"顾祝子尚幼，又欲令力学以世其家，问谁可主者，意在夫人。而夫人承其意，府君喜曰："汝才真可以此付也。"故常往来童山，独为提其大要，而以其节目任之。凡所以更革而新之者，出于夫人之谋十三四也。居久之，生事就绪。岁有余入，而府君无内顾之忧者，实夫人之助也。庆历中，嫡夫人卒，

---

① Helmolt Vittinghoff, "Lu Tien", in *Sung Biographies*, ed. Herbert Franke, II, 687–691；《宋元学案》，98：3258；《宋史》，343：10917。陆佃与王安石一派有一定联系，王安石死后，陆佃坚持认为应为他举行祭祀，并应对他的成就做出客观的评价。但是他对于王安石变法的态度却不甚热情，最多可以算作中立。虽然在《宋元学案》中他被归入王安石一派，但程朱学派对王安石进行了激烈的批判，却并没有波及陆佃。

② 《陶山集》（丛书集成版），16：184；15：174。

③ 《陶山集》，16：182。

皇祐中，府君卒，夫人尚居山中又十余年。迨族人析生，夫人已白首矣，始归于家，谢去生事而诵浮图之书以永日。①

这篇墓志铭接下来描述了周氏如何教育自己的两个儿子努力求学，目的是成为乡人敬重的君子，而不只是为了通过科举获得官职。周氏还用自己的妆奁资助儿子求学，没有丝毫吝惜之意。②

对于妇女掌管家庭财务，从而将丈夫和儿子解放出来致力于"外事"的行为，在北宋时期的墓志铭中只有少数零星记载，③ 在南宋时期却变得越来越普遍。朱熹和他的追随者们对这一行为十分认可，并不断宣扬，对后世产生了深远的影响。

二 朱熹与妇女在家庭中的职责

朱熹为女性撰写的墓志铭一再强调管理家务的重要性。他共为十七位女性撰写了墓志铭，几乎每一篇都提到了墓主的持家能力。只有两篇没有涉及这个话题，这两篇墓志铭的墓主都在很年轻的时候就夭折了。④ 年轻妇女嫁入夫家，最重要的职责就是侍奉公婆和参加祖宗祭祀。朱熹在其家礼和为女性所写的墓志铭中都明确指出，新娘的首要义务既包括侍奉生者，也包括供奉死去的祖先。⑤ 女性婚后毕生都要参与祖先祭祀，但随着

---

① 《陶山集》，16：185—186。

② 值得注意的是，周氏只是一名妾，却依然有妆奁。她嫁入傅家时，显然携带着一些私人财物，这表明正妻与妾室都有私人财产权，只是程度不同而已。参见伊沛霞（Patricia Ebrey），"Concubines in Sung China"，*Journal of Family History* 11 (1986): 1 - 24。

③ 刘静贞对宋代女性的墓志铭做了详尽的研究，共找到 76 位作者所写的 560 篇墓志铭（宋代男性的墓志铭共 1467 篇，出自 95 位作者）。除了笔者在本节论述过的事例之外，刘静贞还援引了其他一些女性掌管家务，令家中男性专心求学的事例，谢逸（卒于 1113 年）、赵鼎臣（生于 1070 年，1091 年进士）、李新（卒于 1123 年之后）、晁说之（1059—1129）和黄庭坚（1045—1105）所作的墓志铭中各有一篇。刘静贞也认为笔者在本节当中选用的李觏和陆佃的几篇墓志铭是最为突出的例子。 （笔者查阅了北宋时期 19 位著名作者撰写的 171 篇墓志铭。）柏文莉（Bossler）研究了 65 篇北宋时期男性和女性的墓志铭，发现了 4 个女性管理家务，让男性专心学业和事业的事例，见 *Powerful Relations*, 245 n. 42。

④ 《朱文公文集》，93：1a, 82：28a。第一篇的墓主是朱熹的女儿，15 岁未婚夭折，第二篇的墓主去世时年仅 27 岁，还没有掌管家务。

⑤ 朱熹所有的墓志铭都提到了主持祭祀，有时是在艰难条件下仍然坚持祭祀祖先；例如《朱文公文集》，90：13b, 92：14a。朱熹还赞扬了一些女性为迎合苛刻的婆婆所付出的努力，例如《朱文公文集》，92：13a—b。详情见柏清韵（Birge），"Chu Hsi and Women's Education"，335 - 348。

年龄的增长，婆婆年老或去世之后，妻子渐渐变成了家庭事务的管理者，这一职责给予女性支配家庭财产的权力。

和北宋时期的墓志铭作者一样，朱熹也褒扬了女性持家时量入为出的能力。他近乎狂热地强调节俭的观念，绝口不提任何牟取利益的行为。① 男性不应致力于提高收入，因此为了维持生计，只能节约家庭开销。这个艰巨的任务落在了女性身上，朱熹举了多个女性自我牺牲的例子来阐明这一职责。如果一个家庭已经十分富足，家中的女性依然维持着极为俭朴的生活，在朱熹看来，这样的女性尤其值得赞扬。例如，管氏是一位官员的妻子，结婚时正逢丈夫被贬谪，家境"贫甚"，几乎一无所有。后来丈夫升迁，成为朝中重臣，禄赐极为丰厚，但管氏"食饮居处，所以自奉者，不少异于前日也"②。朱熹还赞扬了另一位女性，她出嫁时带来了一套祭服，尽管后来丈夫升迁，她可以改穿更加奢华的命服，但她还是终生穿着同一套祭服奉祭。③

朱熹认为，管理家务不只是节俭持家，还包括理财。在他所写的墓志铭中，朱熹描述了一些妇女协助丈夫监管家业的事例。更为理想的情况是，妻子完全承担起管理家庭财务的职责以减轻丈夫的负担。最值得赞扬的妇女则完全不让丈夫知道家中真实的经济状况，以免他们为金钱忧虑。一位妇人徐氏为了负担丈夫宴请宾客的费用，不得不节衣缩食，她的丈夫却对家中的经济困境一无所知：

> 张君家固饶财，喜宾客。中岁少窘约，然不以屑意。朋旧过门，辄饬疱具馔，相与乐饮如故时。馆客于家，至或旬月不厌。夫人节衣食以奉其费无难色，不使张君知其有异于前也。④

朱熹所作的另一篇墓志铭中，墓主的丈夫性格"宽厚乐易"，"不以家人生产为事"，妻子就承担了管理家庭事务的全部责任，使丈夫没有后顾

---

① 从唐代开始，对追名逐利的唾弃就是儒家复古运动的主要信条之一。宋儒强调求学是为了自我完善，而不是为了求取功名，本身就包含了对追逐私利行为的谴责。见狄百瑞（Wm. Theodore de Bary），"A Reappraisal of Neo-Confucianism", in Studies in Chinese Thought, ed. Arthur Wright (Chicago: University of Chicago Press, 1953), 85–86。
② 《朱文公文集》，92：8a—b。
③ 《朱文公文集》，90：15b。
④ 《朱文公文集》，91：26a。君子应该慷慨待客。

之忧。① 还有一位妻子为了让丈夫专心于公务，不为收入担忧，竭尽全力勤俭持家，另一位妻子劝止丈夫接受来路可疑的薪酬，后来又说服丈夫辞官归乡，两次都告诉他家中富足，没有经济上的需求。②

这些事例说明了妇女在丈夫在世时是如何管理家务的。丈夫去世后，寡妇就变成了家长，这时就更需要强大的持家理财能力。这种情况下，寡妇直接掌管家庭经济。与王安石和司马光不同，朱熹并不特别注重寡妇贞静蛰居，而是要求她们全面掌管家业，照顾家人。③ 朱熹笔下的邵氏就是一个很好的范例。邵氏（1113—1183）是时汝翼（1110—1174）的妻子，时汝翼治家严格，为家人和奴仆都制定了详细的行为规范。他死后，邵氏将这些家规抄写在屏风上，要求家人继续严格遵守。第一条家规要求子女严守家法，不得违逆，第二条要求每天早上鸣板，所有家人按长幼次序到中堂向祖先牌位鞠躬。第三条原文是：

> 男女出入、财货出纳、仆妾增减，必禀家长。④（此时的家长是邵氏本人）

第四条要求众儿媳不得蓄私财，由此可见，邵氏无疑是家庭财务的掌管者。⑤

第二个例子是吕氏（1122—1177），吕氏是建阳县人，朱熹的同乡。吕氏少年时丧母，因此不得不承担起抚养弟妹的责任。婚后育有三个儿子，但很快守寡。当时她的婆婆已经亡故，父亲和公公也很快相继去世，她必须独自抚养儿子，并照顾丈夫的弟妹。朱熹描述了吕氏为丈夫守节的决心，还出人意料地详细叙述了她是如何严格管理家中钱财的：

> 其出内用度不以一钱自私，文簿整整，虽龠合分寸无所漏。少或

---

① 《朱文公文集》，93：25a。
② 《朱文公文集》，90：19b—20a；92：3a—4b。前一个事例中的女性嫁给了宋代名臣范祖禹的儿子。朱熹说他死后家中经济十分困难，因为他生前为官时从未想过聚敛钱财，妻子也不让他知晓家中的经济情况。
③ 袁采曾经感叹寡妇很少能独立管理家庭财务，如果没有男性亲属照料，最后"鲜不破家"。朱熹的主张正是为了避免这种情况。柏清韵（Ebrey），*Family and Property*，221。
④ 《朱文公文集》，90：13a。
⑤ 第五条家规是女仆无故不得出中门，男仆不得擅自进入中堂和厨房。《朱文公文集》，90：12a—13a。

遗亡，则为之踌躇不怿者累日。①

朱熹提到了文簿，这表明吕氏管理着一份庞大而复杂的家业。朱熹还描述了她如何收留亲属中的寡妇和孤儿。

朱熹所说的管理财产，有时还包括其他一些活动，范围超出了所谓的"内闱"。他描述了邵氏（1113—1183）参与当地慈善活动的情况：

> 清江东南畦户数百，临水而芟舍，时潦出其上，民往往栖木自救，有浮去者。夫人始命舟糗饭拯之，岁以为常。豫蓄棺，告疫死者以敛，人怀其惠。②

如果将朱熹对女性管理家产严谨持家的表彰与他对男性的一些评价相比对，我们就可以发现其更为重要的意义。从上文可以看出，朱熹赞扬了那些对家庭经济状况毫不知情的男性。在他为男性撰写的墓志铭中，也常常赞许墓主从不过问家庭收入，也不参与积累家业。③ 而且，当他在墓志铭中提到男性管理家务时，都对当时的具体情况做了解释。在朱熹看来，理家的职责会让人难以专心治学。

朱熹岳父的兄长刘十九所面临的困境就是一个很能说明问题的例子，因为他是一个大家庭的家长，繁重的家事让他无法求学：

> 府君于兄弟为最长，自少则任家事，以故不及于学，而其孝爱恭敬。诚信敦笃，自有以过人者。家世清贫，至先府君时，食口益众，府君经营纤密而不失大体。④

朱熹接着解释说，刘十九终生留在家中料理家事，所以他的弟弟们才可以"游学四方"。刘十九晚年时已经不再离开村子。⑤ 在朱熹看来，料理家务的重担会让人无心治学。他明确指出这就是刘十九没能像他的弟弟一

---

① 《朱文公文集》，91：9a。
② 《朱文公文集》，90：13a。朱熹所作的墓志铭中还有女性将钱财赠予亲属或他人的事例，见《朱文公文集》，92：13b，14b；93：27a。
③ 例如《朱子文集》（丛书集成版），16：546；17：570，582。伊沛霞（Ebrey）也论述了这一问题，见 Family and Property，46ff。
④ 《朱子文集》，17：576。
⑤ 《朱子文集》，17：576。

样成为学者的原因，不仅如此，朱熹还觉得有必要说明尽管刘十九没有研习经典，他依然坚持着同样的道德原则。在这篇墓志铭中，朱熹的措辞与他为女性撰写的墓志铭相近，尽管这些女性没有读书，但仍具有儒家推崇的美德。

另一个例子是邵武县的黄崇。他少年时十分聪慧，是一位很有前途的学生，但后来也因为必须处理繁重的家事而无法继续求学：

> 公自幼力学，日诵千言，人谓是且大其门矣。既长，承务公任以家事，于是无复进取意。①

朱熹指出，他因为被家务所累，无法像人们预料的那样求取功名，光大门楣。晚年才因为儿子身居高位，被赐以官爵。②朱熹特意告诉读者，尽管黄崇担负着家长的责任，但他并不计较金钱。他将大量钱财交给一位邻居代为管理并进行投资，"一不问其出入"。此外，他的兄长去世后，他还将兄长所有的财产全部交给了寡嫂。③

从上述事例中可以看出，朱熹将日常家务管理视为负担，令人无法治学修身。男性需要一个强大而聪慧的妻子来担负起掌管家庭财务的责任，这样他就可以心无旁骛地追求更高层次的目标。朱熹高度赞扬了具有持家理财能力的女性，即使她只能让丈夫宴请宾客时不用为花费担忧，这种能力也是值得称道的。但实际上，不是所有的男性都可以找到这样一位贤妻，那么他们自己就只能被烦琐的家事夺走读书进学的机会。朱熹一方面赞扬女性管理家产的能力，另一方面也把家庭看作物质和世俗欲望的领域，男性不值得为此花费精力。所以，最理想的情形是由女性来处理维持家业的日常琐事，男性就可以不受限制地去追求道德和学问上的目标。

妻子在持家理财方面所起到的重要作用令朱熹和他的追随者们特别对寡妇改嫁的问题感到忧虑。丈夫死后，寡妇只能独自支撑起家业。在这个转折点上，她的理财能力尤为重要。寡妇还必须独自教育子女，抚养他们成人，为家族传宗接代。她必须担起家长的职权，为家庭付出，否则这一

---

① 《朱子文集》，17：592。
② 《朱子文集》，17：592。
③ 《朱子文集》，17：592。

房的父系继嗣将无法存续。此外，寡妇还要继续侍奉公婆，并参与家族祭祀。程朱哲学对寡妇守节的强调具有物质和宗教两个层面。寡妇改嫁对夫家不利，因为这样夫家就会失去她的劳作、理财能力和妆奁。同时，寡妇改嫁还会扰乱家庭关系，毁坏孝道，并威胁父系继嗣的存续。

第四节　黄榦对道学理想的具体实施

朱熹和他的追随者们所提倡的妇德模式是妻子将自己的私人财产与夫家共同财产合为一体，并致力于经营家业。但是有证据表明，朱熹等人仍然将宋代一些确保妇女在经济上具有一定独立性的法律和习俗视为理所当然。例如，朱熹倡导妻子将妆奁贡献给夫家，前提就是妇女拥有私人财产，而且不是所有的妻子都愿意放弃自己的妆奁，他所描述的妇德楷模也不例外。在有些情况下，他也认为改嫁是理所当然的，作为权宜之计也未尝不可。朱熹为一位女性撰写墓志铭时，实事求是地指出墓主曾结过两次婚，并未加以掩饰。程颐在一篇墓志铭中赞扬父亲为侄孙女安排改嫁，朱熹也把这篇文章收入了他所编辑的《近思录》中。[①] 尽管朱熹倡导的理念与当时的习俗并不一致，但作为一名官员，他在处理政务时并没有干涉过传统习俗，也没有试图改变法律。

朱熹后一代的道学家们对妇女财产权的态度则更为激进，他们开始攻击妇女财产权的法律基础。朱熹的学生和女婿黄榦（1152—1221）就是其中的代表人物。黄榦的立场是具有重要意义的，因为在所有的道学家当中，他是对元代影响最大的一位。元代在朝廷和官员当中占据主导地位的儒学，就是黄榦所阐释的道学。[②]

黄榦是福建福州人，一度曾在朱熹在建阳设立的书院求学。他在福建多个地方做官，并留下了多篇书判。无论是在私下还是在公开场合，黄榦

[①] 《朱文公集》，92：9b；陈荣捷（Chan），Reflections on Things at Hand，179。当有人询问朱熹对程父安排侄孙女改嫁一事的看法，根据《朱子语类》的记载，朱熹回答说："大纲恁地，但人亦有不能尽者。"《朱子语类》（北京：中华书局，1986），96：2473（第6册）。在一封写给友人的书信中，朱熹再次比较了义理与实际："自世俗观之，诚为迂阔，然自知经识理之君子观之，当有以知其不可易也。"《朱文公集》，26：29a。详细论述见柏清韵（Birge），"Chu Hsi and Women's Education"，339–340。

[②] 陈荣捷（Chan），"Chu Hsi and Yuan Neo-Confucianism"。

都提倡父权制度和父系继嗣制度。与其他道学家一样，他致力于加强继嗣群体中父系亲属的联系。黄榦并不宣扬古老而理想主义色彩浓重的宗法制度，反而更注重通过符合现实的实际措施来强化自己的继嗣群体。他特别注重墓地和墓葬礼仪，并认为墓葬礼仪是儒家礼制当中很重要的一部分。黄榦在家族中设置了公墓，提倡群体祭祀礼仪，并捐了一片土地资助祭祀。他认为妇女财产权是对父系继嗣群体的威胁。黄榦家族中关于祖坟的一场纠纷让他深刻认识到了妇女财产权对父系继嗣群的威胁，这很可能就是他对保护女性妆奁的法律和习俗特别敌视的原因。

这场关于墓地的纠纷持续了二十多年，涉及多次法律诉讼，并多次请求乡里长上和族中长老进行干预。13世纪初，黄榦在向官府递交的最后一份诉状中描述了这场漫长而恶劣的纠纷。① 黄榦称，三百年前，他的祖先在福州东门外设立祖坟，并在祖坟上修建了一座佛寺。后来黄榦的父亲将寺庙的一部分改成书院，但是在姑母（也可能是黄榦的姑母，黄父的姐妹）的一再请求下，黄父允许从妹和妹婿赵公珩居住在这里。赵公珩夫妇有12名子女，占据了整个寺庙作为居所，后来又开始在墓地上牧马，阻挡了往来祭祀的道路。虽然官府命赵家拆除墙围，归还禁地，但是赵公珩的儿子们还是触犯了"十八步之坟禁"。于是两家开始对峙，时有暴力冲突。赵公珩的孙子毁坏了黄家在祖坟上增培的坟土，还砍伐了坟边的一大片竹林，事态进一步恶化。② 从黄榦的行文中可以看出，赵家之所以藐视官府的判决，或者是因为赵氏族中有几名低层官吏（有可能与宋代皇室有血缘关系），或者是因为擅占空宅者如果居住满一定的时间，房主又没有干涉，有时可以获得所有权。

黄榦在诉状中感慨姻亲关系无法保证亲属之间和睦相处，遵守礼节：

> 赵帐管之子，黄氏之所自出。则今之坟墓亦其母之先祖也。纵以舅为不足道，独不念其母乎？不念其母，亦何所不至哉？不遵朝廷之法令，不听宗司之约束，不顾其母之亲属，犹为有人道乎？③

---

① 伊沛霞（Patricia Ebrey），"Early Stages in the Development of Decent Group Organization", in *Kinship Organization in Late Imperial China*, ed. Ebrey and Watson, 26－27.
② 《勉斋集》（四库全书版），28：31b—34b。
③ 《勉斋集》，28：34a。

这场官司最终的结果如何，我们已经不得而知，但是黄榦的介入似乎起到了一定的效果，因为在这场诉讼结束之后，他捐献了土地用以资助公墓祭祀礼仪。值得注意的是，黄榦担心官府会将一部分墓地分给姻亲，并在诉状中明确提出了反对意见，称墓地周围可以拜祭的地方已经十分狭小，并且悲叹道："尚何面目复见祖先于地下乎？"① 黄榦的忧虑表明，黄父收留的这名从妹可能对这片地产享有一定的继承权。

黄榦撰写的墓志铭并没有透露出他对妇女财产权的态度。他为六位女性写了墓志铭，但是关系都非常疏远，也没有任何关于妆奁或管理家务的细节（他只是表彰了几位母亲对儿子的教育）。② 黄榦在这些墓志铭中阐述了孝道、求学、辟佛等道学核心观念，唯独没有提及妇女财产权，可能是因为他与这几位女性都不熟识，所以无法得知捐赠嫁妆这样的事情，也可能是因为她们都没有将嫁妆交给夫家。（与黄榦同时代的作者在墓志铭中经常提及捐赠嫁妆的行为并加以表彰，因此捐赠嫁妆并不是理所当然的常规行为，黄榦也不太可能认为这种事迹不值得写进墓志铭。）

尽管黄榦没有在墓志铭中表达对妇女财产权的看法，但是他的文集中保存着他所撰写的大量书判，黄榦在这些书判中十分激进地应用了大量道学理念，为了坚持自己的道德理想，他甚至不惜推翻其他法官的判决。他的措辞十分尖锐，面对传统习俗寸步不让。黄榦不顾当时的法律和习俗，坚持认为有子女的女性不得享有婚内私人财产权。③ 他试图剥夺妇女在经济上的独立性，从而使寡妇改嫁变得不那么容易。

下面这个案例十分全面地体现了黄榦对女性财产权的态度，因此笔者引用了其全文。这起诉讼发生在 13 世纪 10 年代的江西临江府，并向吉州府提刑上诉。④ 黄榦当时任临江府新淦知县，这则书判可能是他为提刑代

---

① 《勉斋集》，28：34b。
② 见《勉斋集》，37：20a, 28a；38：4a, 6b, 35a, 48a。
③ 但是在本书第二章中所引用的一个案例中，一名没有子女的妇人被第三任丈夫遗弃，黄榦允许她的妆奁和遗体一起留在前夫家中。
④ 《清明集》，附录 2：603—604。《勉斋集》，33：30b—32a。关于案件发生的时间，见《临江府志》（1871 年版），16：6b；《新淦县志》（1873 年版），6：7b。黄榦文集中这则书判前后的案件都发生在临江，有些也上诉到吉州；《勉斋集》，33：25b—34b。

第三章　宋代妇女财产权及儒家对妇女财产权的抵制

拟的，只有在提刑认可之后才具有法律效力。①

这则书判的第一部分与通常书判的结构一样，首先为自己的观点建立道德框架，黄榦在此十分有力地阐明了儒家正统的婚姻观念。然而第二部分所陈述的案情却表明，这些道德观念与宋代寡妇返回娘家的普遍做法相冲突。这则书判全文如下：

徐家论陈家取去媳妇及田产②

一

女子生而愿为之有家，是以夫之家为其家也，妇人谓嫁曰归，是以得嫁为得所归也。莫重于夫，莫尊于姑，莫亲于子，一齐而不可变，岂可以生死易其心哉！

二

陈氏之为徐孟彝之妻，则以徐孟彝之家为其家，而得所归矣，不幸而夫死，必当体其夫之意，事其姑终身焉，假使无子，犹不可归，况有女三人，有男一人，之以归其父之家犹不可，况弃之而去，既不以身奉其姑，而反以子累其姑，比岂复有人道乎？

父给田而予之嫁，是为徐氏之田矣。夫置田而以装奁为名，是亦徐氏之田也，陈氏岂得而有之？

使徐氏无子，则陈氏取其田，以为已有，可也。况有子四人，则自当以田分其诸子，岂得取其田而弃诸子乎？使陈氏果有此志，陈文明为之父，陈伯洪为之兄，尚当力戒之，岂得容之使归，反助之为不义乎？

察其事情，未必出于陈氏之本意，乃陈文明、陈伯洪实为此举也。陈文明独无儿妇乎？陈伯洪死，其妻亦弃其子，以累其父母，取其田而自归，陈文明岂得无词乎？陈氏一妇人，陈文明亦老矣，其实

---

① 如果一个案件上诉到提刑处，提刑通常会选择一名下级法官代拟判决。这名下级法官不一定要属于案件发生的州府，黄榦就从相邻的吉州府江西提刑处接到过几个这样的案件。黄榦在判决中多次使用"欲""以为""庶得"这样的词语，用来表示这是他向提刑提出的建议。关于这些司法程序的论述，见宫崎市定，『宋元时代の法制と裁判机构』，アジア史研究，Vol. 4（Kyoto: Dohosha, 1975）, esp. 194–214。参见 Gudula Linck, *Zur Sozialgeschichte*, 55–59, esp. 57–58。

② 《清明集》，附录2：603—604。《勉斋集》，33：30b—32a。数字系笔者自行添加，表示这则书判的三个部分。

则陈伯洪之罪也。

三

知县吴寺簿不察此义,反将徐孟彝之弟徐善英勘断,以为不应教其母争讼,是纵陈氏为不义也。欲将陈伯洪从杖六十勘断,押陈氏归徐家,仍监将两项田①听从徐氏收管花利。教其子,嫁其女,庶得允当。申提刑使衙取指挥,一行人召保。

这个案件值得我们详细探讨。在第一部分的小序中,黄榦利用"归"字的两重含义"出嫁"和"回家"来说明女子真正的家不是她出生的娘家,而是她后来嫁入的夫家。按照这一观点,妇女即使在出嫁之前,也不属于娘家。婚姻才给了她真正的家,而丈夫的家人才是她真正的家人。(这一观点与韩元吉对上官氏的赞扬相矛盾。上官氏守寡后带着子女返回娘家并管理娘家的产业)对黄榦来说,妇女与夫家的联系是一种恒定的永久性联系。

在第二部分中,黄榦在描述案情时加入了自己对当事人本应如何处理的观点。陈氏不应改嫁,而应该"体其夫之意",② 代替丈夫侍奉公婆,将嫁妆交给夫家,并为夫家保留继承人。

黄榦随后描述了寡妇的三种不当行为,他将这些行为罗列在此,也表明了它们在当时应该是很常见的。第一种是没有子女的寡妇返回娘家,第二种是有子女的寡妇将子女一起带回娘家,第三种是寡妇把子女留在夫家,将他们抛弃,自己返回娘家,婆婆则不得不照顾他们。(黄榦在这里用"归"字表示返回娘家,与他在第一部分的论证自相矛盾)第三种不当行为(陈氏的行为属于这一种)是最恶劣的,因为儿媳有责任为公婆抚养继承人,以减轻婆婆的家务负担。但是公婆很有可能更希望孙辈留在家中,而不是被儿媳带走,黄榦完全不考虑这种可能性。

这段文字表明了妻子在礼仪和生育方面的责任,包括侍奉公婆,以及

---

① "项"是"顷"字的讹文。"顷"是一个常见的土地面积单位,一顷相当于100亩,约33英亩。这个字在法律文书中常常出现。

② 滋贺秀三强调,丈夫去世后,妻子在法律上应该取代他的位置。她代子女保管亡夫遗产,直到他们长大成人。滋贺秀三,《中国家族法的原理》,415ff.。

为夫家养育后代以延续香火。① 但下一段则是关于物质上的遗产的，黄榦的观点更加不符合宋代的普遍情况。

黄榦十分肯定地宣称，父亲为女儿提供的妆奁属于女儿的夫家（"是为徐氏之田"）。他还描述了丈夫购置田产并将其作为妆奁登记在妻子名下的行为，袁采告诫家人要警惕这种情况，天水和其他法官也都在判案过程中目睹了这种行为可能产生的严重后果。但黄榦却宣称，这样的田产是夫家的共有财产，即使以"妆奁"的名义登记在妻子名下，也不属于妻子。这个观点违反了唐律和宋律中的法令，按照法律规定，妻子的妆奁不属于家庭共有财产。正是这一法令迫使天水及其他法官允许"不贞"的寡妇将本应由丈夫的儿子继承的财产带走，袁采也正是因为这条法令才指出如果丈夫将田产登记在妻子的名下，以后有可能失去这部分田产。黄榦的说法违背了当时的法律和习俗，改变了女性财产法的原则。

但是在下一段中，黄榦不得不对这种说法做出修正，以免与当时实行的法律相去太远。他写道："使徐氏无子，则陈氏取其田，以为已有，可也。"换言之，黄榦在这里也不得不承认妻子的私人财产在法律上是归她本人所有的，她可以将其从夫家带走。这部分田产并非在所有情况下都是"徐氏之田"。但是黄榦又附加了一个新的条件，陈氏必须没有儿子，才能将奁产带回娘家。如果有儿子，则必须将这部分田产留给儿子继承。而且，黄榦所说的陈氏的儿子，实际上是她丈夫的儿子，并不一定由她亲生。即使是丈夫与前妻或妾室生育的儿子，因为陈氏作为正妻，名义上是他们的母亲，所以她也必须将奁产留给他们。本书第二章提到的天水法官只能慨叹儒家道德理想很难在现实社会中实现，而黄榦却十分激进地将儒家理想付诸实施。

值得注意的是，在谈到子女继承权时，黄榦将儿子和女儿都包括在内。他不允许陈氏将奁产带回娘家，命她"分其诸子"。② 黄榦在前文中说陈氏的"诸子"是一个儿子和三个女儿，③ 所以他在这里显然考虑到了陈氏女儿的继承权，并没有将她们排除在分家析产之外。黄榦的措辞也暗

---

① 黄榦认为寡妇将子女遗弃在夫家是最严重的过失，但从延续香火的角度来看，她的丈夫和公婆至少可以有继承人，而前两种不当行为则会导致夫家无后。
② 《清明集》，附录2：604。
③ 此处"子"也表示"子女"，包括女儿，和本书讨论过的其他案例一致。

示，陈氏的奁产可能是子女重要的财产来源。

黄榦支持妇女继承财产，这在宋代也是非常普遍的现象（本书第二章论述过这个现象），但是在他看来，妇女只是财产继承中的一种介质，她们没有独立的继承权，只是将父母的财产带到夫家，或者交给丈夫，或者由丈夫的子女继承。丈夫死后，她必须为他的子女妥善保管这份财产，而不能将其带回娘家或带进下一次婚姻（宋代很多女性实际上就是这样做的）。

第三部分的判决更进一步体现了黄榦的想法：妇女只是财产继承中的媒介，只有男性才能名正言顺地支配财产。他还认为妇女没有经济头脑（与朱熹的看法不同），陈氏的所作所为都是其父兄唆使。因此，黄榦斥责了陈氏的父兄，将陈氏的行为归罪于最有可能从中渔利的陈伯洪，判陈伯洪杖刑六十。① 陈氏的父亲年迈，因此免予惩罚。黄榦还命人将陈氏押回徐家，做符合儒家标准的贤妻，"教其子"，"嫁其女"（并为女儿置办嫁妆），将自己奁产的管理权和收益全部交给公婆。值得注意的是，黄榦的判决中并没有明确指出陈氏奁产的所有权，因为这部分田产以后依然会以妆奁的名义登记在陈氏名下。陈氏将被押送回徐家，但她对自己妆奁的所有权并没有被剥夺。在宋代，即使是黄榦这样激进的道学家，也默认妇女与其妆奁之间存在必然的联系。到了元代，这种情形将会发生变化。

这个案件还有一个引人注目的地方，即黄榦推翻了上一个判决。知县吴寺簿的判决认定陈氏有权将奁产带走，并把子女留在夫家由公婆抚养。他指责徐孟彝的弟弟徐善英唆使母亲上诉（吴寺簿也认为只有男性才会采取主动）。吴知县的判决与《清明集》中大量其他案例是一致的，也符合宋代社会的普遍做法。但是黄榦却决定与习惯做法背道而驰，并指责吴知县断案时没有考虑到更深层的义理。② 黄榦希望通过司法程序将以往被忽视的儒家道德准则付诸实施。

黄榦并不是唯一的激进派。原籍建宁府建阳县的法官翁甫（1226年进士）也持有与黄榦类似的态度，在《清明集》中的一则书判中指出妇女的

---

① 宋代这些刑罚在行刑的时候都会减轻，杖六十会变成杖十三；马伯良（McKnight），*Law and Order in Sung China*，335。

② 黄榦审理的这几个案例并没有收入《清明集》，1987年版的编辑将它们作为附录添加在《清明集》的最后。

妆奁是她的父母送给夫家的，因此如果丈夫有其他继承人，妻子不能将妆奁带走。① 这个观点与黄榦类似，但与很多其他判决相反。值得注意的是，翁甫也是建阳人，而建阳是朱熹的故乡，也是儒家道学的摇篮。翁甫审理的这个案例并不涉及嫁妆本身，一名寡妇卖掉了亡夫的部分田产，并将剩余田产的一部分转给了女儿（这个女儿是她与另一位丈夫所生），没有全部留给她的继子。翁甫的措辞表明，他认为丈夫和妻子的财产在婚后应该合二为一，日后由丈夫的子女继承，妻子与其他人所生的子女没有继承权。

黄榦任江西新淦知县时所写的另一篇书判中，他也表示妇女的财产在婚后属于夫妇两人这一房，应该由丈夫的子女继承。在这个案例中，妻子已经去世，黄榦认为丈夫的所有子女都有权继承她的妆奁，不仅限于她本人生育的一个儿子。②

一名叫刘下班的男子娶郭氏为妻，并与郭氏育有一子刘拱辰。他还与妾室育有两个儿子，拱礼和拱武。刘下班有田产税钱六贯文，郭氏也有妆奁（自随田）税钱六贯文。③ 刘下班和郭氏都已亡故，1185 年长子刘拱辰安排分家。他将父亲的田产均分为三份，自己和两名异母兄弟各领一份，并将母亲郭氏的奁产归为己有。④（这种分家方法与笔者在第二章的论述是一致的，母亲的奁产不算作家庭共有财产，死后依然属于她本人）16 年后的 1201 年，刘拱辰也去世了，他寡居的弟媳郭氏（勿与其母郭氏相混淆）和弟弟刘拱礼向官府提起上诉，要求从刘拱辰的两个儿子那里追回郭氏的一部分奁产。黄榦猜测两个弟弟在刘拱辰死前迫于其威严不敢上诉，但这个案件的结果却表明，不是所有人都认为两个弟弟受到了不公正的待遇。

在接下来的几年中，这个案件经过了六次审理才到达黄榦手中。最先审理这个案件的是黄榦之前任职的新淦知县，后来当事人反复向州或路一

---

① 《清明集》，5：141—142。滋贺秀三，《中国家族法的原理》，431 页；Burns, *Private Law*, 187。翁甫还在另一篇书判中表达了类似的观点，见《清明集》，5：140。
② 《清明集》，附录 2：606。《勉斋集》，33：34b。
③ 妻子的妆奁数额很大，与丈夫的全部田产相等。
④ 笔者是按照黄榦的原文陈述案情的，黄榦的措辞表明是长子主持分家，但更有可能的情况是分家的过程还有其他族人参与，最后兄弟三人达成一致意见。黄榦后来暗示两名弟弟是迫于哥哥的威势才不得不接受了这个不公平的方案。

级的法庭上诉。① 共有六个官府审理了这个案件，提出了三种不同的解决方式：每种方式都有两名法官支持。有两名法官认为，郭氏的奁产应该归刘拱辰的两个儿子所有，不应分给其他兄弟（与原来的分家方式一致）。另外两名法官认为，刘下班和郭氏的所有田产应由兄弟三人均分，因此刘拱辰的两个儿子应交出郭氏奁产的 2/3，分给两名原告。还有两名法官提出了折中的方案，认为应将郭氏奁产一分为二，一半留给刘拱辰的两个儿子，一半分给他们的两个叔父，即这个案件的原告。

这六个判决中的最后一个是由江西路赵提刑做出的。② 出人意料的是，他的判决抵达新淦县之后，刘拱辰的两个儿子拒绝交出任何田产。在这种情况下，这个案件又到了当时任新淦知县的黄榦手中。黄榦对这个案件的历史表示大为震惊，并撰写了一个细致的小结，以他一贯的滔滔雄辩的方式表达了自己对嫁妆的看法。

首先他指出"以法论之"，兄弟均分法并没有规定母亲的妆奁只能留给自己亲生的子女。黄榦称不可用妆奁"别立女户"，而应当"随其夫户头，是为夫之产"③。既然是丈夫的财产，就应该由丈夫的儿子均分。

其次，黄榦又从"理"的角度，指出既然郭氏是刘下班的正妻，那么丈夫的儿子就是她的儿子。④ 郭氏在世时，两名庶子当以孝奉养，去世后，当为她服丧，与亲生子没有区别。他还指出从母亲的角度看，三个儿子不是一母所出，但从父亲的角度来看，三个儿子身上都带着他的"气"。⑤ 因此黄榦决定郭氏的奁产也应该由兄弟三人均分，和他们均分父亲的田产一样。他重申了上一则案例中的观点，妇女的嫁妆属于丈夫的子女，无论这些子女是否由她亲生。黄榦指责允许刘拱辰继承所有奁产的两名法官见解

---

① 有几次上诉是由相邻的吉州府法官审理的，江西提刑也在吉州府。这个案件应该是先上诉至路一级的官府，然后被分拨给吉州的一名法官审理，但是最终转到案发当地的法官黄榦手中。在宋代的司法程序中，民事案件可以层层上诉，不断重新审理，这个案件就很有代表性。这种案件不能上诉至中央政府，而路一级的地方政府又无法做出终审判决。

② 这位赵提刑就是赵希怿，1209—1210 年任江西路提刑，他一定是在此期间做出了这个判决。见吴廷燮，《南宋制抚年表》（北京：中华书局，1984），457 页；《西山集》，45：1a，4b。

③ 《清明集》，附录 2：607。有些学者曾经引用这句话来证明女性没有婚内的私人财产权，见滋贺秀三，《中国家族法的原理》，527 页；Burns, *Private Law*, 133ff。

④ 黄榦的这个观点是有法律依据的。妾室和婢女所生的子女在法律意义上都是正妻的子女。墓志铭中罗列的"子女"通常会包括庶子。详见伊沛霞（Ebrey），"Concubines in Sung China", esp. 4-5。

⑤ 《清明集》，附录 2：607。

狭隘,"用意甚私",没有更加广阔的"公"心。他还援引了经典的儒家道德原则,批评这两名法官没有弘扬孝悌,引导百姓违背这些最基本的道德准则。随后,他直接陈述了自己的观点:

> 官司理对公事,所以美教化,移风俗也,岂有导人以不孝不友,而自以为是哉?①

黄榦在这里讲明了自己的用意。其他法官以法律、习俗和人情为依据判案,但是在黄榦看来,他们因循"世俗之情",而忽略了"天下之公理",他们的判决导致刘拱辰的两个儿子为了自己的利益拒不执行官府判决,蔑视寡妇孤儿。黄榦决心改变流俗,让它们更加符合儒家思想中理想主义的道德准则。法官们也不应该迁就民意,必须引导他们走上一条新的道路。黄榦默认了自己在宣扬一种新的司法观念,不是所有的法官都能认同。他的行为是与宋代的普遍做法十分不同的。

尽管如此,黄榦还是对旧有的观念和习俗做出了妥协。他在书判中大发宏论,但最终的判决却并没有坚持将郭氏的奁产均分为三份,而是执行了赵提刑的判决。郭氏的奁产均分为两份,一半由长子刘拱辰的两个儿子继承,另一半由两名庶子均分。黄榦还是认可了妇女妆奁的特殊地位,没有将其在三兄弟之间均分。原告一直上诉,希望均分郭氏的奁产,但黄榦并不敢将他的道德原则实施到这种程度。六名法官中,有两名持有与黄榦相同的激进态度,但是最后,黄榦也不得不向宋代的流俗妥协。

第五节　结论

道学体现了儒家对妇女财产权的抵制,这是儒家整体社会愿景的一部分。面对宋代不稳定的经济形势,程颐和朱熹这样的道学家们企图复兴父系继嗣原则,重建道德,加强经济保障。他们希望通过以家族为基础的经济及礼仪方面的集体活动,可以建立父系亲属之间的紧密联系,鼓励宗族内部互相援助,复兴儒家宗教仪式,强化性别、年龄和社会秩序。他们号召所有的个人都为这个系统做出贡献,合力支撑家庭,并建设一个更为道

---

① 《清明集》,附录2:608。

德的社会。

在这个秩序森严的系统内部，妇女在家庭中占有重要的一席之地，她们的职责远远超出了"内闱"的范围。妇女承担着理财甚至管理庞大产业的责任，这样就可以将男性解放出来，致力于更高层次的道德和社会活动。妇女以这种方式直接和间接地对家庭和社会做出了贡献。从本章可以看出，妇女从事管理账目、赎买土地、雇用劳力、参与地方和家族的慈善活动、安排婚事、教育子女等一系列活动，都是可以接受的。在家庭内部，处在某些特定地位的女性可以行使很大的权力，道学家们撰写的很多墓志铭都认可这样的行为。

宋代妇女的财产继承和私人财产权制度与道学家们的儒家理想相违背。女儿的财产继承将资产从父系宗族中带走，并加强了姻亲关系，削弱了父系亲属之间的联系。任何形式的私人财产都会对儒家同居共财的观念构成威胁，在同居共财的家庭中，所有的权力和财产都应该掌握在家长手中，所有家庭成员无私地为家庭共同利益做出贡献。宋代法律保护妇女婚内的私人财产权，给予上层社会女性很大程度的经济独立性，也让她们更加愿意改嫁。第二章中，我们看到法官天水不得不执行这些法律，尽管结果会让案件中寡妇的继子陷入贫困，居无定所，而这位寡妇自己则可以与下一任丈夫一起享用她通过不正当手段获取的私人财产。与法律制度相反，道学则强调妻子终生照料公婆、子女以及继子继女，在丈夫生前和死后都保持忠诚。

与此相应，朱熹反对当时社会上的很多普遍做法。有些妇女或她们的丈夫拒绝继承户绝家庭遗产，并通过为户绝家庭收养继子，将财产归还父系宗族，朱熹对这种行为大加赞赏。他和其他追随者们在墓志铭中褒扬用自己的妆奁帮助夫家的女性。道德高尚的妇女会无私地将自己的妆奁用于夫家的丧葬事宜、继子的教育、小姑的嫁妆或者夫家的日常生活开销。这样的妻子很可能会承担起管理家务的责任。寡妇为夫家扶植门户的职责尤为重要。寡妇改嫁对家族的共同利益造成了威胁：这种行为扰乱了家族共同体的宗教、经济、集体和道德结构。

尽管朱熹和与他同时代的道学家不断宣扬这些道德理想，他们也能够接受与道德理想不符的社会现实。他们认为妻子从父母处获取大量财产，并把这些私人财产带进夫家是理所当然的。道学家们大力表彰把妆奁交给夫家的女性，说明这种行为在当时还是一种罕见的美德。而且，从他们撰写的墓志铭中可以看出，他们能够容忍寡妇改嫁的行为，并且默认寡妇离开夫家时可以带走自己的私人财产。下一代的道学家们则更为激进，不再容忍这样的权宜之计。

黄榦和翁甫这样的道学家们与他们的前辈和大部分同时代人不同，致力于改变不符合儒家道德的社会习俗。黄榦在法庭上宣扬道学理想，代表了宋代意识形态中最激进的一派。在他们看来，妇女唯一真正的家庭是夫家，她的财产、劳作和子女都永远属于夫家。男性依赖正妻来实现为父母尽孝这一神圣的道德义务。理想的妻子应在家侍奉公婆，用自己的妆奁为夫家提供经济支持，最为重要的是，妻子必须为夫家生儿育女，延续父系继嗣，然后抚养教育子女。

丈夫的死亡并不能减少妻子对夫家的责任，相反，寡妇需要在夫家担负起更重大的职责。她必须独自尽到本应由夫妻两人共同完成的物质和礼仪上的责任。她要保证丈夫这一房有继承人，并将其抚养长大，有时还不得不为丈夫收养继子，或者养育丈夫与妾室所生的子女。她还要负责这些子女的教育，并提供相应的经济支持，包括把自己的妆奁交给他们继承（无论这些子女是否由她亲生）。寡妇遗弃婆婆、带走妆奁、将子女从父系宗族中带走，或者独自离开，把子女遗弃在夫家都是最严重的过失，破坏了家庭、社会和国家的基础。

后来的儒学家们把黄榦理想中的这个模式描述成亘古不变的道德标准，有多年的传统实践和古老的法律作为基础。但是实际上，黄榦的理想并不符合宋代及宋代以前的法律，也与当时的社会现实大相径庭。只有在宋代晚期，经过黄榦这样的道学家不懈努力，法官们的思路才开始改变，更加注重儒家道德原则，并致力于将其付诸实施。这个转变为宋代之后一个世纪间的重大变革做好了铺垫。

第四章　元代婚姻与财产法律的转变

虽然黄榦与其他南宋道学信徒反对宋代妇女享有高度的财产权，但如果不是 13 世纪发生的蒙古人征服中国北方与南方这一巨变，黄榦的思想不太可能会对妇女财产权产生深刻的影响。这一历史性事件，使中国人接触到蒙古及其他非汉族族群非常不同的社会习惯，并对规范婚姻与家庭的基本道德与法律准则形成挑战。在黄榦去世后的一个世纪里，从 13 世纪 30 年代至 14 世纪 30 年代，有关妇女、婚姻与财产的法律与习惯发生了巨大变化。具有讽刺意味的是，在元朝统治下，蒙古族与汉族的文化碰撞，产生了遵循支持黄榦及朱熹学派许多思想的法律环境，这重新限定了妇女在家庭中的地位，并改变了妇女与财产的关系。黄榦对寡妇的三项告诫：(1) 保守贞操；(2) 留下来侍奉夫家；(3) 放弃对个人财产的支配，首次全部在法律上获得支持。以下篇幅将要展现的是，这不仅来自蒙古人的直接影响，而且来自前面章节已谈到的中国固有的争论与蒙古人有效统治多民族社会时保持与改造其自身法律与习俗的努力之间复杂的相互作用。就本质而言，蒙古人的征服，对中国规范婚姻、财产与个人自主权的基本前提形成挑战，为道学推广其激进的议题开启了机遇。

第一节　蒙古与中国社会的婚姻与收继

中国人与蒙古人的文化冲突很大。蒙古人为游牧民族，他们不从事固定农业，经济运作以畜牧权而不是任何意义上的私有土地权为基础。尽管个体家庭因财富与经济状况的差异而不同，但没有严格意义上的社会阶级来划分帐落与部族。女儿出嫁时不会获得很多嫁妆。相反，无论是富人

第四章　元代婚姻与财产法律的转变

还是穷人均盛行聘礼制度，未来的新郎须从新娘家购买新娘，而且常常要花费很大的价钱。① 如果他付不起价钱，或许要在新娘家为新娘父亲工作若干年，然后才能将新娘带回自己的帐篷。② 蒙古男人可以拥有几位妻子，而中国男人虽可有妾但只能有一位合法妻子。

　　基于固定农业、实行嫁妆制度的社会结构与盛行聘礼的游牧社会间的这种二分法，正如杰克·古迪（Jack Goody）所描述的，体现了欧亚生产模式与非洲生产模式两部分的基本区别。古迪认为，与包括中国与印度在内的欧亚地区不同，非洲与依赖放牧与迁移（而非固定）农业的游牧社会，阶级分化程度很小，很少甚至没有私有土地权概念，实行聘礼与一夫多妻。在同样的这些社会中，均没有嫁妆习俗，父母不太需要通过个人财产将女儿安置进一个特殊的社会阶层。③ 这一社会上与概念上的巨大区别，将蒙古人与中国人分隔开来，并且产生了一种文化上的碰撞，这一碰撞将给中国社会的婚姻与财产制度带来引人瞩目的后果。

　　除了用聘礼购买妻子外，蒙古人的妻子还可通过掳掠与继承获得，这是游牧社会的另一共同特点。④ 在蒙古人中间，通过战争或袭击掳掠妇女很普遍。成吉思汗自己的母亲诃额仑（Hö'elun），是从蔑儿乞人乞列都

---

　　① 例如柔克义（William Rockhill）译，《威廉·鲁布鲁克世界东方行记，1253—1255，由他自己所描述》[嫩德恩，列支敦士登：Kraus Reprint Ltd.，1967（初版：伦敦，1900）]，77 页。值得注意的是珍妮弗·霍姆格伦（Jennifer Holmgren）对蒙古人中嫁妆相对较少的评论，《蒙古与元代社会早期的婚姻与继承习俗：以收继婚为重点》，《亚洲历史杂志》20：2（1986）：129—131 页。有关游牧社会中相对"无阶级"的状况，见史乐民（John M. Smith），《蒙古人与游牧抽税》，《哈佛亚洲研究杂志》30（1970）：特别是 78—79、83—85 页。

　　② 珍妮弗·霍姆格伦，《蒙古与元代社会早期的婚姻与继承习俗》，129—131 页。这一习俗或许可以解释临时性赘婿现象，这一现象在元代统治下被中国人纳为社会习惯（相对于永久性赘婿这一中国传统习惯而言），而且成为许多诉讼的起因。霍姆格伦令人信服地认为，成吉思汗必须为岳父劳动，以支付迎娶第一位妻子孛儿帖的费用；《蒙古与元代社会早期的婚姻与继承习俗》，133—134 页。

　　③ 例如杰克·古迪（Jack Goody），《东方世界、古代世界与远古世界》，特别是第 1 与 16 章。杰克·古迪，《继承、财产与妇女：一些比较认识》，见杰克·古迪、琼·瑟斯克（Joan Thirsk）与汤普森（E. P. Thompson）编《家庭与继承：西欧的农业社会，1200—1800》（剑桥：剑桥大学出版社，1976），10—12 页。

　　④ 傅海波（Herbert Franke），《征服王朝统治下的妇女》，Lionello Lanciotti 编《帝国时代与共和时代的中国妇女》（佛罗伦萨：Leo S. Olschki Editore，1980），36—37 页；珍妮弗·霍姆格伦，《蒙古与元代社会早期的婚姻与继承习俗》，144—145 页。通过劫持或收继而形成的婚姻，通常是聘礼或婚礼制度的组成部分。至于其他社会，例见 Renée Hirschon，《妇女与财产——作为财产的妇女》"前言"（纽约：圣马丁出版社，1984），13—14 页，及其中相关文章。

(Chiledu) 那里抢来的,当时他正作为新郎将诃额仑带回家。作为报复,蔑儿乞人袭击了年轻与丧父的成吉思汗的营帐,抢走了他的新婚妻子孛儿帖(Börte)。后来,在对蔑儿乞人的一次重大战役中,成吉思汗又设法夺回了孛儿帖。①

通过继承形成的婚姻要求男人迎娶年长男性亲属的遗孀。这样的社会习惯叫收继婚(levirate),男人叫收继人(levir)。收继婚最经常发生于弟弟继承哥哥遗孀的情形,但也可跨代:如儿子继承父亲的妻子(非本人生母),侄子继承叔父的遗孀,等等。收继婚在蒙古人的家庭中发挥着重要作用,尤其是那些较为贫穷的家庭。它节省了年轻男性娶妻时在聘礼上所花费的额外开销,而且会将妇女与急需的劳动力留在家中。②对大多数蒙古家庭而言,妇女的生产与再生产力都是至关重要的。当中国人为元朝的收继婚辩解时,他们常常提及这两种好处。在草原社会,留在丈夫的营帐对妇女也是有利的。妇女不能单独生存,而回到娘家的营帐并非总是切实可行。③此外,从父母那里购买或从战争中掳掠,削弱(甚至是切断)了妇女同娘家的关系,而未从娘家获取财产则进一步削弱了娘家一方进行干预的任何最后理由。④

通过购买、掳掠与收继而缔结婚姻,会给人造成蒙古妇女被当作有形财产的印象。不过,这一画面要复杂得多,就许多标准而言,蒙古妇女比中国妇女享有更多的自由与更高的地位。首领的妻子,无论是买来还是抢

---

① 拉契内夫斯基(Paul Ratchnevsky),Thomas Haining 译,《成吉思汗:其生活与遗产》(牛津:布莱克维尔,1991),15、34—37 页。罗沙比(Morris Rossabi),《忽必烈汗和他家族的妇女》,《中国—蒙古研究:傅海波颂寿论集》(威斯巴登:Franz Steiner Verlag,1979),157 页。这些情节均来自《蒙古秘史》,54—56、99—102 节;见柯立夫 [Francis Cleaves 译,《蒙古秘史》(卡布里奇,马萨诸塞州:哈佛大学出版社,1982)],12—13、34—36 页。证据显示,孛儿帖被夺回来时,她已经怀孕。虽然这给成吉思汗长子术赤(Jochi)的出身蒙上阴影,但术赤及其诸子仍被视为成吉思汗的合法后裔,并获得与成吉思汗其他儿子差不多的领地(尽管术赤的处境并非不严峻);拉契涅夫斯基,《成吉思汗:其生活与遗产》,34—37 页。

② 杨毅,《说元代的收继婚》,《元史论丛》第 5 辑(1993):273—274 页。

③ 杉山正明提示说,寡妇也许并不总是与严格按规定收继她们的男性亲属有夫妻关系(1995 年 4 月私人会谈)。

④ 罗沙比(Rossabi),《忽必烈汗和他家族的妇女》,153—154 页;珍妮弗·霍姆格伦(Jennifer Holmgren),《蒙古与元代社会早期的婚姻与继承习俗》,特别是 129—131、151—169、177—179 页。正如霍姆格伦所阐释的那样,蒙古妇女有时的确从父母那里获得礼物或其他财产,但一般而言,聘礼要远远超过这些财产(《蒙古与元代社会早期的婚姻与继承习俗》,129—130 页)。

来的，都非常受到尊重，而且公开参与政治决策。公主同王子、部落首领一样可以参加忽里台（khuriltai），而忽里台是草原首领们选举可汗、产生政府重大决定的大会。在游牧生活环境下，当丈夫外出狩猎或参加军事征讨时，妇女必须管理家庭营帐并照料畜群，这方面的规定保存在成吉思汗的早期法典札撒（jasagh）中。① 妻子扮演丈夫角色的传统，扩展及丈夫去世后寡妇的地位。在不实行收继婚时，寡妇对家庭进行管理，直到最年长的儿子能够担当此任，而在皇室家族，年长的寡妇有时会作为摄政者统治帝国，直到忽里台选出下一任可汗。这些人中最有名的是脱列哥那（Töregene）与斡兀立·海迷失（Oghul Khaimish），前者代表亡夫窝阔台（Ögödei）于1241—1246年进行统治，后者代表亡夫贵由（Güyüg）于1249—1251年进行统治。② 这样的妇女通常不会再婚，而是享受作为寡妇的自由。当她们加入收继婚时，通常是为了巩固领导者的更替而结成的政治联姻。③

精英与普通妇女中间实施收继婚的不一致性，加剧了蒙古社会特别是成吉思汗兴起后出现的财富与地位分化，也加剧了人口控制与财产控制间的紧张局面。地位高的妇女看起来能够抵制收继婚。她们通常保持独身并领导独立纳税的家庭，维持了对本人及丈夫财产的支配。作为摄政者的皇后代表了这一群体的顶端，但富有的女性通常也享有类似的选择权。在赤贫的家庭中，寡妇也许被看作多一张嘴吃饭而被逐出家门。相比之下，收继婚对中等水平的家庭而言最为重要。

如前所述，同中国妇女不同，蒙古妇女离开娘家时，并未从父母那里

---

① 梁赞诺夫斯基（Valentin Riasanovsky），《蒙古法的基本原理》（印第安纳大学出版，乌拉尔与阿尔泰丛书，第43册，1965），84、153页；傅海波（Franke），《征服王朝统治下的妇女》，36页；罗沙比，《忽必烈汗和他家族的妇女》，154页。目前所见成吉思汗系公主权力的一个例证，是13世纪早期成吉思汗第三个女儿阿剌海别吉（Alakha-beki）发给河北总帅的一方印章，当时她为"监国公主"；见亚当·凯斯勒（Adam Kessler），《长城以外的帝国：成吉思汗的遗产》（洛杉矶：洛杉矶县自然历史博物馆，1993），156—157页与图表99；丁学芸，《监国公主铜印与汪古部遗存》，《内蒙古文物考古》3（1984），103—108页。

② 托马斯·爱尔森（Thomas Allsen），《蒙古帝国的兴起及其在华北统治》第4节，傅海波（Herbert Franke）与杜希德（Denis Twitchett）编《剑桥中国史》第6册《异族王朝和边疆国家，907—1368》（剑桥：剑桥大学出版社，1994），382—384、389—390页；罗沙比（Morris Rossabi），《忽必烈汗：其生活与时代》（伯克利：加利福尼亚大学出版社，1988），17—20页；罗沙比，《忽必烈汗和他家族的妇女》，162—166页；傅海波，《征服王朝统治下的妇女》，37页。

③ 珍妮弗·霍姆格伦（Jennifer Holmgren），《蒙古与元代社会早期的婚姻与继承习俗》，157—167页。

得到重要财产。然而，蒙古人的妻子会在婚后从丈夫那里得到个人财产。这些财产同中国新娘的嫁妆一样，会留在她身边度过余生。① 成年儿子结婚时会得到父亲的一部分财产出去另居。② 幼子按习惯会留在家中并继承父母死后留下的财产。男人死亡时，他的遗孀会接管他留下的财产并单独进行管理。既然丈夫的财产很早就同其父母的财产分出来，寡妇会很容易支配这些财产。由于寡妇本人也是继承的一个合法对象，通过收继婚的形式支配寡妇，被绝大多数蒙古家庭认为很有必要。收继婚会把扩大家庭的财产合在一起，而且也会确保幼子不会因母亲改嫁外姓而丧失继承权。实际上，中国妇女中所流行的改嫁外姓，在蒙古社会，除极为贫穷的家庭外，几乎是闻所未闻的。③

汉族排斥收继婚俗，并把寡妇同丈夫任何亲属间发生的性关系视为乱伦。自古以来，汉族即把收继婚看作把北方游牧民族置于文明边界之外，并将他们同汉族区分开来的特征之一。司马迁（公元前145—前90）叙述过匈奴人的收继婚，以后的史书则记载了其他民族的这一习俗。④《蒙古秘史》表明，早在成吉思汗时代之前200年，蒙古人已经流行由诸子与兄弟续娶的收继婚，12世纪与13世纪的外国旅行者对这种风俗进行了描述。⑤

与收继婚观念密切相关的是寡妇留在夫家的理念。虽然汉族寡妇可以在夫家守节（她们有时会在夫家掌管庞大产业），但这种行为并非宋代任何社会阶层的准则，尽管黄榦及朱熹的其他追随者们曾对此提出过警告。当时对

---

① 珍妮弗·霍姆格伦（Jennifer Holmgren），《蒙古与元代社会早期的婚姻与继承习俗》，130—131页与152页。不太清楚的是，蒙古新娘在什么时候会获得个人财产，有可能是到生下儿子时。

② 成年儿子分出另居也是草原民族的习俗。女真人建立的金朝的法典《泰和律》即含有这方面的允许性规定；傅海波（Herbert Franke），《金朝》，《剑桥中国史》第6册，290页。

③ 珍妮弗·霍姆格伦（Jennifer Holmgren），《蒙古与元代社会早期的婚姻与继承习俗》，特别是151—157页。对收继婚的一种普遍解释是，蒙古人相信丈夫与妻子死后会重新结合。与家族外的人通婚会玷污寡妇，而收继婚则不会。见罗沙比（Rossabi），《忽必烈汗和他家族的妇女》，155页；赛瑞斯（Henry Serruys），《中国明代早期蒙古习俗的保留》，《华裔学志》16（1957）：174页。这种迷信当然恰好与蒙古家庭经济结构相一致。同对族外通婚态度一致的是，在蒙古社会，私通会受到严厉惩罚；罗沙比，《忽必烈汗和他家族的妇女》，155页。珍妮弗·霍姆格伦（Jennifer Holmgren），《蒙古与元代社会早期的婚姻与继承习俗》，155页。

④ 《史记》，110：2900（第9册）。

⑤ 洪金富，《元代的收继婚》，《中国近世社会文化史论文集》（台北，1992），285—288页；道森（Christopher Dawson）编，《出使蒙古记：13与14世纪出使蒙古与中国的圣芳济会修士的叙述与信件》（伦敦，Sheed and Ward，1955），7页；穆勒（A. C. Moule）与伯希和（Paul Pelliot）编译，《马可波罗：世界寰宇记》（伦敦，Routledge and Sons，1938），170页。

收继婚的评价凸显了这样一个事实，即大部分汉人期待寡妇回到娘家，而且认为寡妇一直待在夫家是一种异俗，这种异俗与不正常且伤风败俗的收继婚行为有关。1138年后，一位宋代作家在描写女真人的作品中宣称：

> 虏人风俗，取妇于家而其夫身死，不令妇归宗，则兄弟侄皆得以聘之，有妻其继母者，与犬豕无异。汉儿则不然，知其非法也。①

作者暗示，蒙古族同汉族一样实行族外婚，但这仅限于第一次婚姻。作者明确认为，汉族寡妇会回到娘家（"令妇归宗"），并且认为寡妇在夫家居留会引起同夫家男性亲属间不正当的性关系。在夫家居留并嫁给夫家亲属违反了自然法则，是禽兽行为，因而也是非法的。

一个多世纪后，忽必烈的一位谋士胡祗遹（1227—1295）对蒙古与汉族文化做了同样的区分：蒙古寡妇留居夫家接受收继婚，汉族寡妇则回到娘家。对当时的婚姻法所产生的问题，他提倡一种双轨制，即作为蒙古人的"北人"同汉人各自遵循自身的法律与习惯。他特别以寡妇居留与再婚为例指出："北人（蒙古人及其他非汉人）尚续亲，南人（汉人）尚归宗。"② 至于跨文化的婚姻，他建议丈夫所在的族群居优先地位。

收继婚生动地体现出蒙古族与汉族在婚姻、性与家庭领域的文化差异。在13世纪晚期与14世纪早期这几十年中，这些差异在法律与习惯中被调和，导致婚姻与财产法发生显著变化。特别是，寡妇居留夫家成为汉族的标准习惯，而新的财产与婚姻法均对此加以支持。以下章节将用文献说明这些变化。

第二节　元朝法律

如果不是因为元朝特殊的法律环境，其婚姻与财产法律的巨大变化几

---

① 《虏廷事实》，见《说郛》8：48a 页（上海，上海古籍出版社，1988，173 页）；傅海波（Franke）译，见《金朝的女真习惯法与汉法》，Dieter Eikemeier 与傅海波（Herbert Franke）编《东亚的国家与法律：卡尔·宾格尔颂寿论集》（威斯巴登：Otto Harrassowitz, 1981），228 页；傅海波，《征服王朝统治下的妇女》，31 页。

② 《紫山大全集》，21：7a—b 页；见引于洪金富，《元代的收继婚》，288 页。

乎肯定不会发生。法律的法典化因蒙古人而没有进展，元朝从未正式通过一部正式法典。这使得法律在许多方面对法律解释采取了开放的态度，而蒙古帝国的不同族群可以彼此借用习俗。元初的法律与社会状况，使家庭与婚姻法在特定方面发生了变化。

元初法律的发展与蒙古书面语言的采用密切相关。1204年前蒙古人没有书面语言。当1204年成吉思汗击败乃蛮并最终成为蒙古草原无可争议的统治者时，他为蒙古人发展了一种基于畏兀儿字母的书面语。① 成吉思汗的决定是及时的，因为他很快发现有必要记录下他的命令与决定。一个原因是战后分配酬劳时常常发生争议。当1206年分配大量臣民给高级将领与皇室成员时，不满极其强烈。② 为了防止进一步争斗并有效地统治他正在扩张的帝国，成吉思汗下令使用"青册"（Kökö Debter）记录酬劳的分配及其他决定。这一汇集事例与法令的册子，极有可能发展为后来被称作札撒（jasagh）的法律与判例主体。这在多大程度上是一部正式法典，还留有许多疑问，但成吉思汗语录及其他不成文习惯法应用于帝国的蒙古人时，就成为法律的基础。③

当蒙古人13世纪30年代侵入华北时，他们很快意识到，草原习惯法，无论怎样为成吉思汗训言所补充，对统治定居地区的汉人也是远远不够的。因此，他们让前金的法典《泰和律》原封不动地保留下来以适用于汉人，与此同时，保留蒙古习惯法以适用于蒙古及内陆亚洲民族。《泰和律》以唐律为范本，包含唐宋大部分家族主义原理，尽管它也保留了一些女真

---

① 拉契内夫斯基（Paul Ratchnevsky），《成吉思汗：其生活与遗产》，94页；爱尔森（Allsen），《蒙古帝国的兴起及其在华北的统治》，345页。某些学者最近提出质疑，认为蒙古书面语也许在1204年以前很早就发展起来了；见拉契内夫斯基，《成吉思汗：其生活与遗产》，248页注27。

② 据《蒙古秘史》记载，他的母亲孛儿帖对她所获得的俘房数量很是不悦，而他的养子失吉忽秃忽（Shigi Khutukhu）更是大为光火；拉契内夫斯基，《成吉思汗：其生活与遗产》，95页。

③ 对任何书面法典的存在持强烈怀疑态度的是David Morgan，《蒙古人》（牛津：布莱克维尔，1986），96—99页；其他信息，见梁赞诺夫斯基（Valentin Riasanovsky），《蒙古法的基本原理》，25—44页；拉契内夫斯基（Paul Ratchnevsky），《成吉思汗：其生活与遗产》，94—96页；爱尔森（Allsen），《蒙古帝国的兴起及其在华北的统治》，344—345页。后来被称作札撒的残存片段，被梁赞诺夫斯基翻译进《蒙古法的基本原理》，83—91页。所谓的札撒提出了军事纪律、人员分派，以及诸如盗窃、谋杀与通奸之类犯罪的刑罚措施。

习惯法因素。这部法典于1201年完成并在1202年正式颁布。①

金朝《泰和律》在中国行用到1271年末，当时忽必烈废除了《泰和律》，与此同时，他采用元作为王朝的国号，宣告了一个汉式统治的新时代。通过宣布《泰和律》作废，忽必烈造成司法领域相当大的混乱，因为他没能提供一部取代《泰和律》的全面法典。这使得他的王朝没有任何法官据以做出判决的正式法典。综观整个元代，确实没有产生像其他王朝那样的正式法典。

我们不太确定忽必烈为什么要废除《泰和律》，据《元史》记载是由于《泰和律》过于严酷，并暗示开明的蒙古统治者比前代统治者更为仁慈。② 这肯定也有政治上的考量。当政治家胡祗遹（1227—1293）质疑被击败的金朝的法典是否适合新王朝时，他在一份奏请书中明确表达了这一观点。③ 截至1271年，忽必烈及其以前的诸位大汗已经颁布了许多法令，这或许使人觉得现在法令的数量已经足够判决将来的司法案件。吴澄（1249—1339）宣称忽必烈想要自我作古，并像其他新王朝所做的那样，废除前朝法典。④ 然而，对汉族官员而言，这一变化或许过于仓促，他们常常缺少审决案件的判例并继续引用《泰和律》。⑤ 1266年，许衡（1209—1281）主张以汉式法典为基础统一法律，但建议先有一个三十年的过渡期，在此期间蒙古法与汉法可以保持分离状态。仅仅四年之后，忽必烈即通过废除汉式的金朝法典，开始了统一法律的步骤，不过，他没能颁布一部取代它的新法典。

---

① 包括同《唐律》比较在内的《泰和律》的全面研究，见叶潜昭，《金律之研究》（台北：商务印书馆，1972）；（这本书也可获得由作者翻译的日文版本，东京，1980）。还可见仁井田陞《北方民族法与中国法的交涉（一）：金代刑法考》，见仁井田陞，《中国法制史研究》第1册《刑法》，453—524页。扼要讨论，见拉契内夫斯基（Paul Ratchnevsky），《元朝法典》第1册（巴黎：法兰西学院汉学研究所，1972—1985），ix‑xi；陈恒昭，《蒙古统治下的中国法律传统：1291年法典的复原》（普林斯顿，新泽西州：普林斯顿大学出版社，1979），11—14页；傅海波（Franke），《金朝的女真习惯法与汉法》，216—217页。

② 《元史》（北京：中华书局，1976），102：2603页。文献接下来还说，古代法典中的截肢与墨刑，演变至元代仅剩下笞杖。元朝统治者还将笞杖刑的每一个等级减了三下（如50减为47，等等）。

③ 陈恒昭，《蒙古统治下的中国法律传统》，13页。

④ 同上。

⑤ 实际上，正是由于以后的这些引用，我们才能得到《泰和律》保留下来的一些残章断简。见仁井田陞，《北方民族法与中国法的交涉（一）：金代刑法考》，459页；叶潜昭，《金律之研究》，14—18页；傅海波（Franke），《金朝》，290页。还可见以下所引案例所涉及者。

缺少一部正式法典引起汉族官员一方相当大的关注与恐慌。他们不断发出呼吁，要求颁布一部权威法典，以使他们的判决能有依据。① 著名的政治家王恽（1227—1304）早在 1268 年就提议采用一部新法典，他在 1292 年至 1294 年又不断提出此建议。② 一位官员魏初极力主张删去《泰和律》中的金朝习惯，然后更新以蒙古统治下所确立的法令与判例，以为王朝产生一部新法典。③ 数年以后，大约在 1274 年，赵良弼（1217—1286）向忽必烈提出了类似请求，而在 1283 年，崔彧又提出这样的建议。他们主要的抱怨是，没有法典为官僚腐败与渎职敞开了大门，而这种关注在理财大臣桑哥（Sangha）时代（1287—1291）进一步加强，因为正是他本人阻碍了针对腐败官员的限制。④

为了回应这些接连不断的请求，并承认其正确性，忽必烈付出了大量努力以为本朝制定一部权威法典。忽必烈登上皇位后不久，即命两位汉族首要官员姚枢（1219—1296）与史天泽（1202—1275）编纂一部法典。显然他们共同为此付出了努力，因为我们知道，11 年后的 1273 年，忽必烈阅读了一部叫《大元新律》的草案，并将其交付蒙古顾问进行修订。⑤ 这部法典从未被颁布过（可能蒙古官员们对汉式法典还不能适应），而制定权威法典的其他一些努力也均告失败。最后，在桑哥被清洗的 1291 年，元朝政府颁布了一部由何荣祖（生年不详）编纂的名叫《至元新格》的法令集。这部简短的著作共分十个子目，主要处理的是行政事务与官员行为。⑥ 根据皇帝旨令，何荣祖试图进一步进行法律的法典化工作，编纂了《大德律令》，这部著作极有可能在 1305 年左右进呈给了皇帝。此后不久何荣祖的去世看来未能使《大德律令》成功颁布。

至此，编纂一部正式法典的努力被放弃了。取而代之的是，朝廷官员们

---

① 陈恒昭，《蒙古统治下的中国法律传统》，xv；拉契内夫斯基（Paul Ratchnevsky），《元朝法典》第 1 册，xi–xii。
② 《秋涧文集》（四部丛刊本），90：3b 页；陈恒昭，《蒙古统治下的中国法律传统》，8—10 页。
③ 陈恒昭，《蒙古统治下的中国法律传统》，15 页。
④ 同上书，6 页。
⑤ 同上书，14 与 15 页。
⑥ 这一文本的 96 条残存片段由陈恒昭编纂并译为英文，见《蒙古统治下的中国法律传统》；特别是 16—18 页与编纂和颁布有关。

第四章　元代婚姻与财产法律的转变

转而开始编纂皇帝诏令与司法判例，这些是当时司法判决的基础。这样，大约在1303—1307年，颁布了一部名叫《大德典章》的法令判例集。① 这一著作没有保存下来，但一位时人评价说，它的刑罚并不严酷。② 不过，这部法令判例集并未解决问题，因为刚到1309年，尚书省大臣们就抱怨说法律前后不一，而判决又自相矛盾。他们要求颁布一部权威的法令判例集。

> 国家地广民众，古所未有。累朝格例前后不一，执法之吏轻重任意。请自太祖以来所行政令九千余条，删除繁冗，使归于一，编为定制。③

早先，在1307年，曾有过类似奏请。④ 皇帝海山（武宗，曲律汗）虽然对1309年的奏请表示赞同，但在任何行动还没有实施前就在1311年去世了。新皇帝爱育黎拔力八达（仁宗，普颜笃汗）即位伊始即留意这一问题，下令中书省搜集法令进行统一编纂。在这方面，他受到一位刑部尚书的极力劝谏，这位尚书抱怨说，缺少一部权威法典会使官员受到纵容。⑤ 这些努力导致1316年一部文本的完成，这一文本包括三部分：制诏、条格与断例，所收文献年代涵盖1234—1316年。这一文本在经进一步充实后直到1321年才以《大元通制》的名义颁布。⑥ 其条格的一部分以《通制条格》的名义保存至今。⑦

在朝廷进行编纂法令判例集的努力的同时，民间也在进行着同样的努

---

① 陈恒昭，《蒙古统治下的中国法律传统》，22—23页；植松正，《〈元典章〉与元代社会》，《葛斯德图书馆杂志》5：1（1992年春）：58页。有关这一文献的年代及其与后出的《元典章》的关系的进一步讨论，见仁井田陞，《中国法制史研究》第4册，189页以后。

② 陈恒昭，《蒙古统治下的中国法律传统》，23页。

③ 《元史》，23：516页。还可见陈恒昭，《蒙古统治下的中国法律传统》，23页。

④ 《元史》，22：492页。陈恒昭，《蒙古统治下的中国法律传统》，21—22页。陈恒昭认为这次奏请导致了《大德典章》的编纂，并基于此将《大德典章》的编纂时间定为1307年或以后。我没有发现任何将二者联系起来的理由，并且认为这次奏请更有可能是对《大德典章》缺陷的回应，而这次奏请与1309年的奏请一起导致了《大元通制》或其前1316年文本的编纂。请见后面我对《大元通制》的讨论。

⑤ 陈恒昭，《蒙古统治下的中国法律传统》，23—24页。

⑥ 《元史》，102：2603页。《元史》称，《大元通制》是以1316年一部名为《风宪宏纲》的文献为基础的，大部分当代学者认可这一记载。但陈恒昭反驳说，这极有可能是一部单独的著作，与《大元通制》没有关系，《元史》在这一点上是错误的；《蒙古统治下的中国法律传统》，24—28页。

⑦ 《通制条格》已经以标点本的形式重印，见黄时鉴编并标点，《通制条格》（杭州：浙江古籍出版社，1986），并被译为日文且加以详细注释，见小林高四郎、冈本敬二编，《通制条格研究译注》3册（东京：国书刊行会，1964—1976）。

力。其结果是一部60卷的大部头著作，名《大元圣政国朝典章》或简称《元典章》。这部书包括1260年至1317年的文献，补编则包含晚至1322年的文献。① 补编的前言称《元典章》已经行用了数年，所以它极有可能出版于1317年后不久。② 《元典章》及补编的元代刊本保存于台北故宫博物院，在1972年以影印的形式再版。③

这一法令判例集的产生是与朝廷的努力同步进行的。法令判例集的前言引用了江西官员们的上奏，要求汇集"格例"成书，并分发给地方政府。④ 缺乏系统化的层出不穷的皇帝诏令与中央决议，显然使地方政府倍感为难。我们不知道，前面提到的由中央政府颁布的《大德典章》《大元通制》之类文献，是否已对此类请求做出回应。《元典章》的编者引用这一奏章是想借助官方权威实现他们自己的努力。《元典章》的书名有可能仿照了约1307年颁布的《大德典章》，内容也类似：以法令与判例分类编排，以备参考。⑤ "典章"比1303年江西官员请求时使用的术语"格例"更为正式。⑥

许多学者认为《元典章》是在官方主持下出版的，⑦ 可我觉得并非如此。这部文献是由福建建阳（建宁路）书坊出版的典型商业产品。每页有18栏，每栏28字（补编增加到19栏，每栏30字）。字体为纤细、廉价型。每页边缘有特殊的黑色突出部位，被称作"黑口"，这在建阳商业产品中均可见到（见图4）⑧。官府或许委托了建阳书商出版这一著作，但朝

---

① 补编名《大元圣政典章，新集至治条例》或《元典章新集》，即元朝至治年间（1321—1323）的法令判例新集。新集发行于1323年，或1322年底。
② 《元典章新集》"纲目"：1a。
③ 由于这一版本1976年以装订本的形式重印（台北：故宫博物院，1976），本书所有出自《元典章》的引文均使用此版本。
④ 《元典章》"纲目"：1a。
⑤ 一些学者认为《元典章》是以《大德典章》为基础的，例见植松正，《〈元典章〉与元代社会》，58页；陈恒昭，《蒙古统治下的中国法律传统》，30页。我没有发现这方面的强有力的证据。
⑥ 因此，我将书名译为 Statutes and Precedents of the Yüan 而不是其他学者已使用的 Institutions of the Yüan。在补编书名《大元圣政典章，新集至治条例》中，"典章"与"条例"并称，可进一步说明 Statutes and Precedents 的翻译。（在其他背景下，"章"可用来说明更为正式的"典"；或可以仅仅意指"典"的清单）有关作为元代法律渊源的重要性，以及国家为此目的的颁布，见竺沙雅章，《汉籍纸背文书的研究》，《京都大学文学部研究纪要》14（1973）：30页。
⑦ 例见陈恒昭，《蒙古统治下的中国法律传统》，30—33页。见竺沙雅章，《汉籍纸背文书的研究》，《京都大学文学部研究纪要》14（1973）：30页。
⑧ 我感谢贾晋珠（Lucille Chia）指出许多此类特点，见贾晋珠，《盈利的出版业：（宋明）福建建阳的商业出版》。

廷却单独准备了类似的编纂——《大元通制》。《大元通制》涵盖了与之相同的年代（虽然从1234年而不是从1260年开始），但中央政府似乎不太可能同时颁布两部这样的文献。而且，在1324年，恰好在《元典章》及补编再次印刷一年之后，新皇帝也孙铁木儿（Yesün Temür）下令将《大元通制》印本分发给地方官。① 如果朝廷已编纂了另一部更新的文献（即《元典章》），皇帝似乎不太可能如此忽视它。《元史》也对《元典章》视而不见：在《元史》的王朝法律编纂清单中，明显没有任何地方提及《元典章》。②

通过对《大元通制》残存部分（现在名《通制条格》）与《元典章》进行比较，我们可以进一步证实前者是后者的一种官方版本的假设。《大元通制》各条经过大量编辑加工，文字总是大为简化，《元典章》则看起来保留了完整的文献。《大元通制》的裁决彼此更为协调一致；由皇帝颁布的前后矛盾的裁决显然被删去。某些案件，最终裁决的主要部分与《元典章》不同，显然是为了更加契合编辑者的中心议题。相比之下，《元典章》则透露出随着时间推移而出现的政策变化与前后不一致性，这表明官方并未插手《元典章》的编纂。

如果《元典章》为私人出版的话，那么文献资料来自何处呢？文本本身提供了答案。《元典章》看起来是由江西或福建的地方档案组成的。许多文献是写给江西西北的袁州路或福建地方官府（江浙行省南部）的。地方衙门将来自朝廷的指示汇成案卷加以保存，这些案卷成为他们进行司法判决的先例。这些案卷根据颁发部门的不同被分门别类，并附上年代以便识别。③ 这实际上也是《元典章》的实际分类组成。《元典章》第一部分为"诏令""圣政""朝纲"与"台纲"，接下来则以六部为标题。④ 在六部之下，案件或事例按总标题归类，每类又按时间顺序编排。有时，甚至当一个案件不是由标题所涉及的部裁决时，该案件看起来也会在一个相关标题之下。其他案件或许包含不止一个部的判决。按问题分类看起来优先

---

① 《元史》，29：643页；陈恒昭，《蒙古统治下的中国法律传统》，33页。
② 《元史》，102：2603页。《元史》提到了《至元新格》《风宪宏纲》与《大元通制》。而后者，我认为是相对于私人出版物《元典章》的一种官方版本。
③ 植松正，《〈元典章〉与元代社会》，58页。
④ 这些分类为吏、户、礼、兵、刑、工。有关这些文献更详尽的研究，见田中谦二，《元典章文书的构成》，《东洋史研究》，23：4（1965年3月）。

于按六部分类。许多学者以为前言提到的江西官员编纂了《元典章》，但福建书商将江西官员的话纳入其中，很有可能仅仅是借此为此书的出版提供合法性。① 甚至是清代《四库全书》的编纂者们也提到前言似乎与此书的其余部分没有什么关系。②

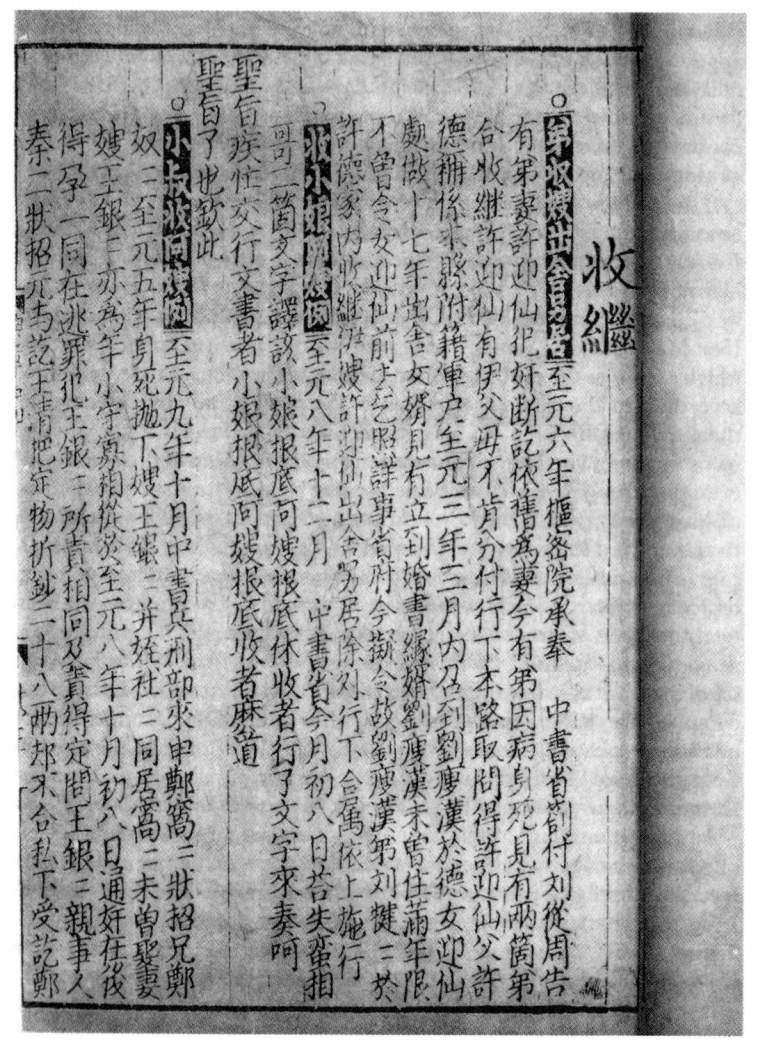

图 4　选自《元典章》1322 年版
字体纤细，排版拥挤，属典型的元代建阳出版物（由台北故宫博物院提供）

---

① 我感谢洪金富在这方面对我的提示。
② 《四库全书总目》（北京：中华书局，1965；1987 年重印），83：713 页。

《元典章》的一个重要特点是总体上不加编辑或者说体例不一。我们从中发现随着时间的推移，其规定与政策出现了相反的情况。1307年与1309年上奏对法律规定抵牾与自相矛盾的指责，被《元典章》充分证实。此外，《元典章》保留了文献的原始语言。这些语言包括三种：汉语文言（经典、法定文字），汉语白话，某些地方还有保留蒙古句法的蒙古语直译。这种通俗语言乃至外族语言的混合体，招致《四库全书》编纂者的强烈谴责，他们拒绝将其收入《四库全书》这一庞大的文献中。① 不过，《元典章》所有这些特点，对我们今天而言有着特殊的价值。《元典章》与宋代的《清明集》出版于同一地区，后者是我在第二章所得结论的主要史源。非常有趣的是，如果我的假设不误，二者应是在同样环境下出于同样原因出版的——满足商品市场的需求。二者或许从地方案卷搜集素材编成，甚至有可能出自同一地方的案卷。本章剩下的部分，将要从《元典章》及其他文献所透露的信息，探究元代妇女婚前与婚后财产权利的变化。

第三节　家族财产与女儿的继承

元朝国家的财政与军事组成需要重新构筑男性父系亲属优于女儿的家庭继承概念。元朝政府通过军户制度提供军队，每一个军户需要永久性地提供军人与装备，而这依赖于以户为基础的差发、徭役与地税。这方面的首要关注是保持军户不变，以维持稳定的兵源，但也需要保持民户不变，以维护地税的基础。这样一来，元朝政府不太愿意允许家户消亡，即因无男性继承人而导致户绝，也不会允许土地随女儿并入另一家户。为达到这一目的，元朝政府对继承法做出了实质性修改，而这恰好与不利于女性的男性父系理论不谋而合。户绝家庭女儿的待遇，无论是已婚还是未婚，同宋代相比已大不相同，她们已丧失了此前享有的许多权利。然而，作为户主的寡妇，因可以提供士兵或其他差役（通过缴纳钱财等），保留了相当大的财产权与家内权威。

同儿子相比，我们不知道分家时女儿该怎么办。曾在南宋实行过的女

---

① 《四库全书总目》，83：713—714页。陈恒昭已将这一条目的部分内容译为英文，32页。

儿享有一半份额的规定，在现存元代记载中已找不到任何证据。一半份额规定的证据全都来自南方（仅是南宋控制下的中国的一部分），而我们在北方金朝的法律中也未发现这样的证据。元初继承法来自金朝继承法（为皇帝诏令与中央政府判例更新者除外），既然元朝政府试图将继承问题与兵役联系起来，一半份额的规定不太可能被元朝国家所实施。

史料对族人插手干预身后立嗣也缺乏记载。金朝与元初的立法没有解决我们从南宋见到的身后继承人与女儿之间的权利纠纷。① 当中国北方的女儿不可以向男性亲属的继承提出挑战时，元朝国家对税收与军事的优先考虑，又将她们置于其他方面的不利地位，重视男性父系亲属而轻视女儿，这与宋代的政策形成了鲜明对比。

一 户绝情况下的继承

元朝国家试图积极干预户绝财产的处置，这一点甚至超过了宋朝。当忽必烈于1260年即位并开始建立一个汉式政府的时候，他发布旨意宣称，如果夫妇死后没有继承人，国家有权将财产没收充公。他八月份的圣旨写道：

> 随处若有身丧户绝，别无应继之人，其田宅、浮财、人口、头足，尽数拘收入官。②

法令本身没有告诉我们什么样的情形构成户绝，或女儿在这种情形下该怎么办（实际上我们只是从后来一个判例的援引中才获知这一诏令的），不过四年后的1264年八月，忽必烈颁布了一份更为详尽的圣旨，宣布了没有成年继承人时的基本继承规则。

> 随处若有身丧户绝，别无应继之人（谓子侄③弟兄之类），其田宅、浮财、人口、头足，尽数拘收入官。召人立租承佃，所获子粒等物，通行明置文簿，投本管上司申部。若抛下男女十岁以下者，付亲

---

① 元代晚期史料没有提及身后继承人显得更为不可思议。情况有可能是，鉴于本章所描述的元朝法律对妇女财产权的其他限制，以及宗族权力增长的背景，女儿不再能够在法庭上向宗族挑战，从身后继承人那里要求财产权。

② 《元典章》，19：9a 页。

③ 子侄有时可译为"儿子"与"侄子"。但下面的文本表明男性与女性均包含在内；所以笔者翻译为"孩子们"与"兄弟的孩子们"。

第四章　元代婚姻与财产法律的转变

属可托者抚养，度其所须季给。虽有母招后夫，或携而适人者，其财产亦官知其数。

如已娶或年十五以上，尽数给还。①若母寡子幼，其母不得非理典卖田宅、人口，放贱为良。若有须合典卖者，经所属陈告，勘当得实，方许交易。

钦此。②

这一法令既显示出与宋代法律的相似之处，也显示出二者间的差异。第一，我们可以看出，同宋代一样，元朝政府试图保持土地耕作与税收登记的正常进行。忽必烈重申了以前将没有继承人的财产没收充公的命令，而且下令寻找佃农耕种土地，以为政府提供赋税收入。元代的地方官府，同宋代一样，必须自始至终将此类土地的收入上报北京的户部。在其统治早期，忽必烈多次发布命令，要求掌握个人封地的皇室宗亲与高官，将纳税户与税收上报北京政府。③防止地方挪用政府收入的类似关注，在这里又得到体现。

第二，在获得财产绝对权之前，孩子们（尤其是儿子）必须组建一个可纳税的户。在宋代，只要有儿子健在，无论年龄多大，都不会构成户绝，而且国家也不会正式介入。忽必烈对此做了一项重大变革，下令未成年男性的财产必须置于国家的管理之下，而只给孩子们津贴以维持生计。如果儿子结婚，或者长到15岁，财产会归还给他，以结束国家对财产的使用。换言之，当没有成年或已婚儿子健在时，家户会进入临时户绝的状态。只有当成年或已婚儿子（他将能承担差役）出现时，才会构成一个真正意义上的户。出于同样原因，如果儿子的母亲带他改嫁或招进第二位丈夫，儿子也许会丧失财产权，从而使父亲的户消亡或与另外一位成年男性的户合并。④

---

① 画线部分读作"娶"，仅用于男性，以下提出的其他证据表明，女儿会被另外对待。当1321年这一法令再次颁布时，女儿被包含在内（画线部分读作"嫁娶"），但与这些分别规定；见黄时鉴编，《元代法律资料辑存》（杭州：浙江古籍出版社，1988），72页。
② 《元典章》，19：8a页。
③ 《元典章》，17：1b—2a页。
④ 笔者遵循了柳田节子的诠释，即对首位丈夫财产的登记实际上意味着充公，《元代女子的财产继承》，《宋元社会经济史研究》（东京创文社，1995），266页。依宋代法律，如果母亲带着儿子改嫁，也会造成户绝。

第三，寡妇以年幼孩子的名义支配财产的权利与宋代相似。而且，寡妇必须维持一个单独的纳税户，以防止财产落入当局之手。这样的户被称为"女户"，并可减少但不是完全豁免赋税与差役。① 与宋代一样，寡妇不能"非理"出卖土地或释放奴仆，不过忽必烈的诏令给予出卖土地一些回旋余地，如果地方官府同意那样做的话。②

第四最引人注目，合格继承人的名单开始包括"弟兄"。1278 年的一项裁决表明，即使分家已经发生，兄弟们分籍立户，他们也可以继承。③ 在 1278 年的案件中，一名男性起诉已故兄弟的遗孀，并且从她那里获得财产。兄弟之间的旁系继承，特别是在分家以后，在中国任何王朝的法律中都是不被允许的。④ 按照儒家学说，继承人必须辈分合适（即死者的下一辈）以进行祭祀。元代兄弟继承的合法性无疑折射出草原习俗的盛行。

允许兄弟继承的政策会使女儿远离她们在宋代将会获得的一些财产。这或许会为财产保留于男性世系带来积极影响，但元朝政府的论证理由则是将财产继承与兵役联系起来。很显然，在元朝初年，即使按宋朝的通行做法收养过继侄子，也要经政府严格审查，并不会自动被允许。1263—1268 年枢密院的一项裁决，允许一名男性让儿子过继给年老无子的兄长，其唯一条件是这个儿子必须接手伯父承担的兵役。中书省下的户部⑤将这一裁决扩大适用范围于所有的民户与军户，允许为了维持一个纳税户或提供兵役的军户而进行的近亲男性过继。⑥ 1268 年的另一项裁决援引了以前的这些判决，允许一名男性继承没有子嗣的伯父的财产。⑦ 所以，即使男性亲属过继也是以税收与兵役为中心。儒家思想，宋代法律的父系原则，

---

① 由妇女担任户主的户，属于减税类的"协济户"，此类户包括老、幼、病人任户主的情况；见 Herbert Schurmann，《元代经济结构：〈元史〉卷 93 与 94 的翻译》（卡布里奇，马萨诸塞州：哈佛大学出版社，1956），94—95 页。

② 有关寡妇财产支配变化的更多研究，见柏清韵（Bettine Birge），《从宋到明的妇女与儒学》。

③ 《元典章》，19：9b 页。这一裁决在 1316 年再次发出；《元代法律资料辑存》，17 页。

④ 《唐律疏议》，12：237 页；《宋刑统》，12：193 页。宋代有时出现过一些例外情况（见《清明集》，8：251—257 页），但从未被正式允许。

⑤ 此时户部为左三部的组成部分。见 David Farquahar，《蒙古统治下的中国政府：参考指南》（斯图加特：Franz Steiner Verlag，1990），175 页。

⑥ 《元典章》，17：13a 页；《通制条格》，3：30 页。

⑦ 《元典章》，17：13a 页。

第四章 元代婚姻与财产法律的转变

并没有自动适用。

忽必烈1264年的诏令并未特别规定户绝家庭中只有女儿时该怎么办（除了说不满10岁女儿的财产，与儿子一样，由官府管理）。接下来几年的判例法表明，元朝国家与地方当局为此产生过争议，但最后达成一个解决方案，据此，只有女儿招赘婿上门，以父亲的名义延续家户，承担父亲原有的兵役与其他差役，她才可以继承财产。这一对宋代法律与习惯的重大突破，通过两个产生冲突裁决的案例体现出来，二者均表明女儿继承缺乏明确的法律支持。

第一个案例在1268年被提上法庭，而在接连不断的复审中被四个不同部门做出不同裁决（这让人想起宋代无止境的上诉制度，但那时是诉讼当事人上诉，这里则是法官将案件上交复审）。一位来自南京路的妇女张阿刘，① 在双亲亡故后提起诉讼，请求保留父亲留下的财产。她声称，1242年亡父已招张士安为"养老"赘婿，到目前为止阿刘作为妻子同他已生活了28年（原文如此）。1252年，父亲去世，留下阿刘的母亲作为户主，被登记为特殊的"女户"。1257年，阿刘的母亲也死了。1263年，阿刘因没有承担母亲的纳税义务而被当局传唤。对阿刘而言，因1268年她家庭的一男一女两名驱口在同路官府提起诉讼，要求获得自由并对她父亲的土地也主张权利，事情变得更为复杂。②

第一份裁决是1268年由左三部做出的，③ 裁决支持驱口的诉求。左三部接受阿刘的父亲打算解放驱口并分给他们财产的主张，下令除动产与阿刘的房子外，应将土地与其他建筑全部交给驱口（驱口大概可以组建一个可纳税的户，并由此为政府缴纳赋税）。然而，这一裁决被御史台1270年或1271年的一份裁决推翻。御史台没有讨论驱口问题，而是提出将财产留在阿刘家中这一更符合中国传统的解决方案。御史台特别提到，张士安虽

---

① 元代文献中已婚妇女的名字总是这种形式，第一个字（这里为张）是丈夫的姓，接在"阿"后面的第二个字（刘）是娘家的姓。既然二者都是姓氏，我将二者都用大写字母标出。

② 有关元代驱口更为详尽的研究，见 Allsen，《蒙古帝国的兴起》，326页；Elizabeth Endicott-West，《元代政府与社会》，《剑桥中国史》第6册，613—614页；海老泽哲雄，《元代的驱口》，《亚洲学报》45（1983）。驱口常常在战争中靠俘获（有时为绑架）而得，而且整个地区的居民有可能沦为这种受奴役的状态。驱口特别是汉人驱口常常耕种蒙古士兵的土地。

③ 左三部包括户部，户部官员大概做出了这项裁决。裁决肯定是在1268年做出的，因为左右三部在这一年稍后的时候被废除了。

然原本是作为养老女婿待在刘家的，但1252年（他岳父去世的那一年），张士安重新在自己的父亲名下附籍，而且1257年岳母去世后，他没有承担岳母的缴税义务（这让人想起阿刘1263年因漏税而被拘押）。

不过，尽管张士安已在别处附籍，御史台还是承认他曾作为赘婿在刘家生活过，因此刘家严格按规定来说并不算户绝。基于这些情况，官府以"别无应继之人"的理由将财产充公，或援引养济孤儿的规定（见1264年诏令），都不太适宜。御史台下令将财产分为三份。一份给阿刘与她已出嫁的妹妹，由她们二人均分。剩下的两份则给赘婿张士安，他要承担刘家的赋税及其他差役。①

引人注目的是，阿刘与张士安虽然结为夫妇，御史台仍然单独划给阿刘一份财产。这意味着宋代实行的在婚期间财产分离的政策在这里也同样适用于元代。此外，张士安在家户中被当作儿子对待。在宋代，亲生子或养子会得到每一个姐妹两倍的份额：在本案中，分配比例则为1/2，1/4，1/4。如果女儿已经结婚（正如本案姐妹二人均已婚），儿子会得到全部财产。在宋代，除妻子所得嫁妆外，赘婿不会分到任何财产（尽管如果没有亲生子的话，夫妇二人会另外继承财产）。阿刘案中，撇去国家分给张士安的份额不计，分给已婚女儿的1/3份额，让人不禁想起宋代法律中已婚女儿的权利。

不过，没有任何明晰的法律对案件做出如此规定，当新独立出来的户部重新审核这一案件时，它推翻了御史台的论证。在一份类似于以前支持驱口的裁决中，户部再次强调从1252年起张士安就已经在自己父亲名下附籍，并在那里缴纳赋税。根据一份有关赘婿的诏令（正式引用），张士安不符合赘婿的资格，刘家已经绝户。而按1260年与1264年忽必烈的诏令（他们也引用了），没有合适的继承人，所有的财产将被充公。驱口们将被解放并组建可纳税的户（他们也许成为政府所没收土地的佃农）。

户部的裁决被上呈尚书省，尚书省当时是政府的最高分支机构，且与皇帝关系密切。尚书省提出第四份同时也是最后的裁决。裁决引述了阿刘原来的媒人提供的新证据，这份证据与阿刘的陈述相反，她的丈夫当初并未直接商定做养老女婿。而且，张士安在1252年已将妻子、儿子附籍于自

---

① 《元典章》，19：8b页。

第四章　元代婚姻与财产法律的转变

己父亲名下，且已提交了这一变更所需的必要文件。因此，尚书省认为，张士安无权获得刘家财产，也没有义务承担刘家的赋税与差役。尚书省下令将 1/3 的财产分给两位已婚的女儿，她们将负责缴纳赋税，包括驱口在内的 2/3 财产，则被没收充公。分给女儿的 1/3 份额，其中 2/3 给阿刘，只有 1/3 给她的妹妹。①

最后的裁决大部分与宋代法律一致。根据宋代有关户绝的规定，此处国家与已婚女儿 2/3、1/3 的分割比例与宋代的做法完全相同。张士安的诉求被驳回也反映了宋代禁止女婿继承的规定（少数案例除外，见第二章的解释）。这再次表明已婚妇女及其丈夫财产间的差异。分给阿刘的财产与她的丈夫张士安的财产并不相同。两个女儿之间财产的进一步分割非常有趣。阿刘所得份额是妹妹的两倍，这或许是为了酬谢她以赘婿婚的形式留在家中。②

本案中，阿刘谋求父亲的全部财产，是基于张士安为父亲"养老"女婿这一理由。此后不久 1273 年的一项裁决表明，没有兄弟的女儿只有在招进女婿延续父亲家户的情况下才可继承。1273 年七月，户部接到来自耶律左丞手下管民头目的汇报。一位纳税户的户主金定与他的妻子都去世了，身后只有 13 岁的独生女旺儿。留下的财产有可观的 3 顷 45 亩地，现已无人耕种。地方当局决定接管这些土地并将其从赋税籍册中移除。正如 1264 年诏令对照料孤幼所规定的那样，他们将会出租这些土地并为女儿旺儿提供抚养费。但裁决接着说，等到适婚年龄时，他们会为旺儿招进上门女婿以代表她重新建立一个可纳税的户（母亲生前已为旺儿订婚，但因没有找媒人，也没有收聘礼，这次订婚并不被官府承认）。户部同意这一裁决，这一裁决由此成为判例。③

1273 年的这一裁决暗示，一旦为旺儿找到上门女婿，旺儿可以要回父亲的全部财产。这表明，如果旺儿不是招进赘婿，而是嫁入其他家庭，她将无法得到财产。三年前，甚至整个家庭已在别处居住附籍的情况下，阿

---

①《元典章》，19：8b—9a 页。

② 柳田节子在论证宋元之间的延续性时，推测这一分割反映了宋代未婚与已婚女儿财产分割的规定（她将阿刘类比成"未婚"），不过她承认这一分割的法律基础比较模糊。《元代女子的财产继承》，268 页。对这一案件稍微不同的诠释（与总体上赘婚的地位），见大岛立子，《元朝的女婿》，《史论》，43（1990）：80 页。

③《元典章》，19：9a—b 页。

刘却企图冒称丈夫为赘婿，表明她期望自己也可适用类似的待遇。

元朝的目的在于把继承与男性行使的纳税、兵役义务联系起来。这一法律则将此目的同女儿的继承权协调一致，并被1316年完成、1321年颁布的《大元通制》所确认。《大元通制》规定：

> 户绝女幼，官为知在，候长召嫁，继户当差。①

在宋代，没有兄弟的未婚女儿会继承父母的全部财产。在这种情况下，女儿的娘家将不再存在，女儿则携带作为嫁妆的财产步入婚姻（不管她是招进赘婿还是嫁出）。与此相反，元朝政府努力保持每一个家户作为可纳税并承担差役的实体，因此对女儿继承财产的能力设定了诸多限制。②对以损害女儿继承与嫁妆为代价的赘婿婚的鼓励，只是范围更广的政府政策的一部分。在元朝统治下，独立的家户可以纳税并为兵役及其他差役提供男劳力，而维持这些家户的目标剥夺了汉族王朝统治下直到那时还都是女儿的财产。没有兄弟的女儿现在只能通过丈夫享有自己父亲的财产，此时，她父亲的家系要通过赘婿婚来恢复并与纳税差役结合在一起。

二 婚姻期间的妇女私有财产

金朝法律贯彻了妻子与夫家财产的法定分离，元初1281年的裁决重申了这一点，多次指出汉族分家不包括妻子财产的传统做法③（从阿刘案中，我们也可看出一项临时裁决是如何将阿刘与其丈夫的继承分开授予的）。不过，这一案件再次表明，元朝政府关注的是维持军户而非妇女财产问题。

王兴祖来自彰德路汤阴县（今安阳地区），1266年成为赘婿并承担岳父的兵役。由于这层关系，他得到岳父相当多的财产，包括一座农庄、一顷土地、城里一所十二间房子的宅院、五名驱口及一个磨盘。11年后（1277），兴祖的哥哥分家，想把这些巨额财产列入其中。王兴祖起诉请求

---

① 《元代法律资料辑存》，71页。忽必烈1264年的诏令后来被《大元通制》再次颁布，但修改为财产返还给结婚时的儿女（72页）。我们知道，这里指女儿招进赘婿时。

② 滋贺秀三对这项与赘婿婚有关的政策的解释是，元朝比宋朝政府更加关注保持父系家族世系。但她同意柳田节子的观点，即元朝更有可能仅仅是为了增加赋税收入；滋贺秀三，《中国家族法的原理》，614—615页；柳田节子，《元代女子的财产继承》，268页。

③ 《元典章》，19：10b—11a页。

不要分割。案子到了兵部（因为此案涉及军户），兵部引用金代法律称：

> 应分家财，若因官及随军、或妻家所得财物，不在均分之限。①

王兴祖的财产显然来自岳父，因此没有他同胞哥哥分割财产的份额。但经过一次有趣的转折，裁决开始这些写道：

> 若将王兴祖随军梯已置到庄宅、人口等物，令王兴祖依旧为主，外据父、祖置到产业家财，与伊兄王福依理均分相应。②

因为这些财产来自王兴祖妻子家，所以可以排除在外。但兵部对此视而不见，反倒强调王兴祖已经承担了附着其上的兵役，所以才对财产享有独占权。这份裁决清楚地表明，土地总是伴随着义务，而承担这些义务则会给予某人土地的权利。我们在这里也看到元代赘婿婚的新规定。在宋代，当男子成为赘婿，他要宣布放弃自己父亲的遗产。这里，王兴祖从父亲那里得到与哥哥份额相等的财产，又接管了岳父的全部财产。

总之，元代社会的军事结构导致妇女在家族继承方面被边缘化。对男性从事的兵役及家户承担的赋税差役的强调，导致了重男轻女，而这恰好与支持父系的观念不谋而合。由兄弟旁系继承的草原习惯，被带入元朝法律并适用于汉人。虽然这一习惯与汉人维护每一个儿子父系传承的传统要求不符，可不管怎样，这又进而使不在家中居住的男性亲属凌驾于家里的妇女之上。

继承结构中的这些变化，在忽必烈时代中期就已全部发生，表明妇女继承权出现了急剧下滑。然而，这些变化同妇女婚后财产与个人权利更为剧烈的变化相比，就显得黯然失色了。

第四节　元代婚姻财产法律的变化

元代婚姻与财产法律变化的进程是非常复杂的。由于不同层级政府与

---

① 《元典章》，19：10b—11a 页。值得注意的是与宋代法律的差异，宋代法律没有提到兵役为个人财富的一种来源。

② 《元典章》，19：10b—11a 页。

不同族群的法官对使用什么样的法律与习惯持不同见解,其特点表现为对执行什么样法律的普遍混乱,上诉与复审裁决的经常性逆转。当地方官府找不到先例裁决案件时,他们会把案件移交复审。对因上司不同意判决而产生指责的恐惧,也促使许多案件被提交上级。

我把元代婚姻法的转型按时间确定为五个阶段。在第1阶段,金《泰和律》依然有效,地方法官基本赞同妇女在宋代已享有的自由与财产权。第2阶段,开始于1271年,法官在汉人中间严格执行像收继婚之类的蒙古习俗,这通常使妇女处于不利地位。第3阶段为这一政策的倒退及蒙古法更宽松的适用。在这一时期,守节成为收继婚外一项可供接受的选择。第4阶段,从1294—1320年,朱熹学说的许多思想被制定为法律,这在相当大程度上剥夺了妇女的财产支配与行动自由。第五阶段为1320年以后,是婚姻与财产法方面儒学转型的顶点:政府旌表寡妇守节并再次宣布汉人的收继婚不合法。以下证据的表述将按这五个阶段依次展开。

一 第1阶段:蒙古法与汉法的分离,1260—1271年底

第1阶段从1260年至1271年底,以汉法与蒙古法的分离为特点。金《泰和律》适用于汉人,草原法与习惯则适用于蒙古人及其他非汉人族群(这当然指南方被征服前的整个中国北方)。双轨法律体系的原则早已为汉人所熟知,因为这一原则在伟大的《唐律》中曾出现,其第48款规定:

> 诸化外人同类自相犯者,各依本俗法。①

辽朝的契丹人遵循了这一"属人原则"(ius sanguinus,血统主义),法律适用取决于违反法律者的族群而非地域。②尽管有过统一法律以使其司法管辖适用所有人的尝试,但契丹人在其整个统治期间基本上保留了司法制度的种族差异。金朝大体上延续了这一政策;但由于更为汉化,金朝不得不专注于女真习惯法与汉法之间的冲突。1202年,金朝行用《泰和律》,试图将其普遍适用于所有人而不管其民族为何。这部法典混合了基

---

① 《唐律疏议》,6:133页。
② 魏复古(A. Wittfogel)与冯家昇,《中国社会史,辽(907—1125)》(费城:美国哲学学会,1949;1961年重印),227、466—467页;傅海波(Franke),《金朝的女真习惯法与汉法》,215页;仁井田陞,《中国法制史研究》,第1册,431—433页。

于唐宋法典的汉法与女真习惯法。不过，在某些领域，尤其是婚姻与继承方面，非汉人群体基于固有习俗的单行法继续得到沿用。①

骑马民族女真人的婚姻习惯，同他们的游牧亲族蒙古人一样，与汉族有着相当大的差异。在征服中国北方以前，一些部落显然可以在同姓甚至是近亲之间通婚。②此类内婚习俗在1118年被禁止，但收继婚在统治中国北方期间继续在所有女真人中实施。在这方面，女真人从未吸收或接受汉族习惯。而且，看起来有一些女真统治者使某些汉人接受了收继婚。1169年，女真皇帝世宗颁布诏令，规定汉人与渤海人不得实行收继婚：

> 丙戌（1169年正月），制汉人、渤海兄弟之妻，服阕归宗，以礼续婚者听。③

这道命令再次将留在夫家与服阕归宗在种族上做了区分，并赞同汉族妇女改嫁的权利。

1202年的《泰和律》再次宣布汉人收继婚为不合法，并在这方面保留了女真与汉族法律的分离：

> 汉儿、渤海，不在接续有服兄弟之限。④

"有服"大体指服丧的五个等级，包括关系非常远的亲属。此项法令意味着在此群体之外的再婚是被允许的，也表明尽管早先有这方面的禁令，1202年金朝统治下的汉人继续实行收继婚。

如前所述，当蒙古人侵入中国北方时，他们让《泰和律》继续有效。《泰和律》作为适用于汉人的基本法律，一直沿用到1271年十一月。蒙古人与其他内陆亚洲人则奉行自己的习惯法。元代政府的最高机构中书省，⑤

---

① 傅海波（Franke），《金朝的女真习惯法与汉法》。
② 傅海波（Franke），《金朝的女真习惯法与汉法》，228页。
③ 《金史》，6：144页。还可见傅海波（Franke），《金朝的女真习惯法与汉法》，228页；傅海波，《征服王朝统治下的妇女》，31页；洪金富，《元代的收继婚》，283页。
④ 《元典章》，18：26a—b页；洪金富，《元代的收继婚》，283页。
⑤ 当忽必烈于1260年再次建立中书省时，中书省达到历史上的顶峰。有关中书省重要性及其运作更详细的信息，见David Farquahar，《蒙古统治下的中国政府》，169—175页；拉契内夫斯基（Paul Rachenevsky），《元朝法典》第1册，117—119页；《元史》，7：127页。在某些时期，尤其是1270—1272、1287—1291年，尚书省作为高于中书省的机构存在。

在1270年早些时候的一项判决中直接宣布汉法与草原法分离的原则。在主张这一原则时，中书省援引了当时还有效的金朝法典，将其称为"旧例"：

> 旧例：同类自相犯者，各从本俗法，其汉儿人不合指例。①

中书省援引这一分离原则以支持新成立的尚书省的一项裁决，后者又转而赞成地方路级官府的一项裁决。② 这些官府的成员既有蒙古人又有汉人，③ 三个政府部门实施蒙古法与汉法分离的事实，表明在这一问题上官方的意见是一致的。

不过，尽管如此，收继婚问题继续成为法律诉讼的主题，而中央政府也继续颁布这方面的进一步裁决。上述中书省裁决颁布后不久，户部提交了1270年七月份一项裁决中出现的问题。北京南面河间路的一位妇女孙哇哥，提出指控说，1269年十月，在丈夫与公婆去世，并依法服丧后，丈夫的侄子付添寿企图强奸并以收继婚的形式占有她。孙哇哥赶走了侄子，但丈夫的兄长宣称，依据当今法律，侄子有权收继已故叔父的妻子。④ 当孙哇哥将此案起诉后，路总管府将其提交户部裁决，户部同意了她的指控。户部援引了一件相同的案例，该案中，一位侄子试图娶自己的婶母（父亲弟弟的妻子），同一路总管府以基于金朝法典的裁决明确禁止此类行为：

> 河间路申，王黑儿下财⑤续亲婶母许留奴。旧例："侄男娶讫婶母，即是期亲尊长为婚同奸，法各离。"其王黑儿系汉儿人氏。⑥

---

① 《元典章》，18：26a页。"旧例"一词指金朝法典的使用，见叶潜昭，《金律之研究》，17—18页；拉契内夫斯基（Paul Rachenevsky），《元朝法典》第1册，X页；洪金富，《元代的收继婚》，283页注17；傅海波（Franke），《金朝的女真习惯法与汉法》，216页。

② 尚书省最初建立于1270年正月。因为这里所引用的文献时间为当年七月，裁决不可能晚于这个月；《元典章》，18：26a页。

③ 《元史》，7：127页记载了当时尚书省的成立及尚书省与中书省的组成人员。

④ 《元典章》，18：26a页。意为"丈夫兄长"的"伯伯"，这里既可指侄子的伯父（妇女的大伯子），也可指已故丈夫的伯父。洪金富诠释为妇女的大伯子（《元代的收继婚》，301页），可我倾向于读作丈夫的伯父，正如拉契内夫斯基（Paul Rachenevsky）诠释的那样（《元朝有关收继婚的立法》，《田村博士颂寿东洋史论丛》，东京：同朋舍，1968，55页）。

⑤ 不清楚为什么会为收继婚而支付聘礼（既然此类婚姻是为了避免这样的开销）。我猜测这是象征性礼物，极有可能为食品，是打算让婚姻合乎元朝法律的规定。

⑥ 《元典章》，18：26a页。

第四章　元代婚姻与财产法律的转变

这一裁决被送到尚书省复核，后者又转送中书省。在多次重申此前法律分离的原则后，中书省做出了一项对收继婚而言非常重要的裁决：

> 无令接续。若本妇人服阕，自愿守志，或欲归宗改嫁者听。许留奴虽已成亲，亦合离之。①

从这一案件我们可以看出汉族男子正在实践收继婚，因为他们明白收继婚会得到蒙古习惯法的支持。不过牵涉其中的妇女有时会加以抵制，在回应由此类妇女提起的诉讼时，② 蒙古与汉人官员执行了基于金朝法典的汉人单行法原则。

1270 年早先几个月，中央政府曾禁止男性与其兄弟妻子间的收继婚。其基本理由与侄子收继婶母案相同：各从本俗法。裁决引用了 1270 年中书省禁止侄子收继婶母的裁决作为判例。

《元典章》有两则案例解决了这一问题。第一件发生在今天河北省的河间路，与前面提到的两则侄子收继婶母案的发生地相同。一名出身军户的男子赵义提出指控，妻子的女儿青儿，③ 已经为亡夫崔犟儿服满丧期，但亡夫的哥哥却不肯让她归宗（大概要再嫁），而是坚持要她嫁给自己的弟弟。此案被路级官府移交中央政府的法司，④ 法司提出的裁决逐字逐句引用了 1202 年《泰和律》对汉人实行收继婚的禁令：

> 旧例：汉儿、渤海不在接续有服兄弟之限。⑤

裁决被送给中书省，中书省支持这一裁决，并再次提出以前 1270 年侄子收继婶母案已提出的声明。声明既引用了汉人与蒙古人单独适用法律的总原则，也引用了中书省特别宣布收继婚不合法的裁决：

---

① 《元典章》，18：26a 页。
② 有一件诉讼将妇女称为原告；另一件诉讼也几乎可以肯定是由妇女（婶母）提出的，尽管没有明确提到。
③ 这一说辞意味着女儿为以前的婚姻所生。
④ 到 1271 年《泰和律》被废为止，法司是一个类似于刑部的上诉法庭；David Farquahar，《蒙古统治下的中国政府》，199 页；宫崎市定，《宋元时代的法制与裁判机构》，226—227 页。还见田中谦二，《〈元典章〉文书的构成》，103—104 页。
⑤ 《元典章》，18：26a—b 页。

旧例："同类自相犯者,各从本俗法。"其汉儿人不合指例。……无令接续。若本妇人服阕,自愿守志,或欲归宗改嫁者听。①

第二件案子来自南京路(南京路包括北宋首都开封)息州。其中,户部在裁决中使用了第一件案子作为判例,这一裁决在1270年八月提出并上报尚书省。指控是由一名出身民户名叫丁松的男子提出的。1260年,他同母亲将妹妹丁定奴许聘给同州时小奴的儿子。1267年,妹夫去世,妹妹为丈夫服丧四年。现在,服丧期已满,公公时小奴不肯让妹妹归宗,而是坚持妹妹要以收继婚的形式嫁给妹夫的兄弟或侄子。在娘家人的支持下,妹妹拒绝服从。户部使用已确定的判例,裁决支持妇女丁定奴及其家人。②

两项裁决均解决了寡妇归宗的问题。在两个案件中,妇女及其家人均提起诉讼,反对夫家阻挠妇女归宗。收继婚与留在夫家,再一次同归宗与改嫁外人形成鲜明对照。政府坚决站在妇女一方并支持她们的再婚自由,最高级别的政府,不论是中书省、尚书省、户部,还是法司,都同意这些意见:汉族妇女应当允许归宗并改嫁。在这方面,这些机构均赞成以前金朝与宋朝的法律和习惯。

寡妇可以被强制留在夫家的唯一时间是27个月的服丧期。1268年,在平阳地区,一名男子起诉让亡弟妻子韩赵奴服丧期间留在家中。他指控这位妻子的母亲、来自邻路的韩阿巩拒绝让女儿在丈夫死后留在夫家。路级官府将案件移送法司,法司决定支持夫家。法官写道,韩赵奴必须留在夫家服丧,"以全妇道"并"激劝风俗"。这份裁决不禁让人想起20年前中国南方的宋人黄榦在通过法律灌输正确的儒学价值时所说的话。不过,尽管如此,母亲韩阿巩在女儿一成为寡妇就让其归宗的行为,表明儒学守节的价值观并未被普遍接受。而且,宋金法律也保护寡妇在27个月服丧期满前归宗的权利。朱熹学派所提倡的寡妇守节还没有渗透进中国北方与南方的法律中。

依据族群不同而适用不同的婚姻法,对穆斯林也同样适用。在1268年的一份文献中,一位妇女的家人诉请将她从收继婚中挽救出来。一名来自

---

① 《元典章》,18:26b页。
② 《元典章》,18:26a页。法文翻译见拉契内夫斯基(Paul Rachenevsky),《元朝法典》第2册,132—133页。我在某些方面不同意他的解读。

第四章　元代婚姻与财产法律的转变

京师大都路（北京）名叫麻合马（Mohammed）的男子，在1265年正月将女儿阿赊许聘给名叫狗儿的男子。聘礼已经按时交付，但尚未完婚，狗儿在1268年七月去世。狗儿的母亲想要让其15岁的小儿子代替哥哥收继20岁的阿赊。麻合马予以回绝。路级官府传唤了一位穆斯林教士（回回大师），他解释了有关这一问题的穆斯林法律：

> 女孩儿不曾娶过、死了的孩儿，若小叔接续，女孩儿底爷娘肯交收呵，收者。不肯交收呵，下与的财钱回与一半。①

路级官府建议使用穆斯林法的解决方案（这与汉族法明显不同）。户部同意此建议，并下令麻合马归还媒人证实三年前已经交给他的珠宝、丝绸、两头羊、面粉与酒的一半。文献的语言表明，路级与部级裁决的制作者为蒙古或其他非汉人。② 因此在这一时期，在中国北方的多元种族社会，不同族群的官员试图根据当事人不同的世俗与宗教传统来处理纠纷。

最终，在1271年二月，皇帝忽必烈本人颁布了一道诏令，确立了不同民族遵循各自婚姻习俗的原则。这道诏令由"嫁娶聘礼体例"组成，其中第6款写道：

> 诸色人同类自相婚姻者，各从本俗法。递相婚姻者，以男为主。③

值得注意的是，蒙古人被排除在这些规定之外。④ 大概这意味着蒙古妇女嫁给汉族男子将仍适用蒙古法而非汉法。忽必烈的规定与其治下官府的裁决相当一致。丈夫应当优先的理念在忽必烈的谋士胡祇遹（1227—1295）的建议中可以找到，而他有可能影响了这份诏令。

---

① 《元典章》，18：21a页。
② 这一文献的风格为蒙古直译体。有关这一文体的讨论与解说，特别见亦林真，《元代硬译公牍问题》，《元史论丛》第一辑（北京：中华书局，1982），167—168页；田中谦二，《〈元典章〉的蒙文直译体文章》，吉川幸次郎与田中谦二，《元典章的文体》（京都：京都大学人文科学研究所，1964），76、127—128、156页。
③ 《元典章》，18：2b页。
④ 《元典章》的写作方式，导致我们不清楚蒙古人除外是仅适用于此，即最后一款，还是适用于所有规定。我相信是适用于所有规定，因为其中至少两款来自中书省的上奏，见《通制条格》，4：47页。这里，蒙古人除外被作为一个单独条款适用于所有规定。蒙古人除外极有可能在《元典章》中也被写作一个单独条款，因为《元典章》中这份诏令的标题下的小注说是有7款，而却仅仅显示了6款。蒙古人除外极有可能是第7款。

159

忽必烈也提到了寡妇归宗的问题。在"嫁娶聘礼体例"第5款这样写道：

> 妇人夫亡服阕守志、并欲归宗者，听。其舅姑不得一面改嫁。①

这一法令再次体现了忽必烈的下属机构已经做出的裁决。意图是保持宋金婚姻法的延续性并防止在汉人中强制推行收继婚。然而，忽必烈的话虽然与前面翻译的1270年的两次裁决非常接近，但并非绝对相同。与中书省和尚书省的裁决不同的是，忽必烈并未明确提到妇女有权再嫁，而是禁止首位丈夫的父母强迫寡妇再嫁。这可以指收继婚，也可以指任何婚姻；忽必烈并未详细说明。忽必烈对寡妇再嫁权复杂情感的可能性，通过他后来的行为体现出来。

忽必烈的诏令在9个月后，也即1271年十一月的一次裁决中被引用。一位婆婆徐阿杜，起诉强迫守寡的儿媳阿刘招进一位新丈夫为自己的义子。在指控中，这位婆婆抱怨说，儿子身后抛下孙子孙女，家中已无男人，而她穷困潦倒，没有办法当差。地方官府（没有详细写出具体地方）向户部申请裁决，而户部支持儿媳一方。户部援引了忽必烈的诏令，即寡妇可以守节或归宗，公婆不得强迫她改嫁。不过，户部还提到"三年"服丧期，按金朝法典规定为27个月，在阿刘的案子中还没有结束。最终裁决宣布，服丧期满后，婆婆必须尊重儿媳的意愿，不能为儿媳招进新丈夫。为了减轻徐阿杜的困难，裁决还建议重新评估她的差役，以示仁慈。② 这里的利害是改嫁外人而非收继婚，但结果都是一样的，即寡妇获得相当大的自由。

开始对汉族施加逐步影响的蒙古与其他草原习俗，还可进一步通过1271年忽必烈所颁诏令"嫁娶聘礼体例"的其他条款看出来。第1款按官方等级与标准，以给出的现金等价，对聘礼做出了限制。蒙古人则以高价聘礼或彩礼闻名。第3款禁止同姓为婚，自上月二十五日开始，此前缔结的同姓婚姻可继续有效，但此后的必须解除。草原游牧民族则在不同时期有同姓为婚的习俗；显然一些汉人现在也开始这样做。第4款禁止男性娶

---

① 《元典章》，18：2b页；《通制条格》，3：40页。也可见洪金富，《元代的收继婚》，294页。这份诏令还被《元典章》，18：13b—14a页与18：14页引用。

② 《元典章》，18：13b—14a页。

一名以上的妻子。① 蒙古人则可拥有多妻，希望有多少就有多少，不会将次妻降低为妾的身份。正如前面谈到的，蒙古人对所有这些规定均可免责，允许他们继续实行诏令所禁止的习惯。

这些规定表明，中国北方居民开始吸收一些13世纪许多时候（某些地区或者更长）统治他们的非汉人的婚姻习惯。汉人愿意接触他们周围所见到的新习俗，并利用非汉族的法律为自己争得优势。为了避免文化碰撞所产生的混乱，元朝政府选择保持每个民族单独的法律规定，而且阻止汉人求助于蒙古或其他非汉人的法律。围绕婚姻及收继婚俗的问题尤其如此。在其早期阶段，结果是总体上延续了宋金法律的规定，即给予守寡妇女归宗与改嫁的自由。

二 第2阶段：法律的蒙古化与收继婚的普遍适用，1271—1276

宋金法律的延续到1271年末突然结束。1271年十一月乙亥，忽必烈在选择元作为王朝国号的同时，废止了金朝的《泰和律》。②《泰和律》的废止立刻影响到收继婚及汉法与蒙古法的分离。此后仅仅一个月，1271年十二月，忽必烈颁布了一项一揽子法令，宣布男子有权以收继婚的形式占有父亲的妻子与嫂子：

> 疾忙交行文书者。小娘根底、阿嫂根底收者。③

忽必烈的诏令急剧打破了他的政府一直以来的政策，而且似乎不太符合他对本土习俗的一贯容忍态度。④ 而且，诏令是对两位非汉族官员废止

---

① 《元典章》，18：13b—14a页；《通制条格》，4：47页。《唐律》中类似禁止多妻的规定，见第177条；《唐律疏议》，13：255页。
② 《元史》，7：138页；拉契内夫斯基（Paul Rachenevsky），《元朝法典》第1册，X页；陈恒昭，《蒙古统治下的中国法律传统》，xiv-xv页。按照西历，这一天为1272年初。为避免引起混乱且涉及中文文献更为方便起见，我把中国的年等同于西历的年，并保留中国农历的月份数字。
③ 《元典章》，18：23a页。
④ 一些学者提出，这一诏令只专门针对蒙古人［见赛瑞斯（Henry Serruys），《明代早期中国蒙古习俗的残余》，181页；罗沙比（Morris Rossabi），《忽必烈汗和他家族的妇女》，175页注8］。然而，洪金富对此令人信服地加以反驳，指出，对忽必烈而言，既然蒙古人已经实行收继婚而且在蒙古人中从未对此提出过挑战，颁布这样一道命令给蒙古人是毫无意义的；洪金富，《元代的收继婚》，294页。而且，正如我在后面将要展示的那样，这一诏令在接下来的诉讼中被强加于汉人。还可见拉契内夫斯基（Paul Rachenevsky），《元朝有关收继婚的立法》，46页；珍妮弗·霍姆格伦（Jennifer Holmgren），《蒙古与元代社会早期的婚姻与继承习俗：以收继婚为重点》，179页。

收继婚建议的回应。① 我们还不清楚忽必烈为什么会拒绝官员的建议并突然开始改变政策。这项命令或许与那时困扰忽必烈政府的激烈的种族与个人敌对有关。出身穆斯林的谋士阿合马（死于 1282 年），虽被汉人所痛恨，但影响力正在扩大。他的主要竞争者之一，出身畏兀儿族的儒士廉希宪（1231—1280），曾在 13 世纪 60 年代影响忽必烈保持一个中国模式的政府，1270 年从中书省辞职。他的传记给出的一个理由是，他有意抗议忽必烈诏令的前后不一。② 忽必烈或许也感到是时候制定普遍适用于蒙古人与汉人的法律了。正如我们所见，中国北方的许多汉族男性相信他们有权以收继的形式迎娶兄弟的妻子。收继婚并不普遍为汉人所厌恶。只有当女性或其娘家加以抵制，并诉诸法庭时，我们才能了解到这些案例。许多不为我们所知的收继婚肯定已经发生，而且一些法官也许受到压力允许汉人中的收继婚。此时，族际通婚与跨文化的影响也使得继续按族群分离法律不太容易（虽然值得注意的是，直到王朝终结，蒙古国家保持了其他管理领域的种族差异，如户籍登记、官员任用等）。

忽必烈 1271 年的诏令立刻引起混乱，因为低级官府、平民百姓继续视收继婚为不合法。在 1272 年底，一份案件被呈送兵刑部。③ 一位来自某路的汉族年轻妇女王银银，1268 年守寡，但继续同儿子及未成家的小叔子郑窝窝一起生活。1271 年（服丧期满后），王银银与郑窝窝发生性关系并怀孕，率领二人一起私奔以逃避惩罚。当地官府将他们抓获并将郑窝窝以非法通奸的罪名枷禁。与此同时，王银银的母亲接受了聘礼让她改嫁他人。兵刑部接到案件后，推翻了地方官府的裁决。在援引当年早些时候的忽必烈诏令后，他们下令释放郑窝窝并让他收继王银银为妻。④

当地官府甚至当事人本人都认为王银银与小叔子的性关系非法。而

---

① 《元典章》，18：23a 页。两个给出的名字为答失蛮（Dashman）与桑哥（Sangha）。桑哥为忽必烈一位主要大臣的名字，这位畏兀儿化的藏族人因腐败与严厉的财政措施而声名狼藉，后在 1291 年被处死。答失蛮可能是出身克烈部的高官，他生活在 1248—1304 年，早年即开始效力于忽必烈。上述二人的生活环境使他们有可能是上奏的作者，但这两个名字很常见，也有可能指其他人。见柏清韵，《元代中国的收继婚与寡妇守节的复兴》，《亚洲专刊》8：2（1995），121 页注 40。

② 与阿合马竞争几乎肯定也是一个因素。在廉希宪辞职的同一个月，忽必烈成立了以阿合马为首的尚书省；罗亦果（Igor de Rachewiltz）编，《为大汗服务：蒙元早期的著名人物（1200—1300）》（威斯巴登：Otto Harassowitz Verlag, 1993），492—493 页。

③ 这两个部在元代不时合在一起。见 David Farquahar，《蒙古统治下的中国政府》，197 页。

④ 《元典章》，18：23a—b 页。洪金富，《元代的收继婚》，302 页。

且，王银银的母亲继续为女儿操办再嫁事宜，并接受了大量聘礼。显然，新法律还没有传到公众或当地官府那里。不过，当地方官府甚至有可能抵制这些变化时，一些人正在无意中按此行事。此案例中，年轻的寡妇王银银显然更愿意接受收继婚。对其他妇女而言，情况却并非如此。

在接下来的年月里，婚姻法及来自最顶层1271年诏令的严厉执行在低级法庭中继续产生混乱与分歧。1273年五月，一位名叫郭阿秦的母亲，起诉要求强制最近死去儿子的未婚妻与自己的次子收继成婚。大都路（北京）法官基于四个理由反对本案中的收继婚：（1）与郭阿秦年长儿子的原有婚姻并未实际发生；（2）郭阿秦仅支付了媒人礼物，没有实际下聘；（3）郭阿秦的次子年仅12岁，未到成婚年龄，而那个女孩子已17岁；（4）女孩子的父亲已从他人那里接受完整的聘礼，达成合法改嫁协议。① 这四个理由体现出中国婚姻的两项经典原则：需要支付合适的聘礼与完成礼仪步骤，以及考虑当事人的适当年龄。尽管有这些放弃收继婚的令人信服的理由，户部经过复核后却支持郭阿秦。他们宣称"合钦依已降圣旨"，责令女孩子嫁给郭阿秦12岁的儿子。郭阿秦被要求补足原来答应过的聘礼，女孩子的父亲则被迫返还他已从其他家庭那里接受的聘礼。

1273年三月，检验订婚本身是否产生收继权的另一个案子呈给滑州（开封正北）的法庭。一名男子已经订婚但在结婚前死了。新郎的父亲要求这位未婚妻嫁给自己的小儿子，但遭到新娘父亲的拒绝。户部不顾新娘家的反对，再次援引1271年诏令，下令收继婚继续进行。②

收继婚法律的强制性实施，甚至优先于有妻更娶妻的禁止性规定。1273年，一名妇女阿郭状告她的小叔子刘三。她诉称，刘三自1270年就已同他人订婚，在自己丈夫自缢身亡两周内，刘三又强行收继了她（也即强奸了她）。当地官府判定刘三虽已订婚但尚未结婚。他们还指出，刘三在服丧期间娶自己的嫂子是非法的，这样的婚姻将被解除。而后，他们提到适用此案的两项互为矛盾的法律规定。一项法律规定男子应当收继哥哥的妻子（1271年十二月忽必烈诏令）；另一项法律则规定男子禁止有妻更娶妻，如果他这样做了，即使已宣布大赦，第二段婚姻也必须解除（援引

---

① 《元典章》，18：24a页。洪金富，《元代的收继婚》，303—304页。
② 《元典章》，18：24a页。参见洪金富，《元代的收继婚》，303页；拉契内夫斯基（Paul Rachenevsky），《元朝有关收继婚的立法》，46—47页。

1271年二月忽必烈颁布的"嫁娶聘礼体例")。在指出这一矛盾后,他们要求户部进行裁决。

户部对这一事件的认识稍有不同。他们断定在丈夫的哥哥(或堂兄)刘琮的鼓动下,阿郭已经在1273年二月自愿嫁给小叔子刘三,此时恰好在丈夫自杀一年及服丧期内。而后他们宣称,忽必烈诏令所要求的收继婚,不能算作有妻更娶妻。因此刘三将以收继婚的形式占有嫂子,而且还将支付剩余的聘礼迎娶自己原来的未婚妻。刘三与刘琮虽因服丧期间缔结婚姻要受到"断遣",但婚姻并不会被解除(实际上,不清楚他们会受到什么样的制裁)。①

这项裁决确立了收继婚优先于以前婚姻法的地位,而不再考虑忽必烈1271年二月的诏令。忽必烈的这份诏令曾确立过针对汉人的不同法律,并再次肯定了排除收继婚的传统汉人婚姻习惯。现在,蒙古婚姻习惯已被元朝法律所推行:汉人妇女可以被强迫收继而不顾其意愿如何,服丧期间的婚姻可以被容忍,男子可以有妻更娶妻。所有这三项习惯均代表了蒙古习惯法,而这与汉族法律有相当大的不同。在寡妇阿郭案中,有一个问题是哪一位妻子将成为长妻:是与刘三首先完成收继"婚姻"的寡妇阿郭,还是早先时候已与刘三订婚的那名女子。

在1273年极为相似的一项裁决中,一位妇女被迫嫁给她的小叔子,尽管小叔子已经同他人结婚而且公婆也不支持他收继嫂子。亡夫的弟弟付望伯,起诉要求嫂子牛望儿嫁给他。牛望儿反诉称,付望伯已经依法成婚,而她本人想守节。当地官府断定,付望伯的父母已经同意牛望儿守节,只是希望她能抚养他们的孙子,而付望伯却等到父母不在家时,强奸了牛望儿,迫使她逃离公婆家。

如同上一个例子一样,当地官府提交案件的方式,意味着他们反对这一收继婚。不过,尽管如此,户部又一次强行实行了一项严厉裁决。裁决写道:

> 牛望儿虽欲恩养儿男守志,其付望伯已将本妇强要奸污,况兼付

---

① 《元典章》,18:24a页。参见拉契内夫斯基(Paul Rachenevsky),《元朝有关收继婚的立法》,47—48页。这一案例的文本有一些自相矛盾之处。我非常感谢洪金富教授及其学生在1994年5月(新竹)清华大学元代文献课中帮助我完成我据以相信正确的解读。

望伯系牛望儿亡夫亲弟,钦依已降圣旨事意(1271年十二月),合准已婚,令小叔,牛望儿收继为妻。合下,仰照验施行。①

允许男子有妻更娶妻并拒绝寡妇守节,甚至不顾丈夫父母的意愿,均体现了蒙古习惯法的严格执行。

此时,一些汉人开始自由实行收继婚,但蒙古法的微妙之处有时会避开他们。例如,蒙古人只有弟弟继承哥哥的妻子时才允许收继。哥哥则不能占有弟弟的妻子。② 这对于汉人而言难以理解,汉人习惯于年长者拥有年轻的妾,而且对汉人而言,传统法律会严厉惩罚同父亲或哥哥之类年长者的妻子或妾发生的性行为。一位前南京路总管汉人田大成,在1275年因这一令人困惑的规定被抓。在发现田大成与守寡的弟媳结婚后,陕西四川按察司将案件移送兵部裁决。兵部断定田大成不正当地迎娶弟媳,"废绝人伦,实伤风化"。他被责罚杖八十七下,罢免官职。妻子被杖五十七下,并责令她与田大成离异。③ 中央政府已经在婚姻法的蒙古化道路上走得很远,男子可以强奸嫂子并可有妻更娶妻,但以收继的形式迎娶守寡的弟媳,则是"废人伦"与"伤风化",必须受到严厉惩罚。

收继婚雷厉风行的一个例外是附加寡妇单身誓言的赘婿婚案子。1273年,来自濮阳县(开封东北)的一名妇女上诉官府,要求阻止她已故上门女婿的弟弟进入家中当赘婿。户部认为,女儿在为丈夫守孝后,已经独身五年,而且她想与孩子们一起守节以赡养母亲。户部驳回了那名弟弟收继婚的请求,但要求女儿为官府签署一份证明,发誓不能再嫁(后面,我第3阶段的分析表明,这样的誓词将成为将收继婚视为例外的一个重要方面)。④ 这里值得注意的是,低级法庭支持上门女婿式的收继婚;法庭在处理此类问题时依然充斥着许多困惑。

另一个例外是寡妇从未来的收继人那里分开单独立户,而且年龄比收

---

① 《元典章》,18:23b—24a页。参见洪金富,《元代的收继婚》,302页;拉契内夫斯基(Paul Rachenevsky),《元朝有关收继婚的立法》,46页。

② 珍妮弗·霍姆格伦(Jennifer Holmgren),《蒙古与元代社会早期的婚姻与继承习俗》;《元史》,103:2643页。

③ 《元史》,18:26b页;洪金富,《元代的收继婚》,304页。《元史》在记载这一案例时说,当裁决下来时,田大成已死,其妻被责杖八十;《元史》,8:162—163页。

④ 《元史》,18:21b页。参见洪金富,《元代的收继婚》,303页;拉契内夫斯基(Paul Rachenevsky),《元朝有关收继婚的立法》,49页。

继人大许多。在 1273 年六月，刘珪起诉，请求"依例"迎娶守寡三年的嫂子刘阿马。低级法庭驳回了这一诉求，因为这位寡妇已单独立户，独立承担差役，而且她已 50 岁，愿意守节，有一个 36 岁的儿子赡养她。在京师的户部，基于刘阿马愿意守节，有一个成年儿子，能够单独纳税与承担差役，批准了上述裁决。①

刘珪肯定会通过迎娶寡嫂刘阿马获得经济利益。刘阿马已过了生儿育女的年龄，但极有可能是一个家境富裕的户主。刘珪认为他可以借助蒙古收继婚的法律获得阿马的部分财产，或至少可以通过两个纳税户合并为一个而减轻自己的差役负担。像刘珪之类的汉人试图利用蒙古法谋取自己的利益，与此同时，当这涉及自己的利益时，蒙古政府会阻止此类情况发生。户部对此案的裁决与同时期有关继承的裁决相符，都是为了维护独立的纳税户。

我们已经看到，在第 2 阶段，中央政府在 1271 年末突然改变政策，开始对各族人实行收继婚。蒙古习惯法占据上风，将汉人禁止收继婚、有妻更娶妻、服内成亲的传统规定排除在外。与此同时，地方官府经常反对被强迫的收继婚，在一个案例中甚至逮捕了收继人。不过，中央政府复审时会否决地方府州官府。实行收继的汉人可能会因一些规定，像禁止迎娶守寡的弟媳，而受到阻挠。蒙古人与汉人间的文化差异不可能仅仅靠来自京师的皇帝诏令与法令而克服，在 13 世纪 70 年代早期，蒙古法律与汉族习惯开始发生经常性冲突。

三 第 3 阶段：汉族价值观的再次抬头与收继婚的放宽执行，1276—1294

由 1271 年忽必烈诏令导致的收继婚在汉人中间的严厉施行，并没有持续很久。随着 13 世纪 70 年代征服中国南方的进展，一些汉族官员被征召北上，以帮助管理新征服的领土。1276 年杭州陷落，1279 年宋朝皇室最后的残余势力及其追随者在海上被击溃。13 世纪 70 年代已被征召北上的汉族官员，似乎已经对婚姻政策产生了影响。1276 年以后的史料表明，13 世

---

① 《元典章》，18：26b 页。参见洪金富，《元代的收继婚》，304 页；拉契内夫斯基（Paul Rachenevsky），《元朝有关收继婚的立法》，48—49 页。

纪 70 年代收继婚的严厉施行已经明显缓和。像我在第 2 阶段的分析一样，在第 3 阶段，地方官府似乎与顶层政策的变化脱节。此时，第 2 阶段的趋势出现逆转，地方政府常常支持收继婚，而中央政府却允许越来越多的例外情况。

政策的变化，是由 1276 年户部一方的剧烈转变而引起的，这一年，户部允许所有的寡妇通过守节摆脱收继婚。我们已经看到，在 1273 年，来自濮阳县的一名寡妇，是如何提交一份书面誓词，被允许不让上门女婿以收继婚的形式进入家门的，不过，生活在夫家的妇女被拒绝提供这种机会。然后，1276 年三月，户部转变这一决定，允许所有妇女可选择守节来代替收继婚。①

促成此次裁决的诉讼源自山东南部淄莱路蒲台县，当地一名男子起诉要求强迫嫂子"依例"嫁给他。② 寡妇阿庄告诉官府，她希望独身，不想嫁给包括小叔子在内的任何人。而且，她引人注目地宣布，如果她的行为"非理"，她愿意忍受杖 107 下的惩罚（非法婚姻的最严重惩罚）。县级地方官做出裁决，既然这名男子继承了哥哥的赋税与差役，他也应当收继寡妇阿庄。这一裁决完全符合 1271 年忽必烈的一揽子诏令，也符合"财产"与赋税差役一起继承的总原则。不过，尽管如此，户部在复核时撤销了下级法院的裁决。

在裁决中，户部逐字逐句引用了忽必烈两项互为矛盾的诏令：一为 1271 年二月的"嫁娶体例"，规定允许妇女守节，公婆不得强迫改嫁，一为同年十二月颁布，允许所有男子收继父亲或哥哥的妻子。为了调和这两项诏令，户部提出了一个总的指导方针，为此，"遍行照会，似望革去词讼"。裁决写道：

> 今后似此守志妇人，应继人不得搔扰，听从守志。如却行召嫁，将各人断罪，更令应继人收继。③

---

① 《元典章》，18：27a 页。
② 《元典章》，18：27a 页。
③ 《元典章》，18：27a 页。《通制条格》，3：40 页收录了此项裁决的摘要（寡妇的名字误作阿臧而非阿庄）。见洪金富，《元代的收继婚》，305 页；并参见拉契内夫斯基（Paul Rachenevsky），《元朝有关收继婚的立法》，50—51 页。

这一裁决对前五年的政策提出了公然挑战,后者曾执行了1271年十二月的诏令,并将收继婚推行于各种情形。实际上,县级法庭下令寡妇阿庄嫁给小叔子,正确遵循了法律规定。在另一项裁决中,户部对一位有可能为穆斯林,有着阿拉伯名字法都马(Fatima)的妇女适用了独身的规定。我们从中可以推断出,这一裁决适用于所有种族群体,非独仅对汉人而言。①

1276年裁决为收继婚各式各样的其他例外情况定下了基调,虽然这既不是实际意义上的废除,也不是排除汉人于收继婚之外的金代法律的回归。避免收继婚的一项新的基础是收继人未成年。与13世纪70年代早期(第2阶段我的分析)形成对比的是,收继人的年龄此时成为强制收继的一个因素。

针对年轻收继人而设定的收继婚新判例,源自户部于1277年正月颁布的裁决。顺天路(今河北保定)录事司的一位官员(显然有女真人背景)起诉要求强制守寡的儿媳嫁给自己的小儿子。这位官员指控亲家翁将儿媳带回家并拒绝让她返回,而根据法律规定,既然丧期已满,就应当允许他的小儿子收继儿媳。户部特别指出,寡妇阿徐将小叔子自小养大,年龄比他大了整整一代。而且,她的父亲没有其他儿子或女儿赡养。因此,户部裁决不应举行收继婚,允许阿徐待在娘家赡养父亲。②(好像为了符合某种检验方法,户部指出差役并不受裁决的影响)。

1277年的这一裁决,与1272年同为户部所做的裁决(第2阶段已引用)恰好相反,后者强迫一位17岁的妇女嫁给12岁的小叔子。③ 在那一案件中,地方法庭反对收继,提到收继人未成年及夫妇二人尚未完婚的事实,但户部强行执行了收继。这一次,地方法庭执行了强制收继的指示,

---

① 《元典章》,18∶27a页。上面引述的阿拉伯寡妇案件的裁决,发生于总原则颁布之前,而且是总原则据以颁布的基础。在那一案件中,来自曹州(开封东北)的法都马起诉,要求避免被已故丈夫的弟弟收继成婚,她提出愿意守节,并与自己的儿子生活在一起,继续承担赋役(作为女户)。一个独立承担赋役的家户的延续,或许是做出此裁决的因素(正如本章前面所注意到的,蒙古精英寡妇已常常保持独身并以这种方式逃避收继婚)。

② 《元典章》,18∶27a—b页;洪金富,《元代的收继婚》,306页。拉契内夫斯基(Paul Rachenevsky),《元朝有关收继婚的立法》,62页注27,提到这一案件,但误以为寡妇回到母亲而非父亲那里。这位官员的名字完颜思政显示他为女真人。

③ 《元典章》,18∶24a页。

可户部却撤销了自己的裁决。

在另外两个例子中，儒士的大本营礼部，也提议推翻以前未成年人收继婚的裁决。1279年，礼部首先接手来自平阳路（在今山西）的一个案子。两个儿子的父亲路显，因长子去世，提出诉讼，强制长子的未婚妻，一位名叫崔胜儿的姑娘，嫁给次子路四儿。姑娘的父亲崔惠予以拒绝，并先行一步将她许配别人。诉讼提交到礼部，礼部判决道：

> 崔胜儿年一十八岁，路四儿才方九岁，年甲争悬，难以收继。拟令于崔惠名下追回路显元下财钱，候路四儿长立成人，别娶妻室。令崔胜儿依已定，改嫁李孙儿为妇。①

第二个案件于1281年报送礼部，礼部援引1279年路显的案子为判例。第二起诉讼发生于曲周县（广平路，今安阳东北）。女孩儿28岁而男孩儿12岁，基于二人年龄的这一差距，收继婚的请求被驳回。②

除了户部与礼部，御史台也做出裁决，对排斥未成年收继婚的新政策提供了支持。为支持1290年由燕南道按察司广平路（1281年由礼部裁决的案件相同的路）分司做出的裁决，③ 御史台驳回婆婆对守寡的儿媳强制举行收继婚的诉求。这一次，收继人只有8岁而寡妇已30岁。寡妇在服丧期满后允许返回娘家并改嫁他人（实际上，还在第一任丈夫丧期内，她就已经改嫁并再次守寡，又第三次被许配他人！分司与御史台虽然对服丧期内的两次婚姻感到遗憾，但仍允许最后一次婚姻只要服丧期满即可举行）。④

第2阶段政策发生逆转的另一领域是对寡妇仅仅许配并未实际成婚这

---

① 《元典章》，18：27b 页。相同的案例也收载于《通制条格》，3：41 页，但给予反对收继婚以不同的理由。见后面注134。

② 《元典章》，18：27b 页；洪金富，《元代的收继婚》，307 页。拉契内夫斯基（Paul Rachenevsky），《元朝有关收继婚的立法》，50—51 页。值得注意的是，收继人的年龄12岁，与1273年户部赞成收继婚的案例相同；《元典章》，18：24a 页。

③ 这一机构的全称为燕南河北道提刑按察司。它存在于1275—1291年，而后名称又发生变化；《元史》，86：2180 页。还可见 David Farquahar，《蒙古统治下的中国政府》，242 页。提刑按察司是京师御史台的地方分支机构，其下则为分司。非常有趣的是，我们猜测提起诉讼的婆婆是否知道来自本路类似的指控在1281年已经被礼部驳回，而且她的案子已有意识地被提交给分司。

④ 《元典章》，18：9a 页。

一问题的关注。礼部在两个案例中驳回收继人的要求,基于原来的婚姻并未实际举行。这些裁决与1273年户部的裁决直接发生抵触(第2阶段的讨论)。① 礼部的首次裁决是1279年对平阳(今山西)的一个案件做出的。② 第二次裁决发生于1300年,是对河南行中书省一个案件的回应。③

这一时期收继婚不再强制执行的最后一个条件是收继人已经结婚或订婚。由礼部做出的三项裁决中,婚姻请求被驳回都是因为收继人已同他人结婚或订婚。1279年,来自大名路浚州(今河南开封正北)的一名男子,起诉要求阻止其年限女婿的兄弟接手13年婚姻契约中剩下的4年。礼部支持他的诉求,因为这位兄弟李五驴已在另一户做赘婿。④ 他不可以在同一时期娶两位妇女,即使是临时性的。同年附近彰德路(今安阳)的第二个案子,礼部再次阻止了一名男子拥有两位妻子。杨阿田将女儿许配张羊儿,以其为赘婿并支付了聘礼,而当张羊儿的哥哥去世时,他又收继了嫂子。礼部判决张羊儿必须取消他的赘婿婚约并返还聘礼,而杨阿田的女儿则必须择人另嫁。⑤ 至于第三个例子,在裁决1300年自河南行中书省(前面刚引述)报送的案件时,礼部提出两项驳回收继婚的理由:除嫂子仅为订婚外,收继人已经有一位妻子。⑥

由礼部做出的这三项裁决又一次推翻了13世纪70年代严格支持收继婚的政策。这不禁令人想起1273年户部否定了一位妇女逃避嫁给小叔子的企图,即使小叔子已与他人订婚且这位妇女在丧期被迫嫁给他(即被强奸)。那项裁决明确允许小叔子完成原有的婚姻,同时也将他的嫂子占为次妻(虽然他因在丧期内结婚而受到某种惩罚)。⑦ 1273年裁决的制定者

---

① 《元典章》,18:24a 页。
② 《通制条格》,3:41 页。这一案例与前引《元典章》,18:27b 页载 1279 年路显与其子路四儿案例相同。《元典章》的文本更为详尽。
③ 《通制条格》,3:40—41。此行中书省覆盖地区包括今天的河南、湖北与安徽。
④ 《通制条格》,3:41 页。洪金富,《元代的收继婚》,306 页。译者按,原文作:"浚州郭全元召李丑驴作婿十三年,住讫四年身故,外有九年,伊弟李五驴欲行收继,贴住年限。"则剩下的 4 年应为 9 年之误。
⑤ 《通制条格》,3:41—42 页。参见拉契内夫斯基(Paul Rachenevsky),《元朝有关收继婚的立法》,51 页(拉契内夫斯基将这一案例列于"收继婚的例外"。实际上,收继婚已经发生而原来的聘礼则被取消)。
⑥ 《通制条格》,3:40—41 页;拉契内夫斯基(Paul Rachenevsky),《元朝有关收继婚的立法》,52 页。
⑦ 《元典章》,18:24a—b 页。

特别引用了忽必烈 1271 年婚姻嫁娶的原则性诏令,这份诏令援引《唐律》,指出:"有妻更娶妻,虽会赦,犹离之。"① 然后他宣称这不适用于收继婚。当礼部在 1279 年推翻这一裁决时,引用了男子不得拥有两位妻子的诏令,并宣称这一规定的确与收继婚不符。② 这项裁决又一次使拥有两位妻子不合法。

中央政府的官员们正在推翻早先收继婚的政策,而汉人却因继续以各种方式适用这些政策而被抓,这些方式甚至对蒙古人而言也是令人厌恶的。1277 年八月,礼部联系刑部,请其对一名与守寡的弟媳结婚的男子做出裁决。张义宣称他获得母亲的允许收继弟媳,但寡妇的娘家——军户,却将此事对簿公堂。处罚是严厉的:张义杖 107 下,他的妻子杖 97 下(虽然是其娘家告官),媒人杖 37 下,婚姻关系被解除。③ 至于决定此次非法婚姻的母亲,判决写道:

> 主婚伊母阿王,若不惩戒,浊乱典礼。如未年及,拟决五十七下。④

这一用语类似于对南京路总管田大成的谴责,兵部在 1275 年曾指控他"废绝人伦"与"伤风化"。⑤ 虽然对田大成杖 87 下的判决稍轻(或许因为他是官员),但两个案例均表明蒙古人有着他们自身的道德标准,而这对汉人而言依然难以捉摸。

1289 年,来自平滦路(今天北京的正东)的一个汉人试图侥幸收继姑表亲守寡的妻子(父亲姐妹的儿媳)。寡妇起诉,婚姻宣告无效。而且,法庭颁布了一项禁止异姓收继成婚的原则性规定,由此澄清了实施收继婚的一些原则。⑥

---

① 《元典章》,18:24a、2b 页。《唐律疏议》,13:255 页,第 177 款。对男子的惩罚为流一年。

② 《通制条格》,3:42 页。

③ 《元典章》,18:26b—27a 页 [参见《元典章新集·婚姻》:4a 页;洪金富,《元代的收继婚》,306 页(参见拉契内夫斯基(Paul Rachenevsky),《元朝有关收继婚的立法》,54—55 页。拉契内夫斯基使用的《元典章》沈家本刻本将前面案例的几行文字羼入本案例]。

④ 《元典章》,18:27a 页。年岁大的人可以不用身体刑。

⑤ 《元典章》,18:26b 页。

⑥ 《元典章》,18:27b—28a 页;洪金富,《元代的收继婚》,308 页。

上述案例表明，直到 13 世纪 70 年代晚期，中央政府正在转移蒙古习惯法的严格实施。许多裁决（虽然不是全部）由礼部而非户部做出，表明婚姻问题已不再绝对作为税收问题，而是被看作礼仪领域加以处理，这一领域传统上为儒学价值观所控制。不过，尽管如此，我们仍未从这些裁决中见到朱熹学派的突出影响。当我们仔细考虑法官对这些案件中再婚与服丧的态度时，这再清楚不过了。

在所有驳回收继婚的案件中，寡妇均被允许改嫁他人。由中央政府三机构：户部、礼部与御史台做出的所有裁决，均支持寡妇归宗与再嫁的权利，表明对汉族妇女而言这是一个正常并可接受的途径。1290 年御史台的裁决驳回了一名仅有 8 岁的收继人，而寡妇李兴奴仍在为首任丈夫服丧期间改嫁两次。① 广平按察分司感叹她两次再婚时已经"义绝"，不过分司与中央的御史台都允许再婚成立。程朱学派对改嫁的厌恶之情在这些案件中体现得并不明显。再婚本身并非处于争议中。

强烈的儒学价值观的缺失也体现在有关服丧期的裁决上。宋代法律严格禁止 27 个月服丧期内的再婚，并强行规定解除此类婚姻，但如果寡妇家境贫穷，也允许寡妇 100 天之后改嫁。元朝 1268 年来自洛阳地区（程朱学派的大本营）的一份裁决，命令妇女在服丧期内必须待在夫家，不得改嫁。② 不过，这一规定在 13 世纪 90 年代执行得很宽松。例如，前面提到的 1290 年的案子，广平按察司分司试图使用此法，将李兴奴父亲得到的数目可观的聘礼没收充公（虽然他们允许婚姻成立）；但中央的御史台推翻了分司没收聘礼的裁决，并允许仍在服丧期内的寡妇李兴奴二次改嫁而不施加任何惩罚。在做出此项裁决时，他们援引了 1275 年的一个判例，这一判例允许服丧期内的改嫁（已经生了孩子）成立，虽然这遭到夫家的反对。③

我们发现蒙古人与汉人价值观有趣的混用的其他领域是对聘礼的处理。当 1279 年礼部驳回平阳路（山西）路显的诉讼时，他们是基于收继

---

① 《元典章》，18：9a 页。
② 《元典章》，18：24b、22a 页。如贫穷 100 天后允许再婚的宋代判决见《清明集》，10：378 页；元代 27 个月服丧期的具体要求见《元典章》，18：33b 页；《通制条格》，4：60—61 页。
③ 《元典章》，18：9a 页。

人年仅 9 岁的理由。不过，他们下令寡妇崔胜儿的父亲归还起先得到的聘礼。① 依照唐宋法律，聘礼一旦交付，即使订婚一方已经死亡，也不能退还。接受聘礼是构成合法婚姻的要件。当寡妇再婚时，她可带走自己的嫁妆，但聘礼不会退还。1272 年，户部支持传统法律的规定，并在来自河东县（今山西）的一个案件中判决，即使未来的新郎在完婚前就死去，新娘的家人也不用退还聘礼。② 当 1269 年类似案件在穆斯林中间发生时，户部遵循了穆斯林的法律并允许退还一半聘礼。③ 礼部因此在 1279 年改变了规定。通过裁决如果寡妇不被收继，聘礼应当返还，他们在某种意义上对蒙古习惯做出了妥协。1279 年裁决的言下之意是，如果不退还聘礼的话，寡妇就得留下来与未成年的收继人成亲。正如蒙古习惯所规定的那样，聘礼的支付为夫家"购买"了新娘的一生，并被丈夫的亲属所继承。这强调了收继婚的经济基础。礼部必须平衡汉人对收继婚的厌恶与蒙古人婚姻买卖的观念。

依据我在第 3 阶段即中国南方被征服后的分析，我们已经看出 13 世纪 70 年代早期的蒙古化是如何出现部分倒退，而施加于收继婚的限制又是如何进行的。忽必烈将收继婚适用于汉人的企图遭遇挫折，而新出台的法律更加契合汉族传统婚姻习惯。收继婚的合法性受到年龄、已婚以及上一次婚姻是否完婚的限制。而且，如果家中没有合格的男性，寡妇可一如既往地自由改嫁。不过，尽管如此，收继婚最常见的形式，弟弟收继寡嫂，继续合法地在蒙古人与汉人中施行。寡妇（任何民族）如有合格的小叔子的话，她逃避收继婚的唯一手段是守节。只要寡妇发誓不再改嫁，1276 年中书省颁布的法令就会保护她们远离小叔子带来的"尴尬"。

婚姻与财产法律的蒙古影响被抵消，但我们还没有看到朱熹学派的巨大影响。在下一时期，即第 4 阶段，事态发生进一步变化，开始向黄榦的理想及其对道学的诠释这一方向发展。

四　第 4 阶段：婚姻与财产法的儒学转变，1294—1320

1294 年，忽必烈的漫长统治时代结束，其孙铁穆耳（Temür）即位，

---

① 《元典章》，18：27b 页；《通制条格》，3：41 页。
② 《元典章》，18：21b 页。
③ 《元典章》，18：21a—b 页。

是为成宗（1294—1307 年在位）。铁穆耳基本上延续了忽必烈的政策并保留了忽必烈时代行政机构中的重要大臣［如宰相完泽（Oljei）］。不过，尽管如此，他从一开始就关注儒学并重用一批士大夫，他的统治时代标志着儒学顾问在朝廷影响的逐步增长。① 有两位杰出人物特别有影响力，一个是出身蒙古人的宰相哈剌哈孙（Kharghasun，1257—1308），他是儒学的坚定支持者并在 1303 年后成为宰相，另一个是出身康里人的政治家不忽木（Bukhumu，1255—1300），他在国子学受教育时，导师不是别人，正是伟大的朱熹追随者许衡（1209—1281）。② 最后，必须指出的是，此时开始越来越影响蒙古政权的儒学，是黄榦所诠释的朱熹学派的儒学。朱熹思想进入中国北方的所有三个系统都受到黄榦思想的强烈影响，他对道学的诠释成为元朝后期的儒学。③ 在婚姻与财产法领域，我们发现了黄榦思想影响的明显痕迹。

铁穆耳在行政管理方面转向儒学的一个方面，是放弃对财政收入的过度追求，这在忽必烈统治时代有时曾占统治地位。铁穆耳下令取消欠税并结束掠夺性的赋税征收。在 1302 年，他甚至颁布一道法令，规定一个地区在已定税额之外不再加税。④ 或许正是由于这一转变，婚姻与财产案件几乎绝对由礼部处理，而非忽必烈统治时代的户部。这意味着婚姻不再属于税收领域（曾经由不择手段谋求收入的穆斯林理财大臣主导），而是进入"礼仪"领域，在这一更为神秘的舞台，儒家伦理道德占据了统治地位。

对儒学的重新尊崇产生了一个可预见的效果，即婚姻与财产的裁决向汉族儒学观念转变。铁穆耳及其以后时代的新立法开始反映黄榦及朱熹学派的议题。这一立法解决了四个问题：收继婚、服丧期、家庭财产（包括作为财产的妇女）与寡妇守节。

---

① 即位后，铁穆耳颁布了一道尊崇儒学的法令，在首都兴建了新孔庙，并增加了国子学生员的人数；萧启庆，《元代中期政治》，《剑桥中国史》第 6 卷，496—498 页。

② 有关二人更详尽的信息，见《元史》，136：3291 页起，130：3163 页起。有关这一时期康里及其他突厥人在蒙古行政管理中的影响，见罗亦果（Igor de Rachewiltz），《蒙古统治下中国的突厥人：13 与 14 世纪突厥蒙古关系的初步研究》，见罗沙比（Morris Rossabi）编，《平等国家中的中国：中央王国及其邻国，10—14 世纪》（伯克利：加利福尼亚大学出版社，1983），特别是 289—292 页。

③ 陈荣捷，《朱熹与元代新儒学》，特别是 198—201 页。

④ 萧启庆，《元代中期政治》，497 页；《元史》，20：440 页。

收继婚

在铁穆耳统治时代,1294—1307 年,因不同机构驳回收继婚的裁决不断涌现,出现了限制收继婚的稳定趋势。在一个案例中,收继人被驳回是因他已出家为僧。1296 年三月,一位母亲起诉要求儿媳张保奴留在家中。她的大儿子已去世,小儿子已出家为僧,可小儿子又离开寺院要去收继嫂子。张保奴拒绝与他结婚,并在同时改嫁他人。中书省基于御史台的呈报,支持张保奴,宣布既然小儿子已离家为僧,就不是合格的收继人。张保奴的第二次婚姻可以成立。①

第二个案例是 1298 年远房弟弟的诉求被驳回。一名来自德州(今山东德州市)的女孩子于货儿已经订婚,但未婚夫却去世了。她在服丧期间守节,然后回到父亲家中。后来,已故未婚夫的一位远房弟弟企图收继于货儿。于货儿的父亲向官府提出控告。基于御史台的呈报,礼部裁决,既然未婚夫的弟弟已允许这位寡妇归宗,其他关系更远的亲属不可以对她主张收继权。②

第三个案例是 1301 年来自陕西的一位老人成功打赢官司,制止了同他一起生活的女儿被收继。这位老人没有其他孩子,招进了一名养老女婿,而后来女婿死了。女婿的弟弟想要主张寡妇做自己的妻子。礼部支持老人,说没有后代是非常悲惨的不幸。既然这位老人没有其他孩子,他必须要依靠女儿赡养,"合从别行招婿,以全养老送终之道"③。大概这位小叔子不愿意被招赘,或者礼部意指这位老人应该可依自己的意愿选择女婿。

第四个案例是礼部在 1302 年因收继婚的主张太晚而驳回起诉。来自平阳路(今山西,洛阳西北)的郭稳将女儿许配李聚的侄子为妻。这位侄子在当年去世,郭稳请媒人征询李聚是否有合格的收继人。因没有此类信息反馈,郭稳把女儿嫁给他人并有了孩子。四年后,李聚起诉,要求儿子收继郭稳的女儿。礼部驳回了起诉,因为这一主张太晚。郭稳的女儿再婚已

---

① 《通制条格》,3:41 页;拉契内夫斯基(Ratchnevsky),《元朝有关收继婚的立法》,53 页。

② 《通制条格》,3:41 页;拉契内夫斯基(Ratchnevsky),《元朝有关收继婚的立法》,53—54 页。

③ 《通制条格》,3:42 页;拉契内夫斯基(Ratchnevsky),《元朝有关收继婚的立法》,52—53 页。

经四年，甚至与第二任丈夫有了孩子。①

最后，1304 年，礼部宣布汉族寡妇与丈夫侄子间的收继婚非法。一位姓王的汉族牧羊人，是一名蒙古士兵在战争中掳掠来的驱口（军驱）。他去世后妻子守节六年。此后，主人试图强迫她嫁给王火你赤的侄子。基于枢密院的呈报，礼部禁止这一结合，说道：

> 虽系蒙古军驱，终是有姓汉人，侄收婶母，浊乱大伦，拟合禁止。②

中书省赞同这一法令。其中提到王火你赤为汉人显示出汉法与蒙古法分立在某些方面的回归。

1308 年礼部将注意力转向寡妇同丈夫年长亲属间的收继婚。判语对此类收继婚的谴责与对寡妇与丈夫侄子间的收继婚相似。判例案件来自北方都城开平（今内蒙古）一带的上都路，而且给出一个非常有趣的情形。1298 年，一位名叫刘大的男子去世，身后留下妻子刘阿王与两个年幼的儿子。刘大年轻的叔伯弟弟刘三将阿王收继为妻，但在 1307 年七月也去世了。后来，阿王首位丈夫的母亲刘阿牛将她许配给刘大另一个叔伯弟弟刘君祥，宣称她必须将阿王留在家中以照看两个孩子，也就是她的孙子。而且，阿牛还使两位蒙古下级官员担保君祥是其亲属与符合条件的收继人（有可能她在后来的争斗中采取了步骤，但史料没有告诉我们）。问题是刘君祥虽然比首任丈夫刘大年轻，但比第二任丈夫刘三年长。换言之，刘君祥的条件符合第一轮收继，但此时他的地位却存在争议。礼部裁决这是一个"兄长"收继的案子，并援引以前 1277 年的裁决，下令解除婚姻。婆婆阿牛因年已 73 岁而免于刑责，可其他当事人，阿王与刘君祥，则被杖断。③

1277 年与 1308 年礼部的两项裁决成为严惩年长亲属收继的判例。1321 年，刑部处理在扬州发生的一个案件时，引用了上述裁决作为判例。

---

① 《通制条格》，3：42 页。

② 《通制条格》，3：42 页。这名汉人奴隶被称为"火你赤"（蒙古语 khonich），可据此确定他的身份是一名牧羊人；拉契内夫斯基（Ratchnevsky），《元朝有关收继婚的立法》，56 页。有关这些"驱口"或奴隶及其被用作牧羊人，见海老沢哲雄，《元代的驱口》，特别是 39—41 页。

③ 《元典章新集》"婚姻"：4a—b 页。洪金富，《元代的收继婚》，293、311—312 页。

扬州位于长江三角洲（今江苏，上海的上游）。这一地理位置表明，此时在南方的汉人也实行收继婚。一名叫缪富二的男性与守寡的弟媳阿雇在1318年三月订婚，当时阿雇仍在服丧期。缪富二让自己的叔叔做媒并让另一位长辈主婚。而且，他还征得了母亲的同意。刑部谴责了这一安排，下令杖责缪富二107下，寡妇阿雇97下（虽然她声辩说她反对这一婚姻），同意成婚的婆婆与叔叔57下。寡妇阿雇被允许携女儿归宗。①

除1308年的案件外，我们找不到从1277年到1318年41年间兄长收继的例子。1308年的案件有着不同寻常的背景，而且因婆婆知道这很成问题，还费了好大劲去征得当地官员对收继婚的支持。看来，北方的汉人可能已知道对收继婚的这一限制，而只有当收继婚更为普及到南方时，汉人才又一次被抓住不恰当地实行收继婚。

由丈夫的侄子或年长亲属收继的婚姻此时已为中央政府深恶痛绝，但收继婚的其他形式在蒙古与汉人中间继续合法地进行。虽然对汉人施加的诸多限制表明收继婚越来越不被高层官员所接受，但直到1330年，汉人的收继婚才被彻底宣布非法。

服丧期

这一时期新立法提出的第二个重大议题是父母或丈夫死后服丧期的贯彻执行。儒学朱熹学派强调通过守丧来表达对祖先的适当尊重，这一观点被《朱子家礼》之类的著作所发扬，《朱子家礼》在元代早期重新印行并迅速得到普及。② 早在1268年，户部就支持法司的建议，要求寡妇在丧期内留在夫家。③ 1270年末，户部下令父母丧期内的所有婚姻为非法，而在1271年，来自礼部的一份报告敦促婚礼要采用朱熹的《家礼》。④ 1278年，湖广行省惩处了一名将亡夫火葬后立即改嫁（当时仍在丧期内）的妇女。处罚为杖77下并解除其第二段婚姻，以"警告"新近征服的南方居民。⑤ 尽管如此，正如我们在第2阶段所看到的那样，在此之前与其后的年代里，中央政府允许其他法律凌驾于服丧期的考虑因素之上，而且拒绝解除在此

---

① 《元典章新集》"婚姻"：4a—b页。洪金富，《元代的收继婚》，313页。
② 有关这一文本的更多研究与翻译，见伊沛霞（Ebrey），《朱熹的家礼》。
③ 《元典章》，18：21a页。
④ 《元典章》，18：33a页；《通制条格》，3：36—38页。
⑤ 《元典章》，18：33a页。

期间缔结的婚姻。1273 年，户部支持了一次被强迫的收继婚，这次婚姻发生在丧期内，在许多方面都有问题。1291 年（第 3 阶段），一名妇女在首任丈夫丧期内改嫁两次，御史台拒绝将婚姻解除，虽然第二次改嫁被推迟到丧期结束后。① 忽必烈统治时代行将结束时，礼部才开始转变这些宽松政策。

　　有关服丧期内的婚姻存在着相当大的混乱。许多汉人似乎觉得这不会影响收继婚。因此，1288 年当一个太原人去世后，他的父亲立即过继了一个侄子，而且，在儿子遗体前行礼后，父亲即将儿媳嫁给了新过继的侄子。尽管这一快速缔结的收继婚有着郑重其事与精心安排的性质，可礼部并未对这名男子表示同情。即使这对新婚夫妇已经有了儿子，户部仍然宣布将婚姻解除。② 这项裁决在 10 年后的 1298 年被用作判例，当时一位官员在为父守灵期间成亲，而父亲的遗体仍停放在家中。千户③王继祖的父亲死于 1295 年六月二十日。王继祖迎娶新妇过门，并同她一起在父亲的遗体前下拜行礼。三天后，即二十三日，王继祖将父亲下葬。礼部将婚姻解除并罢免了王继祖，称："王继祖父丧停尸，忘哀成亲，乱常败俗，莫甚于此。"④ 在 1288 年太原的案件中，守灵之夜成亲也同样被指责为"大伤风化"。⑤ 很显然，1288 年的强硬措辞甚至没能阻止十年后一位官员在父亲遗体前精心安排的成亲。

　　丧期规定的重新实施可因一个人的喜好而发生作用。特别是，妇女可以此为基础抵制收继婚或其他被强迫的婚姻。1304 年，一名姓蔡的金匠死了。主管官员⑥逼迫他还在服丧的遗孀阿吴嫁给银匠王庆和为妻。礼部援引丧期的规定，允许阿吴解除婚姻。礼部还提到阿吴已有一个儿子，而这个儿子可以接替阿吴丈夫的金匠劳役，言下之意，阿吴即使在服丧期满也

---

　　① 《元典章》，18：24b 页；《元典章》，18：9a 页。

　　② 《元典章》，18：33b 页；洪金富，《元代的收继婚》，295、308 页。我遵循了洪金富对文本两处讹误的订正。

　　③ 千户（意为一千户的首领）为军事官僚机构中的中低级官员，他可拥有从指挥部队（从 300—1000 人）到监督农业屯垦等许多不同职责。这一术语起初指拥有一千封户的封建领主，但这里并非此意。见 David Farquhar，《蒙古统治下的中国政府》，3、22、417 页。

　　④ 《元典章》，18：33b 页。我感谢柳立言为我指出王继祖的婚姻极有可能不是收继婚。

　　⑤ 《元典章》，18：33b 页。

　　⑥ 提举。提举有可能是金银作坊的负责人。见 David Farquhar，《蒙古统治下的中国政府》，自 178 页起。

可不必被迫改嫁。①

这一例子中，服丧期间的寡妇不希望改嫁，但多数案件正好相反。在14世纪最初的20年里，服丧期间改嫁的立场很坚定。许多案件中，第二段婚姻被解除是因妻子依然在前夫法定丧期内。起初，处罚从杖57下到最高107下不等。但在1320年，刑部在应对建康路（今南京）一名妇女于丈夫去世一年后改嫁的案件时，做出一项最终裁决，这一裁决被中书省采纳而推行全国。刑部官员提到，下级法庭杖77下的裁决比刑部之前1308年的判决要严厉，1308年的判决为杖67下。遵循1308年的判例，刑部官员将处罚标准化，改嫁的妇女杖67下，男子57下，主持婚礼的长辈47下，操办此事的媒人37下。婚姻将被解除，任何聘礼、彩礼、媒人酬谢钱等将被没收充公。如果男方及其他相关人不知道女方在服丧期的话，处罚会减轻。② 尽管这些规定没有完全禁止妇女改嫁，但却阻止了妇女在丈夫死后头27个月内这样做。

服丧期的实施不仅适用于为丈夫守服的妇女，还适用于为母亲或祖母守服的男性。在上述规定一年后，1321年发生了一个有趣的案件。政府指控一位来自平江路（今苏州）的官员钱璋，诈称母亲去世，请假离职。钱璋的母亲实际上是病危，而钱璋则利用请假回家的机会落实儿子的婚事。虽然他的母亲在婚礼前已去世，可钱璋甚至在母亲丧事完成前，照旧设宴并最终主持婚礼。路级官府笞责钱璋37下，而江浙行省基于新郎、新娘只是遵从父母之命继续成亲的理由，不愿将婚姻解除。尽管如此，因为"事干通例"，他们还是将案件移送中书省做最后裁决。案件移交刑部，刑部援引了1298年官员王继祖的婚姻被解除的案例。③ 基于这一意见，刑部将案件移送礼部。礼部下令解除婚姻，但不愿在钱璋已受笞37下之外，再追加处罚。④

刑部将此案委托礼部处理进一步表明，礼部此时已接管服丧与婚姻的

---

① 《通制条格》，4：60—61页。在元朝政府治下，某些职业群体以半奴隶的身份被迫为宫廷生产造作。蔡姓金匠的案件表明，地方当局甚至想操控这些人的婚姻。

② 《元典章新集》"婚姻"：3a—b页。这些处罚作为总则被复制在《元典章》续编《服内成亲》前面的表格里；见《元典章新集》"婚姻"：3a页。在1320年的案件中，寡妇被责令"与男同居"，这一指令在总则中得到重申。

③ 《元典章》，18：33b页。

④ 《元典章新集》"婚姻"：3b页。

政策性裁决。而且，我们也可看出，他们在这一领域正在贯彻实施儒学议题。这导致了一项有趣的结果，即不得不再次建立起针对蒙古人与汉人的单行法律。1319 年，礼部与刑部共同支持一位山东廉访司官员的建议，即在父母葬礼未完之前，兄弟不得分财异居（言下之意，兄弟分家时，没有留下体面葬礼的花费）。① 他们加上了限制性条款，即蒙古人与其他非汉人（色目）不在此限，无疑，这是因为蒙古男性在结婚时，常常在父母去世前很久，通常会离家另过。正如我们从宣布非法的几类收继婚所见到的，新的立法越来越多地反映了儒学议题，政府不得不恢复针对不同族群进行不同立法的状态，并充分考虑同家庭与婚姻有关的不同习惯。

家庭财产与作为财产的妇女

围绕收继婚的诉讼，其背后常常是金钱与财产问题。这包括丈夫财产、妻子财产以及妇女本人作为财产的处置。当收继婚越来越受到限制，汉族妇女守寡后归宗并改嫁又一次变得容易的时候，围绕寡妇自主权的社会与财政问题开始凸显。例如，在许多案件中，一方起诉收继婚时，明确争辩说失去寡妇将会出现财政困难，或者辩称需要寡妇来照顾孙辈。来自上都路的一位婆婆强迫儿媳刘阿王两次被收继，其中 1307 年第二次收继者是她前一任丈夫的堂兄。这位婆婆辩称她需要人手来照顾自己的两个孙子（那位儿媳的儿子）。② 除为年轻的儿子省去聘礼花销外，收继婚还能为家庭经济带来重要好处，而寡妇改嫁则可能会是一场灾难。

政府暗示其赞同这一点，并在 1296 年做出的一项有关军人的裁决中强化了一种观念，即妻子本身是家户中的一种经济资产。一位来自"新加入的"南宋军队（新附军）的已故军人的妻子将女儿嫁给一家民户。礼部赞同江西行省的拟议，宣称既然军人的弟侄儿男必须承替军役，他的女人们应当保留在同一户中。只有当没有收继人的时候，妻女才能离开并嫁给其愿嫁之人。③ 言下之意，军事义务需要财产支撑，而这种财产包括妻女在内。收继婚为新军人提供了资产来支持他。

另一件非常令人担忧的事是，离开家庭的妻子在改嫁时可能会带走丈

---

① 《元典章新集》"田宅"：5a 页。
② 《元典章新集》"婚姻"：4a 页。
③ 《元典章》，18：18b 页；拉契内夫斯基（Ratchnevsky），《元朝有关收继婚的立法》，57 页。我遵循了拉契内夫斯基的解读，

夫的财产。一个叫李通的人指控,他在广东担任钞库大使的哥哥李荣去世时,其妻立即改嫁并卷走了李荣的所有财产。针对这些在遥远的广东最为严重的指控,海北广东道廉访司在1299年提出一份报告:

> 广东烟瘴重地,北来官员离家万里,不伏水土,染病身死者不可胜数。抛下妻妾,不能守志,改适他人,将前夫应有资财、人口席卷而去。亡殁官员骨肉未寒,家私人口已属他人。……今后在广仕宦官员若有身故,抛下老小,听从本处官司依例起遣还家,不得擅自改嫁。如有违犯,事发到官,断罪听离。前夫家私若有散失,勒令陪偿。可以绝词讼之源,亦正人伦、厚风俗之一端。①

礼部支持这一建议,中书省将此制定为法律。十年前,1289年礼部做出的一项相关裁决,禁止出征军人妻子在假定军人死亡的情况下改嫁。裁决又是一次针对来自广东的指控,这次指控说军人没有从前线即刻回家时,军人妻子的父母常常安排女儿匆忙改嫁。②

妇女个人财产,而非丈夫财产的损失,才是数年后新立法关注的焦点所在。中国历史上,元朝政府首次颁布法律,禁止妇女再嫁时带走其嫁妆。在前面的章节,我已经阐明,从中国最古老的时代以来,妇女财产就一直伴随其终生,并支持其为某一社会阶层。没有迹象表明,元代在14世纪之前曾有过变化。即使是反对妇女占有私人财产的黄榦,也没能够将妻子与其嫁妆分离。在13世纪早期,这一传统受到公然挑战,妇女被剥夺了对其财产的终生控制权。

新规定源自1303年一位蒙古(或畏兀儿)地方官员。我们不知道是什么诉讼案件或言论引发这一新举措,不过,始作俑者——徽州路总管朵儿赤(Dorchi)在写这份建议时,自己非常清楚,这将与以往截然不同。他的建议被浙西宣慰司上报并转送中书省,中书省将此发送礼部审核批准。措施如下:

> 随嫁奁田等物,今后应嫁妇人,不问生前离异、夫死寡居,但欲

---

① 《元典章》,18:15b—16a页。还可见《通制条格》,4:50页。广东在元代为一个道,覆盖区域大致与今天的广东省相当,却位于江西(江西行省)南部。

② 《元典章》,18:18b页。

再适他人，其元随嫁妆奁财产，一听前夫之家为主，并不许似前般取随身。①

礼部接到这份报告时，支持这一决定但做出重要修改。礼部认识到，将妇女及其财产分离开来这一史无前例的做法，会使妻子非常容易被觊觎其丰厚嫁妆的贪婪家人所驱逐。因此，礼部加上了附带条款："无故出妻，不拘此例。"② 这为被夫家随心所欲地赶走并失去嫁妆的妇女提供了庇护。

这一新规定是对中国传统的重大突破。举措自身的措辞表明了其史无前例的性质。诸如"今后"与"似前"之类的用语显示出元朝当局非常清楚以前的习惯并非如此。显然，对妇女及其财产间纽带的解除并非汉族的社会制度，而其统治者蒙古人并无妇女从娘家带来大量财产的传统。与此同时，礼部此时正在大力推行朱熹学派的理念。颁布这一新法律的官员希望产生一个新的传统，并按黄榦的方式，"移风易俗"。在13世纪早期的气候下，对汉族与蒙古官员而言，打破中国传统习惯是可能的。

鼓励寡妇守节的新立法

1303年法律的变化，对妇女及其与财产的关系，以及寡妇的改嫁，都有着深远意义。不过，这只是鼓励寡妇守节的新立法中的几项措施之一。1304年正月，在礼部做出嫁妆规定仅七个月后，皇帝铁穆耳颁发诏令，下令地方官员为赡养贫困的寡妇提供帮助：

妇人服阕守志者，从其所愿（且不得强迫改嫁——作者注）。若志节卓异，无可养赡，官为给粮存恤。③

这里提出了一个暗示，即有些寡妇或许已经被迫改嫁。

此次诏令颁发后不久，1304年八月，礼部详细阐释了"值得称赞"的寡妇的资格，并下令官员将此类妇女上报政府以获取在家门上的官方标记

---

① 《元典章》，18：21b—22a 页；《通制条格》，4：49—50 页。《通制条格》的文本，标明"1303年六月"，比《元典章》的文本简短且措辞稍有不同。不过，内容主旨则完全相同。

② 《元典章》，22a 页。也可见仁井田陞，《唐宋法律文书的研究》，498—499 页；滋贺秀三，《中国家族法的原理》，528、546 页注37；柳田节子，《元代女子的财产继承》，261—262 页，珍妮弗·霍姆格伦（Jennifer Holmgren），《蒙古与元代社会早期的婚姻与继承习俗》，182 页。除霍姆格伦以外，这些作者都没有注意到这一规定的创新之处；柳田节子特别挑战这一点。

③ 《通制条格》，3：40 页。

第四章 元代婚姻与财产法律的转变

(旌表门闾)，以及为酬谢其功绩的差役豁免。① 在篇幅冗长的指令中，礼部提到"激励薄俗，以敦风化"的必要性。礼部提到了孝行与寡妇守节，这两项议题均为道学思想的标志。堪称楷模的节妇的标准首次被界定下来：妇女必须是30岁前就已守寡，当众宣誓守节，而且已守节到50岁以后。妇女需要地方保结，将其事迹报送官府。地方官员将征询亲戚、邻右，以核实妇女的守节行为，然后将事迹报送中央政府。如果所报不实，保人与地方官府都将受到处罚。② 这是国家有计划地赞助寡妇守节的开始，对后来时代的妇女产生了巨大影响。相同的守节标准被明清王朝的法典所复制，帝制时代晚期遍布于中国乡村的牌坊即源于此项规定中的旌表门闾。在元代，从此以后，我们从官员的文集中常常可发现请求政府旌表其守寡妇女亲属的状启。③

1307年，一位新皇帝登基。此后不久，1309年，元朝廷完全打破了中国传统，宣称从今以后由寡妇的夫家亲属安排其改嫁并拥有所获聘财。这项命令剥夺了寡妇的个人自主权及按个人意愿归宗或改嫁的权利。它根除了汉族寡妇习惯上享有的通过改嫁带来的物质刺激，并将改嫁的权利从寡妇及其娘家转到夫家亲属手中。这项命令源自最近重新成立的尚书省提出的一项建议。提议者通过检讨以前这方面的诏令来作为他们的论据。他们引述了忽必烈1271年二月有关"嫁娶聘财体例"的诏令，诏令写道：

> 妇人夫亡服阕，自愿守志、归宗者听，舅姑不得改嫁。④

接下来他们引述了忽必烈那年十二月颁布的非常自相矛盾的诏令，即

---

① 《元典章》，33：13a—b 页。有关此类表彰的演变，见伊懋可（Elvin），《中国的女性美德与国家》，与柏清韵（Birge），《元代中国的收继婚与寡妇守节的复兴》，特别是107—109页注2与注3。

② 《元典章》，33：13a—b 页。审查复核的规定表明，这项命令还试图阻止有问题申请的泛滥。事实上，鸿篇巨制的措辞透露出，对旌表的关注会被不值得表彰的人特别是富人所滥用。因此，这或许是试图限制旌表。有证据表明，礼部当时正被此类申请所淹没。

③ 例如，《秋涧文集》，85：11b—12a 页（818页）。我们还可找到授予守节者的纪念碑铭；例如，《元文类》（世界书局本），17：15b—16a 页。

④ 《元典章》，18：14a 页；原始文本见《元典章》，18：2b、13b—14a 页，与《通制条格》，3：40 页。1309年的文本给出的时间为至元二十八年（1291），而原始文本为至元八年（1271）。有可能这一诏令在1291年重新颁布过，但看起来更有可能只是文本的讹误。

可以强迫寡妇同合格的收继人结婚。① 然后他们争辩说，有儿子的家庭因儿子去世、寡妇改嫁而变得贫穷，而妇女及其娘家则从改嫁中获益：

> 有各省咨将文书来，为妇人夫亡，不于夫家守志，却于他家爹娘家去了，服内接受别人羊酒财钱，一面改嫁了去也。……为这般上头，渐渐的翁婆家消乏了也。②

最后他们提出建议：

> 今后妇人夫亡，自愿守志，交于夫家守志；没小叔儿续亲，别要改嫁呵，从他翁婆受财改嫁去呵。③

海山皇帝（武宗，1307—1311 年在位）对这一举措表示支持。

这项新法律推翻了我们长期以来发现记载的有效统治汉族寡妇的财产制度。它也打破了寡妇据此归宗的传统。在中国，任何富有的妇女守寡时传统上都能归宗，通常可自行或在父母的帮助下缔结新的婚姻。新出台的举措将合法权利的天平从妇女及其娘家转移到夫家亲属那里，夫家亲属可以决定她是否改嫁并可通过收取聘财而获益。如家中有合格的收继人，他们可以强迫寡妇嫁给收继人。如寡妇守节，她仍必须待在夫家并为夫家出力。"买"妻的草原观念，认为妻子的身体与资产终生属于夫家，如今转变为中华帝国的法律。

引人注目的是，对中国传统的这一彻底颠覆发生在一位草原本位的蒙古皇帝统治下。海山皇帝在经过一番激烈的继承纷争后于1307年登基，他以对儒家文化不感兴趣而著称。海山将自己来自内亚的亲信塞进官僚组织，使国家陷入财政危机。尚书省被组建起来以应付这一危机，充斥了海山自己的家臣，他们大都出身非汉族。④ 1309 年的婚姻立法，寡妇待在夫家及夫家控制寡妇个人的观念，都透露出蒙古习惯的影响。

与此同时，法律的这一剧变导致国家对道学长期以来提倡的父系理念

---

① 原始文本见《元典章》，18：23a 页。
② 《元典章》，18：14a—b 页。
③ 《元典章》，18：14b 页。
④ 有关概述，见萧启庆，《中元政治》，507—512 页。

的前所未闻的支持。此时一旦妇女嫁入夫家,她将受到夫家前所未有的束缚。1303 年的规定确保妇女的财产转到夫家手中,并在妇女走出婚姻时不能被带走;1309 年的法律则意味着妇女本人也像财产一样转到夫家手中。首任丈夫的亲属掌控寡妇的婚姻、寡妇本人及其财产。寡妇保持某种独立的唯一选择是守节,即使这样她也必须在夫家进行。这样的举措甚至超出了宋代黄榦的主张。①

黄榦及朱熹学派理念与 1303、1309 年新立法的相似性绝非偶然。临近忽必烈统治时代晚期,道学士大夫在朝廷的影响力已经加强。他们是许衡(1209—1281)的追随者,而许衡的学说立足于黄榦的思想。② 到 13 世纪 90 年代早期,元朝已经建立起中国所见最为庞大的官学网络,这些官方学校传播朱熹的作品及其所提倡的课程。早些时候,1271 年,针对汉人与非汉人的帝国学校(国子学)重新建立起来,又一次教授朱熹思想。③ 1294 年忽必烈去世后,道学家的学说在朝廷的影响越来越大。蒙古皇帝自身也更加以儒为本。海山统治时代(1307—1311)是这一发展的间歇期。但由于各自兴趣非同寻常的交汇,草原本位的皇帝及其大臣,同在朝廷的道学支持者们,都愿意同中国传统决裂,制定剥夺寡妇个人自主权与财产权的法律。

继海山汗之后,在爱育黎拔力八达(仁宗,1311—1320 在位)统治时代,程朱学派的学说"已达到其影响的新高度"④。中书省及其他中央机构容纳了许多道学追随者,其中既有汉人也有蒙古人。1313 年,重新确立了基于"四书"及朱熹评注的科举考试。1315 年,科举考试首科举行,测试

---

① 1309 年裁决在《元典章》的标题中透露出对以前政策的颠覆。标题为"舅姑得嫁男妇"。援引 1271 年十一月忽必烈圣旨的裁决的标题读起来正好相反:"舅姑不得嫁男妇"。除插入的"不"字外,二者措辞完全相同,而且这两项裁决出现于 1322 年最初元刻本的一页两面。《元典章》,18:13b—14a 页。

② 陈荣捷,《朱熹与元代新儒学》;狄百瑞,《新儒学正统学说》,1—66 页;姚大力,《金末元初理学在北方的传播》,《元史论丛》2(1983):217—224 页。

③ 狄百瑞,《新儒学正统学说》,55 页。

④ 同上。

其对朱熹在儒学诠释方面的知识。① 也正是在 1313 年,许衡被供奉于孔庙,置于朱熹、吕祖谦、黄榦、真德秀及南宋其他道学大师之侧。② 仁宗时代,真德秀的著作《大学衍义》被节译为蒙古语献给朝廷,得到了皇帝的高度评价。③

由于道学学说在朝廷及地方赢得了拥护者,地方移转妇女权利的发展进程得以继续。1313 年(同年科举考试重新确立),来自彰德路(今河南安阳)总管的一份报告建议禁止妇女到法庭告状。报告抱怨说,这一地区受到"田土、房舍、财产、婚姻、债负"等无尽诉讼的困扰,而这些诉讼当事人中,有不知羞耻的妇人,挑起争端,不正当地代替男性亲属,妄生词讼。报告指责年轻寡妇拖延其事是为了搔首弄姿,与众人互动。这样的妇人据认为会出入茶馆酒家,寄宿于僧寺道观。为了阻止这种行为并避免"有伤妇道",报告说:

> 今后不许妇人告事。若或全家果无男子,事有私下不能杜绝,必须赴官陈告,许令宗族亲人代诉。④

中书省,道学拥护者的大本营,在刑部建议做出重要修正后,同意了这一举措。刑部所提修正是,如果没有亲属出庭,或者寡妇不得不代表无法出庭的儿子提起诉讼时,这一举措对寡妇不适用。这样,妇女没有完全被法庭排斥在外。⑤(而且她们从未被排除于审问之外;见图5)。

---

① 有关考试的恢复及其内容,见艾尔曼(Benjamin A. Elman),《中国帝国晚期科举文化史》(伯克利:加利福尼亚大学出版社,1999);狄百瑞,《新儒学正统学说》,特别是53—60页;与姚大力,《元朝科举制度的行废及其社会背景》,《元史暨北方民族史研究辑刊》6(1982):26—59页。

② 供奉于孔庙的儒学家名单,见魏伟森(Wison),《道学谱系:中华帝国晚期儒学传统的构造与运用》,254—259页。

③ 狄百瑞,《新儒学正统学说》,55页。

④ 《元典章》,53:19a 页。这段文字及此案其他许多文字的法文翻译,见拉契内夫斯基(Ratchnevsky),《元朝法典》,Ⅳ,226—229 页。可看拉契内夫斯基,《蒙元法律下的司法审判、刑法典与文化冲突》,《亚洲学刊》,6:1(1993):177 页。非常有趣的是,我们在这里发现了一则与宗族有关的史料,而以前有关财产的裁决中缺乏此类记载。

⑤ 实际上,这一条款收入 1334 年法律汇编《经世大典》时,已做了相当大的稀释,仅提到除了寡妇代表儿子外,妇女不能代表男人到庭;《元史》,105:2671 页。也可见拉契内夫斯基(Ratchnevsky),《元朝法典》,Ⅳ,226 页。一个类似的稀释文本已见于为人告状而在 1330—1333 年出版的词状格式集的介绍;见《事林广记》,别集 4:1006 页;与《元代法律资料辑存》,228 页。

第四章 元代婚姻与财产法律的转变

图 5 法庭上被审问的妇女
选自《玉玦记》(1581 年。1983 年台北天一出版社重印)

1309 年与 1313 年的新立法严重限制了妇女的自由与救济机会。但并未解决仍然围绕收继婚与寡妇再嫁问题的紧张与内在矛盾。对那些抵制收继婚，特别是即使希望守节也必须留在夫家的寡妇而言，事情并没有那么简单。有些妇女发现她们自身的状况与理想相距甚远，这在 1318 年提起的诉讼中得到生动体现（看起来与 1313 年法律相抵触，这次诉讼是由寡妇田阿段本人提起的)①。

1313 年十月，阿段丈夫去世，在拒绝嫁给丈夫的二弟田长宜后，阿段带着四个孩子回到父亲段琮家中。1317 年三月二十七日，丈夫去世近四年后，阿段的婆婆阿马，带着自己的小儿子田五儿到段琮家，要求阿段以收继婚的形式嫁给他。寡妇的父亲段琮一口回绝："俺女孩儿持服守志，见

---

① 《元典章》中，这一名字的汉字写法看起来像"叚"，但这是"段"字常见的元代变体。

有四个儿女，如何收的？"①阿马的回应是请阿段回自己家做饭。这次阿段去了，饭后，阿段请求回家。在此关头，哥哥田长宜抓住了阿段，并与两个弟弟串通一气，抽打并强暴了她。法庭文件详细谈到了这一事件：

> 小叔田长宜将阿段拖到见住正房内，将门关闭，令田禄儿看门，田五儿将阿段两手拿把，其田长宜用棍于左膊上打讫两下，不能动止。将阿段头发于窗棂上栓系，剥去衣服，有小叔田五儿将阿段两手拿住，令伊兄田长宜将阿段收继了当。②

各级法官都支持寡妇田阿段。辽阳行省指责田长宜"强奸无夫妇人"，判决杖97下。刑部将判决加重为杖107下。还指令辽阳当局，根据其弟弟的共犯程度，给予杖责（母亲似乎逃脱了惩罚）。中书省将田长宜的杖刑减为97下，但同意田长宜触犯了强奸寡妇的法律。阿段被允许带四个孩子回到父亲家中，在那里保持独身。如果阿段再嫁的话，她将必须嫁给已经侵犯过她的小叔子田长宜。③

从这个例子我们看出，守节是逃避收继婚的合法手段。不过，节妇与夫家和睦生活的儒家理想与持续的收继行为产生了冲突。当局不得不允许寡妇同娘家生活在一起，而非像1309年法律所要求的那样待在夫家，如果潜在的收继人对寡妇的贞洁构成威胁的话。节操本身必须受到法律保护。《元典章》中对田阿段被强暴的形象描述表明，作者或许已经希望夸大潜在的暴力，以证明保护节妇性纯洁的正当性，甚至以在夫家侍奉婆婆为代价。13世纪70年代早期的案例（第2阶段我的分析），当寡妇被迫被收继时，已发生过类似的强暴，但法官对此缄默不言，而且裁决受害者必须嫁给以前的施暴者。④ 1318年，截然不同的态度占了上风。

我们已经发现，妇女必须发誓终生守节，以获取免于被收继的资格。这样的誓言举足轻重，具有法律上的重要性，而成功起诉逃离收继婚的妇

---

① 《元典章》，18：24b—25a 页。
② 《元典章》，18：25a 页。
③ 《元典章》，18：24b—25a 页；洪金富，《元代的收继婚》，312—313 页；参看拉契内夫斯基（Ratchnevsky），《元朝有关收继婚的立法》，61 页注21。
④ 例如，在1273年的案件中（《元典章》，18：24a—b 页），尽管这位妇女起诉逃避收继婚，但法官依然谴责她自愿与小叔子发生关系，而这位妇女声称小叔子强奸过自己。

女通常要被迫向地方官府登记守节保证书。如果寡妇违背了誓言,被提议的收继人会强迫她嫁给他。

甚至当寡妇没有叔伯,不存在收继人时,政府也会限制其改嫁。有资格再嫁的寡妇必须提出申请并得到官方许可才能这样做。有适用于此类申请的标准格式,这些格式被复制并分发,其他类的申请也是如此。此类申请的一种示例在1325年的一部类书中保存下来,写道:

妇人夫亡无子告据改嫁状式

告状人王阿厶。右阿厶年几岁,无疾孕,系厶里厶都籍民已死人王大妻属,伏为状告:

有阿厶系厶里民户人王大妻室,自来不曾养育子息。于厶年月日夫王大因病身死,当已行持服,营丧安葬了当。即目户下别无事产可以养赡,委是贫难生受。若不具告给据改嫁情实,寡居过活生受。谨状上告厶县,伏乞详状施行。所告执结是实,伏取裁旨。

年月日　告状人 王阿厶　状①

申请的内容披露了政府批准改嫁的条件。贫穷是一种可接受的改嫁理由(尽管程颐的名言是,对寡妇而言饿死更好些)。② 寡妇必须守服并操办了丈夫的丧事。她不能生有任何孩子。如果她与首任丈夫有了孩子,她会被指望代表丈夫抚养他们,以为丈夫传宗接代。所有这些反映了儒家道学学派的关注所在。前面我们看到,1303年铁穆耳皇帝督促地方官员为节妇提供帮助。不过,她们中的许多人不可能会获得帮助,而同样这些官员不得不承认,对此类妇女而言,改嫁通常会是更理想的选择。

总之,到1320年,有关妇女财产与寡妇守节的法律,经历了一次严格限制妇女财产权与改嫁自由的转变。在守寡或离婚时,妇女不能再带走嫁妆走出婚姻。寡妇改嫁时,必须征得夫家亲属的许可,而且这些亲属可以为她选择新的配偶,甚至占有从新任丈夫那里获得的聘财。如果寡妇选择

---

① 《事林广记》(元刻重印本:京都:中文出版社,1988),别集4:1016页,并被重印入《元代法律资料辑存》,236—237页。这一格式保存在类书的"新式"中,因此极有可能作于1325—1330年。我感谢贾晋珠(Lucille Chia)提醒我注意台北故宫博物院图书馆一部元代文献中的另一示例。

② 《河南程氏遗书》,《二程全书》,22B:3a页;陈荣捷译,《近思录》,177页。

不再嫁人，她需要依法留在首任丈夫的家中守节。男人娶嫂或父亲次妻的收继婚依然合法。寡妇可以通过守节抵制收继婚，帝国奖赏也鼓励她这样做。尽管官府有可能会支持妇女，如果她宣称被强暴并被强迫收继时，但妇女按规定是禁止向法庭提起诉讼的，只有法律漏洞才容许她们诉诸法律，对其人身与财产加以保护。

与此同时，14世纪头20年，黄榦及朱熹学派的拥护者正在元朝宫廷取得显著成绩。1313年（禁止妇女提起诉讼的同一年），基于"四书"及朱熹注释的科举考试重新确立。有关婚姻与妇女财产问题的新立法明显向黄榦在宋代所提倡的靠拢。

五 第5阶段：元代晚期贞洁的兴盛

随着14世纪的发展，改嫁、财产问题与收继婚正在逐渐过时。寡妇可以合法地通过守节来逃避收继婚，但如果我们可以相信正史的话，妇女仍会发现她们自身被强制收继。极有可能是控制寡妇财产的欲望，促使夫家亲属们逼迫妇女走进这样的婚姻。与此同时，对此加以抵抗、有时甚至致死的妇女，则赢得道德美名，会通过《元史》万古流芳。

内黄（今河南安阳东）人赵美之妻王氏是一个例子。赵美在1231年溺水而亡，王氏立誓终生守志，不过，赵美的父母却另有打算。他们知道王氏还年轻且没有子女，就敦促她再行改嫁。王氏告诉他们："妇义无再醮，且舅姑在，妾可弃而去耶！"公婆拒绝她的侍奉，并强迫她改嫁给他们的一个侄子。当王氏意识到自己无法逃避这段收继婚时，她就自缢而亡。[①]

另一位来自成都（四川）的王氏，因毕生抵制收继婚而受到尊敬。王氏的丈夫在她19岁时去世。当丈夫的弟弟试图要娶她时，王氏先是断发，而后又割掉自己的一只耳朵，在此过程中又造成自己其他伤害。被她的决心所感动，亲属们照料她恢复了健康。然后他们将她的事迹申请上报并获得一块帝国旌表的匾额。[②] 通过表彰这样的行为，中央政府坚定地站在寡妇守节而非收继婚一边。前者确实获得了声望而后者则迅速失去青睐。

[①] 《元史》，200：4495页；洪金富，《元代的收继婚》，314页。
[②] 《元史》，200：4496页；洪金富，《元代的收继婚》，314页。

第四章　元代婚姻与财产法律的转变

　　蒙古妇女也因选择守节而非收继婚而获得声望。脱脱尼（T'o-t'o-ni）是一位"有色善女工"的弘吉剌妇女，26 岁时守寡。丈夫留下同其他妻子生下的两个成年儿子，他们想依照蒙古传统娶她。尽管脱脱尼誓死守节，他们仍坚持自己的要求。盛怒之下，脱脱尼指责他们说："汝禽兽行，欲妻母耶，若死何面目见汝父地下？"正史接着写道："二子惭惧谢罪，乃析业而居。三十年以贞操闻。"①

　　析产的相关记载为我们提示了记载背后的现实。脱脱尼几乎肯定获得了对丈夫财产的控制权，如果儿子娶了她就能获得这些财产。取而代之的是，脱脱尼的决心导致了一个妥协方案，即将财产分开并各自建立家庭。《元史》的明代编纂者们，为了提倡寡妇守节与贬低收继婚，显然有意忽略了这一矛盾。事实上，正如霍姆格伦已经阐明的那样，蒙古精英妇女很少再婚，因为她们失去的要远大于得到的。通过独善其身，此类妇女获得了她们自身以及后来丈夫的财产控制权。② 政府对寡妇守节的奖励给这些妇女带来荣誉，并为她们长期以来已经践行之事创造了有利条件，使其获得最佳利益。

　　蒙古贵族祥哥剌吉（Sengge Ragi）所处地位肯定可以看到这种情形。她是武宗皇帝（海山，1307—1311 年在位）同父异母的妹妹，女儿嫁给了武宗的儿子文宗皇帝（图帖睦尔，1328—1329 年在位）。祥哥剌吉的丈夫是弘吉剌王子雕阿不剌（Diuabala），1310 年雕阿不剌去世时，身后留下以前婚姻所生的一个 18 岁儿子。③ 祥哥剌吉不愿再婚并与自己的儿子生活在一起，她的儿子 1311 年作为鲁王继承了父亲的头衔与封地。祥哥剌吉本人 1306 年被封为"鲁国大长公主"（通常给予皇帝姑姑的头衔），并拥有相当多的个人资产。1329 年十二月，文宗皇帝提到她守节 20 年（按中国人的计算）并下令其接受旌表。不久，祥哥剌吉被授予"皇姑徽文懿福贞寿大长公主"的尊贵头衔，以及淮、浙、山东、河间四个转运司的丰厚收入

---

①　《元史》，200：4495—4496 页。还可见洪金富，《元代的收继婚》，291 页。
②　霍姆格伦，《蒙古与元代社会早期的婚姻与继承习俗》，167 页。
③　洪金富指出霍姆格伦必然误称了其为祥哥剌吉的儿子，因为他在祥哥剌吉 1307 年初婚时已经四岁了。洪金富，《元代的收继婚》，291 页。霍姆格伦，《蒙古与元代社会早期的婚姻与继承习俗》，167 页。

盐引六万。① 1330 年九月，祥哥剌吉进一步获得平江地区（今苏州）500 顷田，1000 锭钞（每锭钞值 50 盎司白银）的馈赠，以及蒙古贵族的官邸。② 文宗皇帝随心所欲地以守节为借口，对祥哥剌吉进行了大量赏赐。③

不管是否是自私的动机促使祥哥剌吉独善其身，收继婚习俗在 14 世纪 20 年代迅速丧失其合法性。最后，1330 年九月，文宗皇帝颁布诏令，宣布对汉人及其他没有正式收继婚习俗的族群而言，各种形式的收继婚均为非法。

> 诸人非其本俗，敢有弟收其嫂、子收庶母者，坐罪。④

这两种形式的收继婚是汉人仍在实行的仅有的形式，因此这份诏令实际上宣布了所有形式为非法。对汉人收继婚的禁令被收入文宗下令并于 1331 年完成的重要法律汇编《经世大典》中。在此书中，禁令这样写道：

> 诸汉人、南人，父没子收其庶母，兄没弟收其嫂者，禁之。⑤

1331 年的《经世大典》重复了以前对包括蒙古人在内的所有人有关特定种类收继婚的禁令。这些婚姻种类有兄长收继弟媳与收继异姓表兄弟之妻。⑥ 在为父母服丧期间，甚至是蒙古男性（像其他人一样）禁止与其父的次妻缔结收继婚。处罚是严厉的：男方与女方各杖 107 下，解除婚姻。官员将会罢免官职。⑦ 像祥哥剌吉那样的蒙古妇女或许仍可在现存法律框架内举行收继婚，但她们也有足够的道德权威（或经济动机）加以抵制。

---

① 一引为 400 斤（1 斤约 600 克）。有关这些转运司的说明，见法夸尔（Farquhar），《蒙古统治下的中国政府：参考指南》，187、373 页；以及舒尔曼（Schurmann），《元朝的经济体制》，169、177 页。

② 《元史》，33：746 页，34：767 页，118：2961—2971 页。

③ 实际上，她的"美德"并不足以使其获得在《元史·列女传》的一席之地。

④ 《元史》，34：767 页；洪金富，《元代的收继婚》，294 页。

⑤ 《元史》，103：2644 页；拉契内夫斯基，《元朝法典》，Ⅱ，131—132。拉契内夫斯基，《元朝法典》，Ⅰ，xxiff 页；和陈恒昭，《蒙古统治下的中国法律传统：1291 年法典的复原》，33—35 页提供的证据显示，《元史》这一章实际上取材自《经世大典》。《经世大典》"宪典"部分（发现这条禁令之处）在元代最为接近一部法典。

⑥ 《元史》，103：2643—2644 页；拉契内夫斯基，《元朝法典》，Ⅱ，130—134 页（401、404 条）。见《元典章》，18：26b—27a 页，《元典章新集》"婚姻"：4a 页（1275、1277 与 1321 年的裁定）有关哥哥的收继，与《元典章》，18：27b—28a 页有关堂兄弟的收继。

⑦ 《元史》，103：2643—2644 页；拉契内夫斯基，《元朝法典》，Ⅱ，131 页。

1334年，比其前任更受儒学浸染的顺帝下令蒙古人与内陆欧亚人为其父母守丧。①

到1331年，限制妇女财产权，尤其是限制妇女携嫁妆走出婚姻的法律已确立了稳固的地位。不过，尽管如此，嫁妆的特殊性质并没有被完全抹杀。1331年的《经世大典》含有如下条款：

> 诸子不孝，父杀其子，因及其妇者，杖七十七，妇元有妆奁之物，尽归其父母。②

如果一名男性谋杀其儿媳，他无法指望获得儿媳的嫁妆。已婚妇女至少享有这么点保护，而从某种程度而言，她的嫁妆并未完全融入夫家财产。在一相关条款中，如果已婚妇女被其生父谋杀，因"其有过"，父亲将受笞57下，并要将聘财返还，以让其夫"别娶"。③对生父的轻判表明，他对自己的女儿仍然有比亲家更大的权威。妇女仍然没有完全融入夫家，不论是在法律上还是在经济上。

在元代，舍弃嫁妆仍然被看作妇女一种罕见的美德。明人对14世纪初此类捐献的记载，通过灌输魔力来对此加以称颂，这种神奇力量后来曾在一场大火中拯救了一位宁波妇女和她的丈夫。④

第五节　元代以后的发展

明清法典严格禁止各种形式的收继婚。亲属关系越近，惩罚越严厉：迎娶兄弟遗孀者绞，迎娶父亲妾者斩⑤。明清时代，特别是在不识字的农民中间，偶尔可以发现收继婚的例子，但不会再像元代那样合法或者被接

---

① 《元史》，38：823页，41：868页，139：3361页；陈恒昭，《蒙古统治下的中国法律传统：1291年法典的复原》，37—38页。1343年，顺帝下令编纂宋、辽、金史。有关元朝宫廷在这一晚期的儒家化，见窦德士（John Dardess），《征服者与儒家：元中国晚期政治变迁的面貌》（纽约：哥伦比亚大学出版社，1973）。

② 《元史》，105：2676页；拉契内夫斯基，《元朝法典》Ⅳ，270页；柳田节子，《元代女性的财产继承》，265页。

③ 《元史》，105：2676页；拉契内夫斯基，《元朝法典》Ⅳ，268页。

④ 伊懋可（Elvin），《中国的女性美德与国家》，119—120页。

⑤ 《明律集解附例》，6：20b、21a页；《大清律例》，10：221页（条例第396条）。还可见瞿同祖，《传统中国法律与社会》，97页。

受。然而,守节的普及及对改嫁的谴责,在元代以后却更为强烈。

特别是,以后的朝代吸取了元朝立法的最重要部分,即限制妇女的财产权并鼓励寡妇守节。政府对寡妇守节的奖励得以延续,并因差役豁免与其他特权而得到加强。元朝对寡妇守节的起初定义被明清法律所复制①。最为重要的是,1303年阻止寡妇持有嫁妆的法律在此后前近代中国的所有法典一直延续下来。明清法典均吸收了元朝法典的相关语言,宣称:

> 其改嫁者,夫家财产及原有妆奁,并听前夫之家为主。②

明清的书面裁决显示,这一条例在司法判决中是适用的。清代早期的一个案例中,一位寡妇携带财产改嫁。随后她遭到丈夫侄子的起诉,后者在叔父唯一的儿子死后成为其继承人。法庭裁决寡妇必须将其14亩田产及含有两间房屋的住宅交给这位侄子,即她的财产现在已属于前夫的财产。③在20世纪,法庭继续维护这一条例。1918年一项最高法院裁决否决了妻子对其个人财产的支配。④

尽管如此,法律的变化并不必然导致习惯的改变。宋代及其以前的惯例继续保持了相当大的影响力。明清法典不再含有妻子财产排除于分家之外的条款。但20世纪早期中国北方的调查数据显示,农妇所拥有的土地正式排除于分家之外,滋贺秀三甚至认为这是通行做法,以至于不需要载于法典中。⑤至于寡妇,无论是中国还是日本调查团在中国北方还是南方与农民的访谈,均显示出习惯有很大差异,而且与书面法律明显不同。即使在地区内,差异也大量存在。在某些实例中,寡妇总是能带走她们的嫁妆(浙江与黑龙江),而在另外一些实例中,她们只能在夫家亲属同意下保有嫁妆(又是黑龙江)。在其他一些实例中,调查对象声称妇女不能带走她

---

① 《明会典》,79:457页;范德,《朱元璋与早期明朝立法:蒙古统治时代后中国社会的重整》(莱顿:E. J. Brill, 1995),161页;伊懋可,《中国的女性美德与国家》,123—124页。

② 《明会典》,19:130页;《大清律例》,8:195页(条例第318条)。还可见滋贺秀三,《中国家族法的原理》,332页;范德,《朱元璋与早期明朝立法:蒙古统治时代后中国社会的重整》,161页;黄伯禄,《中国人的婚姻与法律观点》,160、165页;瞿同祖,《传统中国法律与社会》,104页。

③ 滋贺秀三,《中国家族法的原理》,422—423页。译者按,原作"40亩",误。

④ 瞿同祖,《传统中国法律与社会》,104页。

⑤ 滋贺秀三,《中国家族法的原理》,513页;柳田节子,《元代女子的财产继承》,265页。调查是在19世纪30年代于河北与山东进行的。

们的嫁妆，正如法律所写得那样（江苏）。① 在 20 世纪的台湾，孔迈隆（Myron Cohen）发现寡妇可以持有嫁妆，甚至可以带走丈夫的财产改嫁。② 戴炎辉声称关于嫁妆的法律从未得到维护，在清代晚期条例不得不做出修改。③ 其他作者强调妻子没有支配财产，甚至是嫁妆，而这在 20 世纪的法庭裁决中得到维持。④

滋贺秀三，虽然指出妇女缺少法律保护，但认定中华帝国晚期实际上没有支配妻子与寡妇财产的一成不变的规定，有不同则是正常现象。确实，元代法律的变化看起来已将其置于同传统习惯相矛盾的境地，留给接下来数个世纪形形色色的法律与法律之外的解决方案。

第六节　结论

当 13 世纪蒙古人完成侵占北中国接着完成侵占南中国时，他们带来了社会控制与王朝管理的新概念，以及一种与汉人婚姻财产制度迥然不同的管理方式。尽管汉人法律与习惯声称鼓励父系原则，但直到蒙古人引进草原法与习惯，汉人婚姻与财产法才变成明确的父系制度。

元朝法律将继承与父系传承联系在一起，远远超出传统汉人法律所做的。元朝政府的军户制度及其对男性所提供的劳役的使用，赋予男性比女性更多的特权，而且在相当大程度上将女儿从财产继承人的行列中排除。

---

① 滋贺秀三，《中国家族法的原理》，528—529 页与 546—547 页。有可能是，对嫁妆的支配部分取决于其形式如何。华若璧（Rubie Watson）已发现，在香港，以珠宝为形式的嫁妆由妇女持有，而工作所得或其他形式的财产则不然。《中华民国时期的妇女财产：权利与实践》，《中华民国》，第 10 号（1984）：1—2。

② 孔迈隆（Myron Cohen），《合家与分家：台湾的中国家庭》，186 页。还可见葛伯纳与葛瑞黛（Bernard and Rita Gallin），《转变中的台湾农村的中国联合家庭》，见 S. L. Greenblatt, R. W. Wilson 与 A. A. Wilson 编，《中国社会的社会互动》（纽约：帕加蒙出版公司，1982）。孔迈隆争辩说，含嫁妆在内的婚姻单位（房或 fo，财产）的财产，可以看作丈夫与妻子联合拥有；因此，当一方去世时，另一方会支配所有财产。这是真实的，即使分家前妻子已经完全支配了她的 sekoi（私房钱、嫁妆）。

③ 戴炎辉，《传统中国法律的离婚》，105 页与注 175。（戴炎辉引用了台湾的证据，从中我们看到法律并未得到加强）。我没能发现法律发生变化的证据，而且这一规定在 1877 年清律最后一个版本中被重申；哲美森（George Jamieson），《中国家族与商法》（上海：别发洋行 Kelly and Walsh Ltd.，1921），14 页。

④ 瞿同祖，《传统中国法律与社会》，104 页。还见费孝通，《中国农民的生活》。

草原制度强调控制人而非控制土地,这有助于产生基于以下方面的税收与财政政策,即最大限度地重视家户并防止家族传承断绝。与宋代女儿形成鲜明对比的是,元朝法律下没有兄弟的女儿,只能通过招纳赘婿,延续父系传承并承担其赋役,才有指望实际上继承父亲财产。结果是财产流动从妇女转向男性,而这恰好支持了儒学的父系立场。

赋予丈夫家族特权的婚姻法变革同样来自蒙古人收继婚的引进。汉人对收继婚习俗感到震惊,因为根据汉人法律这相当于乱伦。尽管如此,随着时间的流逝,各种收入群体的汉人发现了收继婚的魅力之处。收继婚剥夺了妻子及娘家的权利,但支持丈夫与夫家。特别是,收继婚将寡妇的财产、劳动力及其本人留在夫家,而且省去了夫家年轻孩子的聘财支出。13世纪的许多汉人男性及其父母企图贯彻收继婚,而寡妇及其父母则诉诸法律阻止他们这样做。

起初,蒙元政权宣布汉人收继不合法,并维持对汉人与非汉人分别立法。然后在1271年,忽必烈下令所有人实行收继婚:汉人与蒙古人一样。这一转变看起来吸引了许多人,但收继婚与汉人婚姻法律之间的矛盾很快使得放弃这一揽子政策成为必要。13世纪70年代以后,针对收继婚规定了许多例外情形(如收继人已婚、未成年等),而寡妇守节成为逃避收继婚的一种手段。收继婚在汉人中间继续实行到1330年,然而,如果有合格的收继人时,寡妇将被迫嫁给他或留在夫家守节。她不能再归宗且改嫁外姓。

这些事件使得婚姻与财产制度发生变化成为可能,而直到那时这一制度还主导着中国社会。已婚妇女与财产的关系产生了巨变。14世纪早期新出台的法律剥夺了妇女的财产权与改嫁自由。如果妇女希望在守寡或离婚后改嫁的话,她必须把她的嫁妆留给夫家亲属,而不论嫁妆是不动产还是动产。根据法律规定,寡妇改嫁需要征得夫家亲属的同意,而且由夫家亲属,而非寡妇及其娘家,获得聘财。1313年,一项新规定将妇女排斥于法庭之外,由此将会削弱她们保护自身所留权利的能力。

14世纪最初几十年的这些法律变化,使其与朱熹学派的理想发生接轨。宋末,黄榦号召寡妇:抵制改嫁并守节;继续留在亡夫家生活以侍奉公婆,不得归宗;放弃对财产的个人控制并与夫家亲属分享。到1320年,仅仅在黄榦去世后一百年后,新出台的法律即支持上述所有三项规则。法律明确强制遵守后两项规则，即禁止守寡妇女归宗或结束婚姻时带走嫁妆，而且法律还通过奖惩措施推广第一项规则。

新立法甚至超越了黄榦的理念。即使妇女归宗或改嫁，黄榦也从未提出强迫妇女舍弃其财产。与他同时代的其他汉人一样，黄榦仍然认为妇女与其个人嫁妆间的纽带牢不可破。与婚姻财产关系新形式的遭遇，打破了妇女及其财产间这种合法的感情上的联系，并且将妻子财产及其个人置于夫家亲属的有效控制之下。

正如笔者所展现的对寡妇归宗态度的变化那样，趋向于考量儒学思想的这一转变，表明以前的中国传统被打破。在13世纪早期，寡妇应当留在夫家的观念，对汉人而言是非常陌生的，而且被与汉人所认为的野蛮而乱伦的收继婚俗联系起来。当时的评论家，将寡妇留在夫家并以收继婚的形式再嫁的蒙古习俗同寡妇归宗并改嫁他姓的汉族习俗加以对比。但到14世纪早期，政府中的汉人与蒙古人都同意制定法律阻止寡妇归宗。凭借汉人寡妇归宗与蒙古寡妇不归宗而形成汉人与蒙古人习俗的并存状态已经消失了。然而，寡妇与夫家亲属住在一起关系并非不紧张。当收继婚仍然合法时，寡妇很容易被夫家亲属所强暴，而在收继婚被宣布非法之前及其后，由于夫家亲属可通过改嫁获得如此众多的经济利益，寡妇常常被迫屈从于被强制的改嫁。

所有这些发展为支持寡妇守节的新的法律与社会制裁提供了动力。直到1330年，有关收继婚的法律排除了有小叔子的妇女改嫁外姓的可能性，守节成为妇女抵制收继婚的唯一选择。守节也成为妇女保留对个人及丈夫财产进行控制的唯一途径。在汉人中间，守节突然获得了实践同时也是纯道德上的吸引力，蒙古人对寡妇改嫁外姓的厌恶感在中国流行文化中扎下了根。以后的朝代，对守节的欢迎与对改嫁外姓的谴责依然存在，甚至促成这一发展的收继婚俗在汉人中间被严厉禁止时也是如此。至于继承法，在蒙古人统治后的几个世纪里，中国政府吸收了新的元朝婚姻法，同时宣称这代表了汉人儒学实践的悠久传统。

结论：两性，蒙古人与儒家理想

在任何社会，两性结构都是与其他历史发展有着紧密联系的一个连续进程，这些历史发展出现在诸如社会、政府以及对外关系等各个方面。宋代与元代中国妇女与财产的事例，为这种联系提供了一个突出样板。蒙古入侵以及宋元时代长期的历史演变,使中国产生了一系列新型的财产与两性关系,这些关系更接近于宋代道学家们所规范的父权理想。

正如我们从儒家经典、法典以及男性祖先崇拜之类普遍做法所看到的那样,父权主义自古以来就是中国社会的组成部分。不过,在中国,父权主义的制度化进程从未完成,尤其是儒家理想、国家法律与社会实践之间存在严重紧张关系的财产关系领域。

正式的法律与儒家言论均将财产权的转移与父系及其祖先祭祀联系起来。至少从汉朝开始,有鉴于当时的普遍做法主张家族中每一位子嗣会产生一个男性后裔世系,而这些男性后裔均可将祖先祭祀传之永久,主张继承方面一脉单传的儒家形式主义规定就已经被重新诠释。户主名义下共同拥有的家产,在父母去世时,被平均分配给诸子,以使每一位子嗣组建一个新户与一个世系传承。为了分享分家的权益,儿子必须留在家中(这与儒家经典所描绘的传承体系恰好相反)。于是儿子留在家中,女儿却嫁了出去,由此产生了一个更为强化父权与父系社会结构的体系。几个世纪后,大唐法典在有关继承规定的首章中,明确规定了"诸子承分"的原则,这一原则一直保留到今天。

在这一正式的继承设计中,女儿被排除在外,这基于思想与实践两方面的原因:(1)她们不能祭拜先人,由此也不会列于世系传承中。而且,(2)她们通常会在结婚时离家,所以分家时并不在家。不过,作为父权原则的一个显著例外,女儿通常会得到数目不菲的家产作为嫁妆。

嫁妆习俗代表的是一种补充性财产制度,这种制度与父系、男性财产制度一同贯穿于中国的历史长河。中国所有时期的法典与书面资料中的儒家理想主义言辞,模糊了这一财产制度的程度与意义。正如前面介绍中所讨论的,用于女性财产方面的词汇让人联想起个人打扮所用的化妆品,而且被与女性闺房联系起来。实际上,以嫁妆为形式的财产,可以包括任何一种传给男性的财产,而且相对于丈夫或兄弟最终通过分家而得的财产而言,嫁妆可以占其中相当大的价值。

虽然唐代法典将女儿从"均分"的约定中排除在外,但将家产以嫁妆的形式传给女儿,从理论上讲,类似于将家产以分家的形式传给儿子。分家前的嫁妆授予是与同居期间分家的规定相一致的,而且使嫁妆看起来更像是生前参与分家的一种替代品。当分家在一个女儿结婚前发生时,只要她仍留在家中,她就会参与分家并得到一定数量的财产。唐宋文献揭示出这一前景,即儿女们常常通过抽签的方式参与分家。此外,在宋代,我们发现女儿会为了分家的合理份额而起诉她们的兄弟与其他亲属。当没有子嗣继承财产时,宋代及其以前的女儿按惯例会获得父母的全部财产。传统经典强调父系方面的祭祀义务,当一对夫妇没有继承人时,提倡同族男性亲属应当比女儿更有资格继承其财产。不过,同这些儒家经典原则相背离的是,元代以前的女儿,比血统更远的同族男性亲属,甚至是父亲的兄弟或侄子,更有资格继承父母的财产。① 父系原则、祭祀活动与财产之间的联系充其量也总是很脆弱;而且在宋代及其以前大部分中国人的观念中,将财产以分家的形式传给儿子和以嫁妆的形式传给女儿,其区别可能更多的是其数量而非性质。

在宋朝,女性财产继承权与儒家父系理想的对立达到顶点。当经济与社会发生剧烈变革,出现了更多依靠财力、姻亲与个人成就来保持地位的新的精英的时候,嫁妆发挥了新的重要作用而且达到史无前例的程度。最为引人注目的是,唐代法典通过兄弟均分,将财产限定在男性血统中的表达被重新诠释,以为将财产转移给女性提供合法依据。术语"均分"变成"公平分配"之意,而且被适用于政府牵涉其中的分家诉讼中的女儿。在宋代早期,一种给予女儿以儿子一半份额的经验做法开始出现,而在13世纪,这种做法已被成文法明确规定。与此相似,法官将"子承父分"的规定适用于女儿,以至于当一个联合家庭的男性在没有子嗣的情况下去世时,共同财产中属于他的部分首次被要求成为女儿分家时应得的份额,而不是传给这位男性的兄弟。为了取得收入,宋朝政府开始主张户绝(没有子嗣)财产的份额②,但是女儿一直比父系亲属更为走运,而且13世纪以来的案例显示,法官们并不太愿意依法将这些财产全部充公。

财产也在其他方面超越了父系传承。自宋朝早期开始,宋朝法律就剥夺了非同居男性亲属在无子女的夫妇去世时曾一度拥有的财产权利,并把

---

① 值得一提的是,同中国类似,英格兰历史上也发生过女儿在没有儿子时的继承,但是许多欧洲制度以牺牲女儿为代价,给予血统较远的男性亲属以优先权。埃里克森(Erickson),《现在英格兰早期的妇女与财产》,26—27页。

② 有关这一点,宋朝法律没有把儿子继承与女儿继承区别开来。宋朝政府从未试图对儿子继承提出权力要求。

这些财产授予包括女性亲属、妻子前夫之子，甚至是无亲属关系的同居者等不同群体。就这点而言，它反映出对那些抚养"年老孤独"的人的普遍关注，而没有考虑其与父系传承的联系。宋朝法律没有把财产与男性祭祀的父系传承紧密联系起来，同唐代法典相比，这显示出其对祖先祭祀与父系之类儒家经典原则不同寻常的漠视。

父权制家庭中已婚女性的财产待遇也与儒家理想截然相反，这在宋代更为强烈。尽管联合家庭中的男性不能正式拥有私人财产，但嫁给他们的妻子却可以。因为根据继承法则，女性结婚时的私人财产代表的是另外一种女性财产制度，这种制度从侧面对男性的共有财产制度起作用，而且对男女双方而言都十分重要。唐代法典提供了这种另外的女性财产制度的法律基础，在紧接着"兄弟均分"的规定后，唐代法典规定"妻家所得之财不在分限"。这将女性财产有效地置于家长控制之外而且削弱了共同财产的理念。妻子的嫁妆资产构成一种夫妻可以一起主动使用的自由资本，而从宋代来看，此类资金确实经常被用于商业投机、放高利贷或其他形式的个人收益。女性财产代表了父权制家族中的一块自由飞地，而且有可能是容许其他令人窒息的父系体制得以持续数世纪之久的非常安全的阀门。由此，宋代以后嫁妆所有权的式微代表了与女性一样的男性个人权利的衰落。将财产更严格地置于父系与父权控制之下，无论是在家长还是在宋代中叶的族长的控制之下，也限制了与女性一样的男性的权利。

甚至是分家后丈夫成为新的户主，嫁妆资产也不同于丈夫的财产。嫁妆资产包括几块土地，这是婚姻谈判的组成部分。嫁妆资产的详细清单及其在婚礼期间与之前的展示，不仅可以增强新娘及其娘家的地位与声望，而且有助于认定其为新娘在婚姻家庭中的私人财产。甚至在妻子去世后，那些极力贬低嫁妆的非常语汇，也将嫁妆与丈夫的财产区分开来，并确保嫁妆的特殊待遇。最为重要的是，如果遇到守寡或是离婚之类婚姻关系消失的情况，女性可以带走她的嫁妆（不论是不动产还是动产）。女性与其嫁妆间的紧密联系，超越了婚姻关系。因此，正如我们在第二章所见，妻子是如何带走财产再嫁乃至三嫁，而前夫又是如何要求收回妻子的遗体以求获得其财产的。

这样一种体制使得寡妇改嫁极具诱惑力。寡妇中的上层可以携带大量资产归宗并改嫁。寡妇通常回到父母身边，由父母安排改嫁（经常很快）。

如果父母已经过世，则寡妇本人可以选择新夫。然而，这一自由会被寡妇没有家人保护这一弱点所抵消。

寡妇归宗习俗在汉人中如此根深蒂固，以至于我们把其列为汉人种族的一种标志，这与女真人与蒙古人形成鲜明对比。12世纪的一位中国评论家与13世纪忽必烈的一位汉人谋士，均把寡妇留在夫家的习俗与收继婚俗支配下的非汉人习俗联系起来。甚至是宋代与元代早期理想化文本所表彰的汉族守节妇女，通常也是待在娘家守节。习俗、看法以及支持二者的法律，在元代均发生了变化。

选择守节的寡妇有着某种经济权利，这一点为宋朝法律所支持，而且通过这种被加以限制的途径，宋朝法律鼓励寡妇守节。小家庭中的寡妇，如果公婆已不在世，可以像对自己的财产一样合法控制丈夫的财产。宋代史料记载了寡妇（与有时没有守寡的妻子）收回耕地、收取租金、雇佣工人、建设堤坝、施舍寺观，以及捐助大量金钱用于社会救济。支持寡妇的立法意图本来是为其第一任丈夫的子女或为后夫所收养的嗣子保全财产。宋朝法律禁止寡妇变卖丈夫的财产或者将其带走再嫁。无论如何，宋朝法律公开遭到了滥用，寡妇常常将准丈夫引进家门，他们虽然不是合法夫妻，却可以共同分享家庭财富。寡妇出卖土地也是习以为常的事，甚至是成年诸子本人买卖财产时，也需征得她们的同意。宋朝法律与社会实践再一次赋予特定妇女以相当多的财产权，这常常牺牲了第一任丈夫亲属的权益。

儒家父系理想与宋朝法律之间的对立并非没有受到关注。在他们以复古名义的社会变革运动中，道学家试图将财产与父系及其亲属的礼仪再次联系起来。通过这种努力，他们准备废除长期以来确立的习俗，而他们的建议在许多方面与宋朝法律及习惯相悖。即使是最激进的道学鼓吹者也没有将嫁妆一并反对，不过他们发觉数量庞大的财产落入女性手中是不可接受的。对他们而言尤其应受谴责的是由绝户的女儿继承家族财产，而由于没有男性继承人所造成的仪式上的父系传承中断却被千方百计地回避。因此，对那些拒绝此类继承，而是为父母立嗣以继承财产、延续户名的女性，朱熹提出了表彰。这样的著作为父系亲属经常干预身后立嗣并剥夺女儿的财产继承权提供了依据。与道学理想相反，宋朝法律的回应是，在细则中将财产在亲生女儿与身后过继的嗣子之间进行分割，并给予女儿相当大的份额。

妇女婚姻中的个人财产也违反了道学原则。个人财产，无论是由男性还是女性所支配，都对父系家长的权力基础造成破坏，使得共同意识丧失。他们争辩说，个人财产会破坏兄弟间的亲密无间，并较早导致家庭分裂。妻子的个人财产会颠覆两性与代际体系（generational hierarchies）。于是，由道学家等撰写的女性墓志铭开始逐渐经常性地记载南宋妻子将嫁妆捐给夫家的事例。将此类慷慨作为一种特殊品德加以颂扬，这一事实本身即表明，这绝非典型的做法，妇女仍然有权不放弃她们的财产。不过，尽管如此，这些碑铭仍有助于逐渐改变人们的观念，使得妇女个人财产及其支配变得不可接受。

与此同时，道学将"内部"与"外部"的积极分离赋予了妇女繁重的家庭义务。为了将丈夫从日常烦恼中解脱出来，让其从事"外部"事务（包括学业与个人修养），承揽几乎全部家庭职责成为妇女的义务。其结果使得妇女在家中的重要性加强，甚至从道义上把家庭事务置于比男性非家庭领域更低的地位时，也是如此。年长的妻子占据了家庭女性首领的位置，而这可以承担精英家族人力与物力资源的相当大权力。纺织衣物与准备食物，对贫穷与富裕的妇女而言，同样是显而易见的任务，被称为"女工"。然而在大家庭中，家庭的女性首领会有重要的经营管理职责，包括管理仆人，安排葬礼，用公共资金提供补贴，或是登记收支情况。母亲经常是安排子女婚嫁的一方。如果是寡妇，我们发现道学家们会推崇那些租用农田、督促工人与买卖土地的妻子们。所谓家庭职责可以延伸到社区，正如我们所见到的那些在公共建设与赈灾中的模范女性（从一个事例中，我们获知一位聪明的母亲是如何通过打开家族仓库，以低价出卖大米，来防止农民骚乱的）。道学拥护者如真德秀，对那些有"力量"与"智慧"采取各种此类行动的女性倍加赞美。

寡妇在维持家庭与父系传承方面发挥了至关重要的作用，从道义上她们有责任对夫家忠贞不贰。男人死后，他的遗孀必须为永恒的父系链条提供缺失的环节。一位战胜逆境并将子嗣抚养成人的妇女，能够将父系传承从湮没中拯救出来。因此，朱熹学派及后来的儒学理想化地描述了使家庭摆脱贫穷，以男性后裔重建家系的坚强、勤奋的寡妇形象。他们认为，寡妇改嫁破坏了父系传承，并且会威胁到家庭与宇宙的道德秩序。

第四章　元代婚姻与财产法律的转变

　　道学家庭与社会的视野，没有为婚姻中数量庞大的嫁妆、个人财产或寡妇改嫁留下空间。不过，尽管如此，朱熹及其所处时代的其他人似乎将所有这些视为理所当然。他们在说教性文献中向那些有志之人清晰地阐明理想，但在其他作品中，他们又接受周围人的习惯性解决方法。法官尽管反对改嫁，但支持鼓励改嫁的财产法并保护寡妇改嫁的权利。即使是朱熹也承认有时寡妇改嫁是不可避免的，而且他也接受在婚期间作为礼物的嫁妆资产及其特殊的法律待遇。然而，在朱熹以后的追随者中间，态度开始变得强硬起来。

　　朱熹的弟子与女婿黄榦（1152—1221）直截了当地对妇女的财产权及寡妇改嫁的意愿进行攻击。在他的司法裁定中，黄榦置已有的习惯于不顾，宣称他想要移风易俗以使其更符合道学理想。作为地方官，他下令妻子与夫家亲属分享其嫁妆财产，并允许家长支配其奁田。他号召寡妇为了孩子维护自己及丈夫的财产，并强迫寡妇留在夫家生活，而不是归宗。这一理念与汉族寡妇业已习惯的自主权发生抵触，不过，黄榦虽然要求寡妇守节，但他的确允许没有孩子的寡妇可以改嫁，而且可以带走嫁妆财产。黄榦要求妇女为夫家及子孙表现出更多奉献精神，不过他不支持彻底打破妇女及其嫁妆间的联系纽带。尽管他雄心勃勃地立志改革，但黄榦并未宣扬将妇女与财产分离，即使妇女死后也是如此。而且，他接受寡妇与离婚者某种程度上的个人自主权。①

　　黄榦死后一个多世纪以来，他的学说向北传播，并最终在元朝皇家宫廷的汉人与蒙古儒士中间站稳脚跟。正当元朝统治者于1313年基于朱熹注解的简易形式恢复科举考试的时候，有关婚姻与财产新法律在14世纪早期开始实施，这些新法律支持黄榦的所有理念，某些方面甚至有过之而无不及。道学派意图产生维护父系的社会结构，而元朝政府实施的新法律有助于其实现。我认为，如果没有13—14世纪早期汉文化与蒙古文化的碰撞，从而导致打破种族差异观念并产生两性关系的转移，这是不可能发生的。

　　蒙古对中原的占领瓦解了在中国实施达数个世纪的两性财产制度。直到此时，支配财产关系的基本假定才被搅乱，很早即确立的司法判例也被

————————
① 在一个有趣的案子中，一名男子试图取回前妻的尸体以谋求其嫁妆。不是别人，正是黄榦裁决妇女的尸体及其财产属于她三次婚姻破裂后已经逃离的家庭。

推翻。继承惯例、在婚期间的个人财产制度,以及寡妇的权利,都在儒家父系理念的指导下发生质的转变。这种发生经历了两个互补的步骤。首先,蒙古对传统汉人法律与习惯的挑战,为朝廷的道学追随者们推动其激进议题开启了机遇。其次,蒙古政府的兴趣恰好与父系原则的特定方面相一致。

草原游牧民——蒙古人的婚姻与财产关系,在许多方面与汉族的概念相对立,类似古迪(Goody)所描绘的生产与再生产的非洲模式,而非中国的欧亚系统。非洲模式的特点是,财产很少经由妇女转移,妇女更彻底地融入了丈夫家族。收继婚则阻止了妇女返回娘家。至于内亚游牧民族,对妇女而言,回到娘家常常是不可能的,因为其娘家有可能在遥远的草原一处不为人知的地方。蒙古人的统治与课税观念也是非常与众不同的。蒙古人看重的是控制人而不是土地,他们的税收体制即反映了这一点。他们创设了世袭军户及其他世袭的职业户计,非常依赖男性提供的劳役,而且倾向于按户而不是土地征收赋税。面临草原社会时出现对妇女财产权与个人自主权的挑战,绝非偶然。

第一,蒙古法将财产归于父系传承,远甚于宋及其以前的汉族法律所做的那样。父母仍可给女儿嫁妆,但父母在无子的情况下去世时,他们的财产将不再自动传给女儿并带入其婚姻。反之,女儿只有当招赘时才能对财产提出要求,由此她可以保持父亲的家户为一可行的经济单位,以完成父亲的赋役。至于军户,财产继承直接与兵役继承联系在一起。妇女从这些户的继承中被排除在外,因为她们无法承担父亲的兵役。此类习惯也影响到民户。元及以后的王朝中,没有任何"一半继承权"规定的记载,我们不会再发现此前几个世纪中国所特有的女儿同儿子之间在继承方面本质上的相似。继承更被看作依性别归类的术语。促成这些变化的是蒙古政府对保持可纳税户计与世袭军人数量的关注,而非对维持父系祖先祭祀的关注。可结果却出人意料,变成同儒家理念一致的对父系继承的实质支持。

第二,已婚妇女同其嫁妆之间的纽带被打破。在宋代及其以前,我们可以看到妇女如何携带嫁妆再婚与三婚,甚至在丈夫死后如何把嫁妆单纯看作妇女个人的收益。与此相反,蒙古新娘只带很少嫁妆或者没有嫁妆,但却从夫家获得个人财产。收继婚习惯将寡妇个人及其财产留在夫家,保护了夫家适当的财产,从而避免其陷入相当大的困境。1303 年,收继婚在中国南方实施了刚刚 30 年后,元朝政府下令妇女不再可以携带嫁妆走出婚姻,不管她是守寡还是离婚,而是必须留下所有财产给"前夫之家"。由一位蒙古官员提议的此项决定,是为了回应那些因寡妇或离婚者离开时带走嫁妆而造成贫困的家庭的抱怨。同样的调子在 1299 年就已听到了,当时一位汉人官员抱怨说,当广东之类边远地区的官员去世时,他们的妻妾迅速带走家庭所有财产(她们自己及其丈夫的)改嫁。元朝政府颁布一项法律,禁止广东地区官员的妻妾改嫁,法律要求地方官府用官费将她们送回前夫之家。这些裁决显示出所关注的问题已发生了深刻转变,从我们在宋代看到的精英妇女被剥夺财产、沦为从属地位的问题,转向男性所属家庭在经济上遭受妇女操控的新问题。① 嫁妆属于妇女,在婚期间、走出婚姻乃至死亡一直保有嫁妆的观念将一去不返。元朝的新法律,将妇女财产的支配权从妇女及其娘家转到首任丈夫及其家族手中,这一规定被以后的王朝所采纳。

对财政自主权的此类限制,对宋及其以前的精英妇女而言是闻所未闻的,她们总是终生保有自己的嫁妆。毫不奇怪,一旦嫁妆对妇女本身没有太多好处,甚至妇女本人归宗时也无法返还娘家,其规模与质量就会大打折扣。宋以后的嫁妆再未达到相同的规模,中国各地区的女儿也几乎再未得到过土地。这进一步促成了减少女儿继承、使财产在男性传承的继承制度。

第三,妇女个人的支配权也从本人及其娘家手中被剥夺,转给其丈夫及公婆。此外,在南方遭遇收继婚一代多的时间(30 多年),北方部分地区遭遇收继婚 200 多年后,传统汉族的个人自主权观念逐渐丧失。宋朝妇女守寡或离婚后归宗,以及由本人或父母做主改嫁的习俗,在许多收继婚案件中被宣布为非法,因为忽必烈在 1271 年末已将收继婚适用于所有汉

---

① 法律语言的这一变化,与各种笔记及其他史料谈到的转变相类似。失去父母的精英家庭的女儿沦落为妾,因没有嫁妆而生活困苦。此类流行于宋代的主题,已被我们常见的对妇女操控太多财产的批评所取代。有关前者随意选取的例子,见《夷坚志》乙集, 20: 360—361 页;《东轩笔录》, 12: 90—91 页。有关后者的一个突出例子,见孔齐《至正直记》(上海古籍出版社 1987 年版)及史乐民(Paul Smith),《混乱时代对妇女当政的恐惧:孔齐所反映的蒙古治下中国南方的生活》,《东方经济与社会史杂志》, 41: 1 (1998): 1—95。赘婿婚的流行,正如我已经显示的,受到了元朝法律的鼓励,或许也有助于这一讨论。

人。忽必烈的诏令允许任何合格的收继人可以强迫寡妇与其结婚（在某些案件中，甚至不顾第一位丈夫父母的反对）。这样的收继人几乎可以是任何一位比丈夫年轻的亲属，包括远方堂兄弟在内。起初，收继婚居于所有其他婚姻法之上，包括诸如传统汉族有妻更娶妻或未成年结婚的禁令。此类收继婚的全面实施反映了蒙古人的婚姻习俗。不过，这样的实施使婚姻法陷入混乱，并造成一大堆由汉人妇女及其娘家亲属提出的诉讼，他们反对为妇女自主权设定这些新的严格限制。收继婚法律没有被废除，不过从13世纪70年代末以后，对被强迫的收继婚而言，守节成为一个合法的出路。寡妇可以选择守节，而不是嫁给收继人，不过她仍必须留在首任丈夫家中。只有家中无收继人的寡妇才能像以前那样归宗并改嫁。通过这种形式，收继婚在汉人中间一直实行到1330年。在这一段时期内，只要有合格的收继人存在，寡妇就被禁止归宗并改嫁。

1309年，当局采取了进一步的建设性步骤，如果寡妇确实改嫁的话（没有收继人），她必须征得夫家亲属的同意，而且夫家亲属将要占有所获取的任何聘财。这彻底根除了妇女及其父母对其改嫁的支配权，并将其移交给夫家亲属。妇女以前所借助的法律援助受到严格限制，1313年，妇女丧失了提起诉讼的权利。这一法令特别针对了寡妇，她们被指责提起诉讼是为了展现她们的魅力和吸引来新的丈夫。正如财产权的丧失一样，此类个人自主权的丧失对宋代及其以前的精英妇女而言也是不可想象的，不过与草原观念与习惯却完全一致。

第四，元朝政府为寡妇守节确立了新的前所未有的支持。除限制财产权与个人自主权以限制寡妇改嫁外，政府还采取明确具体的步骤鼓励寡妇守节。1304年，皇帝下令地方官员提供谷物以帮助扶持贫穷的寡妇。同年晚些时候，礼部在中国历史上首次设定了节妇的官方定义，并确立了对此类寡妇的帝国认证与旌表体系。符合节妇的条件是，妇女必须在30岁以前就已守寡，当众宣誓守节，守节一直到50岁以上。

两项规定显示出新婚姻法所导致的某些紧张局面。下令地方官员扶植寡妇的圣旨也规定禁止寡妇改嫁，并净化符合节妇身份的人，以应付为寻求国家旌表而自称节妇的家庭层出不穷的申请。不过，尽管如此，明清王朝的政府，甚至当其严厉禁止收继婚时，也吸收了有关节妇的新条款与限制妇女财产权的法律，并支持对寡妇守节的崇尚风气。这种风气传播迅速，寡妇的这种行为很快被广泛接受为儒家道德的一种试金石。用一位当代学者的话来讲，就是女性贞洁成为"社区荣誉的一种象征"。①

这些发展中最值得注意的是其与宋代道学目标重合程度的大小。与蒙古宫廷中黄榦学说的影响相一致，新的元朝法律在相当程度上符合朱熹女婿黄榦更为激进的意见。朱熹等人想要减少妇女的继承及其出嫁时带走的个人财产。元朝法律接受了这一点，尽管当出现户绝时，元朝法律鼓励赘婿婚，而不是过继男性亲属。朱熹及其追随者们想要妇女将其嫁妆献给夫家，由此放弃携带嫁妆走出婚姻的权利。元朝法律禁止妇女走出婚姻时带走任何财产，由此打破了中国多个世纪以来妇女及其财产的联系纽带（就这点而言，甚至已经超越了黄榦的意见）。最后，黄榦要求强制妇女待在夫家守节，而元朝法律提出的一系列奖惩措施正是鼓励这样做。

礼部使用的措辞让人联想起上个世纪黄榦所说的话，表明政府知道这将会违背惯例。礼部在1304年旌表寡妇守节时，直接提到需要"激励薄俗，以敦风化"②。这些法律的目的在于阻止寡妇归宗，而当我们考虑到100年前此类行为会被视作区分汉族及其草原近邻的种族标志，这些法律就愈加显得引人注目。一度被视作非汉族群体的行为，此时却转而成为汉族儒家美德的典范。

可以预料到的是，新法律违背了几个世纪以来的传统习惯，人们并不必然会遵照法律而突然改变其行为。这或许可以解释帝国时代晚期妇女形式上的财产权与社会习惯的明显脱节，正如日本人的调查数据所显示的那样，调查所提供的表象是习惯存在着广泛差异，有时与成文法相符，有时与成文法冲突。扶持寡妇与忌讳改嫁的新体制也造成了家庭内部严重的紧张关系。如果寡妇本人不是家长的话，亲属会从其改嫁中获得经济利益。按照元朝的新法律，首任丈夫的亲属拥有她原来的嫁妆并可从新丈夫那里获取聘财。寡妇常常被迫改嫁，而如果她拒绝的话，就会受罪。对某些寡妇而言，自杀成为保持名声并逃避被迫改嫁的唯一出路。正如滋贺秀三已经注意到的，政府旌表与崇尚守节是计划用来保护选择待在夫家并从中享有经济利益的妇女。不过，虽然政府鼓励寡妇守节的本意是为了防止滥

---

① 曼素恩（Susan Mann），《清代中国血缘关系、阶级与群落结构中的寡妇》，《亚洲研究杂志》，46：1（1987年2月）：43。

② 《元典章》，33：1a页。

用，可它仅仅有利于帝国时期晚期使寡妇饱受怀疑、迷信甚至是致命暴力困扰的民俗的兴起。

元朝婚姻与财产法的变革对父系宗族的兴起起到了补充作用。众所周知，宋代建立公共族产的企图是不成功的，反而是姻亲在提供服务与机遇方面发挥了远为重要的作用，而这原本是宗族想要提供的。发生于元代的变化对从姻亲到男性血亲手中注入资源与权力产生了持久影响。这些变化也削弱了妇女与娘家的关系，加强了她们与婚姻家庭的联系。这些发展加强了宗族权威，而且同新的明朝法律结合在一起，为接下来几个世纪宗族发展为强有力的共同体做好了准备，这样的共同体在帝国晚期曾存在于整个南方。这导致由个体男性或女性所主导的资源支配与个人自主权的丧失，及宗族长者权威的增强。① 正如其在元代为婚姻财产法的转变所做的那样，在明代，道学思想为宗族的兴起与个人财产权的收缩提供了辩护。这些发展结合在一起，引起了持久的社会变革。

元朝肯定可以被视作中国历史上的一个重要转折点。元代的发展剥夺了妇女（最终是男性）的财产权、经济独立与个人自主权。中国社会向更广泛的父系制度所产生的转变，也是由于道学思想与宗族崛起的影响。不过，在许多方面，如果没有经历元朝所制定的新法律，没有认识到中国遭际蒙古统治所促成的所有变化，中国本土的发展是不可能产生作用的。许多中国人回顾过去，将中国看成是在向永恒的儒家价值观发展，实际上，这是外族占领与文化碰撞这一独特经历下的产物。

---

① 明代，曾受到妇女大量资助的南方佛教寺院，同样大量资产丧失给宗族组织，许多寺院遭到废弃。

结论　两性，蒙古人与儒家理想

在任何社会，两性结构都是与其它历史发展有着紧密联系的一个连续进程，这些历史发展会出现在诸如社会、政府以及对外关系等各个方面。宋元时代中国妇女与财产的事例，为这种联系提供了一个显著范例。蒙古入侵及宋元时代长期的历史演变，使中国产生了一系列新型的财产与两性关系，这些关系更趋近宋代道学家所规范的父权理想。

正如我们从儒家经典、法典以及男性祖先崇拜之类普遍作法所看到的那样，父权主义自古以来就是中国社会的组成部分。不过，在中国，父权主义的制度化进程从未完成，尤其是儒家理想、国家法律与社会实践之间存在严重紧张关系的财产关系领域。

正式的法律与儒家言论均将财产权的转移与父系及祖先祭祀联系起来。至少从汉朝开始，有鉴于当时的普遍作法均主张家族中每位子嗣会产生一个男性后裔世系，而这些男性后裔均可将祖先祭祀传之永久，主张继承方面一脉单传的儒家形式主义规定就已经被重新诠释。户主名义下共同拥有的家产，在父母去世时，被平均分配给诸子，以使每一位子嗣组建一个新户与一个新的世系传承。为了共享分家权益，儿子必须留在家中（这与儒家经典所描绘的传承体系恰好相反）。于是，儿子留在家中，女儿却被嫁了出去，由此产生了一个更为强化父权与父系社会结构的体系。几个世纪后，大唐法典在有关继承规定的首章中，明确规定了"诸子承分"的原则，这一原则一直保留到今天。

在这一正式的继承设计中，女儿被排除在外，这基于思想与习惯两方面的原因：（1）她们不能祭拜先人，由此也不会列于世系传承中。而且，（2）她们通常会在结婚时离家，所以分家时并没有留在家中。不过，作为父权原则的一个显著例外，女儿通常会得到数目不菲的家产作为嫁妆。

嫁妆习俗代表的是一种补充性的财产制度，这种制度与父系、男性财产制度一同贯穿于中国的历史长河。中国所有时期的法典与书面资料中的儒家理想主义言辞，均模糊了这一财产制度的程度与意义。正如前面介绍中所讨论的，用于女性财产方面的词汇让人联想起个人打扮所用的化妆品，而且被与女性闺房联系起来。实际上，以嫁妆为形式的财产，可以包括任何一种传给男性的财产，而且相对于丈夫或兄弟最终通过分家而得的财产而言，嫁妆可以占有其中相当大的比值。

虽然唐代法典将女儿从"均分"规定中排除在外，但将家产以嫁妆的形式传给女儿，从理论上讲，类似于将家产以分家的形式传给儿子。分家前的嫁妆授予是与同居期间分家的规定相一致的，而且使嫁妆看起来更像是生前参与分家的一种替代品。当分家在一个女儿结婚前发生时，只要她仍留在家中，她就会参与分家并得到一定数量的财产。唐宋文献揭示出这一前景，即儿女们常常会通过抽签方式参与分家。此外，在宋代，我们发现女儿会为了分家的合理份额起诉其兄弟与其他亲属。当没有子嗣继承财产时，宋代及其以前的女儿按惯例会获得父母的全部财产。传统经典强调父系方面的祭祀义务，当一对夫妇没有继承人时，提倡同族男性亲属应当比女儿更有资格继承财产。不过，同这些儒家经典原则相背离的是，元代以前的女儿，同血统更远的同族男性亲属，甚至是父亲的兄弟或侄子相比，会更有资格继承父母的财产。① 父系原则、祭祀活动与财产之间的联系充其量也总是很脆弱；而且在宋代及其以前大部分中国人的观念中，将财产以分家的形式传给儿子和以嫁妆的形式传给女儿，其区别可能更多的是数量而非性质。

在宋朝，女性财产继承权与儒家父系理想的对立达到顶点。当经济与社会发生剧烈变革，出现更多依靠财力、姻亲与个人成就来维系其地位的新精英的时候，嫁妆发挥了新的重要作用，而且达到史无前例的程度。最引人注目的是，唐代法典通过兄弟均分，将财产限定在男性血统中的表达被重新诠释，从而为财产转移给女性提供了合法依据。术语"均分"变成

---

① 值得一提的是，同中国类似，英格兰历史上也发生过女儿在没有儿子时的继承，但是许多欧洲制度以牺牲女儿为代价，给予血统较远的男性亲属以优先权。埃里克森（Erickson），《现在英格兰早期的妇女与财产》，26—7页。

"公平分配"之意，而且被适用于政府牵涉其中的分家诉讼中的女儿。在宋代早期，一种给予女儿相当于儿子一半份额的经验做法开始出现，而在十三世纪，这种做法已被成文法所明确规定。与此相似，法官将"子承父分"的规定适用于女儿，以至于当一个联合家庭的男性在绝嗣情况下去世时，共同财产中属于他的部分首次被要求为女儿分家时应得的份额，而不是传给这位男性的兄弟。为了取得收入，宋朝政府开始主张户绝（没有子嗣）财产的份额①，但女儿一直比父系亲属更为幸运，而且十三世纪以来的案例显示，法官们并不太愿意依法将这些财产全部充公。

财产也在其他方面超越了父系传承。从宋代早期开始，宋朝法律就剥夺了非同居男性亲属在无子女的夫妇去世时曾一度拥有的财产权利，并把这些财产授予包括女性亲属、妻子前夫之子甚至是无亲属关系的同居者等不同群体。就这点而言，它体现出对那些抚养"年老孤独"的人的普遍关注，而没有考虑其与父系传承的联系。宋朝法律没有把财产与男性祭祀的父系传承紧密联系起来，同唐代法典相比，这显示出其对祖先祭祀与父系之类儒家经典原则不同寻常的漠视。

父权制家庭中已婚女性的财产待遇也与儒家理想截然相反，这在宋代更为强烈。尽管联合家庭中的男性不能正式拥有私人财产，但嫁给他们的妻子却可以。因为根据继承法则，女性结婚时的私人财产代表的是另外一种女性财产制度，这种制度从侧面对男性的共有财产制度起作用，而且对男女双方而言都十分重要。唐代法典提供了这种另外的女性财产制度的法律基础，在紧接着"兄弟均分"的规定之后，唐代法典规定"妻家所得之财不在分限"。这将女性财产有效地置于家长控制之外而且削弱了共同财产的观念。妻子的嫁妆资产构成一种夫妻可以一同主动使用的自由资本，而从宋代来看，此类资金确实经常被用于商业投机、放高利贷或其他形式的个人收益。女性财产代表了父权制家族中的一块自由飞地，而且有可能是容许其他令人窒息的父系体制得以持续数世纪之久的非常安全的阀门。由此，宋代以后嫁妆所有权的萎缩代表了与女性一样的男性个人权利的衰退。将财产更严格地置于父系与父权控制之下，无论是在家长还是在宋代

---

① 有关这一点，宋朝法律没有把儿子继承与女儿继承区别开来。宋朝政府从未试图对儿子继承提出权力要求。

中叶的族长的控制之下，也限制了与女性一样的男性的权利。

甚至是分家后丈夫成为新的户主，嫁妆资产也不同于丈夫的财产。嫁妆资产包括几块土地，这是婚姻谈判的组成部分。嫁妆资产的详细清单及其在婚礼期间与之前的展示，不仅可以增强新娘及其娘家的地位与声望，而且有助于认定其为新娘在婚姻家庭中的私人财产。甚至在妻子去世后，那些极力贬低嫁妆的非常语汇，也将嫁妆与丈夫的财产区分开来，并确保嫁妆的特殊待遇。至关重要的是，如果遇到守寡或是离婚之类婚姻关系消失的情况，妇女可以带走她的嫁妆（不论是不动产还是动产）。女性与其嫁妆间的紧密联系，超越了婚姻关系。因此，正如我们在第二章所见，妻子是如何带走财产再嫁乃至三嫁，而前夫又是如何要求收回妻子的遗体以求获得其财产的。

这样一种体制使得寡妇改嫁极具诱惑力。寡妇中的上层可以携带大量资产归宗并改嫁。寡妇通常回到父母身边，由父母安排改嫁（经常很快）。如果父母已经过世，则寡妇本人可以选择新夫。然而，这一自由会被寡妇没有家人保护这一弱点所抵消。

寡妇归宗习俗在汉族人中如此根深蒂固，以至于我们可把其列为汉人种族的一种标志，这与女真人与蒙古人形成鲜明对比。12世纪的一位中国评论家与13世纪忽必烈的一位汉族谋士，均把寡妇留在夫家的习俗与收继婚俗支配下的非汉族习俗联系起来。甚至是宋代与元代早期理想化文本所表彰的汉族守节妇女，通常也是留在娘家守节。习俗、观点以及支持二者的法律，在元代均发生了变化。

选择守节的寡妇有着某种经济权利，这一点为宋朝法律所支持，而且通过这种被加以限制的途径，宋朝法律鼓励寡妇守节。小家庭中的寡妇，如果公婆已不在世，可以像对自己的财产一样合法控制丈夫的财产。宋代史料记载了寡妇（与有时没有守寡的妻子）收回耕地、收取租金、雇佣工人、建设堤坝、施舍寺观，以及捐助大量金钱用于社会救济。支持寡妇的立法意图本来是为其第一任丈夫的子女或为后夫所收养的嗣子保全财产。宋朝法律禁止寡妇变卖丈夫的财产或者将其带走再嫁。无论如何，宋朝法律公开遭到了滥用，寡妇常常将准丈夫引进家门，他们虽然不是合法夫妻，却可以共同分享家庭财富。寡妇出卖土地也是习以为常的事，甚至是成年诸子本人买卖财产时，也需要征得她们的同意。宋朝法律与社会实践

结论 两性，蒙古人与儒家理想

再一次赋予特定妇女以相当多的财产权利，这常常牺牲了第一任丈夫亲属的权益。

儒家父系理想与宋朝法律之间的对立并非没有受到关注。在他们以复古名义的社会变革运动中，道学家试图将财产与父系及其亲属的礼仪再次联系起来。通过这种努力，他们准备废除长期以来确立的习俗，而他们的建议在许多方面与宋朝法律及习惯相悖。即使是最激进的道学鼓吹者也没有将嫁妆一并反对，不过他们发觉数量庞大的财产落入妇女手中是不可接受的。对他们而言，尤其应受谴责的是由绝户的女儿继承家族财产，而因无男性继承人所造成的仪式上的父系传承中断却被千方百计地加以回避。因此，对那些拒绝此类继承，为父母立嗣以继承财产、延续户名的女性，朱熹提出了表彰。这样的著作为父系亲属经常干预身后立嗣并剥夺女儿的财产继承权提供了依据。与道学理想相反，宋朝法律的回应是，在细则中将财产在亲生女儿与身后过继的嗣子之间进行分割，并给予女儿相当大的份额。

妇女婚姻中的个人财产也违反了道学原则。个人财产，无论是由男性还是女性所支配，都对父系家长的权力基础造成破坏，使得共同意识丧失。他们争辩说，个人财产会破坏兄弟间的亲密无间，并较早导致家庭分裂。妻子的个人财产会颠覆两性与代际体系（generational hierarchies）。于是，由道学家等撰写的女性墓志铭开始逐渐经常性地记载南宋妻子将嫁妆捐给夫家的事例。将此类慷慨作为一种特殊品德加以颂扬，这一事实本身即表明，这绝非典型的作法，女性仍然有权不放弃她们的财产。不过，尽管如此，这些碑铭仍有助于逐渐改变人们的观念，使得女性个人财产及其支配变得不可接受。

与此同时，道学将"内部"与"外部"的积极分离赋予了妇女繁重的家庭义务。为了将丈夫从日常烦恼中解脱出来，让其从事"外部"事务（包括学业与个人修养），承揽几乎全部家庭职责成为妇女的义务。其结果使得女性在家庭中的重要性日益加强，甚至从道义上把家庭事务置于比男性非家庭领域更低的地位时，也是如此。年长的妻子占据了家庭女性首领的位置，而这可以承担精英家族人力与物力资源的相当大权力。纺织衣物与准备食物，对贫穷与富裕的妇女而言，同样是显而易见的任务，被称为"女工"。然而在大家庭中，家庭的女性首领会有重要的经营管理职责，包括管理仆人，安排葬礼，用公共资金提供补贴，或是登记收支情况。母亲经常是安排子女婚嫁的一方。如果是寡妇，我们发现道学家们会推崇那些租用农田、督促工人与买卖土地的妻子。所谓家庭职责可以延伸到社区，正如我们所见到的在公共建设与赈灾中的那些模范女性（从一个事例中，我们获知一位聪明的母亲是如何通过打开家族仓库，以低价出卖大米，来防止农民骚乱的）。道学拥护者如真德秀，对那些有"力量"与"智慧"采取各种此类行动的女性备加赞美。

寡妇在维系家庭与父系传承方面发挥了至关重要的作用，从道义上她们有责任对夫家忠贞不二。男人死后，他的遗孀必须为永恒的父系链条提供缺失的环节。一位战胜逆境并将子嗣抚养成人的妇女，能够将父系传承从湮没中拯救出来。因此，朱熹学派及后来的儒学，理想化地描述了使家庭摆脱贫穷并以男性后裔重建家系的坚强、勤奋的寡妇形象。他们认为，寡妇改嫁破坏了父系传承，而且会威胁到家庭与宇宙的道德秩序。

道学家庭与社会的视野，没有为婚姻中数量庞大的嫁妆、个人财产或寡妇改嫁留下空间。不过，尽管如此，朱熹及其所处时代的其他人似乎将所有这些视为理所当然。他们在说教性文献中向那些有志之人清晰地阐明理想，但在其它作品中，他们又接受周围人的习惯性解决方法。法官尽管反对改嫁，但支持鼓励改嫁的财产法并保护寡妇改嫁的权利。即使是朱熹也承认有时寡妇改嫁是不可避免的，而且他也接受在婚期间作为礼物的嫁妆资产及其特殊的法律待遇。然而，在朱熹以后的追随者中间，态度开始变得强硬起来。

朱熹的弟子与女婿黄榦（1152—1221）直截了当地对妇女财产权及寡妇改嫁的意愿进行了攻击。在其司法裁定中，黄榦置既有习惯于不顾，宣称他要移风易俗，以使其更符合道学理想。作为地方官，他下令妻子与夫家亲属共享其嫁妆财产，并允许家长支配其奁田。他号召寡妇为了孩子维护自己及丈夫的财产，并强迫寡妇留在夫家生活而不是归宗。这一理念与汉族寡妇早已习惯的自主权发生抵触。不过，黄榦虽然要求寡妇守节，但他的确允许没有孩子的寡妇可以改嫁，而且可以带走其嫁妆资产。黄榦要求妇女为夫家及子孙表现出更多奉献精神，不过他不支持彻底打破妇女及其嫁妆间的联系纽带。黄榦尽管雄心勃勃地立志改革，但他并未宣扬将妇女与财产分离，即使妇女死后也是如此。而且，他接受寡妇与离婚者某种程度上的个人自主权①。

黄榦死后一个多世纪以来,他的学说向北传播,并最终在元朝皇家宫廷的汉族与蒙古儒士中间站稳脚跟。正当元朝统治者于1313年基于朱熹注解的简易形式恢复科举考试的时候,有关婚姻与财产新法律在十四世纪早期开始实施。这些新法律支持黄榦的所有理念,某些方面甚至有过之而无不及。道学派意图产生维护父系的社会结构,而元朝政府实施的新法律有助于这一意图的实现。我认为,如果没有十三与十四世纪早期汉文化与蒙古文化的碰撞,从而导致打破种族差异观念并产生两性关系的转移,这是不可能发生的。

蒙古对中国的占领瓦解了在中国实施达数个世纪的两性财产制度。直到此时,支配财产关系的基本假定才被搅乱,很早即确立的司法判例也被推翻。继承惯例、在婚期间的个人财产制度,以及寡妇的权利,都在儒家父系理念的指导下发生质的转变。这种发生经历了两个互补的步骤。首先,蒙古对传统汉族法律与习惯的挑战,为朝廷的道学追随者们推动其激进议题开启了机遇。其次,蒙古政府的兴趣恰好与父系原则的特定方面相一致。

草原游牧民——蒙古人的婚姻与财产关系,在许多方面与汉族的概念相对立,类似古迪(Goody)所描绘的生产与再生产的非洲模式,而非中国的欧亚系统。非洲模式的特点是,财产很少经由妇女转移,妇女更彻底地融入了丈夫家族。收继婚则阻止了妇女返回娘家。至于内亚游牧民族,对妇女而言,回到娘家常常是不可能的,因为其娘家有可能在遥远的草原一处不为人知的地方。蒙古人的统治与课税观念也是非常与众不同的。蒙古人看重的是控制人口而不是土地,他们的税收体制即反映了这一点。他们创设了世袭军户及其它世袭的职业户计,非常依赖男性提供的劳役,而且倾向于按户而非土地征收赋税。当面对草原社会时,出现对妇女财产权与个人自主权的挑战,这绝非偶然。

首先,蒙古法将财产归于父系传承,远甚于宋及其以前的汉族法律所做的那样。父母仍可给女儿嫁妆,但父母在无子情况下去世时,他们的财

---

① 在一个有趣的案子中,一名男子试图取回前妻的尸体以谋求其嫁妆。不是别人,正是黄榦裁决妇女的尸体及其财产属于她三次婚姻破裂后已经逃离的家庭。

宋元时代中国的妇女、财产及儒学应对

产将不再自动传给女儿并带入其婚姻。反之,女儿只有当招赘时才能对财产提出要求,由此她可以保持父亲的家户为一可行的经济单位,以完成父亲的赋役。至于军户,财产继承直接与兵役继承联系在一起。妇女从这些户的继承中被排除在外,因为她们无法承担父亲的兵役。此类习惯也影响到民户。元及以后的王朝中,没有任何"一半继承权"规定的记载,我们不再会发现此前几个世纪中国所特有的女儿同儿子之间在继承方面本质上的相似。继承更被看作依性别归类的术语。促成这些变化的,是蒙古政府对保持可纳税户计与世袭军人数量的关注,而非对维系父系祖先祭祀的关注。可结果却出人意外,变成同儒家理念相一致的对父系继承的实质支持。

其次,已婚妇女同嫁妆之间的纽带被打破。在宋代及其以前,我们可以看到妇女如何携带嫁妆再婚与三婚,甚至在丈夫死后如何把嫁妆单纯看成妇女个人的收益。与此相反,蒙古新娘只带很少嫁妆或者没有嫁妆,但却从夫家获得个人财产。收继婚习惯将寡妇个人及其财产留在夫家,保护了夫家适当的财产,从而避免其陷入相当大的困境。1303 年,收继婚在中国南方实施了刚刚 30 年后,元朝政府即下令妇女不再可以携带嫁妆走出婚姻,不管她是守寡还是离婚,而是必须留下所有财产给"前夫之家"。由一位蒙古官员提议的此项决定,是为了回应那些因寡妇或离婚者离开时带走嫁妆而造成的贫困家庭的抱怨。同样的调子在 1299 年就已听到了,当时一位汉族官员抱怨说,当广东之类边远地区的官员去世时,他们的妻妾迅速带走家庭所有财产(她们自己及其丈夫的)改嫁。元朝政府颁布一项法律,禁止广东地区官员的妻妾改嫁,法律要求地方官府用官费将她们送回前夫之家。这些裁决显示出关注的问题已发生了深刻转变,从我们在宋代看到的精英妇女被剥夺财产、沦为从属地位的问题,转向男性所属家庭在经济上遭受妇女操控的新问题。① 嫁妆属于妇女,并于在婚期间、走出婚

---

① 法律语言的这一变化,与各种笔记及其它史料谈到的转变相类似。失去父母的精英家庭的女儿沦落为妾,因没有嫁妆而生活困苦。此类流行于宋代的主题,已被我们常见的对妇+女操控太多财产的批评所取代。有关前者随意选取的例子,见《夷坚志》乙集,20:360—1 页;《东轩笔录》,12:90—1 页。有关后者一个突出的例子,见孔齐《至正直记》(上海:古籍出版社,1987)及史乐民(Paul Smith),《混乱时代对妇女当政的恐惧:孔齐所反映的蒙古治下中国南方的生活》,《东方经济与社会史杂志》41:1(1998):1—95。赘婿婚的流行,正如我已经显示的,受到了元朝法律的鼓励,或许也有助于这一讨论。

姻乃至死亡一直保有的观念将一去不复返。元朝的新法律，将妇女财产的支配权从妇女及其娘家转到首任丈夫及其家族手中，这一规定被以后的王朝所采纳。

对财政自主权的此类限制，对宋及其以前的精英妇女而言是闻所未闻的，她们总是终生保有自己的嫁妆。毫不奇怪，一旦嫁妆对妇女本身没有太多好处，甚至在妇女本人归宗时也无法返还娘家，嫁妆的规模与质量就会大打折扣。宋以后的嫁妆再未达到与之相等的规模，中国各地区的女儿也几乎再未得到过土地。这进一步促成了减少女儿继承、使财产在男性中间传承的继承制度。

第三，妇女个人的支配权也从本人及其娘家手中被剥夺，转给丈夫及公婆。此外，在南方遭遇收继婚一代多的时间（30多年），北方部分地区遭遇收继婚200多年后，传统汉族的个人自主权观念逐渐丧失。宋代妇女守寡或离婚后归宗，以及由本人或父母做主改嫁的习俗，在许多收继婚案件中被宣布为非法，因为忽必烈在1271年末已将收继婚适用于所有汉族人。忽必烈的诏令允许任何合格的收继人可以强迫寡妇与其结婚（在某些案件中，甚至不顾第一任丈夫父母的反对）。这样的收继人几乎可以是任何一位比丈夫年轻的亲属，包括远方堂兄弟在内。起初，收继婚凌驾于所有其他婚姻法之上，包括诸如传统汉族有妻更娶妻或未成年结婚的的禁令。此类收继婚的全面实施反映了蒙古人的婚姻习俗。不过，这样的实施使婚姻法陷入混乱，并造成一大堆由汉族妇女及其娘家亲属提出的诉讼，他们反对为妇女自主权设定这些新的严格限制。收继婚法律没有被废除，不过从1270年代末以后，对被强迫的收继婚而言，守节成为一个合法的出路。寡妇可以选择守节，而不是嫁给收继人，不过她仍必须留在首任丈夫家中。只有家中无收继人的寡妇才能像以前那样归宗并改嫁。通过这种形式，收继婚在汉族人中间一直实行到1330年。在所有这一段时期内，只要有合格的收继人存在，寡妇就被禁止归宗并改嫁。

1309年，当局采取了进一步的建设性步骤，如果寡妇确实改嫁的话（没有收继人），她必须征得夫家亲属的同意，而且夫家亲属将要占有所获取的任何聘财。这彻底根除了妇女及其父母对其改嫁的支配权，并将其移交给夫家亲属。妇女以前所借助的法律援助受到严格限制，1313年，妇女丧失了提起诉讼的权利。这一法令特别针对了寡妇，她们被指责提起诉讼是为了展现她们的魅力和吸引来新的夫君。正如财产权的丧失一样，此类个人自主权的丧失，对宋代及其以前的精英妇女而言也是不可想象的，不过这与草原观念与习惯却完全一致。

第四，元朝政府为寡妇守节确立了新的前所未有的支持。除限制财产权与个人自主权以限制寡妇改嫁外，政府还采取明确具体的步骤鼓励寡妇守节。1304年，皇帝下令地方官员提供谷物以帮助扶持贫穷的寡妇。同年晚些时候，礼部在中国历史上首次设定了节妇的官方定义，并确立了对此类寡妇的帝国认证与旌表体系。符合节妇的条件是，妇女必须在30岁以前就已守寡，当众宣誓守节，守节一直到50岁以上。

两项规定显示出新婚姻法所导致的某些紧张局面。下令地方官员扶持寡妇的圣旨也规定禁止寡妇改嫁，并净化符合节妇身份的人，以应对寻求国家旌表而自命节妇的家庭层出不穷的申请。不过，尽管如此，明清王朝的政府，甚至当其严厉禁止收继婚时，也吸收了有关节妇的新条款与限制妇女财产权的法律，并支持对寡妇守节的崇尚风气。这种风气传播迅速，寡妇的这种行为很快被广泛接受为儒家道德的一种试金石。用一位当代学者的话来讲，就是女性贞洁成为"社区荣誉的一种象征"。①

这些发展中最值得注意的是其与宋代道学目标重合程度的大小。与蒙古宫廷中黄榦学说的影响相一致，新的元朝法律在相当大程度上符合朱熹女婿黄榦更为激进的意见。朱熹等人想要减少妇女的继承及其出嫁时带走的个人财产。元朝法律接受了这一点，尽管当出现户绝时，元朝法律鼓励赘婿婚，而不是过继男性亲属。朱熹及其追随者们要求妇女将其嫁妆献给夫家，由此放弃携带嫁妆走出婚姻的权利。元朝法律禁止妇女走出婚姻时带走任何财产，由此打破了中国多个世纪以来妇女及其财产的联系纽带（就这点而言，甚至已经超越了黄榦的意见）。最后，黄榦要求强制妇女留在夫家守节，而元朝法律提出的一系列奖惩措施正是鼓励这样做。

礼部使用的措辞让人联想起上个世纪黄榦所说的话，表明政府知道这将会违背惯例。礼部在1304年褒扬寡妇守节时，直接提到要"激励薄俗，以敦风化"。② 这些法律的目的在于阻止寡妇归宗，而当我们考虑到100年

---

① 曼素恩（Susan Mann），《清代中国血缘关系、阶级与群落结构中的寡妇》，《亚洲研究杂志》46：1（1987年2月）：43。

② 《元典章》33：1a页。

结论 两性，蒙古人与儒家理想

前此类行为会被视作区分汉族及其草原近邻的种族标志，这些法律就愈发显得引人注目。一度被视作非汉族群体的行为，此时却转而成为汉族儒家美德的典范。

可以预料到的是，新法律违背了几个世纪以来的传统习惯，人们并不必然会遵照法律而突然改变其行为。这或许可以解释帝国时代晚期妇女形式上的财产权与社会习惯的明显脱节，正如日本人的调查数据所显示的那样，调查所提供的表象是习惯存在着广泛差异，有时与成文法相符，有时与成文法冲突。扶持寡妇与忌讳改嫁的新体制也造成了家庭内部严重的紧张关系。如果寡妇本人不是家长的话，亲属会从其改嫁中获得经济利益。按照元朝新法律，首任丈夫的亲属拥有她原来的嫁妆并可从新丈夫那里获取聘财。寡妇常常被迫改嫁，而如果她拒绝的话，就会遭受苦难。对某些寡妇而言，自杀成为保持名节并逃避被迫改嫁的唯一出路。正如滋贺秀三已经注意到的，政府旌表与崇尚守节是计划用来保护选择留在夫家并从中享有经济利益的妇女。不过，虽然政府鼓励寡妇守节的本意是为了防止滥用，可它却仅有利于帝国时期晚期使寡妇饱受怀疑、迷信甚至是致命暴力困扰的民俗的兴起。

元朝婚姻与财产法的变革对父系宗族的兴起起到了补充作用。众所周知，宋代建立公共族产的企图是不成功的，反而是姻亲在提供服务与机遇方面发挥了远为重要的作用，而这种作用本来是宗族想要提供的。发生于元代的变化对从姻亲到男性血亲手中注入资源与权力产生了持久影响。这些变化也削弱了妇女与娘家的关系，加强了她们与婚配家庭的联系。这些发展加强了宗族权威，而且同新的明朝法律结合在一起，为接下来几个世纪宗族发展为强有力的共同体做好了准备，这样的共同体在帝国晚期曾存在于整个南方。这导致由个体男性或女性所主导的资源支配与个人自主权的丧失，以及宗族长者权威的增强。[①] 正如其在元代为婚姻财产法的转变所做的那样，在明代，道学思想为宗族的兴起与个人财产权的衰落提供了辩护。这些发展结合在一起，引起了持久的社会变革。

元朝肯定可以被视作中国历史上的一个重要转折点。元代的发展剥夺

[①] 明代，曾受到妇女大量资助的南方佛教寺院，同样丧失大量资产给宗族组织，许多寺院遭到废弃。

了女性（最终是男性）财产权、经济独立与个人自主权。中国社会向更广泛的父系制度所产生的转变，是出于道学哲学思想与宗族崛起的影响。不过，在许多方面，如果没有经历元朝所制定的新法律，没有认识到中国遭际蒙古统治所促成的所有变化，中国本土的发展是不可能产生作用的。许多中国人回顾过去，将中国看成是向永恒的儒家价值观发展，实际上，这应当是外族占领与文化碰撞这一独特经历下的产物。

参考文献

主要来源

A

Aixuan ji 艾轩集 [Collected works of Lin Guangchao], 9 juan. Lin Guangchao 林光朝 (1114–1178). SKQS zhenben ed. (1st series).

C

Chen Liang ji. Chen Liang ji zengding ben 陈亮集增订本 [Revised and enlarged edition of Chen Liang's collected works], 2 vols. Chen Liang 陈亮 (1143–1194). ed. Deng Guangming 邓广铭. Beijing: Zhonghua shuju, 1987.

Chengzhai ji 诚斋集 [Collected works of Yang Wanli], 133 juan. Yang Wanli 杨万里 (1127–1206). SBCK ed.

D

Da Qing lüli 大清律例 [Statutes and precedents of the Great Qing]. Orig. 1740. Shanghai daxue faxue yuan. Tianjin: Guji chuban she, 1993.

Daoming lu 道命录 [Record of the fate of the way], 10 juan. Li Xinchuan 李心传 (1166–1243). Zhibuzu congshu ed.

Dongjing menghua lu 东京梦华录 [Dreams of the glory of the Eastern Capital (Kaifeng)], 10 juan. Meng Yuanlao 孟元老 (fl. 1126–1147). In

Dongjing menghua lu wai si zhong 外四种. Shanghai: Zhonghua shuju, 1962.

Dongxuan bilu 东轩笔录 [Notes from the eastern pavilion], 15 juan. Wei Tai 魏泰 (ca. 1050 – 1110). Orig. ca. 1090. CSJC ed.

Dongtang ji 东塘集 [Collected works of Yuan Shuoyou], 20 juan. Yuan Shuoyou 袁说友 (1140 – 1204). SKQS zhenben ed. (1st series).

Duanming ji 端明集 [Collected works of Cai Xiang], 40 juan. Cai Xiang 蔡襄 (1012 – 1067). SKQS zhenben ed. (4th series).

E

Er Cheng quanshu 二程全集 [Complete writings of the two Chengs]. Cheng Hao 程颢 (1032 – 1085) and Cheng Yi 程颐 (1033 – 1107). SBBY ed.

F

Fan Wenzheng gong ji 范文正公集 [Collected works of Fan Zhongyan]. Fan Zhongyan 范仲淹 (989 – 1052). SBCK ed.

Feiran ji 斐然集 [Collected works of Hu Yin], 30 juan. Hu Yin 胡寅 (1098 – 1156). SKQS zhenben ed. (1st series).

G

Gaofeng ji. Gaofeng wenji 高峰文集 [Collected works of Liao Gang], 12 juan. Liao Gang 廖刚 (1071 – 1143). SKQS zhenben ed. (1st series).

Gongkui ji 攻媿集 [Collected works of Lou Yue], 112 juan. Lou Yue 楼钥 (1137 – 1213). CSJC ed.

Guishan ji 龟山集 [Collected works of Yang Shi]. Yang Shi 杨时 (1053 – 1135). SKQS zhenben ed. (4th series).

H

Han Feizi. Han Feizi jiaozhu 韩非子校注 [The Han Feizi with corrections and commentary]. Han Fei 韩非 (ca. 280 – 233 B. C.). Yang Jingzhao et al. ed. Jiangsu province: Renmin chuban she, 1982.

Hanmo quanshu. Xinbian shiwen leiju hanmo quanshu 新编事文类聚翰墨

全书 [Newly compiled complete guide to letter writing with brush and ink arranged topically]. Liu Yingli 刘应李 (d. 1311). 1307 ed.

Han shu 汉书 [History of the Former Han]. Ban Gu 班固 (A.D. 32–92). Beijing: Zhonghua shuju, 1962; reprint 1975.

Henan Chengshi yishu 河南程氏遗书 [Writings by the Chengs of Henan]. Cheng Hao 程颢 (1032–1085) and Cheng Yi 程颐 (1033–1107). In Er Cheng quanshu 二程全书 [Complete works of the two Chengs]. SBBY ed.

Heshan ji. Heshan xiansheng daquanji 鹤山先生大全集 [Complete works of Wei Liaoweng], 110 juan. Wei Liaoweng 魏了翁 (1178–1237). SBCK ed.

Hou Han shu 后汉书 [History of the Later Han]. Fan Ye 范晔 (5th cent.). Beijing: Zhonghua shuju, 1965; reprint 1973.

Houcun ji. Houcun xiansheng daquanji 后村先生大全集 [Complete works of mister Houcun (Liu Kezhuang)], 196 juan. Liu Kezhuang 刘克庄 (1187–1269). SBCK ed.

Huayang guozhi 华阳国志 [Gazetteer of Huayang (Sichuan)], 12 juan. Chang Qu 常璩 (4th cent.). CSJC ed.

Hui'an xiansheng Zhu Wengong wenji. See Zhu Wengong wenji.

J

Jia fan. Sima Guang jiafan 司马光家范 [Sima Guang's Family principles], 10 juan. Sima Guang 司马光 (1019–1086). 1626 ed. Reprint, Taipei: Zhongguo zixue mingzhu jicheng, 1978.

Jia xun bilu 家训笔录 [Record of family instructions], 1 juan. Zhao Ding 赵鼎 (1084–1147). Orig. 1144. CSJC ed.

Jianghu wenji. Jianghu changweng wenji 江湖长翁文集 [Collected works of the old man from Jianghu]. Chen Zao 陈造 (1133–1203). SKQS zhenben ed. (5th series).

Jiangsu jinshi zhi 江苏金石志 [Compilation of inscriptions from Jiangsu], 24 juan. Compiled by Miao Quansun. N. p.: Jiangsu tongzhi ju, 1927. Reprint, Shike shiliao xinbian, Ser. 1, Vol. 13. Taipei: Xinwen feng chuban gongsi, 1979.

Jianyan yilai xinian yaolu 建炎以来系年要录 [Record of essential matters since the Jianyan period (1127 – 1130)]. Li Xinchuan 李心传 (1166 – 1243). Wenyuange SKQS ed.

Jiaoqi ji 脚气集 [Essays on beri-beri], 2 juan. Che Ruoshui 车若水 (13th century). Baibu congshu jicheng ed.

Jiezi tonglu 戒子通录 [Comprehensive collection of warnings for children]. Liu Qingzhi 刘清之 (1130 – 1195). SKQS zhenben ed. (1st series).

Jin shi 金史 [Chin dynastic history]. Tuo Tuo 脱脱 et al. Reprint, Beijing: Zhonghua shuju, 1975.

Jinsi lu 近思录 [Reflections on things at hand], 1173. Zhu Xi 朱熹 (1130 – 1200). Orig. 1173. Guoxue jiben congshu ed., Taipei: Shangwu yinshu guan, 1968.

L

Lequan ji 乐全集 [Collected works of Zhang Fangping], 40 juan. Zhang Fangping 张方平 (1007 – 1091). SKQS zhenben ed. (1st series).

Liji. Liji jishuo 礼记集说 [Record of rites with collected commentaries]. Edited by Chen Hao. Reprint of Shijie shuju ed., 1937. Shanghai: Guji chuban she, 1987.

Liangxi ji. Liangxi xiansheng wenji 梁谿先生文集 [Collected works of Li Gang], 180 juan. Li Gang 李纲 (1083 – 1140). Reprint of Qing edition in National Central Library, Taipei: 1970.

Liangzhe jinshi zhi 两浙金石志 [Compilation of inscriptions from Liangzhe], 18 + 1 juan. Ruan Yuan 阮元 (1764 – 1849). Reprint, Shike shiliao xinbian, Ser. 1, Vol. 14. Taipei: Xinwen feng chuban gongsi, 1979.

Linchuan ji. See Wang Linchuan ji.

Linjiang fu zhi 临江府志 [Gazetteer of Linjiang prefecture], 32 juan. Changbai dexin 长白德馨. 1871 ed.

Longyun ji. Longyun xiansheng wenji 龙云先生文集 [Collected works of Liu Yan], 32 juan. Liu Yan 刘弇 (1048 – 1102). Yuzhang congshu ed., 1915.

Lu Jiuyuan ji 陆九渊集 [Collected works of Lu Jiuyuan], 36 juan. Lu Jiuyuan 陆九渊 (1139–1193). Beijing: Zhonghua shuju, 1980.

Luting shishi 虏廷事实 [Facts from the land of the caitiffs]. Anon. In Shuofu sanzhong 说郛三种 [Three books of Shuofu], by Tao Zongyi 陶宗仪. (fl. 1360) et al. Shanghai, Guji chuban she, 1988.

Lü Donglai wenji. Lü Donglai xiansheng wenji 吕东莱先生文集 [Collected works of Lü Zuqian], 20 juan. Lü Zuqian 吕祖谦 (1137–1181). CSJC ed.

M

Mantang ji. Mantang wenji 漫塘文集 [Collected works of Liu Zai], 36 juan. Liu Zai 刘宰 (1166–1239). SKQS zhenben ed. (9th series).

Meikô shohan seimeishû 名公书判清明集 [Collection of decisions by famous judges to clarify and enlighten]. Orig. 1261. Reprint of Song ed. of Qingming ji held in Seikadô library, Tokyo, Japan. Tokyo: Koten kenkyûkai, 1964.

Mengliang lu 梦粱录 [Record of dreams of happiness]. Wu Zimu 吴自牧 (ca. 1256–1334). Orig. 1274. In Dongjing menghua lu wai si zhong 东京梦华录外四种 [Dreams of the glory of the Eastern Capital (and four other works)]. Shanghai: Zhonghua shuju, 1962.

Mengxi bitan 梦溪笔谈 [Notes from dream brook]. Shen Kuo 沈括 (1030–1095). SBCK ed.

Mianzhai ji 勉斋集 [Collected works of Huang Gan], 40 juan. Huang Gan 黄榦 (1152–1221). SKQS zhenben ed. (2nd series).

Minzhong lixue yuanyuan kao 闽中理学渊源考 [Treatise on the origins of the Fujian school of Neo-Confucianism (lixue)]. Li Qingfu 李清馥. Orig. 1749. SKQS zhenben ed. (2nd series).

Mingdao ji 明道集 [Collected works of Cheng Hao]. Cheng Hao 程颢 (1032–1085). In Er Cheng quanshu 二程全书 [Complete works of the two Chengs]. SBBY ed.

Minggong shupan qingming ji. See Qingming ji.

Ming huidian 明会典 [Collected statutes of the Ming dynasty]. 1587. Reprint, Beijing: Zhonghua shuju, 1989.

Minglü jijie fuli 明律集解附例 [The Ming code with explanations and precedents appended]. Orig. 1367. Reprint of 1908 ed., Taipei: Chengwen chuban she, 1969.

Muye ji 楳埜集 [Collected works of Xu Yuanjie], 12 juan. Xu Yuanjie 徐元杰 (1194–1245). SKQS zhenben ed. (Suppl. series).

N

Nanjian jiayi gao 南涧甲乙稿 [Draft of collected works of Han Yüan-chi], 22 juan. Han Yuanji 韩元吉 (1118–1187). Wuying dian juzhen ban shu ed, 1828. (References also provided in notes for SKQS zhenben ed.)

Nansong shu 南宋书 [History of the Southern Song], 68 juan. Qian Shisheng 钱士升 (Ming dynasty). Reprint of 1797 edition.

O

Ouyang ji 欧阳集 [Collected works of Ouyang Xiu]. Ouyang Xiu 欧阳修 (1007–1072). In Quan Song wen 全宋文 [Complete writings of the Song], vols. 16–18. Chengdu, Sichuan: Bashu shushe, 1991.

P

Pingshan ji 屏山集 [Collected works of Liu Zihui], 20 juan. Liu Zihui 刘子翚 (1101–1147). SKQS zhenben ed. (4th series).

Q

Qianfu lun 潜夫论 [Discourses of a man in hiding]. Wang Fu 王符 (ca. 90–165). CSJC ed.

Qidong yeyu 齐东野语 [Random talk East of Qi]. Zhou Mi 周密 (1232–1308). Photo reprint of Hanfen lou ed., Songren xiaoshuo no. 10. Shanghai: Shanghai shudian, 1990.

Qingming ji (QMJ). Minggong shupan qingming ji 名公书判清明集 [Collection of decisions by famous judges to clarify and enlighten]. Anon. Orig. 1261. Reprint of 1569 edition, Beijing: Zhonghua shuju, 1987.

Qingyuan tiaofa shilei 庆元条法事类 [Classified laws of the Qingyuan period (1195 – 1200)]. Reprint, Taipei: Xinwen feng chuban gongsi, 1976.

Qiujian wenji. Qiujian xiansheng daquan wenji 秋涧先生大全文集 [Complete collected works of Wang Yun]. Wang Yun 王恽 (1227 – 1304). SBCK ed.

QMJ. See Qingming ji.

Quan Tang wen 全唐文 [Complete literature of the Tang], 1000 juan. Dong Gao 董诰 (1740 – 1818) et al. Beijing: Zhonghua shuju, 1983.

S

Seimeishû. See Meikô shohan seimeishû.

Shi ji 史记 [Records of the historian]. Sima Qian 司马迁 (145 – 90? B. C.). Beijing: Zhonghua shuju, 1959; reprint, 1982.

Shijing 诗经 [Book of Songs]. In Shisanjing zhushu 十三经注疏 [The thirteen classics with commentaries]. Ed. Ruan Yuan 阮元 (1764 – 1849). Reprinted in 2 vols., Beijing: Zhonghua shuju, 1980.

Shilin guangji 事林广记 [Expanded compilation of myriad matters]. Chen Yuanjing 陈元靓 (ca. 1200 – 1266), with later anon. additions. Photo reproduction of Yuan, zhishun (1330 – 1333) ed. Kyoto: Chûbun shuppansha, 1988.

Shisanjing zhushu 十三经注疏 [The thirteen classics with commentaries]. Ed. Ruan Yuan 阮元 (1764 – 1849). Reprinted in 2 vols., Beijing: Zhonghua shuju, 1980.

SHY. See Song huiyao.

Shuidong riji 水东日记 [Daily record of east of the water], 177 juan. Ye Sheng 叶盛 (1420 – 1474). Wenyuange SKQS ed.

Shuofu 说郛 [Writings on matters near and far]. Tao Zongyi 陶宗仪 (b. 1316). Reprint in Shuofu sanzhong 说郛三种 [Three books of Shuofu]. Shanghai: Guji chuban she, 1988.

Siku quanshu zongmu 四库全书总目 [Complete catalogue of the Four Treasuries]. Orig. 1782. Beijing: Zhonghua shuju, 1965; reprint 1987.

Sima ji. Wenguo wenzheng Sima gong wenji 温国文正司马公文集 [Collected words of Sima Guang], 80 juan. (1132). Sima Guang 司马光 (1019 – 1086). SBCK ed.

Sima chuanjia ji. Sima Wenzheng gong chuanjia ji 司马文正公传家集 [Collected works of Sima Guang as transmitted in his family], 80 juan. Sima Guang 司马光 (1019 – 1086). Guoxue jiben congshu ed. Taipei: Shangwu yinshu guan, 1968.

Sima shi shuyi 司马氏书仪 [Letters and etiquette of Mr. Sima], 10 juan. Sima Guang 司马光 (1019 – 1086). CSJC ed.

Song Xingtong (SXT) 宋刑统 [Collected penal laws of the Song]. Dou Yi 窦仪 (914 – 966) et al. Beijing: Zhonghua shuju, 1984.

Song huiyao (SHY). Song huiyao jigao 宋会要辑稿 [Draft version of the Important documents of the Song]. Ed. Xu Song 徐松 (1781 – 1848). Beijing: Zhonghua shuju, 1957; reprint 1987.

Song shi 宋史 [History of the Song]. Tuo Tuo 脱脱 (1313 – 1355) et al. Beijing: Zhonghua shuju, 1977.

Song shi xinbian 宋史新编 [New compilation of the history of the Song], 200 juan. Ke Weiqi 柯维骐 (fl. 16th cent.). Reprint of 1831 ed. Taipei: Wenhai chuban she, 1974.

Songyuan xue'an (SYXA) 宋元学案 [Case studies of Song and Yuan Confucians], 4 vols. Huang Zongxi 黄宗羲 (1610 – 1695) and Quan Zuwang 全祖望 (1705 – 1755). Beijing: Zhonghua shuju, 1986.

Songyuan xue'an buyi 宋元学案补遗 [Continuation of Case studies of Song and Yuan Confucians]. Wang Zicai 王梓材 (Qing dynasty). Siming congshu ed. Taipei: Guofang yanjiu yuan, 1966.

Su Dongpo ji 苏东坡集 [Collected works of Su Shi]. Su Shi 苏轼 (1036 – 1101). Shanghai: Shangwu yinshu guan, 1958.

Suwei ji. Suwei gong wenji 苏魏公文集 [Collected works of Su Song], 72 juan. Su Song 苏颂 (1020 – 1101). SKQS zhenben ed. (4th series).

SXT. See Song xingtong.

SYXA. See Songyuan xue'an.

T

Tang huiyao 唐会要 [Important documents of the Tang]. Wang Pu 王溥 (922–982). Guoxue jiben congshu ed. Taipei: Shangwu yinshu Guan, 1968.

Tang lü shuyi (TLSY) 唐律疏议 [The Tang Code with subcommentary and explanations]. Zhangsun Wuji 长孙无忌 (d. 659). Beijing: Zhonghua shuju, 1983.

Taoshan ji 陶山集 [Collected works of Lu Dian], 16 juan. Lu Dian 陆佃 (1042–1102). CSJC ed.

Tie'an ji. Song Baozhang ge zhi xueshi Zhonghui Tie'an Fanggong wenji 宋宝章阁直学士忠惠铁庵方公文集 [Collected works of Mr. Fang Dacong], 45 juan. Fang Dacong 方大琮 (1183–1247). Photo reproduction of 1513 ed. in Seikado Library, Tokyo.

Tongzhi tiaoge (TZTG) 通制条格 [Comprehensive regulations and statutes (of the Yuan)]. Orig. 1323. Edited and punctuated by Huang Shijian 黄时鉴. Hang-chou: Chekiang ku-chi ch'u-pan she, 1986.

TZTG. See Tongzhi tiaoge.

W

Wang Linchuan ji. Wang Linchuan quanji 王临川全集 [Complete works of Wang Anshi], 100 juan. Wang Anshi 王安石 (1021–1086). Hong Kong: Guangzhi shuju, 1974.

Weinan wenji 渭南文集 [Collected works of Lu You], 50 juan. Lu You 陆游 (1125–1210). In Lu You ji 陆游集 [Writings of Lu You], Vol. 5. Beijing: Zhonghua shuju, 1976.

Wenxian tongkao 文献通考 [Comprehesive investigations of important documents]. Ma Duanlin 马端临 (1254–1325). Guoxue jiben congshu ed.; Taipei: Xinxing shuju, 1959.

Wenzhong ji 文忠集 [Collected works of Zhou Bida], 200 + 5 juan. Zhou Bida 周必大 (1126–1204). SKQS zhenben ed. (2nd series).

Wuwei ji 无为集 [Collected works of Yang Jie], 15 juan. Yang Jie 杨傑

(late 11th cent.). SKQS zhenben ed. (5th series).

Wuxing jinshi ji 吾兴金石记 [Record of inscriptions from Wuxing (Huzhou)]. Lu Xinyuan 陆心源 (1834–1894). Reprint in Shike shiliao xinbian, Ser. 1, Vol. 14. Taipei: Xinwen feng chuban gongsi, 1979.

Wuyi ji. Wuyi xin ji 武夷新集 [New collected works of Yang Yi], 20 juan. Yang Yi 杨亿 (974–1020). SKQS zhenben ed. (8th series).

X

XCB. See Xu zizhi tongjian changbian.

Xi shan ji. Xishan xiansheng Zhen Wenzheng gong wenji 西山先生真文正公文集 [Collected works of master Zhen Xishan (Zhen Dexiu)]. Zhen Dexiu 真德秀 (1178–1235). SBCK ed.

Xiao xue. Xiaoxue jijie 小学集解 [Elementary learning with collected commentaries]. Zhu Xi 朱熹 (1130–1200). Edited by Zhang Boxing (1651–1725). Guoxue jiben congshu ed. Taipei: Shangwu yinshu guan, 1968.

Xin gan xianzhi 新淦县志 [Gazetteer of Xingan county], 10 juan. 1873 ed.

Xin Yuan shi 新元史 [New history of the Yuan]. Ke Shaomin 柯劭忞 (1850–1933). Reprinted in Yuan shi erzhong 元史二种 [Two books of Yuan history]. Shanghai: Guji chuban she, 1989.

Xu gong ji. Xugong wenji 徐公文集 [Collected works of Xu Xuan], 30 juan. Xu Xuan 徐铉 (916–991). SBCK ed.

Xu zizhi tongjian 续资治通鉴 [Continuation of the Comprehensive Mirror for Aid in Government], 220 juan. Bi Yuan 毕沅 (1730–1797). Beijing: Guji chuban she, 1957.

Xu zizhi tongjian changbian (XCB) 续资治通鉴长编 [Outline for a continuation of The comprehensive mirror for aid in government]. Li Tao 李焘 (1115–1184). Songshi yaoji huibian. Shanghai: Guji chuban she, 1986.

Y

Ye Shi ji 叶适集 [Collected works of Ye Shi]. Ye Shi 叶适 (1150–

1223). Beijing: Zhonghua shuju, 1961.

YDZ. See Yuan dianzhang.

YDZXJ. See Yuan dianzhang xinji.

Yichuan ji 伊川集 [Collected works of Cheng Yi]. Cheng Yi 程颐 (1033 – 1107). In Er Cheng quanshu 二程全书 [Complete works of the two Chengs]. SBBY ed.

Yijian zhi 夷坚志 [Record of the listener, Yijian]. Hong Mai 洪迈 (1123 – 1202). Edited and punctuated by He Zhuo. Beijing: Zhonghua shuju, 1981.

Yujue ji 玉玦记 [Story of the jade pendant]. 1581. Reprint in Zhongguo xiju yanjiu ziliao. Taipei: Tianyi chuban she, 1983.

Yuanfeng gao. Nanfeng xiansheng Yuanfeng leigao 南丰先生元丰类藁 [Classified draft of Zeng Gong's collected writings], 50 + 1 juan. Zeng Gong 曾巩 (1019 – 1083). SBCK ed.

Yuan shi 元史 [Yuan dynastic history]. Song Lian 宋濂 et al. Orig. 1370. Beijing: Zhonghua shuju, 1976; reprint, 1992.

Yuandai falü ziliao jicun 元代法律资料辑存 [Collection of Yuan legal materials]. Edited and punctuated by Huang Shijian 黄时鉴. Hangzhou: Zhejiang guji chuban she, 1988.

Yuan dianzhang (YDZ). Dayuan shengzheng guochao dianzhang 大元圣政国朝典章 [Statutes and precedents of the sacred administration of the great Yuan dynastic state]. Orig. 1322. Photo reprint of Yuan edition: Taipei: Gugong bowu yuan, 1976.

Yuan dianzhang xinji (YDZXJ). Dayuan shengzheng dianzhang xinji zhizhi tiaoli 大元圣政典章新集至治条例 [New collection of statutes and precedents of the Yuan from the zhizhi period (1321 – 1323)]. Supplement to Dayuan shengzheng guochao dianzhang (YDZ) 大元圣政国朝典章 [Statutes and precedents of the sacred administration of the great Yuan dynastic state]. Orig. 1322. Photo reprint of Yuan edition: Taipei: Gugong bowu guan, 1976.

Yuanshi shifan 袁氏世范 [Mr. Yuan's precepts for social living], 3 juan. Yuan Cai 袁采 (fl. 1140 – 1195). Orig. 1179. Zhibuzu zhai congshu ed. Reprinted in CSJC.

Yuan wenlei 元文类 [Writings of the Yuan dynasty]. Orig. published as Guochao wenlei 国朝文类 [Writings of the dynastic state]. Su Tianjue 苏天爵 (1294 – 1352). Orig. 1336. Reprint, Taipei：Shijie shuju, 1962.

Z

Zhanyuan jingyu 湛渊静语 [Quiet words that plumb the deep], 2 juan. Bai Ting 白珽 (1248 – 1328). Baibu congshu jicheng ed.

Zhangzi quanshu 张子全书 [Complete works of Zhang Zai]. Zhang Zai 张载 (1020 – 1077). Guoxue jiben congshu ed. Taipei：Shangwu yinshu guan, 1968.

Zhijiang ji. Zhijiang Li xiansheng wenji 直讲李先生文集 [Collected works of Li Gou]. Li Gou 李觏 (1009 – 1059). 37 + 3 juan. SBCK ed.

Zhizheng zhiji 至正直记 [Frank recollections of the Zhizheng period (1341 – 1368)]. Kong Qi 孔齐 (ca. 1310 – after 1365). Shanghai：Guji chuban she, 1987.

Zhu Wengong wenji. Hui'an xiansheng Zhu Wengong wenji 晦庵先生朱文公文集 [Collected works of Literary Master Zhu Hui'an (Zhu Xi)]. Zhu Xi 朱熹 (1130 – 1200). SBCK ed.

Zhuxi juanzhai ji. Zhuxi juanzhai shiyi gao xuji 竹溪鬳斋十一藁续集 [Continuation of collected works of Lin Xiyi], 30 juan. Lin Xiyi 林希逸 (ca. 1210 – 1273). Wenyuange SKQS ed.

Zhuzi daquan 朱子大全 [Complete works of Master Zhu], 100 + 11 + 10 juan. Zhu Xi 朱熹 (1130 – 1200). SBBY ed.

Zhuzi wenji 朱子文集 [Collected works of Master Zhu]. Zhu Xi 朱熹 (1130 – 1200). CSJC ed.

Zhuzi yulei 朱子语类 [Classified conversations of Master Zhu]. Zhu Xi 朱熹 (1130 – 1200). Beijing：Zhonghua shuju, 1986.

Zuoyi zizhen 作邑自箴 [Self-exhortations of a magistrate]. Li Yuanbi 李元弼 (ea. 12th century). Author's preface 1117. SBCK Supplemental series.

次要来源

Allsen, Thomas. "The Rise of the Mongolian Empire and Mongolian Rule in North China." In The Cambridge History of China, Vol. 6, Alien Regimes and Border States, 907 – 1368, ed. Herbert Franke and Denis Twitchett. Cambridge: Cambridge University Press, 1994, pp. 321 – 413.

Baker, Hugh. Chinese Family and Kinship. New York: Columbia University Press, 1979.

Beattie, Hilary. Land and Lineage in China: A Study of T'ung-ch'eng, Anhwei, in the Ming and Ch'ing Dynasties. Cambridge: Cambridge University Press, 1979.

Bernhardt, Kathryn. "The Inheritance Rights of Daughters: The Song Anomaly?" Modern China 21: 3 (July 1995), pp. 269 – 309.

—— "A Ming-Qing Transition in Chinese Women's History? The Perspective from Law." In Remapping China: Fissures in Historical Terrain, ed. Gail Hershatter, et al. Stanford, Calif.: Stanford University Press, 1996, pp. 42 – 58.

——Women and Property in China, 960 – 1949. Stanford, Calif.: Stanford University Press, 1999.

Bielenstein, Hans. "The Chinese Colonization of Fukien until the End of the T'ang." In Studia Serica Bernhard Karlgren Dedica, ed. Soren Egerod and Else Glahn. Copenhagen: Ejnar Munksgaard, 1959, pp. 98 – 122.

—— "Chinese Historical Demography: A. D. 2 – 1982." Bulletin of the Museum of Far Eastern Antiquities 59 (1987), pp. 1 – 288.

Birge, Bettine. "Chu Hsi and Women's Education." In Neo-Confucian Education: The Formative Stage, ed. Wm. Theodore de Bary and John Chaffee. Berkeley: University of California Press, 1989, pp. 325 – 367.

—— "Women and Property in Sung Dynasty China (960 – 1279): Neo-Confucianism and Social Change in Chien-chou, Fukien." Ph. D. dissertation, Columbia University, 1992.

——"Zur Sozialgeschichte der Chinesischen Familie im 13. Jahrhundert: untersuchungen am Ming-gong shu-pan qing-ming ji, by Gudula Linck" (review article), Journal of Sung-Yuan Studies 24 (1994), pp. 269 – 285.

——"Review of Chu Hsi's Family Rituals: A Twelfth-Century Manual for the Performance of Cappings, Weddings, Funerals, and Ancestral Rites, trans. by Patricia Ebrey." Chinese Literature: Essays, Articles Reviews 16 (1994), pp. 157 – 160.

——"Levirate Marriage and the Revival of Widow Chastity in Yüan China," Asia Major 8: 2 (1995), pp. 107 – 146.

——"Women and Confucianism from Song to Ming: the Institutionalization of Patrilineality." In The Song-Yuan-Ming Transition in Chinese History, ed. Paul Smith and Richard von Glahn. Berkeley: University of California Press, 2003.

——"Age at Marriage of Sung Women." M. A. thesis, Columbia University, 1985.

Bol, Peter K. "Chu Hsi's Redefinition of Literati Learning." In Neo-Confucian Education: the Formative Stage, ed. Wm. Theodore de Bary and John Chaffee. Berkeley: University of California Press, 1989, 151 – 185.

——"The Sung Examination System and the Shih." Asia Major, 3rd series, 3: 2 (1990), pp. 149 – 171.

——"This Culture of Ours." Intellectual Transitions in T'ang and Sung China. Stanford, Calif. : Stanford University Press, 1992.

Bossler, Beverly J. Powerful Relations: Kinship, Status, and the State in Sung China (960 – 1279). Cambridge, Mass. : Harvard University Press, 1998.

Bray, Francesca. Technology and Gender: Fabrics of Power in Late Imperial China. Berkeley: University of California Press, 1997.

Burns, Ian. "Private Law in Traditional China (Sung Dynasty): Using as a Main Source of Information the work Ming-kung shu-p'an ch'ing-ming chi." Ph. D. dissertation, University of Oxford, 1973.

Carter, Thomas. The Invention of Printing in China and Its Spread Westward. New York: Columbia University Press, 1925; reprinted 1931.

Chaffee, John. "Education and Examinations in Sung Society." Ph. D. dissertation, University of Chicago, 1979.

——The Thorny Gates of Learning in Sung China: A Social History of Examinations. Cambridge: Cambridge University Press, 1985 (2nd ed., Albany: State University of New York Press, 1995).

—— "The Marriage of Sung Imperial Clanswomen." In Marriage and Inequality in Chinese Society, ed. Rubie Watson and Patricia Ebrey. Berkeley: University of California Press, 1991, pp. 133 – 169.

Chan, Hok-lam and Wm. T. de Bary, eds. Yüan Thought: Chinese Thought and Religion under the Mongols. New York: Columbia University Press, 1982.

Chan Wing-tsit [Ch'en Jung-chieh] 陈荣捷. "Zhuzi gu qiong" 朱子固穷 [Zhu Xi's poverty]. Shumu jikan 15: 2 (1981). Reprinted in Zhuxue lunji 朱学论集 [Collected Essays on Zhu Xi Studies], by Chan Wing – tsit [Ch'en Jung-chieh]. Taipei: Xuesheng shuju, 1982, pp. 205 – 233.

Chan, Wing-tsit. "Chu Hsi." In Sung Biographies, ed. Herbert Franke. Wiesbaden: Franz Steiner Verlag, 1976, pp. 282 – 290.

—— "Chu Hsi and Yüan Neo-Confucianism." In Yüan Thought: Chinese Thought and Religion under the Mongols, ed. Hok-lam Chan and Wm. Theodore de Bary. New York: Columbia University Press, 1982, pp. 197 – 231.

——Chu Hsi Life and Thought. Hong Kong: The Chinese University Press, 1987.

—— "Chu Hsi's Poverty." In Chu Hsi New Studies, by Wing-tsit Chan. Honolulu: University of Hawaii Press, 1989, pp. 61 – 89.

—— "Chu Hsi and the Academies." In Neo-Confucian Education: the Formative Stage, ed. Wm. Theodore de Bary and John Chaffee. Berkeley: University of California Press, 1989, pp. 389 – 413.

——ed. Chu Hsi and Neo-Confucianism. Honolulu: University of Hawaii Press, 1986.

——trans. Reflection on Things at Hand: the Neo-Confucian Anthology Compiled by Chu Hsi and Lü Tsu-ch'ien. New York: Columbia University Press,

1967.

Chang Bide 昌彼得, et al. Songren chuanji ziliao suoyin 宋人传记资料索引 [Index to Song biographical materials]. Taipei: Dingwen shuju, 1973.

Chen Guyuan 陈顾远. Zhongguo gudai hunyin shi 中国古代婚姻史 [History of marriage in ancient China]. 1927. Reprint, Shanghai: Shangwu yinshu guan, 1933.

Chen Zhichao 陈智超. "Ming keben Minggong shupan qingming ji shulue" 明刻本名公书判清明集述略 [A brief description of the Ming edition of the Qingming ji]. Zhongguo shi yanjiu, no. 4 (1984), pp. 137–152.

——"Ming keben Minggong shupan qingming ji jieshao " 明刻本名公书判清明集介绍 [An introduction to the Ming edition of the Qingming ji]. Appendix to Minggong shupan qingming ji (QMJ). Beijing: Zhonghua shuju, 1987, pp. 645–686.

Chen Dongyuan 陈东原. Zhongguo funü shenghuo shi 中国妇女生活史 [History of the life of Chinese women]. Beijing, 1937. Reprint, Taipei: Shangwu yinshu guan, 1986.

Chen Peng 陈鹏. Zhongguo hunyin shigao 中国婚姻史稿 [A draft history of Chinese marriage]. Beijing: Zhonghua shuju, 1990.

Ch'en, Paul Heng-chao. Chinese Legal Tradition under the Mongols. Princeton, N. J.: Princeton University Press, 1979.

Cheng Tianquan 程天权. "Hunyin yu qinshu" 婚姻与亲属 [Marriage and Kinship]. In Zhongguo minfa shi 中国民法史 [History of Chinese Civil Law], ed. Ye Xiaoxin 叶孝信. Shanghai: Renmin chuban she, 1993.

Chia, Lucille. "Printing for Profit: The Commercial Printers of Jianyang, Fujian (Song-Ming)." Ph. D. dissertation, Columbia University, 1996.

Chikusa Masaaki 竺沙雅章. Chûgoku bukkyô shakaishi kenkyû 中國佛教社會史研究 [Studies in the social history of Chinese Buddhism]. Kyoto: Dôhôsha, 1982.

——"HokuSô shidaifu no tokyo to baiden: omoni Tôba sekitoku o shiryô toshite" 北宋士大夫の徙居と買田—主に東坡尺牘を資料として [Land purchases and local residence of Northern Song shidafu: using as a main source the letters of (Su) Dongpo]. Shirin 54: 2 (1971).

——"Kanseki shihai monjo no kenkyû" 漢籍紙背文書の研究 [A study of writing on the backs of the pages of Chinese books]. Kyoto daigaku bungakubu kenkyû kuyô 14 (1973), pp. 1 – 54.

——"Sôdai kanryô no kikyo ni tsuite" 宋代官僚の寄居について [Temporary sojourning of Song officials]. Tôyôshi kenkyû 41: 1 (1982), pp. 28 – 57.

——"SôGen Bukkyô ni okeru An Dô" 宋元佛教における庵堂 [Cloisters and halls in Song and Yuan Buddhism]. Tôyôshi kenkyû 46: 1 (1987), pp. 1 – 28.

Ching, Julia. "Chen Te-hsiu." In Sung Biographies, ed. Herbert Franke. Wiesbaden: Franz Steiner Verlag, 1976, pp. 88 – 90.

Chu, Ron-guey. "Chen Te-hsiu and the Classic on Governance." Ph. D. dissertation, Columbia University, 1988.

——"Chu Hsi and Public Instruction." In Neo-Confucian Education: the Formative Stage, ed. Wm. Theodore de Bary and John Chaffee. Berkeley: University of California Press, 1989, pp. 252 – 273.

Ch'ü, T'ung-tsu. Law and Society in Traditional China. Paris: Mouton and Co., 1965.

——Han Social Structure. Edited by Jack Dull. Seattle: University of Washington Press, 1972.

Clark, Hugh. Community, Trade, and Networks: Southern Fujian Province from the Third to Thirteenth Century. Cambridge: Cambridge University Press, 1991.

Cleaves, Francis, trans. The Secret History of the Mongols. Cambridge, Mass.: Harvard University Press, 1982.

Cohen, Myron. "Developmental Process in the Chinese Domestic Group." In Family and Kinship in Chinese Society, ed. Maurice Freedman. Stanford, Calif.: Stanford University Press, 1970.

——House United, House Divided: the Chinese Family in Taiwan. New York: Columbia University Press, 1976.

—— "Lineage Organization in North China." Journal of Asian Studies 49 (Aug. 1990), pp. 509 – 534.

Dardess, John W. Conquerors and Confucians: Aspects of Political Change in Late Yüan China. New York: Columbia University Press, 1973.

Dawson, Christopher, ed. The Mongol Mission: Narratives and Letters of the Franciscan Missionaries in Mongolia and China in the Thirteenth and Fourteenth Centuries. London: Sheed and Ward, 1955.

de Bary, Wm. Theodore. "A Reappraisal of Neo-Confucianism." In Studies in Chinese Thought, ed. Arthur Wright. Chicago: University of Chicago Press, 1953, pp. 81 – 111.

——Neo-Confucian Orthodoxy and the Learning of the Mind and Heart. New York: Columbia University Press, 1981.

——The Liberal Tradition in China. Hong Kong: The Chinese University Press, and New York: Columbia University Press, 1983.

—— "Introduction." In The Rise of Neo-Confucianism in Korea, ed. de Bary and JaHyun Kim Haboush. New York: Columbia University Press, 1985, pp. 1 – 58.

—— "Chu Hsi's Aims as an Educator." In Neo-Confucian Education: the Formative Stage, ed. Wm. Theodore de Bary and John Chaffee. Berkeley: University of California Press, 1989, pp. 186 – 218.

—— "Uses of Neo-Confucianism: A Response to Professor Tillman." Philosophy East and West 43 (Jan 1993).

—— "Reply to Hoyt Cleveland Tillman." Philosophy East and West 44: 1 (1994).

—— and John Chaffee, eds. Neo-Confucian Education: the Formative Stage. Berkeley: University of California Press, 1989.

Dennerline, Jerry. "Marriage, Adoption, and Charity in the Development of Lineages." In Kinship Organization in Late Imperial China, 1000 – 1940, ed. Patricia Ebrey and James Watson. Berkeley: University of California Press, 1986, pp. 170 – 209.

de Pee, Christian. "Cases of the New Terrace: Canon and Law in Three

Southern Song Verdicts. " Journal of Sung-Yuan Studies 27 (1997), pp. 27 – 61.

de Rachewiltz, Igor. "Turks in China under the Mongols: A Preliminary Investigation of Turco-Mongol Relations in the 13th and 14th Centuries. " In China among Equals, ed. Morris Rossabi. Berkeley: University of California Press, 1983, pp. 281 – 310.

——In the Service of the Khan: Eminent Personalities of the Early Mongol-Yüan Period (1200 – 1300). Wiesbaden: Otto Harrassowitz Verlag, 1993.

Deuchler, Martina. The Confucian Transformation of Korea. Harvard-Yenching Institute Monograph no. 36. Cambridge, Mass. : Harvard University Press, 1992.

Ding Xueyun 丁学芸. "Jianguo gongzhu tongyin yu Wanggu bu yicun" 监国公主铜印与汪古部遗存 [The seal of the princess regent and the ancient remains of the Onggut tribe]. Neimenggu wenwu kaogu 3 (1984).

Dull, Jack. "Marriage and Divorce in Han China. " In Chinese Family Law and Social Change, ed. David Buxbaum. Seattle: University of Washington Press, 1978, pp. 23 – 74.

Eberhard, Wolfram. Social Mobility in Traditional China. Leiden: E. J. Brill, 1962.

——Settlement and Social Change in Asia. Hong Kong: Hong Kong University Press, 1967.

Ebisawa, Tetsuo. "Bondservants in the Yüan. " Acta Asiatica 45 (1983), pp. .

Ebrey, Patricia Buckley. The Aristocratic Families of Early Imperial China: A Case Study of the Po-ling Ts'ui Family. Cambridge: Cambridge University Press, 1978.

—— "Women in the Kinship System of the Southern Song Upper Class. " In Women in China: Current Directions in Historical Scholarship, ed. Richard Guisso and Stanley Johannesen. New York: Philo Press, 1981, pp. 170 – 209.

—— "Conceptions of the Family in the Sung Dynasty. " Journal of Asian Studies 43: 2 (Feb. 1984), pp. 219 – 246.

——trans. Family and Property in Sung China: Yüan Ts'ai's Precepts for

Social Life. Princeton, N. J. : Princeton University Press, 1984.

—— "The Women in Liu Kezhuang's Family. " Modern China 10: 4 (1984), pp. 415 – 440.

—— "Early Stages in the Development of Descent Group Organization. " In Kinship Organization in Late Imperial China, 1000 – 1940, ed. Patricia Ebrey and James Watson. Berkeley: University of California Press, 1986, pp. 16 – 61.

—— "Concubines in Sung China. " Journal of Family History 11 (1986), pp. 1 – 24.

—— "Women, Marriage and the Family in Chinese History. " In Heritage of China: Contemporary Perspectives on Chinese Civilizatio, ed. Paul Ropp. Berkeley: University of California Press, 1990, pp. 197 – 223.

—— "Shifts in Marriage Finance. " In Marriage and Inequality in Chinese Society, ed. Rubie Watson and Patricia Ebrey. Berkeley: University of California Press, 1991, pp. 97 – 132.

——trans. Chu Hsi's "Family Rituals": A Twelfth-Century Manual for the Performance of Cappings, Weddings, Funerals, and Ancestral Rites. Princeton, N. J. : Princeton University Press, 1991.

——Confucianism and Family Rituals in Imperial China: A Social History of Writing about Rites. Princeton, N. J. : Princeton University Press, 1991.

—— "Women, Money, and Class: Ssu-ma Kuang and Sung Neo-Confucian Views on Women. " In Papers on Society and Culture of Early Modern China. Taipei: Institute of History and Philology, Academia Sinica, June 1992.

—— "Property Law and Uxorilocal Marriage in the Sung Period. " In Family Process and Political Process in Modern Chinese History. Taipei: Institute of Modern History, Academia Sinica, 1992, pp. 33 – 66.

——The Inner Quarters: Marriage and the Lives of Chinese Women in the Sung Period. Berkeley: University of California Press, 1993.

Ebrey, Patricia Buckley, and James Watson, eds. Kinship Organization in Late Imperial China, 1000 – 1940. Berkeley: University of California Press, 1986.

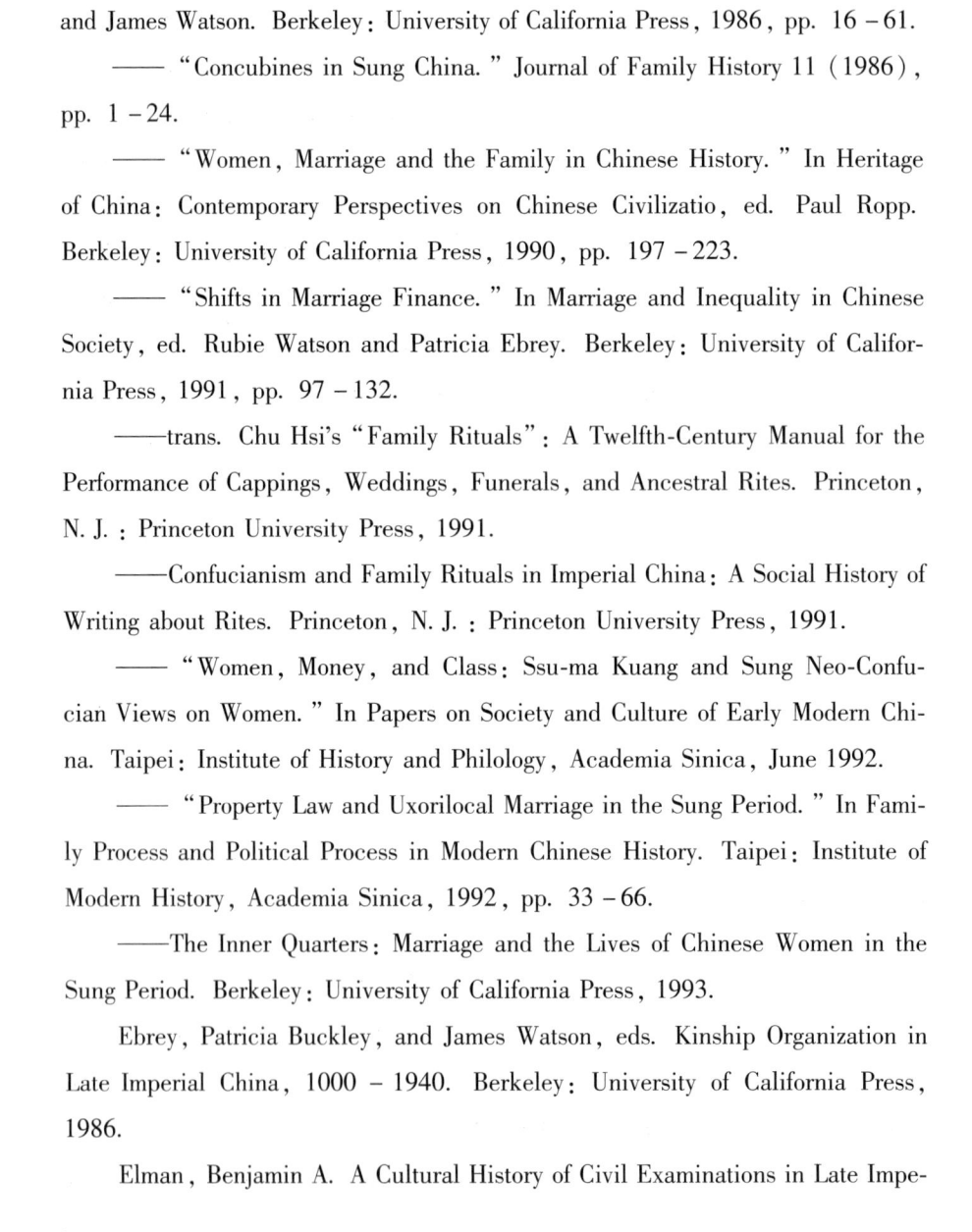

Elman, Benjamin A. A Cultural History of Civil Examinations in Late Imperial China. Berkeley: University of California Press, 1999.

Elvin, Mark. The Pattern of the Chinese Past. Stanford, Calif. : Stanford University Press, 1973.

—— "Female Virtue and the State in China. " Past and Present no. 104 (August 1984), pp. 111 – 152.

Endicott-West, Elizabeth. Mongolian Rule in China. Cambridge, Mass. : Harvard University Press, 1989.

—— "The Yüan Government and Society. " In The Cambridge History of China, Vol. 6, Alien Regimes and Border States, 907 – 1368, ed. Herbert Franke and Denis Twitchett. Cambridge: Cambridge University Press, 1994, pp. 587 – 615.

Erickson, Amy Louise. Women and Property in Early Modern England. London: Routledge, 1993.

Farmer, Edward. Zhu Yuanzhang and Early Ming Legislation: the Reordering of Chinese Society Following the Era of Mongol Rule. Leiden: E. J. Brill, 1995.

Farquhar, David. The Government of China under Mongolian Rule: A Reference Guide. Münchener Ostasiatische Studien, Vol. 53. Stuttgart: Franz Steiner Verlag, 1990.

Fei, Hsiao-tung. Peasant Life in China. London: Routledge and Kegan Paul, 1939; reprint 1980.

Fogel, Joshua. Politics and Sinology: the Case of Naitô Konan. Cambridge, Mass. : Harvard University Press, 1984.

Franke, Herbert, ed. Sung Biographies. Wiesbaden: Franz Steiner Verlag, 1976.

—— "Women under the Dynasties of Conquest. " In La Donna Nella Cina Imperiale e Nella Cina Repubblicana, ed. Lionello Lanciotti. Florence: Leo S. Olschki Editore, 1980, pp. 23 – 43.

—— "Jurchen Customary Law and the Chinese Law of the Chin Dynasty. " In State and Law in East Asia: Festschrift Karl Bünger, ed. Dieter Eikemeier and Herbert Franke. Wiesbaden: Otto Harrassowitz, 1981, pp. 215 – 233.

——"The Legal System of the Chin Dynasty." In Ryû Shiken hakushi shôju kinen Sôshi kenkyû ronshû [Collected studies in Sung history dedicated to Professor James T. C. Liu in celebration of his seventieth birthday], ed. Kinugawa Tsuyoshi. Tokyo: Dôhôsha, 1989, pp. 387 – 409.

——"The Chin Dynasty." In The Cambridge History of China, Vol. 6, Alien Regimes and Border States, 907 – 1368, ed. Herbert Franke and Denis Twitchett. Cambridge: Cambridge University Press, 1994, pp. 215 – 320.

——and Denis Twitchett eds., The Cambridge History of China, Vol. 6, Alien Regimes and Border States, 907 – 1368. Cambridge: Cambridge University Press, 1994.

Franke, Herbert, and Hok-lam Chan. Studies on the Jurchens and the Chin Dynasty. Variorum Collected Studies Series: CS591. Aldershot, England: Ashgate Publishing Ltd., 1997.

Freedman, Maurice. Lineage Organization in Southeastern China. London School of Economics Monographs on Social Anthropology, no. 18, 1958; reprint London, New York, 1965.

——Chinese Lineage and Society: Fukien and Kwangtung. London School of Economics Monographs on Social Anthropology, no. 33. London: Athlone Press, 1966; reprint 1971.

Fujian sheng bowu guan 福建省博物馆, ed. Fuzhou Nansong Huang Sheng mu 福州南宋黄升墓 [The tomb of Huang Sheng of Fuzhou in the Southern Song]. Beijing: Wenwu chuban she, 1982.

Fung, Yu-lan, A History of Chinese Philosophy 2 vols. Trans. Derk Bodde. Princeton, N. J.: Princeton University Press, 1952 – 1953 (Vol. 1 orig. 1937).

Gallin, Bernard, and Rita Gallin. "The Chinese Joint Family in Changing Rural Taiwan." In Social Interaction in Chinese Society, ed. S. L. Greenblatt, R. W. Wilson, and A. A. Wilson. New York: Pergamon Press, 1982.

Gardella, Robert. Harvesting Mountains: Fujian and the China Tea Trade, 1757 – 1937. Berkeley: University of California Press, 1994.

Gardner, Daniel. Learning to be a Sage: Selections from the "Conversations of Master Chu, Arranged Topically." Berkeley: University of California Press, 1990.

Gates, Hill. "The Commoditization of Chinese Women." Signs 14: 4 (Summer 1989), pp. 799 – 832.

Gernet, Jacques. Daily Life in China on the Eve of the Mongol Invasion 1250 – 1276. Trans. H. M. Wright. Stanford, Calif.: Stanford University Press, 1962 (orig. Paris, 1959)

Giles, Lionel. Descriptive Catalogue of the Chinese Manuscripts from Tunhuang in the British Museum. London: British Museum, 1957.

Golas, Peter. "Rural China in the Sung." Journal of Asian Studies 39: 2 (Feb. 1980), pp. 291 – 325.

Goody, Jack. Production and Reproduction: A Comparative Study of the Domestic Domain. Cambridge: Cambridge University Press, 1976.

——"Inheritance, Property and Women: Some Comparative Considerations." In Family and Inheritance: Rural Society in Western Europe, 1200 – 1800, ed. Jack Goody, Joan Thirsk, and E. P. Thompson. Cambridge: Cambridge University Press, 1976, pp. 10 – 36.

——The Development of Family and Marriage in Europe. Cambridge: Cambridge University Press, 1983.

——The Oriental, the Ancient and the Primitive. Cambridge: Cambridge University Press, 1990.

Goody, Jack, and S. J. Tambiah. Bridewealth and Dowry. Cambridge: Cambridge University Press, 1973.

Goody, Jack, Joan Thirsk, and E. P. Thompson, eds. Family and Inheritance: Rural Society in Western Europe, 1200 – 1800. Cambridge: Cambridge University Press, 1976.

Guisso, Richard. "Thunder over the Lake: The Five Classics and the Perception of Woman in Early China." In Women in China, ed. Richard Guisso and Stanley Johannesen. Youngstown, N.Y.: Philo Press, 1981, pp. 47 – 61.

Guo Dongxu 郭东旭. "Songdai caichan jicheng fa chutan" 宋代财产继承法初探 [Preliminary study of inheritance law in the Song]. Hebei daxue xuebao, no. 8 (1986), pp. 113 – 121.

—— "Songdai zhi songxue" 宋代之讼学 [The Study of Suing in the Song Dynasty]. In Songshi yanjiu luncong, ed. Ch'i Hsia 漆侠. Baoding: Hebei daxue chuban she, 1990, pp. 133 – 147.

Hansen, Valerie. "Popular Deities and Social Change in the Southern Song Period (1127 – 1276)." Ph. D. dissertation, University of Pennsylvania, 1987.

——Changing Gods in Medieval China, 1127 – 1276. Princeton, N. J. : Princeton University Press, 1990.

——Negotiating Daily Life in Traditional China: How Ordinary People Used Contracts, 600 – 1400. New Haven, Conn. : Yale University Press, 1995.

——The Beijing Qingming Scroll and Its Significance for the Study of Chinese History. Albany, N. Y. : Journal of Sung-Yuan Studies, 1996.

Hartwell, Robert. "A Revolution in the Chinese Iron and Coal Industries." Journal of Asian Studies 21 (1962).

—— "Markets, Technology, and the Structure of Enterprise in the Development of the Eleventh-Century Chinese Iron and Steel Industry." Journal of Economic History 26: 9 (1966), pp 29 – 58.

—— "The Evolution of the Early Northern Sung Monetary System." Journal of the American Oriental Society 87 (1967), pp. 280 – 289.

—— "Demographic, Political, and Social Transformations of China." Harvard Journal of Asiatic Studies 42 (1982), pp. 383 – 394.

—— "New Approaches to the Study of Bureaucratic Factionalism in Sung China: A Hypothesis." Bulletin of Sung and Yüan Studies 18 (1986), pp. 33 – 40.

Hazelton, Keith. "Patrilines and the Development of Localized Lineages." In Kinship Organization in Late Imperial China, 1000 – 1940, ed. Patricia Ebrey and James Watson. Berkeley: University of California Press, 1986, pp. 137 – 169.

Hervouet, Yves, ed. A Sung Bibliography. Hong Kong: The Chinese University Press, 1978.

Hirschon, Renée. "Introduction." In Women and Property—Women as Property, ed. Renée Hirschon. New York: St. Martin's Press, 1984, pp. 1 – 22.

Ho, Ping-ti. "Early Ripening Rice in Chinese History." Economic History Review, 2nd series, 9: 2 (1956), pp. 200 – 218.

——The Ladder of Success in Imperial China: Aspects of Social Mobility, 1368 – 1911. New York: Columbia University Press, 1962.

——An Estimate of the Total Population of Sung and Chin China, Etudes Song, 1st series, no. 1. The Hague: Mouton, 1970, pp. 33 – 53.

Hoang, Pierre. Le Marriage Chinois au Point de Vue Legal. Shanghai: Catholic Mission Press, 1915.

Holmgren, Jennifer. "Economic Foundations of Virtue: Widow Remarriage in Early and Modern China." Australian Journal of Chinese Affairs 13 (1985), pp. 1 – 27.

—— "Observations on Marriage and Inheritance Practices in Early Mongol and Yüan Society, with Particular Reference to the Levirate." Journal of Asian History, 20: 2 (1986), pp. 127 – 192.

Honig, Emily, and Gail Hershatter, eds. Personal Voices: Chinese Women in the 1980s. Stanford, Calif. : Stanford University Press, 1988.

Hsiao, Ch'i-ch'ing. The Military Establishment of the Yüan Dynasty. Cambridge, Mass. : Harvard University Press, 1978.

—— "Mid-Yüan politics." In The Cambridge History of China, Vol. 6, Alien Regimes and Border States, 907 – 1368, ed. Herbert Franke and Denis Twitchett. Cambridge: Cambridge University Press, 1994, pp. 490 – 560.

Hsü, Cho-yün. Ancient China in Transition. Stanford, Calif. : Stanford University Press, 1965.

Hsu, Dau-lin, "Separation between Fact-finding (Trial) and Law-finding (Sentencing) in Sung Criminal Proceedings." Sung Studies Newsletter 6 (Oct. 1972), pp. 3 – 18.

Hucker, Charles O. "Introduction." In A Dictionary of Official Titles in Imperial China, by Charles Hucker. Stanford, Calif. : Stanford University Press, 1985.

Hulsewé, Anton F. P. "Contracts of the Han Period." In Il Diritto in Cina, ed. Lionello Lanciotti. Florence: Leo S. Olschki Editore, 1978, pp. 11 – 38.

——Remnants of Ch'in Law: An Annotated Translation of the Ch'in Legal and Administrative Rules of the 3rd century B. C. Discovered in Yün-meng Prefecture, Hu-pei Province, in 1975. Leiden: E. J. Brill, 1985.

Hung Chin-fu 洪金富. "Yuandai de shouji hun" 元代的收继婚 [Levirate marriage in the Yuan]. In Zhongguo jinshi shehui wenhua shi lunwen ji 中国近世社会文化史论文集 [Papers on Society and Culture of Early Modern China]. Taipei: Academia Sinica, Institute of History and Philology, 1992, pp. 279–314.

Hymes, Robert P. Statesmen and Gentlemen: The Elite of Fu-chou, Chiang-hsi, in Northern and Southern Sung. Cambridge: Cambridge University Press, 1986.

——"Marriage, Descent Groups, and the Localist Strategy in Sung and Yüan Fu-chou." In Kinship Organization in Late Imperial China, 1000–1940, ed. Patricia Ebrey and James Watson. Berkeley: University of California Press, 1986, pp. 95–136.

——"Lu Chiu-yüan, Academies, and the Problem of the Local Community." In Neo-Confucian Education: The Formative Stage, ed. Wm. Theodore de Bary and John Chaffee. Berkeley: University of California Press, 1989, pp. 432–456.

——"Review of The Inner Quarters: Marriage and the Lives of Chinese Women in the Sung Period, by Patricia Ebrey." Harvard Journal of Asiatic Studies 57: 1 (June 1997).

——and Conrad Schirokauer, eds. Ordering the World: Approaches to State and Society in Sung Dynasty China. Berkeley: University of California Press, 1993.

Ihara Hiroshi 伊原弘. "Sôdai kanryô no kon'in no imi ni tsuite" 宋代官僚の婚姻の意味について [On the meaning of marriage for Song bureaucrats]. Rekishi to chiri 254 (1976).

——"NanSô Shisen ni okeru teikyo shijin: Seidofu ro, Shishû ro o chûshin to shite" 南宋四川における定居士人：成都府路，梓州路を中心として [Elites with fixed residences in Southern Song Sichuan: focusing on Chengdufu circuit and Zizhou circuit]. Tôhôgaku 54 (1977).

——Chûgoku chûsei toshi kikô 中國中世都市紀行 [A journey to cities of medieval China: cities and city life in the Song]. Chûkô shinsho series no. 897. Tokyo: Chûô kôronsha, 1988.

——ed. Yanagida Setsuko sensei koki kinen Chûgoku no dentô shakai to kazoku 柳田節子先生古稀紀念の中國傳統社會と家族 [Traditional Chinese society and family: a festschrift in celebration of the seventieth birthday of Professor Yanagida Setsuko]. Tokyo: Kyûko shoen, 1993.

——"Sôdai shakai to zeni: shomin no shisanryoku o megutte" 宋代社會と錢—庶民の資産力をめぐって [Song society and money: the economic resources of the common people]. Special issue entitled, Sôzeni no seikai: TôAjia no kokusai tsûka 宋錢の世界—東アジアの國際通貨 [The world of Song money: the international currency of East Asia]. Ajia yûgaku No. 18 (July, 2000), pp. 4 – 18.

Ikeda, On. "T'ang Household Registers and Related Documents." In Perspectives on the T'ang, ed. Arthur Wright and Denis Twitchett. New Haven, Conn.: Yale University Press, 1973, pp. 121 – 150.

Itabashi Shin'ichi 板橋真一. "Sôdai no kosetsu zaisan to joshi no zaisanken o megutte" 宋代の戸絶財産と女子の財産權をめぐって [Property of extinct households and daughters' property rights in the Song]. In Yanagida Setsuko sensei koki kinen Chûgoku no dentô shakai to kazoku 柳田節子先生古稀紀念の中國傳統社會と家族. [Traditional Chinese society and family: a festschrift in celebration of the seventieth birthday of Professor Yanagida Setsuko], ed. Ihara Hiroshi. Tokyo: Kyûko shoen, 1993, pp. 365 – 382.

Jamieson, George. Chinese Family and Commercial Law. Shanghai: Kelly and Walsh Ltd., 1921; reprint, Hong Kong: Vetch and Lee Ltd., 1970.

Jeffcott, Colin. "Government and the Distribution System in Sung Cities." Papers on Far Eastern History 1 (March 1970), pp. 119 – 152.

Jiangxi sheng wenwu kaogu yanjiu suo 江西省文物考古研究所, et al. "Jiangxi De'an Nansong Zhoushi mu qingli jianbao" 江西德安南宋周氏墓清理简报 [Brief report of tomb of Madam Zhou of the Southern Song in De'an, Zhejiang]. Wenwu (Sept. 1990), pp. 1 – 13.

Johnson, David. The Medieval Chinese Oligarchy. Boulder, Colo.: Westview Press, 1977.

—— "The Last Years of a Great Clan: the Li Family of Chao Chün in Late T'ang and Early Sung." Harvard Journal of Asiatic Studies 37: 1 (June 1977), pp. 5 – 102.

Johnson, Wallace. The T'ang Code: Volume I, General Principles. Princeton, N. J.: Princeton University Press, 1979.

Johnson, Wallace. The T'ang Code: Volume II, Specific Articles. Princeton, N. J.: Princeton University Press, 1997.

Judd, Ellen. "Niangjia: Chinese Women and Their Natal Families." Journal of Asian Studies 48: 3 (Aug. 1989), pp. 524 – 544.

Kato, Shigeshi. "On the Hang or the Associations of Merchants in China, with Special Reference to the Institution in the T'ang and Sung Periods." Memoirs of the Research Dept. of the Tôyô Bunko no. 9 (1936), pp. 45 – 83.

Kawamura Yasushi 川村康. "Sôdai zeisei shôkô" 宋代贅婿小考 [A short study of uxorilocal sons-in-law in the Song]. In Yanagida Setsuko sensei koki kinen Chûgoku no dentô shakai to kazoku [Traditional Chinese society and family: a festschrift in celebration of the seventieth birthday of Professor Yanagida Setsuko], ed. Ihara Hiroshi. Tokyo: Kyûko shoen, 1993, pp. 347 – 363.

Keightley, David. "Early Civilization in China: Reflections on How It Became Chinese." In Heritage of China: Contemporary Perspectives on Chinese Civilization. ed. Paul Ropp. Berkeley: University of California Press, 1990, pp. 15 – 54.

Kelleher, Theresa. "Reflections on Persons at Hand: The Position of Women in Ch'eng-Chu Neo-Confucianism." Paper presented at Annual Meeting of the Association for Asian Studies, March 22 – 24, 1985. Philadelphia.

—— "Confucianism." In Women in World Religions, ed. Arvind Sharma. Albany: State University of New York Press, 1987, pp. 135 – 159.

Kessler, Adam. Empires beyond the Great Wall: The Heritage of Genghis Khan. Los Angeles: Natural History Museum of Los Angeles County, 1993.

Kinugawa Tsuyoshi 衣川強. "Sôdai no hôkyû ni tsuite: bunshin kanryô o chûshin toshite"宋代の俸給について文臣官僚を中心として［Song dynasty salaries: with emphasis on civil officials］. Tôhô gakuhô 41（1970）.

———"Kanryô to hôkyû: Sôdai no hôkyû ni tsuite zokkô"官僚の俸給宋代の俸給について續考［Officials and salaries: further research on Song dynasty salaries］. Tôhô gakuhô 42（1971）.

———"Shushi shôden"朱子小傳［A short biography of Zhu Xi］. Kôbe shôka daigaku jinbun ronshû 神户商科大學人文論集［Essays in the humanities, Kobe College of Commercial Science］15: 1（1979）.

———ed. Ryû Shiken hakushi shôju kinen Sôshi kenkyû ronshû 劉子健博士頌壽紀念宋史研究論集［Collected studies in Song history dedicated to Professor James T. C. Liu in celebration of his seventieth birthday］. Tokyo: Dôhôsha, 1989.

Ko, Dorothy. Teachers of the Inner Chambers: Women and Culture in Seventh-Century China. Stanford, Calif.: Stanford University Press, 1994.

Kobayashi Takashiro 小林高四郎 and Okamoto Keiji 岡本敬二, eds. Tsûsei jôkaku no kenkyû yakuchû 通制条格の研究譯註［Translation and commentary of the Tongzhi tiaoge］, 3 vols. Tokyo: Kokushohan kôkai, 1964 – 1976.

Kracke, E. A. Civil Service in Early Sung China: 960 – 1067. Cambridge, Mass.: Harvard University Press, 1953.

———"Family versus Merit in Chinese Civil Service Examinations under the Empire." Harvard Journal of Asiatic Studies 10（1947）, pp. 105 – 123.

Kuhn, Dieter. "Decoding Tombs of the Song Elite." In Burial in Song China, ed. Dieter Kuhn. Heidelberg: Edition Forum, 1994, pp. 11 – 160.

Kulp, Daniel. Country Life in China: The Sociology of Familism. New York: Teacher's College, Columbia University, 1925.

Lanciotti, Lionello, ed. Il Diritto in Cina: Teoria e Applicazioni Durante le Dinastie Imperiali e Problematica del Diritto Cinese Contemporaneo. Florence: Leo S. Olschki Editore, 1978.

———ed. La Donna Nella Cina Imperiale e Nella Cina Repubblicana. Florence: Leo S. Olschki Editore, 1980.

Lang, Olga. Chinese Family and Society. New Haven, Conn.: Yale University Press, 1946.

Laslett, Peter. World We Have Lost. London: Methuen and Co., 1979.

Latham, Ronald, trans. The Travels of Marco Polo. New York: Penguin Books, 1980.

Lau Nap-yin [Liu Li-yen] 柳立言. "Qiantan Songdai funü de shoujie yu zaijia" 浅谈宋代妇女的守节与再嫁 [A brief discussion of chastity and remarriage of Song women]. Xin shixue 2: 4 (1991), pp. 37–76.

——"Songdai tongju zhidu xia de suowei 'gongcai'" 宋代同居制度下的所谓共财 [So-called "common property" under the co-residence system of the Song]. Zhongyang yanjiu yuan, lishi yuyan yanjiu suo jikan 65: 2 (1994), pp. 253–305.

Lee, Thomas H. C. Government, Education, and Examinations in Sung China. Hong Kong: Chinese University Press, 1985.

——"Neo-Confucian Education in Chien-yang, Fu-chien, 1000–1400: Academies, Society and the Development of Local Culture." In Guoji zhuzi xuehui yilun wenji 国际朱子学会议论文集 [Procedings of the International Zhu Xi Conference]. Taipei: Zhongyang yanjiu yuan, Zhongguo wenzhe yanjiu suo [Academia Sinica, Institute of Literature and Philosophy], 1993, pp. 945–996.

Legge, James, trans. Li Chi: Book of Rites. 2 vols. New York: University Books, 1967. (orig. Li Ki, Oxford University Press, 1885, as Vols 27 and 28 of Sacred Books of the East).

——trans. The She King or Book of Poetry, Vol. 4 of The Chinese Classics. Oxford University Press, 1871; reprint, Hong Kong: Hong Kong University Press, 1961.

Levy, Howard. Chinese Footbinding: The History of a Curious Custom. New York: Walton Rawls, 1966.

Linck, Gudula. Zur Sozialgeschichte der Chinesischen Familie im 13. Jahrhundert: Untersuchungen am "Ming-gong shu-pan qing-ming ji" [Toward a social history of the Chinese family in the thirteenth century: research on the Ming-gong shupan qingming ji]. Stuttgart: Franz Steiner Verlag, 1986.

Liu, James T. C. Reform in Sung China: Wang An-shih (1021 – 1086) and his New Policies. Cambridge, Mass.: Harvard University Press, 1959.

Liu Jingzhen 刘静贞. "Nü wu waishi? Muzhibeiming zhong suojian zhi Beisong shidafu shehui zhixu linian" 女无外事? 墓志碑铭中所见之北宋士大夫社会秩序理念 [Women do not attend to outside affairs? Northern Song literati concepts of social order as seen in funerary inscriptions]. Funü yu liangxing xuekan 妇女与两性学刊 no. 4 (March 1993), pp. 21 – 46.

Mann, Susan. "Widows in the Kinship, Class, and Community Structures of Qing Dynasty China." Journal of Asian Studies 46: 1 (Feb. 1987), pp. 37 – 56.

——Precious Records: Women in China's Long Eighteenth Century. Stanford, Calif.: Stanford University Press, 1997.

McDermott, Joseph. "Charting Blank Spaces and Disputed Regions: The Problem of Sung Land Tenure." Journal of Asian Studies 44: 1 (Nov. 1984), pp. 13 – 41.

—— "The Chinese Domestic Bursar." Ajia kenkyû kai (Tokyo), no. 2 (Nov. 1990), pp. 284 – 267.

—— "Family Financial Plans of the Southern Sung." Asia Major 3rd series, 4: 2 (1991), pp. 15 – 78.

—— "Equality and Inequality in Sung Family Organization: Some Observations on Chao Ting's Family Instructions." In Yanagida Setsuko sensei koki kinen: Chûgoku no dentô shakai to kazoku [Traditional Chinese society and family: a festschrift in celebration of the seventieth birthday of Professor Yanagida Setsuko], ed. Ihara Hiroshi. Tokyo: Kyûko shoin, 1993), pp. 1 – 21.

—— "Land, Labor, and Lineage in Southeast China: The Case of the Shanhe Chengs of Qimen County, Huizhou." In The Song-Yuan-Ming Transition in Chinese History, ed. Paul Smith and Richard von Glahn. Berkeley: University of California Press, forthcoming 2001.

McKnight, Brian. Village and Bureaucracy in Southern Sung China. Chicago: University of Chicago Press, 1971.

—— "From Statute to Precedent: An Introduction to Sung Law and its Transformation." In Law and the State in Traditional East Asia, ed. Brian McKnight. Honolulu: University of Hawaii Press, 1987, pp. 111 – 132.

——Law and Order in Sung China. Cambridge: Cambridge University Press, 1992.

—— "Chinese Law and Legal Systems: Five Dynasties and Sung." Draft chapter for Cambridge History of China (1989 version). Cambridge: Cambridge University Press, forthcoming.

——The Washing Away of Wrongs: Forensic Medicine in Thirteenth-Century China. Ann Arbor: Center for Chinese Studies, University of Michigan, 1981.

—— "Mandarins as Legal Experts: Professional Learning in Sung China." In Neo-Confucian Education: The Formative Stage, ed. Wm. Theodore de Bary and John Chaffee. Berkeley: University of California Press, 1989, pp. 493 – 516.

—— "Divorce in Sung China." In Proceedings of the Second Symposium on Sung History (Di er jie Songshi xueshu yantao hui lunwen ji 第二届宋史学术研讨会论文集). Taipei: Zhongguo wenhua daxue shixue yanjiu suo, 1996.

—— "Who Gets It When you Go: The Legal Consequences of the Ending of Family Lines (juehu) in the Song Dynasty (960 – 1279)." Journal of the Economic and Social History of the Orient. Forthcoming.

——and James T. C. Liu, trans. The Enlightened Judgments: Ch'ing-ming Chi, The Sung Dynasty Collection. Albany: State University of New York Press, 1999.

McMullen, David. "Bureaucrats and Cosmology: The Ritual Code of T'ang China." In Rituals of Royalty: Power and Ceremonial in Traditional Societies. ed. David Cannadine and Simon Price. Cambridge: Cambridge University Press, 1987.

——State and Scholars in T'ang China. Cambridge: Cambridge University Press, 1988.

McMullen, James I. "Non-Agnatic Adoption: A Confucian Controversy in Seventeenth and Eighteenth Century Japan." Harvard Journal of Asiatic Studies 35 (1975), pp. 130 – 189.

Min shangshi xiguan diaocha baogao lu 民商事习惯调查报告录 [Report of

an investigation of business practices among the people]. N. p. : Zhonghua minguo sifa xingzheng bu, 1930.

Miyazawa Hisayuki. "An Outline of the Naitô Hypothesis and Its Effects on Japanese Studies of China." Far Eastern Quarterly 14: 4 (1955), pp. 533 – 552.

Miyazaki Ichisada 宮崎市定. "Sôdai kansei josetsu: Sôshi shokkan shi o ika ni yomubeki ka" 宋代官制序説—宋史職官志を如何に讀むべきか [An introduction to the bureaucratic system of the Song: how should one read the "Monograph on Bureaucracy" of the Song Dynastic History?]. In Sôshi shokkanshi sakuin 宋史职官志索引 [Index to the Monograph on Bureaucracy of the Song Dynastic History], ed. Saeki Tomi. Kyoto: Kyôto daigaku Tôyôshi kenkyûkai, 1963, pp. 1 – 57.

—— "Sôdai igo no tochi shoyû keitai" 宋代以後の土地所有形體 [Forms of landholding from the Song on]. In Ajia shi kenkyû アジア史研究 [Studies in Asian history]. Vol. 4. Kyoto: Tôyôshi kenkyûkai, 1964, pp. 87 – 129.

—— "SôGen jidai no hôsei to saiban kikô: Gentenshô seiritsu no jidaiteki shakaiteki haikei" 宋元時代の法制と裁判機構—元典章成立の時代的社會的背景 [The structure of law and trial prodecure in the Song and Yuan: the historical and social background of the Yuan dianzhang]. "In Ajiashi kenkyû" アジア史研究 [Studies in Asian history] Vol. 4. Kyoto: Dôhôsha, 1975; 170 – 305. (Orig. Tôhô gakuhô 1954)

—— "The Administration of Justice during the Sung Dynasty." In Essays on China's Legal Tradition, ed. Jerome Cohen, Randle Edwards, and Fu-mei Chang Chen. Princeton, N. J. : Princeton University Press, 1980, pp. 56 – 75.

Morgan, David. The Mongols. Oxford: Blackwell, 1986.

Morita Kenji 森田憲司. "SôGen jidai ni okeru shûfu" 宋元時代における修譜 [The compilation of genealogies in the Song-Yuan period]. Tôyôshi kenkyû 37: 4 (1979), pp. 27 – 53.

Morohashi Tetsuji 諸橋轍次. Dai kanwa jiten 大漢和辭典 [Comprehensive Chinese-Japanese Dictionary]. 13 Vols. Tokyo: Taishûkan, 1960.

Mote, Frederick W. "Chinese Society under Mongol Rule, 1215 – 1368." In The Cambridge History of China, Vol. 6, Alien Regimes and Border States,

907 – 1368, ed. Herbert Franke and Denis Twitchett. Cambridge: Cambridge University Press, 1994, pp. 616 – 664.

——Imperial China 900 – 1800. Cambridge, Mass.: Harvard University Press, 1999.

Moule, A. C. and Paul Pelliot, trans. and eds., Marco Polo: The Description of the World. London: Routledge and Sons, 1938.

Nagasawa Noritsune 長澤規矩也. "Hampon kaisetsu" 版本解説 [An explanation of the edition]. Postface to Meikô shohan seimeishû 名公书判清明集 [Collection of decisions by famous judges to clarify and enlighten], pp. 1 – 2. Reprint of Song ed. of Qingming ji held in Seikadô library, Tokyo, Japan. Tokyo: Koten kenkyûkai, 1964.

Nagata Mie 永田三枝. "NanSôki ni okeru josei no zaisanken ni tzuite" 南宋期における女性の財産權について [Women's property rights in the Southern Song]. Hokudai shigaku 北大史学 31 (Aug. 1991), pp. 1 – 15.

Naitô Torajirô 内藤虎次郎. "Gaikakuteki TôSô jidai kan" 概括的唐宋時代觀 [Some general observations about the Tang-Song period]. Rekishi to chiri 9: 5 (1922), pp. 1 – 12.

Nakada Kaoru 中田薫. "TôSô jidai no kazoku kyôsan sei" 唐宋時代の家族共産制 [The communal property system of the family in the Tang and Song]. In Hôseishi ronshû 法制史論集 [Collected essays on legal history], Vol. 3, Pt. 2. Tokyo: Iwanami Shoten, 1943; reprint 1985, pp. 1295 – 1360.

——Hôseishi ronshû 法制史論集 [Collected essays on legal history], 4 vols. Tokyo: Iwanami Shoten, 1943; reprint 1985.

Nakagawa Tadahide 中川忠英. Shinzoku kibun 清俗紀聞 [Accounts of Qing customs]. Tokyo: 1799. Copy held by Marquand Library of Art and Archaeology, Princeton Univerisity Library.

Neskar, Ellen. "The Cult of Worthies: A Study of Shrines Honoring Local Confucian Worthies in the Sung Dynasty (960 – 1279)." Ph. D. dissertation, Columbia University, 1993.

Niida Noboru 仁井田陞. TôSô hôritsu bunsho no kenkyû 唐宋法律文書の研究 [Studies of Tang-Song legal documents]. Tokyo: Tôhô bunka gakuin,

1937; reprint Tôkyô daigaku shuppankai, 1983.

——Tôryô shûi 唐令拾遺 [Collected remnants of the Tang statutes]. 1933; reprint, Tokyo: Tôkyô daigaku shuppankai, 1983.

——Chûgoku mibunhô shi 中國身份法史 (original title: Shina mibunhô shi 支那身份法史) [History of personal status law in China]. 1942; reprint, Tokyo: Tôkyô daigaku shuppankai, 1983.

——Chûgoku hôseishi kenkyû 中国法制史研究 [Studies in Chinese legal history]. Vol. 1: Keihô 刑法 [Criminal law]. Tokyo: Tôkyô daigaku shuppankai, 1959; reprint 1991.

——Chûgoku hôseishi kenkyû 中國法制史研究. Vol 2: Tochihô, torihikihô 土地法, 取引法 [Law of land, law of transactions]. Tokyo: Tôkyô daigaku shuppankai, 1960; reprint 1991.

——Chûgoku hôseishi kenkyû 中國法制史研究. Vol. 3: Dorei nôdohô, kazoku sonrakuhô 奴隸農奴法, 家族村落法 [Law of slave and serf, law of family and village]. Tokyo: Tôkyô daigaku shuppankai, 1962; reprint 1991.

——Chûgoku hôseishi kenkyû 中國法制史研究. Vol. 4: Hô to kanshû, hô to dôtoku 法と慣習, 法と道德 [Law and custom; law and morality]. Tokyo: Tôkyô daigaku shuppankai, 1964; reprint 1991.

——"Eiraku Taitenbon Seimeishû ni tsuite" 永樂大典版清明集について [On the Yongle dadian edition of the Qingming ji]. In Chûgoku hôseishi kenkyû, Vol. 4: Hô to kanshû; hô to dôtoku, pp. 437–441.

——"Hoppô minzokuhô to Chûgokuhô to no kôshô (1): Kindai keihô kô" 北方民族法と中國法との交涉 (一): 金代刑法考 [The relation between Chinese law and the law of the Northern peoples (1): a study of Jin dynasty penal law]. In Chûgoku hôseishi kenkyû, Vol. 1: Keihô. Tokyo: Tôkyô daigaku shuppankai, 1959; reprint 1991, pp. 453–524.

——"Gentenshô no seiritzu to Daitokutenshô" 元典章の成立と大德典章 [The Dade dianzhang and the origins of the Yuan dianzhang]. In Chûgoku hôseishi kenkyû, Vol. 4. Tokyo, 1964, pp. 181–199.

——"Meikô shohan seimeishû kaidai" 名公書判清明集解題 [Explanatory notes on the Qingming ji]. Postface to Meikô shohan seimeishû 名公書判清

明集 [Collection of decisions by famous judges to clarify and enlighten], pp. 3 – 6. Reprint of Song ed. of Qingming ji held in Seikadô library, Tokyo, Japan. Tokyo: Koten kenkyûkai, 1964.

Ocko, Jonathan. "Women, Property, and Law in the People's Republic of China." In Marriage and Inequality in Chinese Society, ed. Rubie Watson and Patricia Ebrey. Berkeley: University of California Press, 1991, pp. 313 – 346.

Ogawa Tamaki et al. 小川環樹 Shinjigen 新字源 [A new Origin of Characters]. Tokyo: Kadokawa shoten, 1968.

O'Hara, Albert. The Position of Women in Early China: According to the Lieh-nü chuan "The Biographies of Eminent Chinese Women." Westport, Conn.: Hyperion Press, 1945; reprint 1981.

Ortner, Sherry. "Is Female to Male as Nature Is to Culture?" In Women, Culture, and Society, ed. Michelle Rosaldo and Louise Lamphere. Stanford, Calif.: Stanford University Press, 1974, pp. 67 – 87.

Oshima Ritsuko 大島立子. "Genchô no 'josei' ni tsuite" 元朝の女婿について [On uxorilocal sons-in-law in the Yuan]. Shiron 43 (1990), pp. 76 – 90.

Overmyer, Daniel. Folk Buddhist Religion. Cambridge, Mass.: Harvard University Press, 1976.

Peterson, Charles A. "Old Illusions and New Realities: Sung Foreign Policy, 1217 – 1234." In China among Equals, ed. Morris Rossabi. Berkeley: University of California Press, 1983, pp. 204 – 239.

Qi Xia 漆俠. "Songyuan shiqi Puyang Zhengshi jiazu zhi yanjiu" 宋元时期濮阳郑氏家族之研究 [A study of the Zheng family of Puyang in the Song and Yuan periods]. In Ryû Shiken hakushi shôju kinen Sôshi kenkyû ronshû [Collected studies in Song history dedicated to Professor James T. C. Liu in celebration of his seventieth birthday], ed. Kinugawa Tsuyoshi. Tokyo: Dôhôsha, 1989, pp. 159 – 166.

Quzhou shi wenguan hui 衢州市文管会. "Zhejiang Quzhou shi Nansong mu chutu qiwu" 浙江衢州市南宋墓出土器物 [Items excavated from a Southern Song tomb in Quzhou, Zhejiang]. Kaogu, no. 11 (1983), pp. 1004 – 1011,

1018.

　　Ratchnevsky, Paul. "The Levirate in the Legislation of the Yuan Dynasty. " In Tamura hakushi shoju tôyôshi ronso [Asiatic studies in honor of Dr. Tamura Jitsuzô on the occasion of his sixty-fourth birthday]. Tokyo: Dôhôsha, 1968, pp. 45 – 62.

　　——Un Code des Yüan, 4 vols. Paris: Collège de France, Institut des Hautes Etudes Chinoises, 1972 – 1985 (Vol. 1 orig. Paris: Ernest Leroux, 1937).

　　——Genghis Khan: His Life and Legacy. Trans. by Thomas Haining. Oxford: Blackwell, 1991.

　　—— "Jurisdiction, Penal Code, and Cultural Confrontation under Mongol-Yüan Law. " Asia Major, 3rd series, 4: 1 (1993), pp. 161 – 179.

　　Riasanovsky, Valentin. Fundamental Principles of Mongol Law. Indiana University Publications, Uralic and Altaic Series, Vol. 43, 1965.

　　Rockhill, William, trans. The Journey of William of Rubruck to the Eastern Parts of the World, 1253 – 1255, as Narrated by Himself. Nendeln, Liechtenstein: Kraus Reprint Ltd. , 1967 (orig. London: Hakluyt Society, 1900).

　　Rosaldo, Michelle. "Women, Culture, and Society: A Theoretical Overview. " In Women, Culture, and Society, ed. Michelle Rosaldo and Louise Lamphere. Stanford, Calif. : Stanford University Press, 1974, pp. 17 – 42.

　　Rossabi, Morris. "Khubilai Khan and the Women in His Family. " In Studia Sino-Mongolica: Festschrift für Herbert Franke, ed. Wolfgang Bauer. Wiesbaden: Franz Steiner Verlag, 1979.

　　——Khubilai Khan: His Life and Times. Berkeley: University of California Press, 1988.

　　——ed. China among Equals: The Middle Kingdom and Its Neighbors, 10th – 14th Centuries. Berkeley: University of California Press, 1983.

　　Rubruck, William of. See Rockhill, trans.

　　Sa, Sophie. "Marriage among the Taiwanese of Pre-1945 Taipei. " In Family and Population in East Asian History, ed. Susan Hanley and Arthur Wolf. Stanford, Calif. : Stanford University Press, 1985, pp. 277 – 308.

Sadachi Haruto 佐立治人. "Seimeishû no 'hôi' to 'ninjô:' Soshô tôjisha ni yoru hôritsu kaishaku no konseki" 清明集の"法意"と"人情"—訴訟當事者による法律解釋の痕跡 ["Law" and "human feelings" in the Qingming ji: Evidence for the interpretation of the law by the parties to a lawsuit]. In Chûgoku kinsei no hôsei to shakai 中國近世の法制と社會 [Law and society in early modern China], ed. Umehara Kaoru. Kyoto: Kyôto Daigaku Jinbun Kagaku Kenkyûjo, 1993, pp. 293 – 334.

Schafer, Edward. The Empire of Min. Rutland, Vt. : Charles E. Tuttle, 1954.

Schirokauer, Conrad. "Neo-Confucians under Attack: The Condemnation of Wei-hsüeh." In Crisis and Prosperity in Sung China, ed. John Winthrop Haeger. Tucson: University of Arizona Press, 1975, pp. 163 – 198.

—— "Chu Hsi and Hu Hung." In Chu Hsi and Neo-Confucianism, ed. Wing-tsit Chan. Honolulu: University of Hawaii Press, 1986, pp. 480 – 502.

——and Robert Hymes. "Introduction." In Ordering the World: Approaches to State and Society in Sung Dynasty China, ed. Robert Hymes and Conrad Schirokauer. Berkeley: University of California Press, 1993, pp. 1 – 58.

Schottenhammer, Angela. "Characteristics of Song Epitaphs." In Burial in Song China, ed. Dieter Kuhn. Heidelberg: Edition Forum, 1994, pp. 253 – 306.

Schurmann, Herbert F. Economic Structure of the Yüan Dynasty: Translation of Chapters 93 and 94 of the Yüan shih. Harvard-Yenching Institute Series, Vol. 16. Cambridge, Mass. : Harvard University Press, 1956.

Scogin, Hugh. "Between Heaven and Man: Contract and the State in Han Dynasty China." Southern California Law Review 63: 5 (July 1990), pp. 1325 – 1404.

Scott, Joan. Gender and the Politics of History. New York: Columbia University Press, 1988.

Serruys, Henry. "Remains of Mongol Customs in China during the Early Ming Period." Monumenta Serica 16 (1957). Reprinted in The Mongols and Ming China: Customs and History. London: Variorum Reprints, 1987.

Shammas, Carole, Marylynn Salmon, and Michel Dahlin. Inheritance in America from Colonial Times to the Present. New Brunswick, N. J. : Rutgers University Press, 1987.

Shiba Yoshinobu 斯波義信. Sôdai shôgyôshi kenkyû 宋代商業史研究 [A study of Song Commerce]. Tokyo: Kazama shobô, 1968.

——Commerce and Society in Sung China. Trans. and ed. Mark Elvin. Ann Arbor: Center for Chinese Studies, University of Michigan, 1970.

—— "Urbanization and the Development of Markets in the Lower Yangtze Valley." In Crisis and Prosperity in Sung China, ed. John Haeger. Tuscon: University of Arizona Press, 1975, pp. 13 – 48.

——Sôdai Kônan keizaishi no kenkyû 宋代江南經濟史の研究 [Studies in the economy of the lower Yangzi in the Song]. Tokyo: Tôkyô daigaku Tôyôbunka kenkyûjo, 1988.

Shiga Shûzô 滋贺秀三, Chûgoku kazokuhô no genri 中國家族法的原理 [Principles of the Chinese family system]. Tokyo: Sôbunsha, 1967; reprint 1981.

—— "Chûgoku kazokuhô hokô" 中國家族法補考 [A supplementary study of the Chinese family system]. Kokka gakkai zasshi 4 parts. 67: 5 (Nov. 1953), pp. 1 – 31; 67: 9 (Aug. 1954), pp. 54 – 83; 67: 11 (Oct. 1954), pp. 89 – 123; 68: 7 (March 1955), pp. 33 – 57.

—— "Family Property and the Law of Inheritance in Traditional China." In Chinese Family Law and Social Change, ed. David Buxbaum. Seattle: University of Washington Press, 1978, 109 – 150.

Skinner, G. William. "Introduction: Urban Development in Imperial China." In The City in Late Imperial China, ed. G. William Skinner. Stanford, Calif. : Stanford University Press, 1977.

Smith, John M. "Mongol and Nomadic Taxation." Harvard Journal of Asiatic Studies 30 (1970), pp. 46 – 86.

Smith, Paul. Taxing Heaven's Storehouse: Horses, Bureaucrats, and the Destruction of the Sichuan Tea Industry 1074 – 1224. Cambridge, Mass. : Harvard University Press, 1991.

—— "Fear of Gynarchy in an Age of Chaos: Kong Qi's Reflections on Life in South China under Mongol Rule." Journal of the Economic and Social History of the Orient 41: 1 (1998), pp. 1–95.

So, Billy Kee-long. "Economic Developments in South Fukien, 946–1276." Ph. D. dissertation, Australian National University, 1982.

Steele, John, trans. The I-li or Book of Etiquette and Ceremonial, 2 vols. London: Probsthain & Co., 1917.

Stone, Lawrence. "The Education Revolution in England, 1560–1640." Past and Present 28 (July 1964), pp. 41–80.

Sudô Yoshiyuki 周藤吉之. Sôdai kanryôsei to daitochi shoyû 宋代官僚制と大土地所有 [The Song bureaucracy and large land holding]. Tokyo: Nihon hyôronsha, 1950.

——Chûgoku tochi seidoshi kenkyû 中國土地制度史研究 [Studies of the history of the Chinese land system]. Tokyo: Tôkyô daigaku shuppansha, 1954.

——Sôdai keizaishi kenkyû 宋代經濟史研究 [Studies on Song economic history]. Tokyo: Tôkyô daigaku shuppankai, 1962.

——TôSô shakai keizaishi kenkyû 唐宋社會經濟史研究 [Studies in the social economy of the Tang and Song]. Tokyo: Tôkyô daigaku shuppankai, 1965.

Sun, E-tu Zen, and J. de Francis, eds. Chinese Social History: Translations of Selected Studies. Washington, D. C.: American Council of Learned Societies, 1956.

Swann, Nancy Lee. Pan Chao: Foremost Woman Scholar of China. New York: Century Co., 1932.

Tai Yen-hui. "Divorce in Traditional Chinese Law." In Chinese Family Law and Social Change, ed. David Buxbaum. Seattle: University of Washington Press, 1978, pp. 75–106.

Takahashi Yoshio 高橋芳郎. "Oya o nakushita musumetachi: NanSôki no iwayuru joshi zaisanken ni tsuite" 親を亡くした女たち—南宋期のいわゆる女子財產權について [Daughters whose parents have died: so-called property rights of daughters in the Southern Song period]. Tôhoku daigaku: Tôyôshi ronshû 6 (Jan. 1995), pp. 343–372.

Tanaka Kenji 田中謙二. "Gentenshô bunsho no kôsei" 元典章文書の構成 [The composition of the documents in the Yuan dianzhang]. Tôyôshi kenkyû 23: 4 (March 1965), pp. 92 – 117.

—— "Gentenshô ni okeru Môbun chokuyakutai no bunshô" 元典章における蒙文直譯体の文章 [Direct translation from Mongolian in the Yuan dianzhang] In Yoshikawa Kôjirô and Tanaka Kenji, Gentenshô no buntai 元典章の文體 [The language of the Yuan dianzhang]. Kyoto: Kyôto daigaku jinbun kagaku kenkyûjo, 1964, pp. 47 – 161. (This book is published as a supplement to Gentenshô keibu dai issatsu [The Ministry of Punishments section of the Yuan dianzhang, Vol. One], ed. Iwamura Shinobu and Tanaka Kenji. Kyoto: Kyoto Daigaku Jinbun kagaku kenkyûjo, 1964.)

Tao Jingshen 陶晋生. "Beisong funü de zaijia yu gaijia" 北宋妇女的再嫁与改嫁 [Remarriage and second marriage for women in the Northern Song]. Xin shi xue 6: 3 (1995), pp. 1 – 28.

Tao, Jing-shen. The Jurchen in Twelfth Century China. Seattle: University of Washington Press, 1976.

——Two Sons of Heaven: Studies in Sung-Liao Relations. Tucson: University of Arizona, 1988.

ter Haar, Barend J. The White Lotus Teachings in Chinese Religious History. Leiden: E. J. Brill, 1992.

Tietze, Peter. "The Liao." In The Cambridge History of China, Vol. 6, Alien Regimes and Border States, 907 – 1368, ed. Herbert Franke and Denis Twitchett. Cambridge: Cambridge University Press, 1994, pp. 43 – 153.

Tillman, Hoyt. Confucian Discourse and Chu Hsi's Ascendancy. Honolulu: University of Hawaii Press, 1992.

—— "Intellectuals and Officials in Action: Academies and Granaries in Sung China." Asia Major 3rd series, 4: 2 (1991), pp. 1 – 14.

—— "A New Direction in Confucian Scholarship: Approaches to Examining the Differences between Neo-Confucianism and Tao-hsüeh." Philosophy East and West 42: 3 (July 1992), pp. 455 – 474.

—— "The Uses of Neo-Confucianism, Revisited: A Reply to Professor de

Bary." In Philosophy East and West 42: 1 (1994).

Tillman, Hoyt Cleveland, and Stephen H. West, eds. China under Jurchen Rule. Albany: State University of New York Press, 1995.

Twitchett, Denis. "The Fragment of the T'ang Ordinances of the Department of Waterways Discovered at Tun-huang." Asia Major, 2nd series, 6: 1 (1957), pp. 23 – 79.

—— "The Fan Clan's Charitable Estate, 1050 – 1760." In Confucianism in Action, ed. David Nivison and Arthur Wright. Stanford, Calif.: Stanford University Press, 1959, pp. 97 – 133.

—— Land Tenure and the Social Order in T'ang and Sung China. London: Oxford University Press, 1962.

—— "Merchant, Trade, and Government in Late T'ang." Asia Major 14: 4 (1968), pp. 63 – 93.

—— Financial Administration under the T'ang Dynasty. Cambridge: Cambridge University Press, 1963; reprint 1970.

—— Printing and Publishing in Medieval China. New York: Frederic Beil, 1983.

—— The Writing of Official History Under the T'ang. Cambridge: Cambridge University Press, 1992.

—— and Herbert Franke, eds. The Cambridge History of China, Vol. 6, Alien Regimes and Border States, 907 – 1368. Cambridge: Cambridge University Press, 1994.

Ueda, S. "Li Kou." In Sung Biographies, ed. Herbert Franke. Wiesbaden: Franz Steiner Verlag, 1976, pp. 574 – 575.

Uematsu, Tadashi. "Institutions of the Yüan Dynasty and Yüan Society." Gest Library Journal 5: 1 (Spring 1992), pp. 57 – 69.

Umehara Kaoru 梅原郁. "NanSô Kainan no tochi seido shitan—eiden, tonden o chûshin ni" 南宋淮南の土地制度試探—營田屯田を中心に¿Á·–§Ÿ·–§§§fl2 [On landownership in Huainan under the Southern Song: civil land and military land]. Tôyôshi kenkyû 21: 4 (March 1963), pp. 26 – 57.

—— "Chang Yung." In Sung Biographies, ed. Herbert Franke. Wiesbaden: Franz Steiner Verlag, 1976, pp. 48 – 50.

——Sôdai kanryô seido kenkyû 宋代官僚制度研究 [A study of the bureaucratic system in the Song]. Kyoto: Dôhôsha, 1985.

——ed. Chûgoku kinsei no hôsei to shakai 中國近世の法制と社會 [Law and society in early modern China]. Kyôto: Kyôto Daigaku Jinbun Kagaku Kenkyûjo, 1993: Kyôto.

——trans. Meikô shohan seimeishû yakuchû 名公書判清明集譯注 [Translation with notes of the Qingmng ji (QMJ)]. Kyoto: Dôhôsha, 1986.

Vittinghoff, Helmolt. "Lu Tien." In Sung Biographies, ed. Herbert Franke. Wiesbaden: Franz Steiner Verlag, 1976, pp. 687 – 691.

von Glahn, Richard. "Community and Welfare: Chu Hsi's Community Granary in Theory and Practice." In Ordering the World: Approaches to State and Society in Sung Dynasty China, ed. Robert Hymes and Conrad Schirokauer. Berkeley: University of California Press, 1993, pp. 221 – 254.

——Fountain of Fortune: Money and Monetary Policy in China, 1000 – 1700. Berkeley: University of California Press, 1996.

Waley, Arthur, trans. Book of Songs. 1937. Reprint, New York: Grove Press, 1960.

Waltner, Ann. "Widows and Remarriage in Ming and Early Qing China." In Women in China, ed. Richard Guisso and Stanley Johannesen. Youngstown, N. Y. : Philo Press, 1981, pp. 129 – 146.

——Getting an Heir: Adoption and the Construction of Kinship in Late Imperial China. Honolulu: University of Hawaii Press, 1990.

Walton, Linda. "Kinship, Marriage, and Status in Sung China: A Study of the Lou Lineage of Ningbo c. 1050 – 1250." Journal of Asian History 18: 1 (1984), pp. 35 – 77.

Wan Kuo-ting. "The System of Equal Land Allotments in Medieval Times." In Chinese Social History: Translations of Selected Studies, ed. E-tu Zen Sun and J. de Francis. Washington, D. C. : American Council of Learned Societies, 1956.

Wang Gungwu. "The Rhetoric of a Lesser Empire: Early Sung Relations with Its Neighbors. " In China among Equals, ed. Morris Rossabi. Berkeley: University of California Press, 1983, pp. 47 – 65.

Wang Yunhai 王云海. Song huiyao jigao kaojiao 宋会要辑稿考校 [An Examination of the Song huiyao]. Shanghai: Guji chuban she, 1986.

Watanabe Hiroyoshi 渡辺紘良. "Junki matzunen no Kenneifu: shasôgome no konrai to tairyô to" 淳熙末年の建寧府—社倉米の昏賴と貨糧と [Jianningfu in the late 12th century: abuses in the borrowing and lending of community granary rice]. In Nakajima Satoshi sensei koki kinen ronshû 中島敏先生古稀紀念論集 [Studies on Asian history dedicated to Prof. Satoshi Nakajima on his seventieth birthday] Vol. 2. Tokyo: Kaimeidô, 1981, pp. 195 – 217.

——— "Local Shih-ta-fu in the Sung. " Acta Asiatica no. 50 (1986), pp. 54 – 72.

Watson, James. Emigration and the Chinese Lineage: The Mans in Hong Kong and London. Berkeley: University of California Press, 1975.

Watson, Rubie. "Women's Property in Republican China: Rights and Practices. " Republican China no. 10 (1984), pp. 1 – 12.

——— "Afterword: Marriage and Gender Inequality. " In Marriage and Inequality in Chinese Society, ed. Rubie Watson and Patricia Ebrey. Berkeley: University of California Press, 1991, pp. 347 – 368.

Wei Tian'an 魏天安. "Songdai hujue tiaoguan kao" 宋代户绝条贯考 [An examination of "Regulations on Cut-off Households" in the Song]. Zhongguo jingji shi yanjiu no. 3 (Sept. 1988), pp. 31 – 38.

Wilbur, C. Martin. Slavery in China during the Former Han Dynasty. Chicago: Field Museum of Natural History, 1943.

Wilkinson, Endymion. The History of Imperial China: A Research Guide. Harvard East Asian Monographs, no. 49. Cambridge, Mass.: Harvard University Press, 1973.

Wilson, Thomas. Genealogy of the Way: The Construction and Uses of the Confucian Tradition in Late Imperial China. Stanford, Calif.: Stanford University Press, 1995.

Wittfogel, Karl A., and Feng Chia-sheng. History of Chinese Society, Liao

(907 – 1125). Philadelphia: American Philosophical Society, 1949; reprint 1961.

Wolf, Arthur. "Women, Widowhood, and Fertility in Pre-modern China." In Marriage and Remarriage in Populations of the Past, ed. Jacques Dupâquier et al. London and New York: Academic Press, 1981.

Wolf, Margery. The House of Lim: a Study of a Chinese Farm Family. Englewood Cliffs, N. J.: Prentice-Hall, 1968.

——Women and the Family in Rural Taiwan. Stanford, Calif.: Stanford University Press, 1972.

Wong, Sun-ming. "Confucian Ideal and Reality: Transformation of the Institution of Marriage in T'ang China." Ph. D. dissertation, University of Washington, 1979.

Wright, Hope. Alphabetical List of Geographic Names in Sung China. Matériaux pour le Manuel de L'Histoire des Song. Paris: École Pratiques des Hautes Études, 1956.

Wrigley, Anthony, and Roger Schofield. Population History of England. Cambridge: Cambridge University Press, 1989.

Wu Tingxie 吴廷燮. Nansong zhifu nianbiao 南宋制抚年表 [Year-by-year record of Southern Song administrators]. Orig. 1918. Reprint combined with Beisong zhifu nianbiao, ed. Zhang Chenshi 张忱石. Beijing: Zhonghua shuju, 1984.

Xing Tie 邢铁. "Songdai de caichan yizhu jicheng wenti" 宋代的财产遗嘱继承问题 [The question of inheritance by testament in the Song]. Lishi yanjiu 6 (December 1992), pp. 54 – 66.

—— "Songdai de liantian he mutian" 宋代的奁田和墓田 [Dowry land and grave land in the Song]. Zhongguo shehui jingji yanjiu, no. 1 (1993), pp. 36 – 53.

Yanagida Setsuko 柳田節子. "Sôdai tochi shoyûsei ni mirareru futatsu no kata: senshin to henkyô" 宋代土地所有制にみられる二つの型—先進と邊境 [Two types of landholding seen in the Song: advanced and frontier]. Tôyô bunka kenkyûjo kiyô, 29 (1963), pp. 95 – 130.

—— "NanSôki kasan bunkatsu ni okeru joshôbun ni tsuite" 南宋期家産分

割における女承分について [Women's inheritance resulting from the division of family property during the Southern Song]. In Ryû Shiken hakushi shôju kinen Sôshi kenkyû ronshû [Collected studies in Song history dedicated to Professor James T. C. Liu in celebration of his seventieth birthday], ed. Kinugawa Tsuyoshi. Tokyo: Dôhôsha, 1989, pp. 213 – 242.

—— "Sôdai joshi no zaisanken" 宋代女子の財産權 [Women's property rights in the Song]. Hôseishi gaku 42 (1990).

—— "Shohô: Nagata Mie, 'NanSôki ni okeru josei no zaisanken ni tzuite'" 書評: 永田三枝 —"南宋期における女性の財産權について" [Review of Nagata Mie, "Women's property rights in the Southern Song"]. Hôseishi kenkyû 42 (1993), pp. 300 – 301.

—— "Sôdai no joko" 宋代の女戶 [Female households in the Song]. In Yanagida Setsuko sensei koki kinen Chûgoku no dentô shakai to kazoku 柳田節子先生古稀紀念中國の傳統社會と家族 [Traditional Chinese society and family: a festschrift in celebration of the seventieth birthday of Professor Yanagida Setsuko], ed. Ihara Hiroshi. Tokyo: Kyûko shoen, 1993, pp. 89 – 106.

—— "Gendai joshi no zaisan shôkei" 元代女子財産繼承 [Women's inheritance in the Yuan]. In SôGen shakai keizaishi kenkyû 宋元社會經濟史研究 [Studies in the social economy of the Song and Yuan]. Tokyo: Sôbunsha, 1995, pp. 261 – 276.

Yang Chung-i. "Evolution of the Status of 'Dependents'." In Chinese Social History: Translations of Selected Studies, ed. E-tu Zen Sun and J. de Francis. Washington, D. C.: American Council of Learned Societies, 1956, pp. 142 – 156.

Yang Yi 杨毅. "Shuo Yuandai de shouji hun" 说元代的收继婚 [Levirate marriage in the Yuan period]. Yuanshi luncong no. 5 (1993), pp. 273 – 281.

Yang, Lien-sheng. Money and Credit in China: A Short History. Cambridge, Mass.: Harvard University Press, 1952.

Yang, Xianyi, and Gladys Yang, trans. The Courtesan's Jewel Box: Chinese Stories of the Xth to XVIIth Centuries. Peking: Foreign Languages Press, 1981.

Yoshikawa Kôjirô 吉川幸次郎 and Tanaka Kenji 田中謙二. Gentenshô no

buntai 元典章の文体 [The language of the Yuan dianzhang]. Kyoto, 1964.

Yao, Esther S. Lee. Chinese Women: Past and Present. Mesquite, Texas: Ide House, 1983.

Yao Dali 姚大力. "Yuanchao keju zhidu de xingfa ji qi shehui beijing" 元朝科举制度的行废及其社会背景 [The operation of the Yuan examination system and its social context]. Yuanshi ji beifang minzu shi yanjiu jikan, no. 6 (1982), pp. 26–59.

——. "Jinmo Yuanchu lixue zai beifang de chuanbo" 金末元初理学在北方的传播 [The dissemination of Neo-Confucianism in north China during the late Jin and early Yuan dynasties]. Yuanshi luncong 2 (1983), pp. 217–224.

Ye Qianzhao 叶潜昭. Jinlü zhi yanjiu 金律之研究 [Studies of the Jin code]. Taipei: Shangwu chuban she, 1972.

Ye Xiaoxin 叶孝信 et al. Zhongguo minfa shi 中国民法史 [History of Chinese civil law]. Shanghai: Renmin chuban she, 1993.

Yilinzhen 亦邻真. Yuandai yingyi gongdu wenti 元代硬译公牍文体 [The language of directly translated official documents of the Yuan]. Yuanshi luncong no. 1. Beijing: Zhonghua shuju, 1982, pp. 164–178.

Yuan Li 袁俐. "Songdai nüxing caichanquan shulun" 宋代女性财产权述论 [A discussion of women's property rights in the Song period]. Hangzhou, 1988. Reprint in Zhongguo funü shi lunji xuji 中国妇女史论集续集 [Continuation of collected essays on the history of Chinese women], ed. Bao Jialin 鲍家麟. Taipei: Daoxiang chuban she, 1991, pp. 173–213.

Zhang Bangwei 张邦炜. "Songdai funü zaijia wenti tantao" 宋代妇女再嫁问题探讨 [An investigation of the question of remarriage of women in the Song]. In Songshi yanjiu lunwen ji 宋史研究论文集 [Collected essays on Song history], ed. Deng Guangming 邓广铭 and Xu Gui 徐规. Hangzhou: Zhejiang guji chuban she, 1987, pp. 582–611.

译 后 记

我与柏清韵教授的结识纯属偶然。本世纪初,柏教授访问北京,到中国社会科学院历史研究所造访一位前辈时,与我在办公室不期而遇。攀谈中得知我的博士学位论文是研究元代的家庭、家族与社会时,柏教授表现出浓厚兴趣。虽然此次接触时间短暂,但彼此均留下深刻印象。回国后,柏教授很快就申请到社科院的访问项目,开始参加由业师陈高华先生主持的《元典章·户部》读书班。读书班最兴旺的时候,有来自中、日、韩、美四个国家的十多位学者,大家荟萃一堂,互相交流,感情日深。2007年底,我有幸申请到国家留学基金委项目,到柏教授所在的南加州大学(USC)东亚研究中心访问一年,在此期间,曾得到柏教授一家的细心照顾,感激之情,难以名状。

柏教授早年曾在日本、中国台湾与大陆旅居游学多年,频繁参加各类学术活动,广泛接触过许多宋元史名家,有着非常扎实的汉学根底。她的著作《宋元时代中国的妇女、财产及儒学应对》,是在早年博士论文的基础上又增加了元代部分改写完成,全书的框架、理论体系与之前相比已有很大不同。此书自2002年出版后,受到学界密切关注,好评如潮。承柏教授信任,蒙其慨允,我受委托翻译这部著作。翻译期间,柏教授不仅经常通过书信解惑答疑,还介绍其学生薛京玉女史参加此项工作。此外,策划人宋燕鹏先生也提出了许多重要修改意见,为本书翻译增色不少。当然,本书译稿可能还会出现这样那样的问题,当由本人负责,也欢迎读者不吝指出,以便今后再版时修订。

本书除序言、介绍、附录等外,共分四章,其中薛京玉负责二、三章，本人负责一、四章及其他部分。翻译初稿完成后，又由本人对全书统一进行了润色修改。

刘　晓
南开大学历史学院
2020 年 10 月 29 日